알기 쉬운 엑셀과 파워포인트 2010

안병태 · 강영신 · 박성희 지음

EXCEL POWERPOINT

GS인터비전

머리말

현대 정보화 사회에서 시간을 적게 투자하면서 단시간 내에 고급 사용자가 되길 기대하지만 배움에는 왕도가 없다. 본 저서는 기초에서 고급까지 다양한 기능들을 쉽게 풀어 작성하였으며 사용자 누구나 교재만으로도 완벽히 이해할 수 있도록 하였다.

오늘날과 같은 정보화 사회에서는 주어진 정보로부터 필요한 정보를 가공하여 활용하는 능력이 무엇보다 중요하다. 그리고 자신의 의견을 효과적으로 전달하고 이해시키는 설득력도 중요하다. 따라서 이러한 정보 활용 및 효과적 전달을 위해 가장 많이 사용되는 도구가 엑셀과 파워포인트이다. 본 저서는 엑셀과 파워포인트를 최신 버전인 2010으로 기술하였으며 사용자 누구나 저서만으로도 완벽한 사용자가 될 수 있다.

엑셀 2010은 사용자 인터페이스 외에도 추가 및 향상된 기능이 많이 있으며 이를 쉽게 풀어 작성하여 사용자가 쉽게 이해할 수 있도록 하였다. 특히 내용 중간 Tip 박스를 두어 스스로 공부하는데 어려움이 없도록 하였으며 각 장이 끝나는 곳에는 각 장에 대한 요약 및 실습과제를 제공함으로써 미흡한 부분을 보충할 수 있도록 하였다. 그리고 본 교재의 엑셀을 완벽히 이해한다면 국가 공인 자격증을 스스로 취득할 수 있도록 기술하였다.

파워포인트 2010은 기존 2007 버전의 향상된 기능을 자세히 설명하였으며 기능 위주보다 직접 화려한 프레젠테이션을 작성하는데 주안점을 두었다. 특히 실무에서 바로 화려한 프레젠테이션을 제작할 수 있도록 프레젠테이션의 고급 기능을 쉽게 풀어 사용하였으며 사용자 누구나 저서만으로도 쉽게 이해할 수 있도록 하였다. 그리고 본 저서를 완벽히 이해한다면 국가 공인 자격증도 취득할 수 있도록 하였다.

진정한 고수는 프로그램을 잘 다루는 사람이 아니라, 학습한 프로그램을 자신의 업무와 생활에 효과적으로 응용하여 사용하고 쉽게 활용할 수 있는 사람이다.

끝으로 이 책이 나오도록 많은 협조를 하고 지원해 준 GS인터비젼 송기수 사장님과 김명신님께 감사드린다.

2014년 8월
저자 일동

차 례

Ⅱ. 파워포인트 2010 / 187

Chapt. 1 엑셀 2010 시작하기
Chapt. 2 데이터 입력과 편집
Chapt. 3 수식
Chapt. 4 함수
Chapt. 5 차트와 스파크라인 만들기
Chapt. 6 데이터 관리 및 분석작업

I. 엑셀 2010

1
CHAPTER

엑셀 2010 시작하기

1.1 엑셀의 기본 쓰임

엑셀은 문서작성, 차트, 데이터 분석등 다양하게 이용할 수 있다. 최근에 다양한 업무 분야에서 폭넓게 사용되고 있다. 특히 수치 계산해야 하는 문서에서 활용률이 높고, 기간별 데이터 변화 추이 등을 한 눈에 보기 위해 여러 다양한 차트를 이용하기도 한다. 최근에는 스파크라인 기능이 추가되어 추이를 더 쉽게 확인할 수 있다. 엑셀은 작업을 매크로를 이용해서 자동화시키기도 하고 조건에 맞는 서식이나, 정렬, 데이터 필터링을 시키기도 한다.

1.2 엑셀의 기본 구성

1) 엑셀 2010 실행

[시작]-[모든 프로그램]-[Microsoft Office] 메뉴의 [Microsoft Office Excel 2010] 클릭하거나, 바탕 화면의 단축 아이콘( ) 더블클릭하면 새로운 문서가 열리면서 실행된다.

2) 엑셀 2010 종료

파일 메뉴 클릭 후 [끝내기]를 선택한다. 또는 제목 표시줄의 종료[×] 버튼을 클릭하여 엑셀 2010을 종료한다.

* 편집 중인 문서는 파일 메뉴 클릭 후 [닫기]를 선택하여 문서를 닫는다.

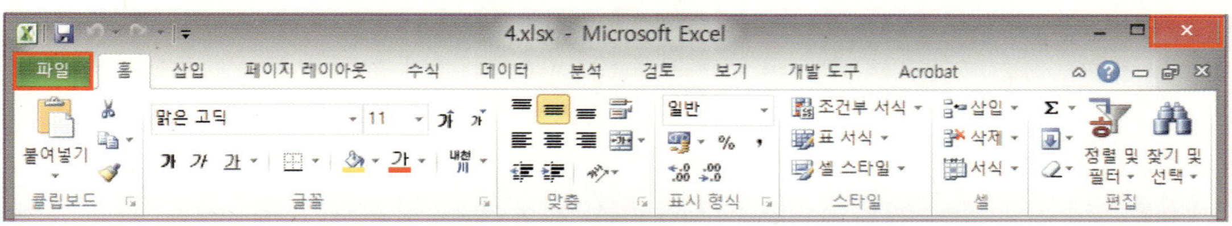

3) 엑셀 2010 화면 구성

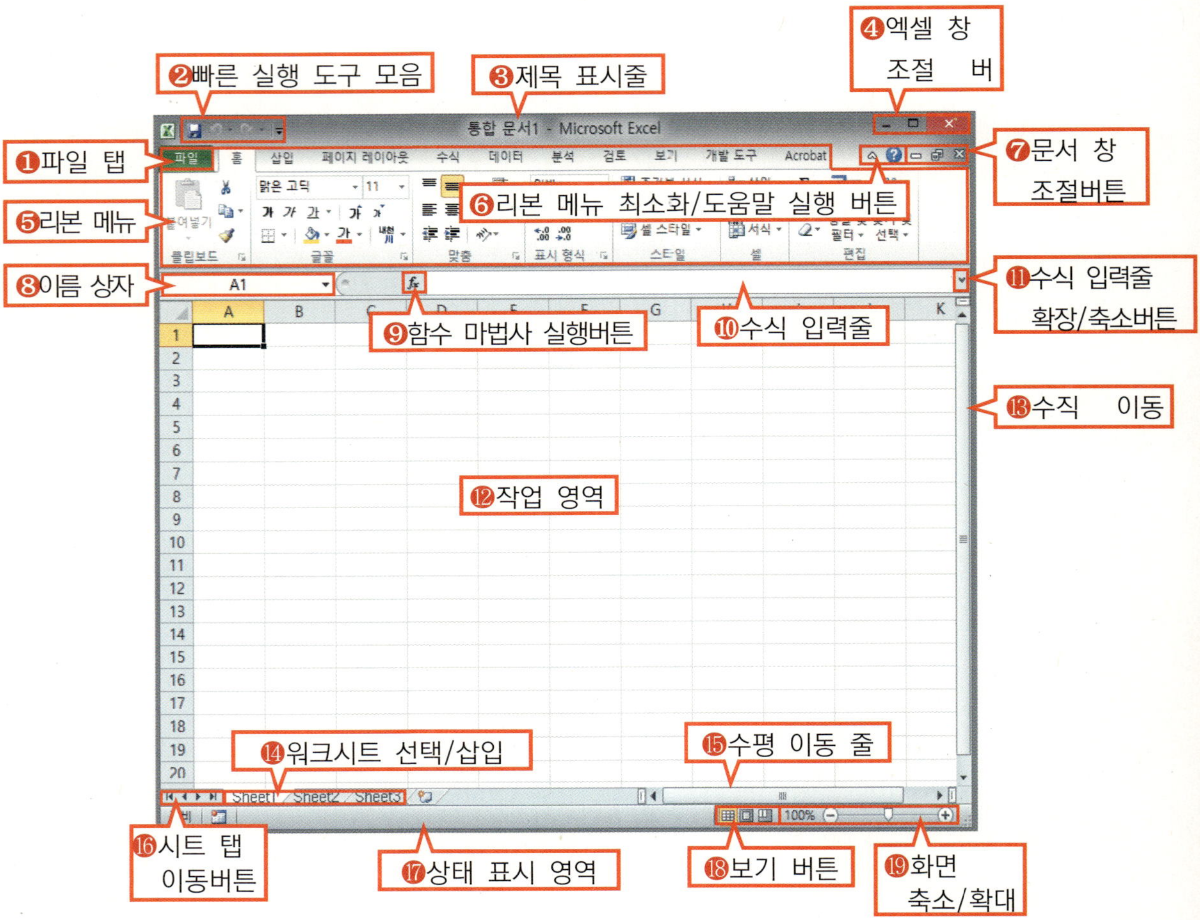

① **파일 탭** : 새로 만들기, 열기, 저장, 다른 이름으로 저장, 인쇄, 닫기 등의 메뉴들을 사용할 수 있다.

② **빠른 실행 도구 모음** : 자주 사용하는 명령을 사용자가 지정하여 사용 할 수 있다.

③ **제목 표시줄** : 현재 작업 중인 파일명과 프로그램 이름이 표시된다. 경우에 따라 '읽기 전용', '호환 모드', '공유' ,'그룹',과 같은 작업 상태도 표현된다.

④ **엑셀 창 조절 버튼** : 엑셀 프로그램 자체의 창에 대한 조절을 한다. 창을 최소로 줄이거나 창을 축소/확대 하거나 엑셀 종료할대 사용한다.

⑤ **리본 메뉴** : 각 탭을 클릭하면 작업 내용에 따라 실행할 수 있는 명령 버튼이 나타나고, 명령 버튼은 기능별 그룹으로 구분된다. 리본 메뉴는 홈, 삽입, 페이지 레이아웃, 수식, 데이터, 검토, 보기 등 7개의 기본 탭을 가지고 있다.

⑥ **리본 메뉴 최소화/도움말 실행 버튼** : 리본 메뉴를 최소화 시킬 수 있다. 도움말 창을 실행 시킨다.(단축키: F1)

⑦ **문서 창 조절 버튼** : 현재 작업 중인 워크시트의 창을 조절하거나 종료한다. 종료 버튼을 누르면 엑셀 프로그램 자체가 종료 되는 것이 아니라, 작업 중인 현재 워크시트가 종료된다.

⑧ **이름 상자** : 현재 선택된 셀 주소나 셀 이름이 표시되는 곳이다. 차트나 그리기 개체를 선택하면 개체이름이 표시되고, 수식이나 함수를 입력하면 함수 목록이 표시된다.

⑨ **함수 마법사 실행 버튼** : 함수 마법사가 실행된다. 함수를 보다 쉽게 사용할 수 있다.

⑩ **수식 입력줄** : 셀에 데이터나 수식을 입력할 때 수식 입력줄에 바로 입력하거나, 선택된 셀에 입력된 데이터나 수식이 표시되는 곳이다.

⑪ **수식 입력줄 확장/축소 버튼** : 수식 입력줄을 확장하거나 축소할 때 사용한다.

⑫ **작업영역** : 데이터/수식을 입력하거나 개체를 삽입하는 실제 작업 영역이다. 위의 A,B,C,··· 인덱스는 열 머리글이고, 왼쪽의 1,2,3,··· 인덱스는 행 머리글이다.

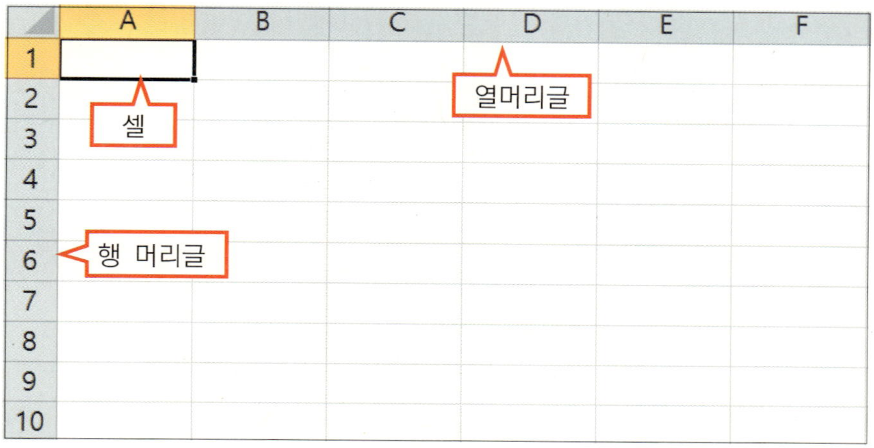

⑬ **수직 이동줄** : 워크시트 오른쪽 스크롤바를 이용하여 화면을 수직으로 이동할 때 사용한다.

⑭ **워크 시트 선택/삽입 탭** : 워크시트를 선택하거나 삽입할 때 사용하는 탭이다. 현재 워크시트가 흰색으로 표시된다.

⑮ **수평 이동줄** : 워크시트 하단의 스크롤바를 이용하여 화면을 수평으로 이동할 때 사용한다.

⑯ **시트 탭 이동 버튼** : 여러개의 시트가 있을 때 시트 사이를 이동할 수 있는 탭이다.

⑰ **상태 표시 영역** : 다양한 기능키의 선택 상태와 작업의 상태를 표시한다.

⑱ **보기 버튼** : 첫 번째 버튼은 엑셀을 처음 시작했을때의 기본 화면 보기이고, 두 번째 버튼은 인쇄될 페이지의 레이아웃 형태로 보기이고, 세 번째 버튼은 인쇄할 때 나뉘는 페이지 형태로 보기이다.

⑲ **화면 축소/확대** : 작업 영역의 크기를 확대하거나 축소할 때 이용된다.

2

CHAPTER

데이터 입력과 편집

2.1 셀과 워크시트

1) 셀

엑셀을 구성하는 최소 단위로 엑셀의 사각형으로 나누어진 한 조각을 말한다. 셀은 각각 고유의 주소가 부여 되는데 이를 셀주소라고 한다. 셀 주소는 열과 행 머리글로 이루어져 있다. 즉, A열과 3행이 만나는 곳의 셀의 주소는 'A3'가 된다.

2) 워크시트

엑셀의 무수한 셀 조각이 모여서 작업영역인 워크시트를 만든다. 워크시트는 기본적으로 3개를 갖지만 경우에 따라서는 개수를 조절할 수 있다.

2.2 셀 선택하기

1) 하나의 셀 선택하기

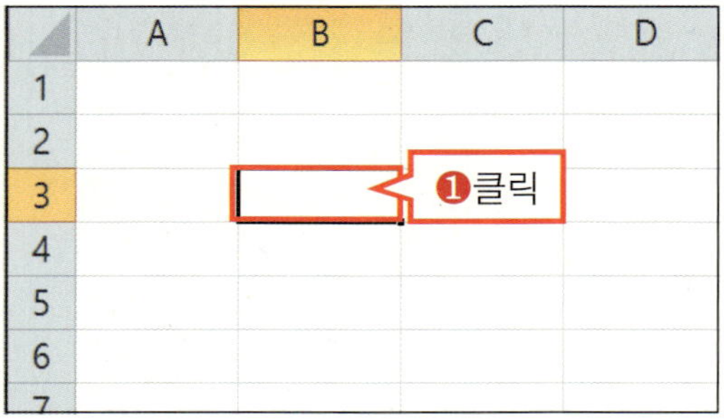

셀을 클릭하면 된다.

2) 여러 개의 셀 선택하기

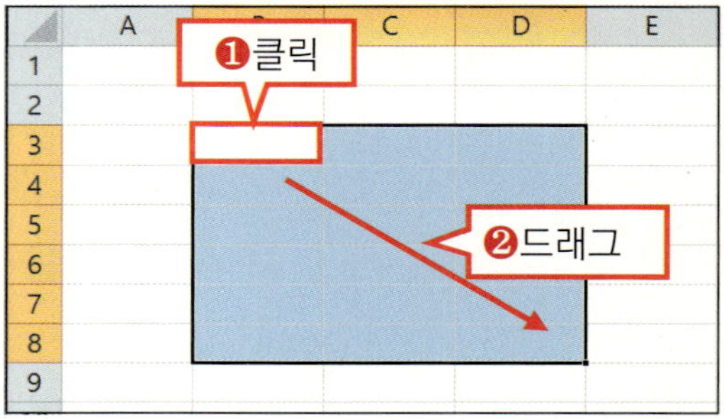

셀을 클릭한후 대각선으로 드래그한다.

3) 특정 행이나 열 전체 선택하기

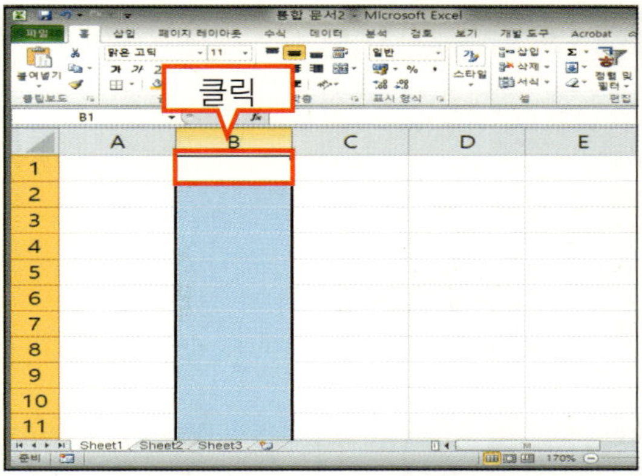

'B열'을 클릭하면 B열 전체가 선택된다.

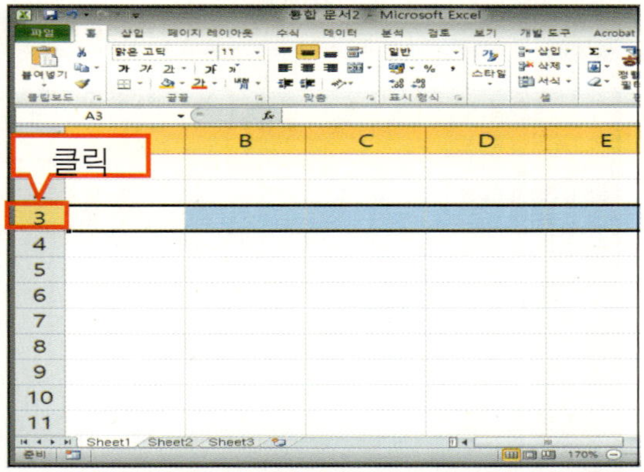

'3행'을 클릭하면 3행 전체가 선택된다.

4) 연속하지 않는 부분을 선택하기

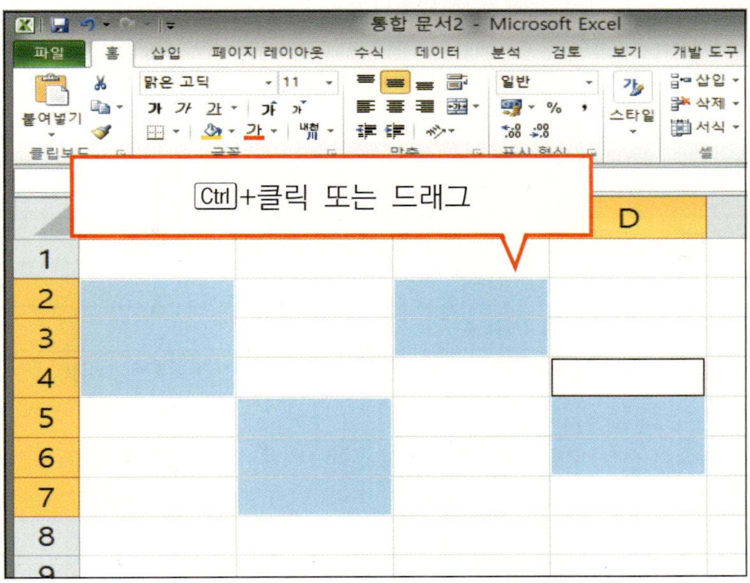

Ctrl 키를 누르면서 셀을 클릭하거나 드래그한다.

5) 워크시트 전체 선택하기

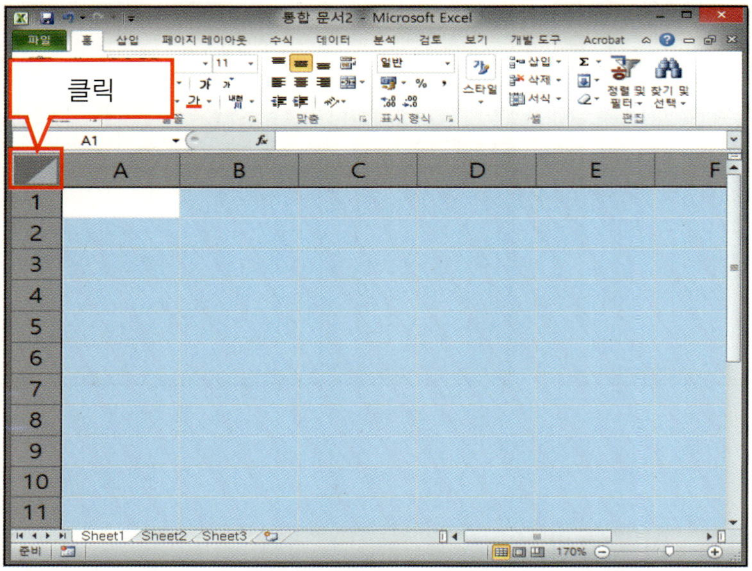

행과 열이 시작되는 곳을 클릭하면 워크시트 전체가 선택된다.

6) 셀 이동하기

키(Key)	설명
←, →, ↑, ↓	현재 셀에서 방향으로 왼쪽, 오른쪽, 위쪽, 아래쪽으로 이동
Tab	현재 셀에서 오른쪽으로 이동
Shift + Tab	현재 셀에서 왼쪽으로 이동
Ctrl + ←, →, ↑, ↓	현재 셀에서 방향으로 가장 왼쪽, 오른쪽, 위쪽, 아래쪽으로 이동
Home	현재 행의 시작 셀
End + ←, →, ↑, ↓	현재 셀에서 방향으로 가장 왼쪽, 오른쪽, 위쪽, 아래쪽으로 이동 (= Ctrl + ←, →, ↑, ↓과 같은 명령의 효과)
Ctrl + Home	워크시트의 시작 셀(A1)으로 이동
Page Up	한 화면의 위쪽으로 이동
Page Down	한 화면의 아래쪽으로 이동
Ctrl + Page Up	현재 Sheet에서 이전 Sheet로 이동
Ctrl + Page Down	현재 Sheet에서 다음 Sheet로 이동

2.3 데이터 입력

1) 데이터 수정

워크시트안에서 각 셀에 입력된 내용을 쉽게 고치는 방법은 입력된 셀을 더블 클릭하여 수정하는 방법, 기능키(F2)를 누르는 방법, 고치고자 하는 셀을 먼저 선택하고 수식 입력 줄을 클릭하여 수정하는 방법 등이 있다.

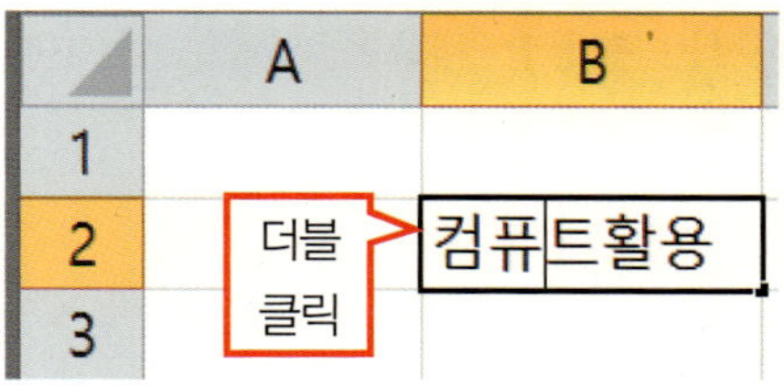

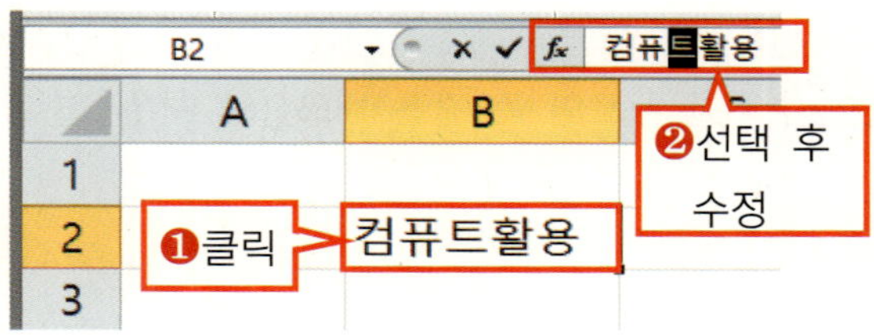

2) 데이터 입력

엑셀의 초기화면에 문자 및 숫자를 입력한다. 문자 데이터를 입력하면 셀의 왼쪽으로 정렬되어 나타난다. 숫자 데이터를 입력하면 셀의 오른쪽에 정렬되어 나타난다. 문자와 숫자를 섞어 사용하면 숫자를 문자로 인식하여 왼쪽에 정렬된다.

3) 문자 데이터 입력하기

문자 데이터는 일반적으로 키보드를 통해서 문자와 숫자, 기호 및 특수문자 등이 조합되어 이루어진 데이터 형태를 말한다.

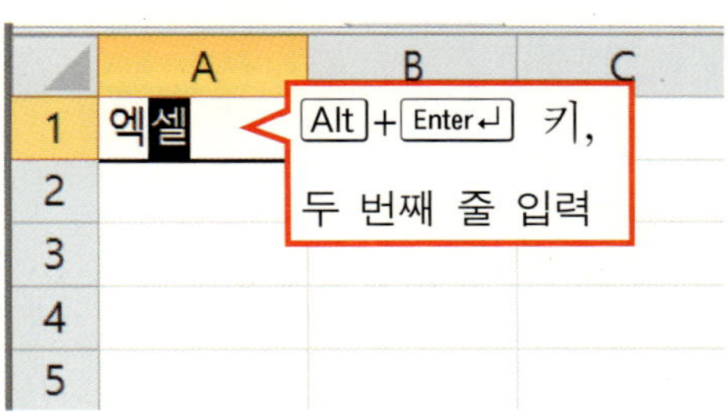

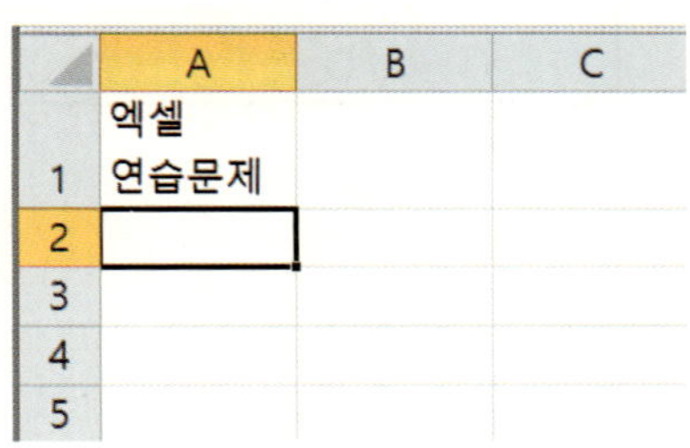

한 셀에 두 줄로 데이터를 입력하기 위해서는 한 줄을 입력하고 Alt+Enter↵ 키를 누르고 두 번째 줄에 내용을 입력하면 된다.

블록으로 지정된 범위에 똑 같은 내용을 입력하기 위해서는 특정한 내용을 입력한 후 Ctrl + Enter 키를 누르면 똑 같은 내용으로 채우기를 할 수 있다.

Tip

데이터 입력 시 블록을 지정하여 입력하면 순차적으로 데이터를 입력할 수 있다. 다음 행의 셀로 이동하려며 Enter 키를 누르면 되고 이전 행의 셀로 이동하려면 Shift + Enter 키를 누른다. 다음 열로 이동하려면 Tab 키를 누르고 이전 열로 이동하려면 Shift +Tab 키를 누른다.

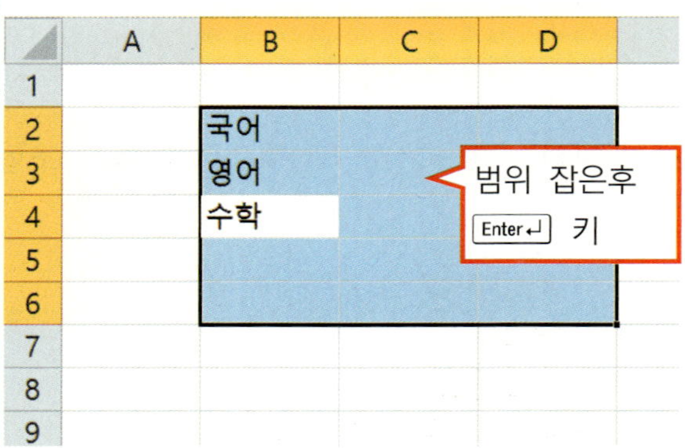

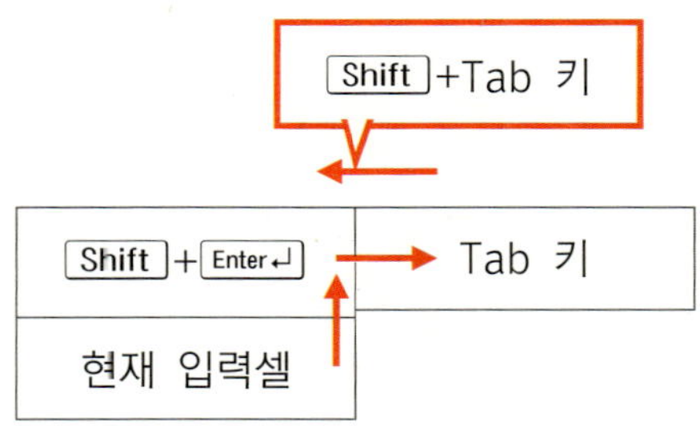

4) 숫자 데이터 입력하기

숫자 데이터는 엑셀에서 계산을 필요로 하는 숫자로만 구성된 순수한 데이터로써 입력 시에는 자동으로 셀의 오른쪽으로 정렬된다. 숫자 입력 시에는 0, 1, 2, 3 … +, - / %, 등도 숫자의 일부로 인식하게 되며 셀에 12자리 이상의 숫자를 입력하게 되면 지수형식으로 표시되어 나타난다. 숫자 입력시에는 화폐표시($,₩) 등을 표시할 수 있으며, 콤마(,) 나 소숫점(.) 등을 입력할 수 있다. 숫자데이터 입력시 중간에 공백이나 문자 및 기호가 삽입 된다면 숫자데이터는 문자로 인식하게 되며 계산식을 사용 할 수 없게 된다.

5) 분수 입력하기

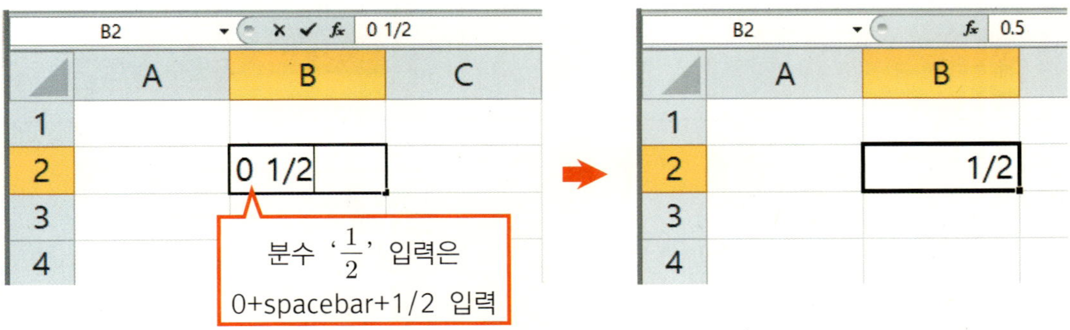

6) 다양한 숫자 데이터의 표시형식

<table>
<tr><th>데이터 입력</th><th>엑셀 결과</th><th>[홈] 리본 메뉴의 [표시형식]</th></tr>
<tr><td>2000</td><td>2,000</td><td>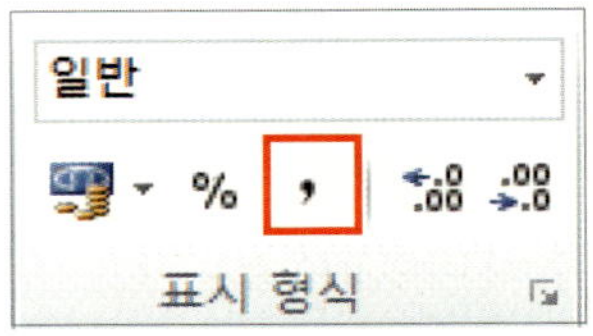
</td></tr>
<tr><td>3.14</td><td>3.140</td><td>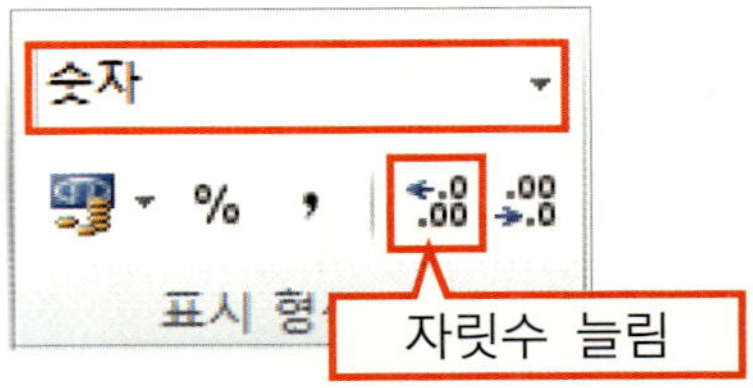
</td></tr>
<tr><td>0.5</td><td>50%</td><td>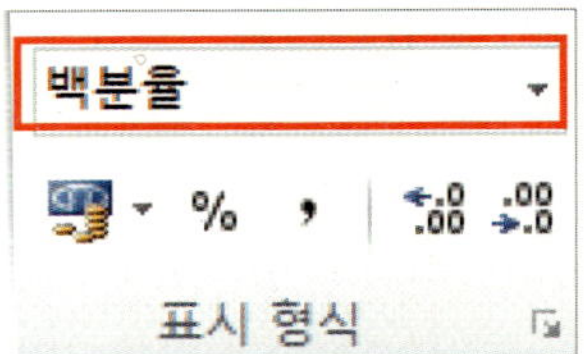
</td></tr>
<tr><td>2500</td><td>\2,500</td><td>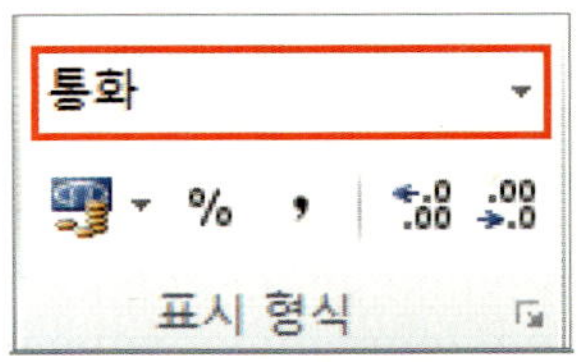
</td></tr>
<tr><td>0.25</td><td>1/4</td><td>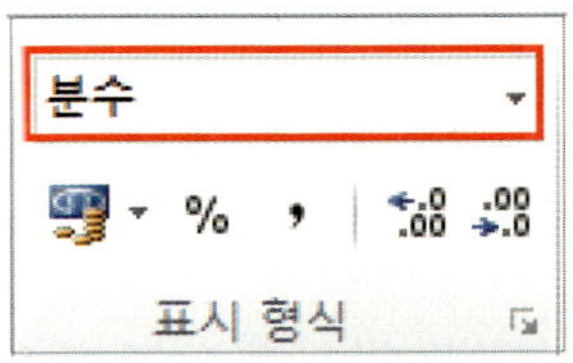
</td></tr>
</table>

7) 특수문자 입력하기

셀에 특수문자를 입력할 때에는 크게 두 가지가 있다.

① 엑셀메뉴로 이용하기

리본메뉴에서 [삽입] 탭을 선택하여 [기호]를 클릭하여 특수문자를 입력한다.

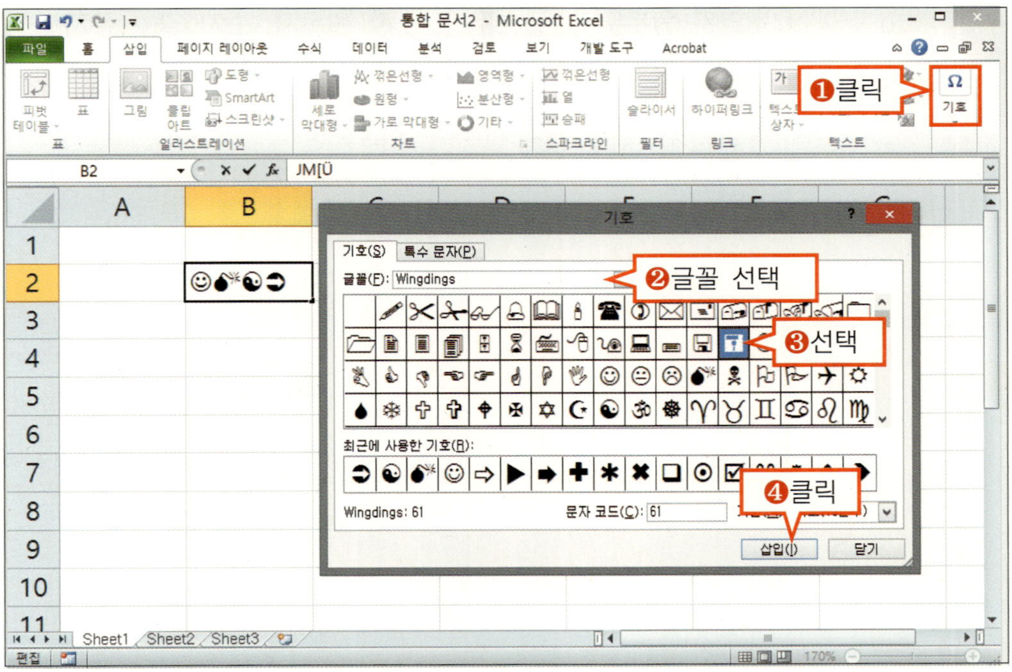

② 한글자음으로 입력하기

한글 키보드 자음을 가지고 특수문자를 입력할 수 있는데 먼저 한글의 자음을 입력하고 한자 키를 눌러서 한글에 속해 있는 해당 특수문자를 선택하여 입력할 수 있는데 한글자음에 할당되어 있는 특수문자는 다음과 같다.

한글 자음	특수 문자
ㄷ	기호 문자
ㅅ	한글 원, 괄호 문자
ㅁ	특수문자 모양 및 도형
ㄴ	도형 괄호
ㅇ	영문 원문문자, 괄호문자, 숫자 원문자, 숫자 괄호 문자
ㄹ	화폐, 수량, 길이, 무게 등의 단위
ㅊ	분수 및 첨자 문자

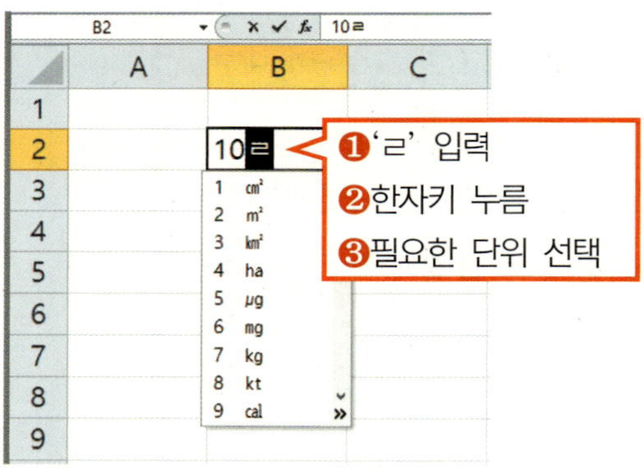

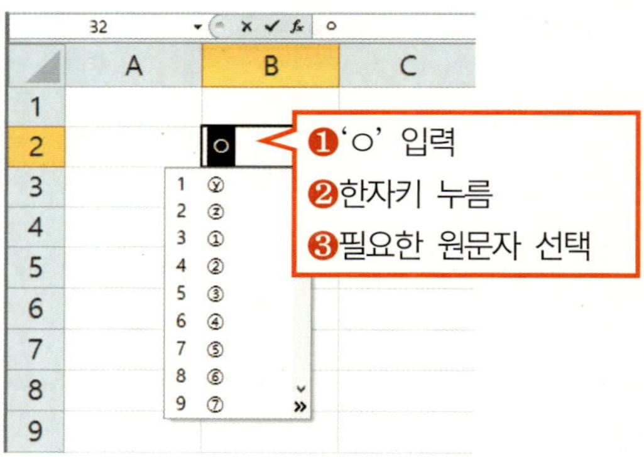

한글 자음 'ㄹ'을 입력한 후 키보드의 한자 키를 누르면 다양한 단위가 나타난다. 한글 자음 'ㅇ'은 다양한 원문자들이 나타난다. 이때 필요한 특수문자를 클릭하거나, 특수문자 앞의 숫자를 입력하면 된다.

8) 한자 입력하기

입력된 글자 뒤에 커서를 위치시킨 후 키보드의 '한자'키를 누른다. 이때 일상생활의 한자는 등록된 한자사전에 의하여 모두 나타나게 되는데 사용자는 해당된 한자를 선택하여 [변환] 버튼을 클릭한다.

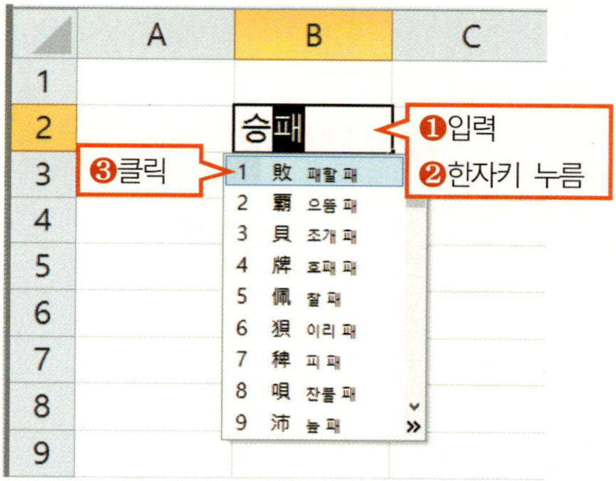

① 한글 '승패'를 입력한다.
② '패'를 선택잡고 한자키를 누른다.
③ 알맞은 한자를 클릭한다.

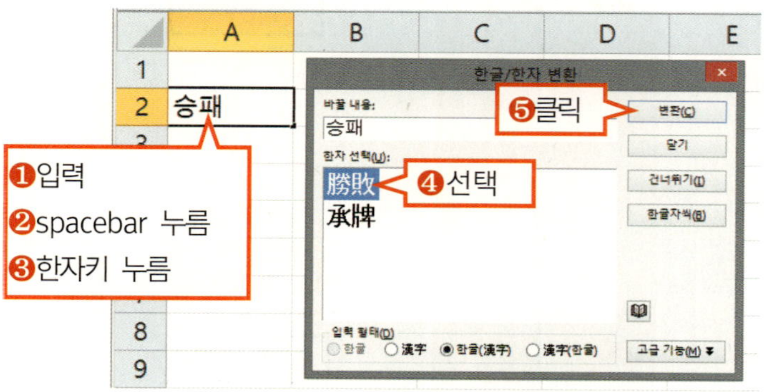

① 한글 '승패'를 입력한다.
② spacebar를 누른다.
③ 한자키를 누른다.
④ 알맞은 한자를 클릭한다.
⑤ '변환' 버튼을 클릭한다.

9) 날짜 데이터 입력하기

날짜를 입력할 때에는 '년-월-일' 사이에 하이픈(-)과 슬래쉬(/)를 주어 입력 할 수 있는데 이때 '월일' 만 입력하면 지정된 날짜 형식에 의하여 '몇월 몇일'에 대한 날짜 구분 표시가 한글로 구분되어 표시 된다. 만약 오늘 날짜를 입력하고자 할 때에는 단축키 Ctrl +;을 동시에 눌러 사용하면 된다.

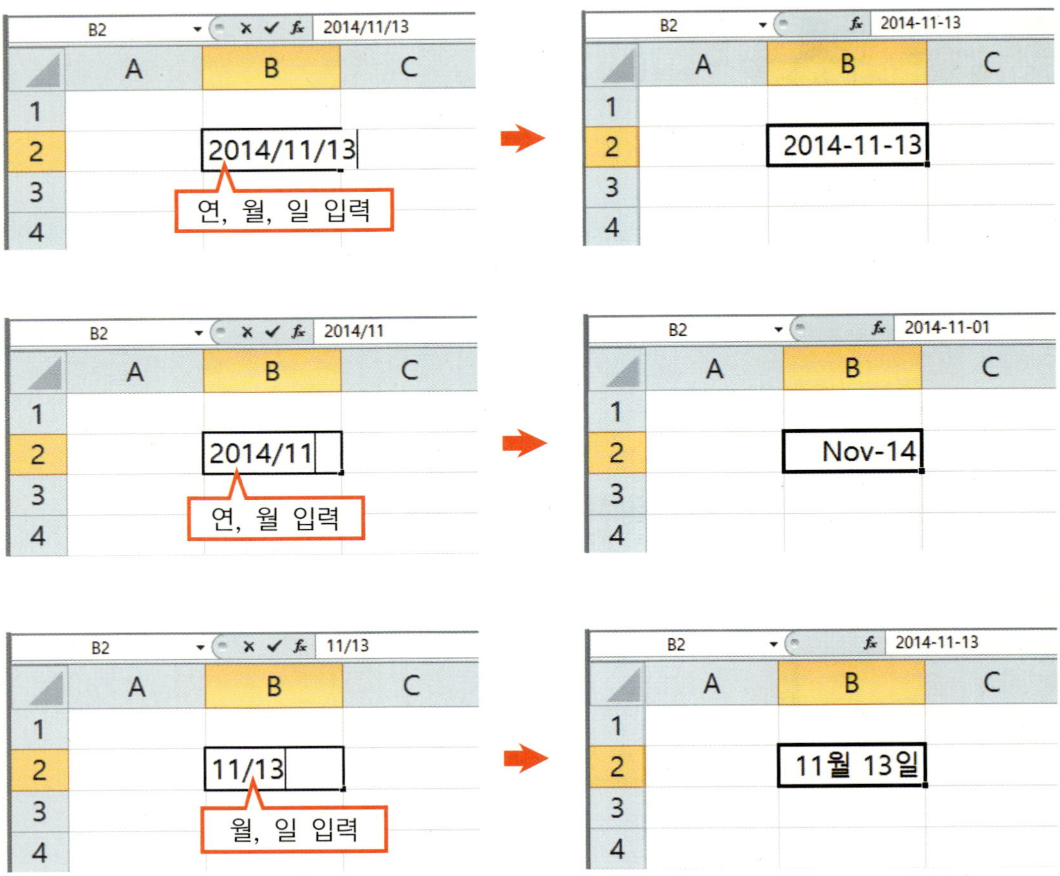

10) 시간 데이터 입력하기

시간을 입력할 때에는 시간 분 초 구분표시인 콜론(:)을 사용 할 수 있다.

현재 시간을 입력하고자 할 때에는 단축키 Ctrl+Shift+; 을 누르면 된다.

2.4 자동 채우기

1) 숫자 자동 채우기

숫자 자동 채우기는 처음에 시작하는 숫자 데이터를 입력한 후 필요한 데이터 값만큼 블록으로 감싼 다음 채우기 핸들을 이용하여 드래그 하면 숫자가 자동으로 채워진다. 또 일정한 증가치를 갖는 배수의 형태로 입력하고 싶을 때에는, 처음 시작 값 두 개를 먼저 입력 한 후 자동 채우기 핸들을 이용하여 드래그 하면 숫자가 자동으로 채워진다. 처음의 시작 값에서 Ctrl을 누르고 채우기 핸들을 이용하여 드래그하면 데이터가 1씩 증가하게 된다.

① 숫자1을 먼저 입력하고 채우기 핸들을 이용하여 드래그 한다.

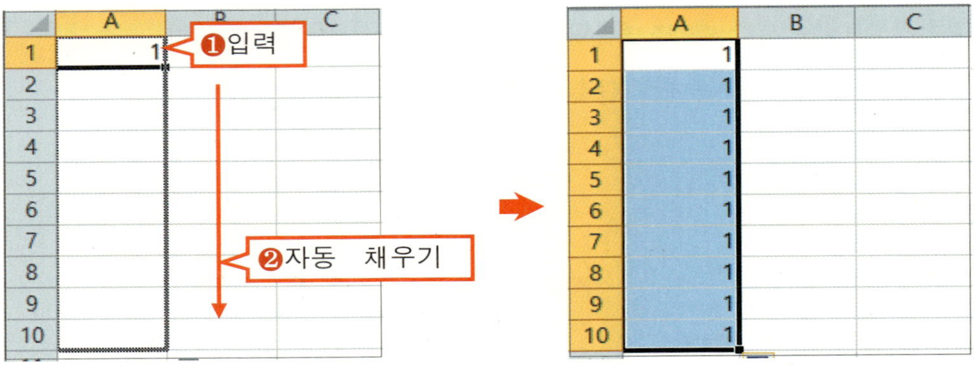

② 숫자1을 먼저 입력하고 Ctrl을 누르고 채우기 핸들을 이용하여 드래그 한다.

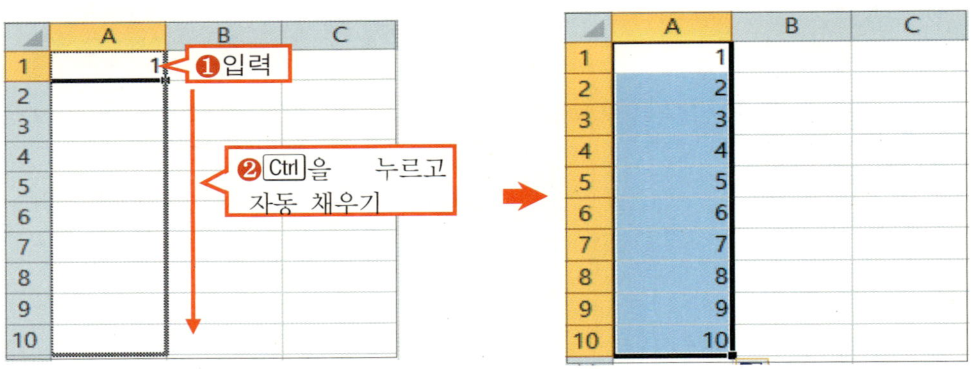

③ 처음 숫자1과 11 먼저 입력하고 자동 채우기 핸들을 이용하여 자동 채우기 한다.

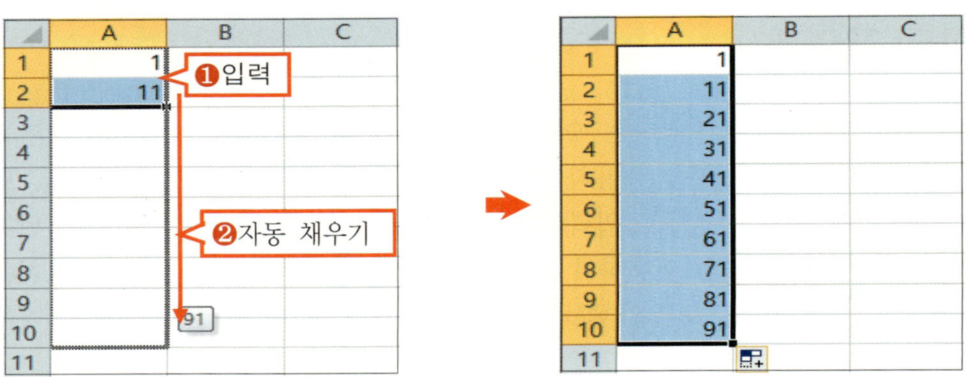

④ 숫자1을 먼저 입력하고 필요한 영역만큼 감싼 후 리본메뉴 [홈] 탭에서 [편집] 그룹에서 [채우기]-[계열]을 선택 한다. 방향에서는 열을 선택하고 유형에서는 [급수]를, 단계 값에서는 처음 값: 5을 입력하면 $5^0 = 1$부터, $5^9 = 1953125$까지를 얻을 수 있다.

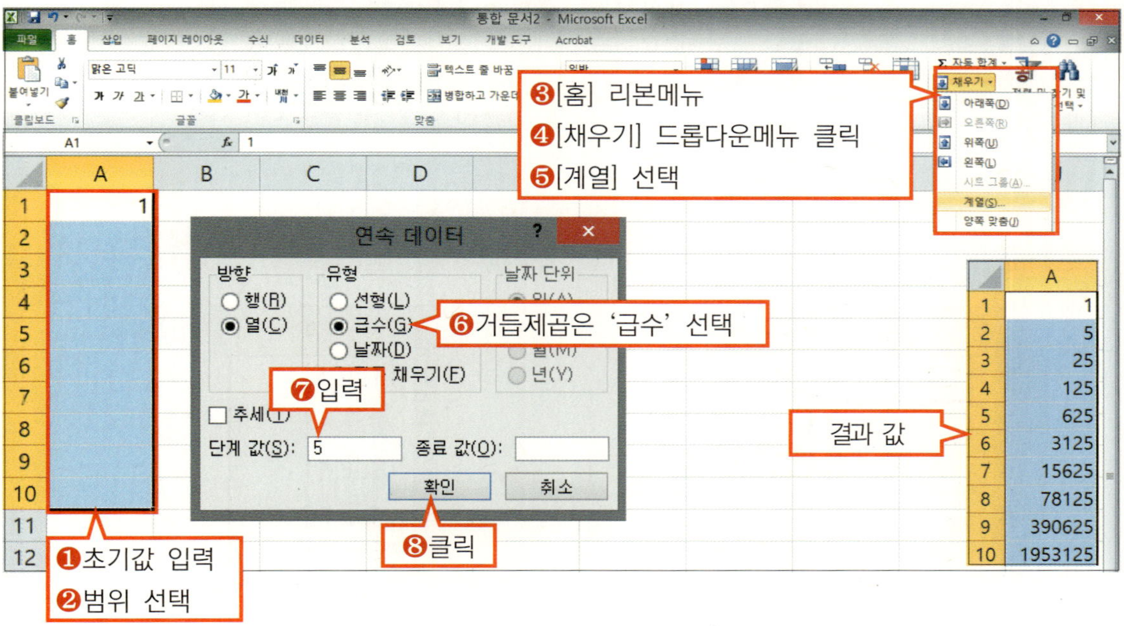

2) 문자 자동 채우기

문자 자동 채우기는 특정한 문자열을 입력한 후 채우기 핸들을 이용하여 필요한 셀만큼 드래그하는 방법도 있고, Ctrl을 누른 상태에서 필요한 만큼 채우기 핸들을 이용하여 채우기하는 방법이 있는데 두 가지 방법 모두 결과는 같다. 만약 문자와 숫자가 함께 있는 경우라면 문자는 그대로 있고 숫자만 증가하게 된다.

① 문자만 있는 경우 자동 채우기

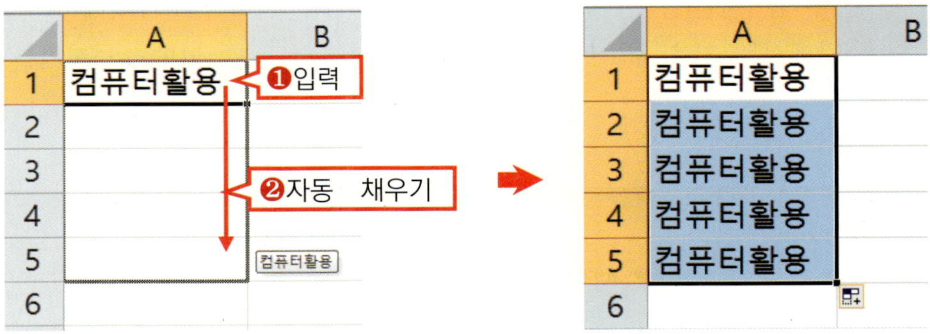

② 문자와 숫자가 함께 있는 경우 자동 채우기

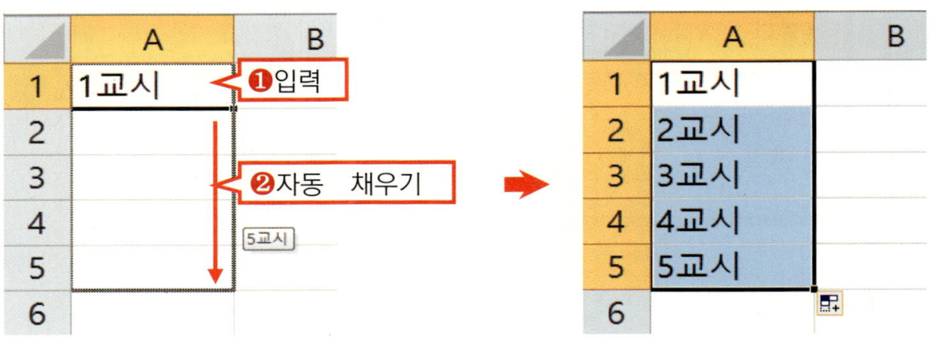

3) 날짜 채우기

날짜 채우기는 특정한 날짜를 입력하고 원하는 셀만큼 드래그 하는 방법이 있는데 이 때 날짜는 1일을 증가 하게 되고, Ctrl을 누른 상태에서 필요한 만큼 채우기 핸들을 이용하면 똑 같은 날짜로 복사된다. 또한 첫 번째 날짜와 두 번째 날짜를 입력한 후 필요한 날짜만큼 채우기 핸들을 이용하여 채우기 하면 날짜의 간격을 유지하면서 채우기가 이루어진다.

① 특정한 날짜를 입력한 후 드래그 하여 날짜를 1일씩 증가 하여 채우기.

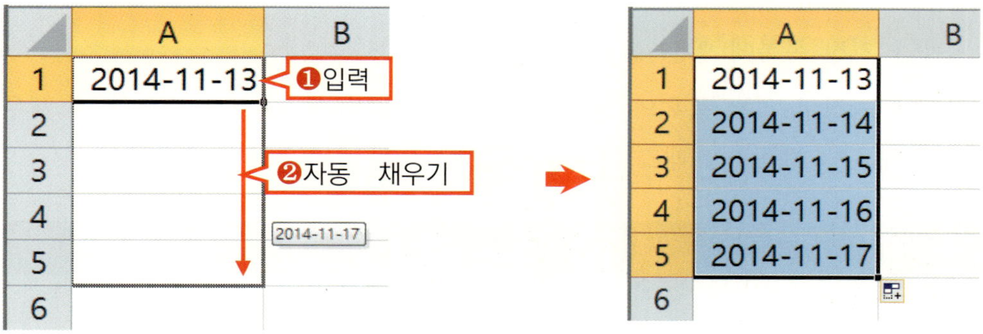

② 특정한 날짜를 입력한 후, Ctrl을 누른 상태에서 드래그하면 같은 날짜가 복사됨.

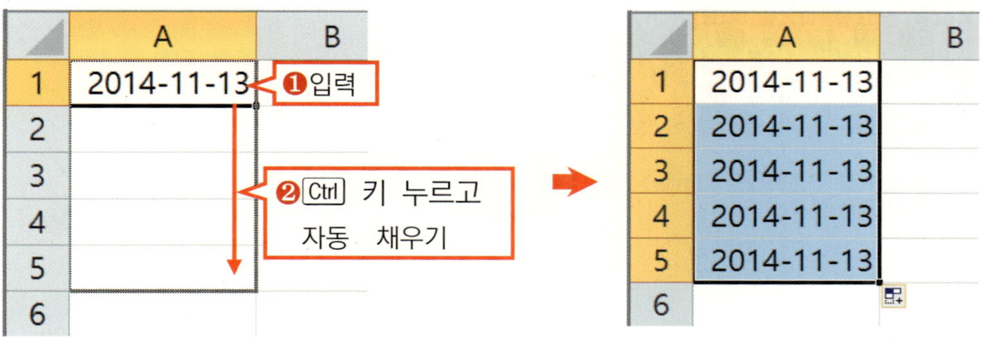

③ 첫 번째 날짜와 두 번째 날짜를 입력한 후 일정한 날짜의 간격을 유지하면서 채우기.

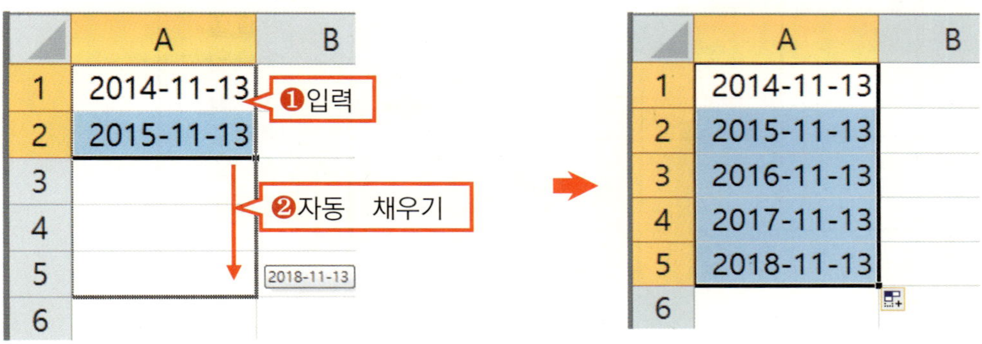

4) 사용자 지정 목록 채우기

① 사용자 지정 목록에 있는 항목 채우기

사용자 지정에 있는 목록의 종류는 아래와 같으며 이 경우는 문자 자동 채우기와 같이 채우기 핸들을 드래그 하여 사용할 수 있다.

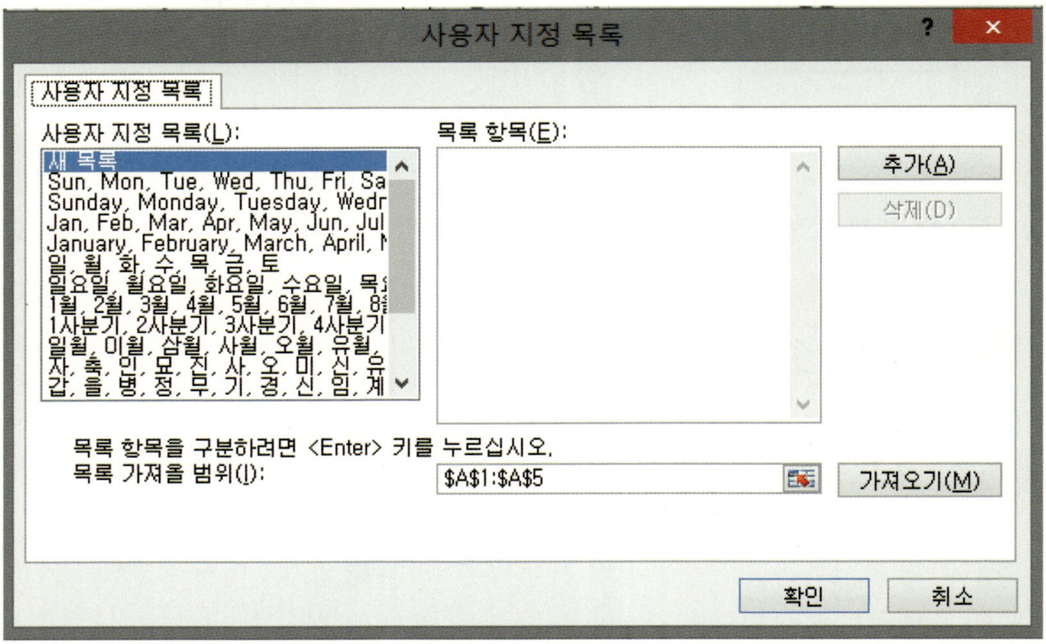

② 목록에 없는 항목 채우기

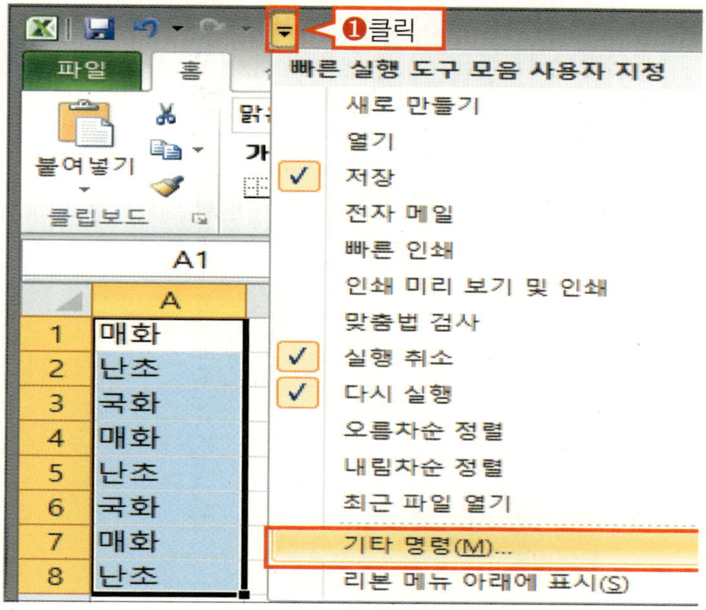

① [빠른 실행 도구 모음 사용자 지정]-[기타 명령]을 클릭한다.

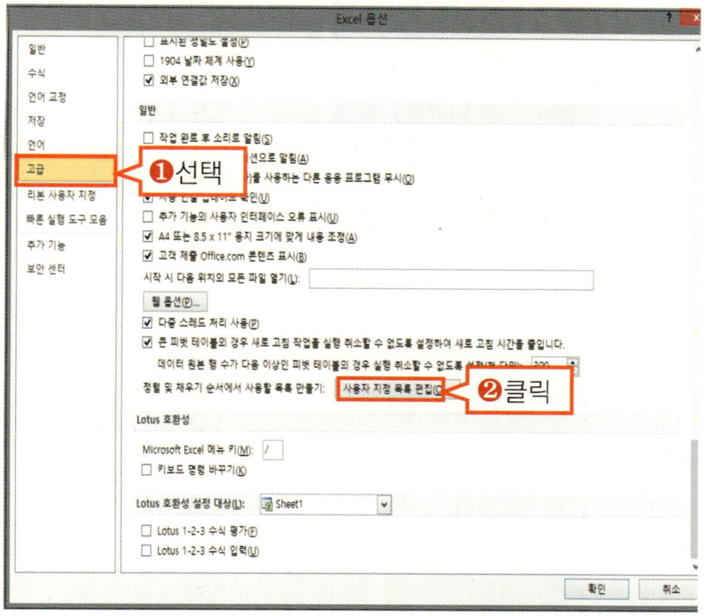

① [고급]탭의 '사용자 지정 목록 편집'을 클릭한다.

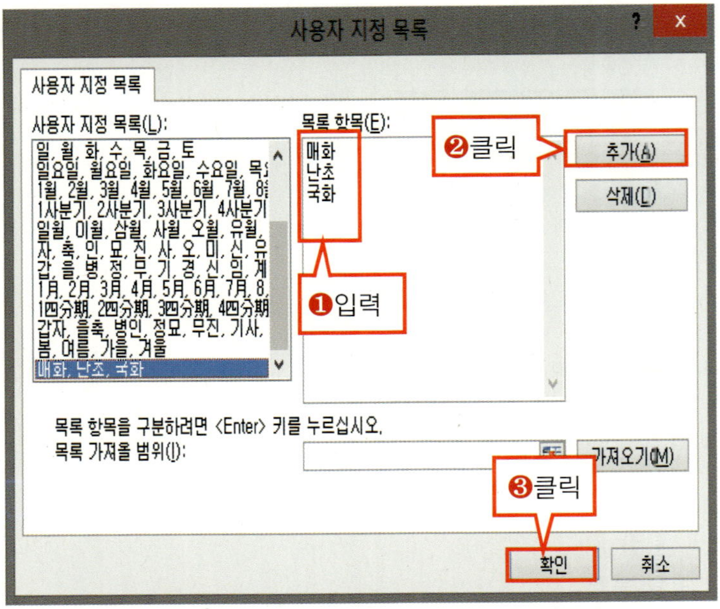

① '목록 항목'에 '매화, 난초, 국화'로 데이터를 입력한다.

② 반드시 '추가' 버튼을 눌러서 '사용자 지정 목록' 맨 아랫줄에 등록이 되어야 한다.

③ '확인'버튼을 클릭한다.

'사용자 지정 목록'에 등록 되어 있지 않았으면 똑같은 데이터 '매화만 표시되지만 '사용자 지정 목록'에 저장' 되어있기 때문에, '매화'와 '난초', '국화'가 반복 되어서 보여진다.

2.5 셀 서식

마우스를 셀 위에 올려놓고 마우스 오른쪽 버튼을 누른 후 셀 서식 메뉴를 누르면 셀 서식 대화상자가 나타난다. 대화상자에서는 표시 형식, 맞춤, 글꼴, 테두리, 채우기, 보호 탭이 있다.

1) 표시형식

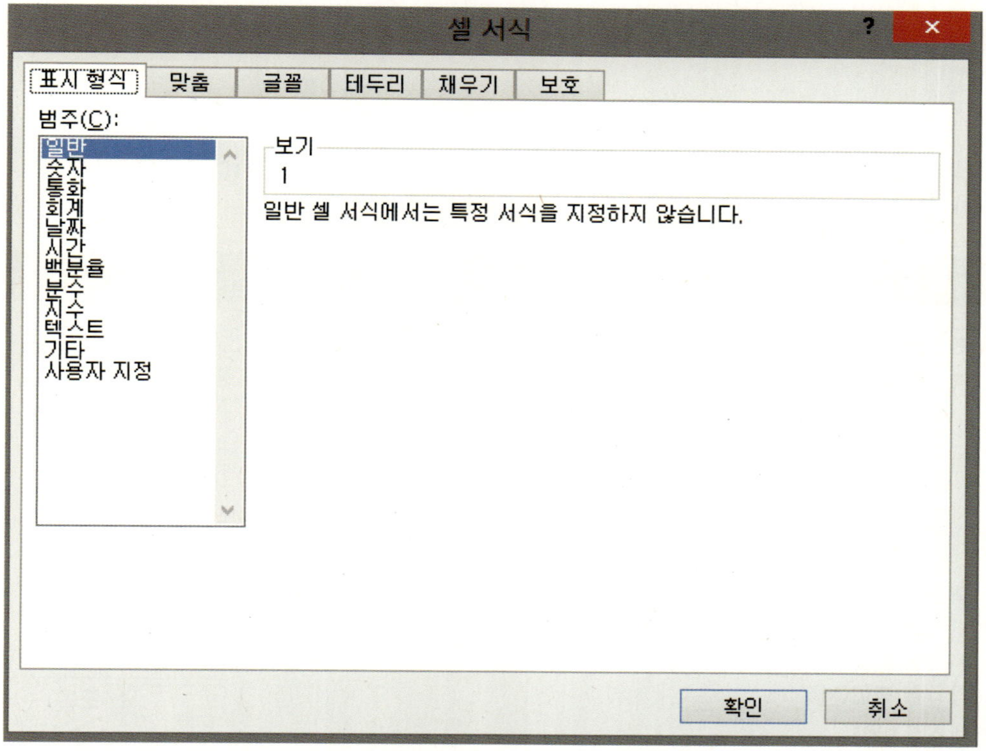

- 일반 : 입력된 데이터 형태를 그대로 표시
- 숫자 : 소수 자릿수, 천 단위 콤마 표시, 음수 표현 형식을 지정
- 통화 : 천 단위 콤마 표시, 통화 기호, 음수 표현 형식을 지정
- 회계 : 천 단위 콤마 표시, 통화 기호 지정, 셀에서 가운데 정렬 안됨
- 날짜 : 엑셀에서 제공하는 날짜 표현 형식을 선택

- 시간 : 엑셀에서 제공하는 시간 표현 형식을 선택
- 백분율 : 수치 데이터 뒤에 백분율(%) 기호를 삽입
- 분수 : 소수를 분수 형식으로 나타냄
- 지수 : 수치 데이터를 지수 형식으로 표현
- 텍스트 : 수치 데이터를 문자열 형식으로 지정
- 기타 : 우편번호, 전화번호, 주민등록번호 등 특수한 데이터 서식 지정
- 사용자 지정 : 원하는 표시 형식이 없을 경우에 사용자가 임의로 표시 형식 지정

2) 맞춤

텍스트 줄 바꾸기, 범위를 지정한 셀을 병합, 셀 크기에 맞춰 글자 크기를 조절하며 문자 각도를 조절해서 문자 방향을 지정한다.

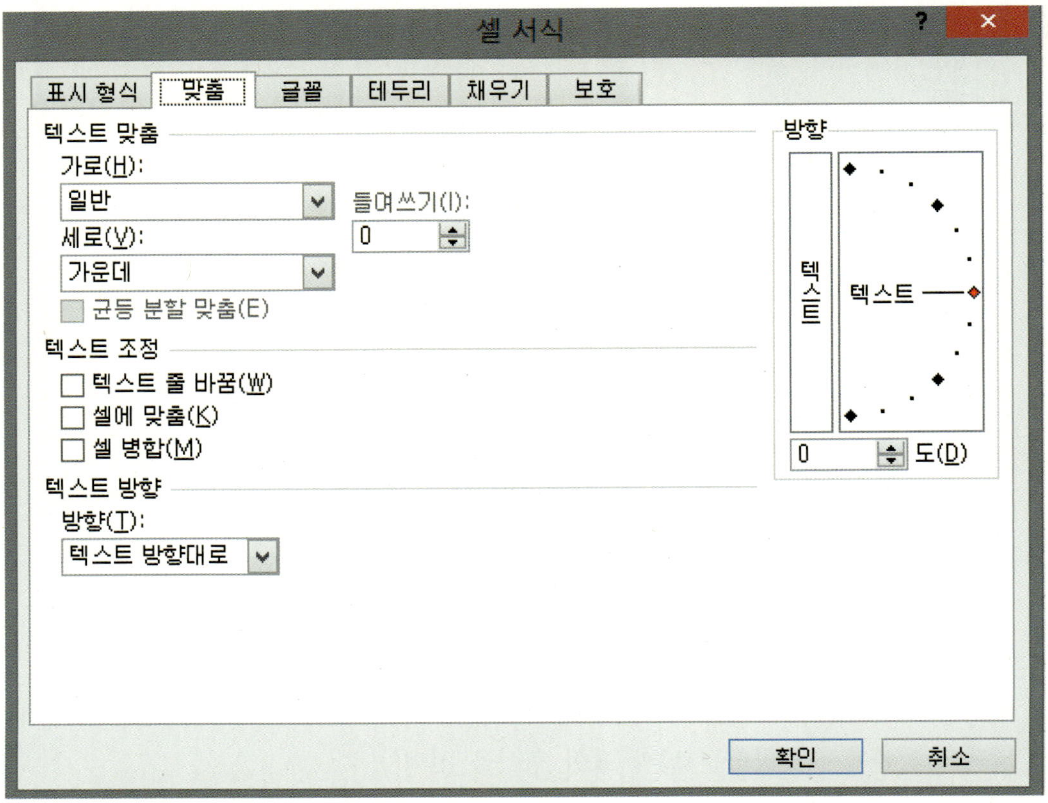

3) 글꼴

셀 서식의 글꼴 탭에는 글꼴 모양, 스타일, 크기, 색, 밑줄 등을 지정한다.

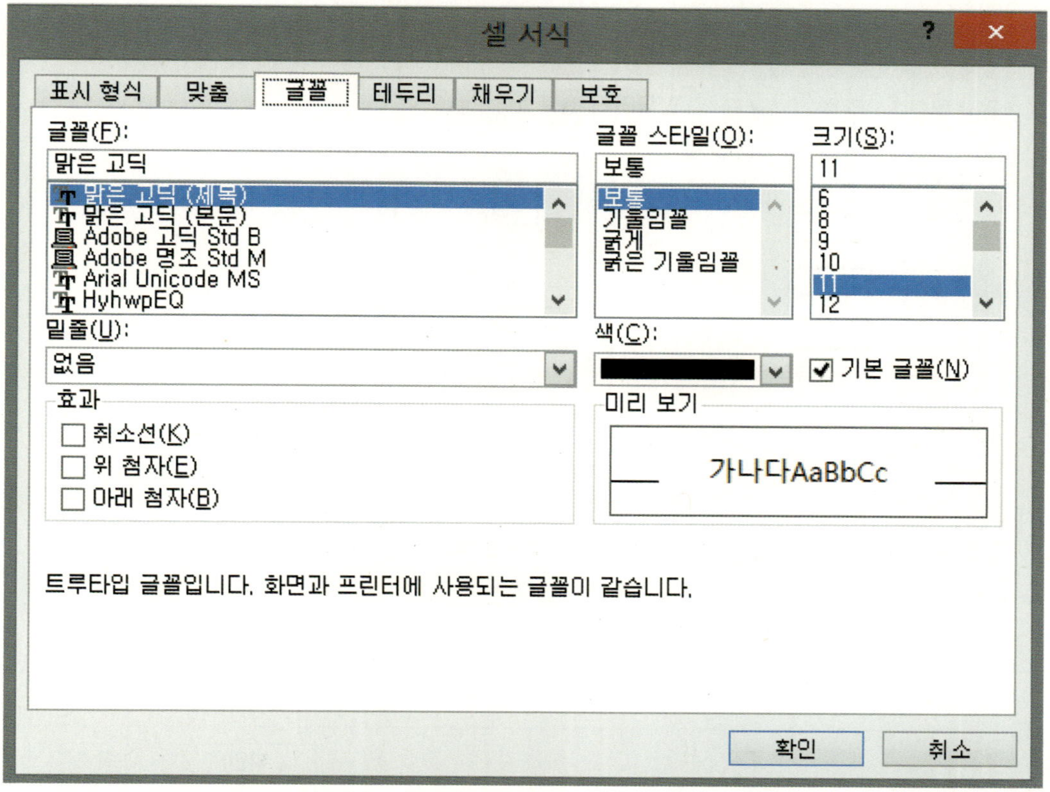

4) 테두리

셀 서식의 영역 부분에 대하여 선 스타일 종류, 색, 대각선 등 테두리를 지정한다.

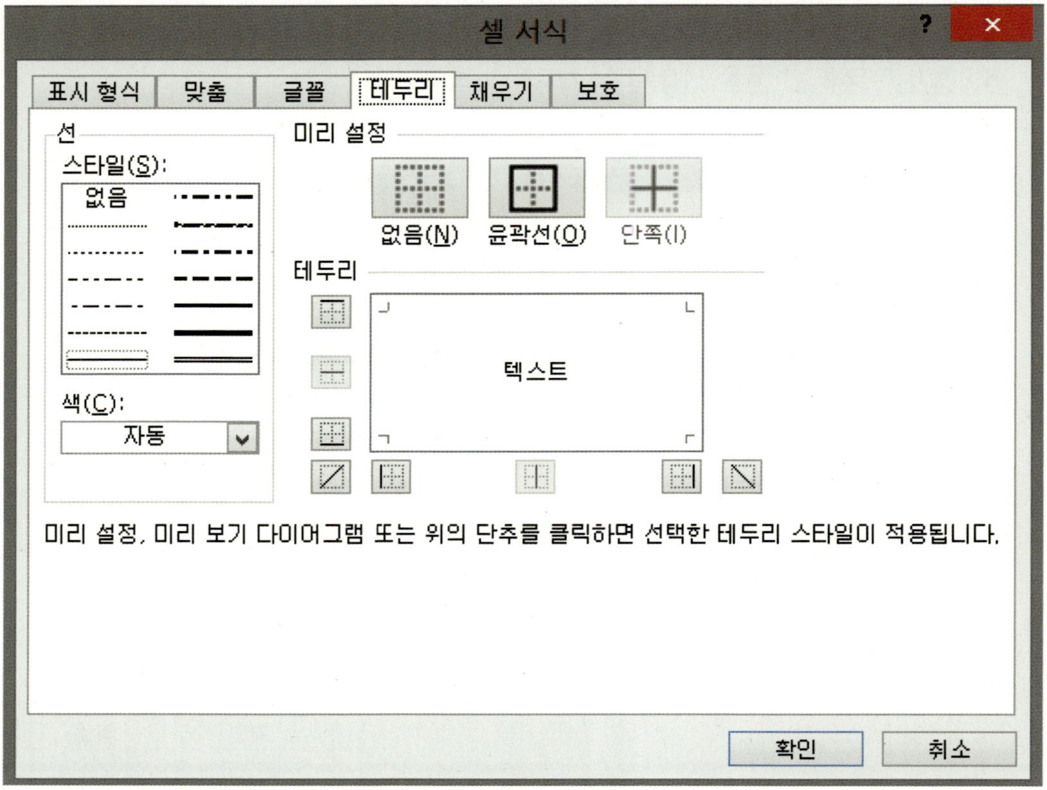

5) 채우기

셀 서식의 영역 부분에 대하여 배경색, 그라데이션, 무늬 색 등을 지정한다.

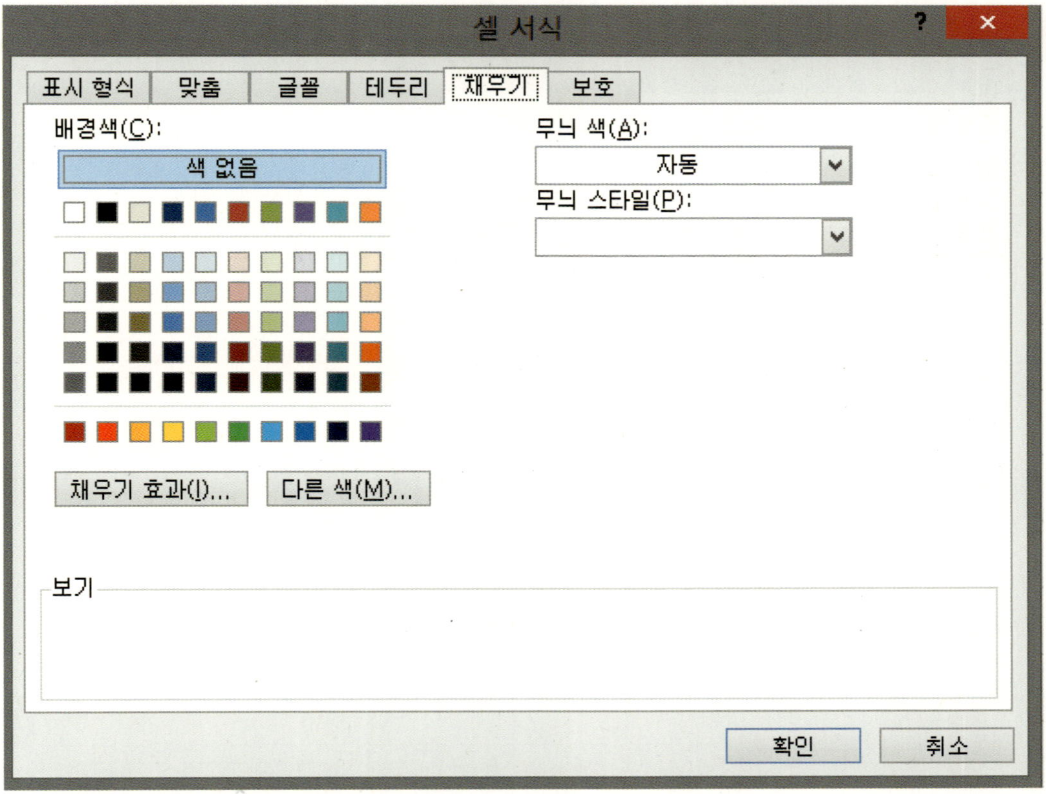

6) 보호

워크시트가 보호되어 있을 때, 보호 기능을 사용하면 테이블을 다른 사람이 수정하는 것을 방지하고, 사용자의 잘못된 입력을 방지할 수 있다.

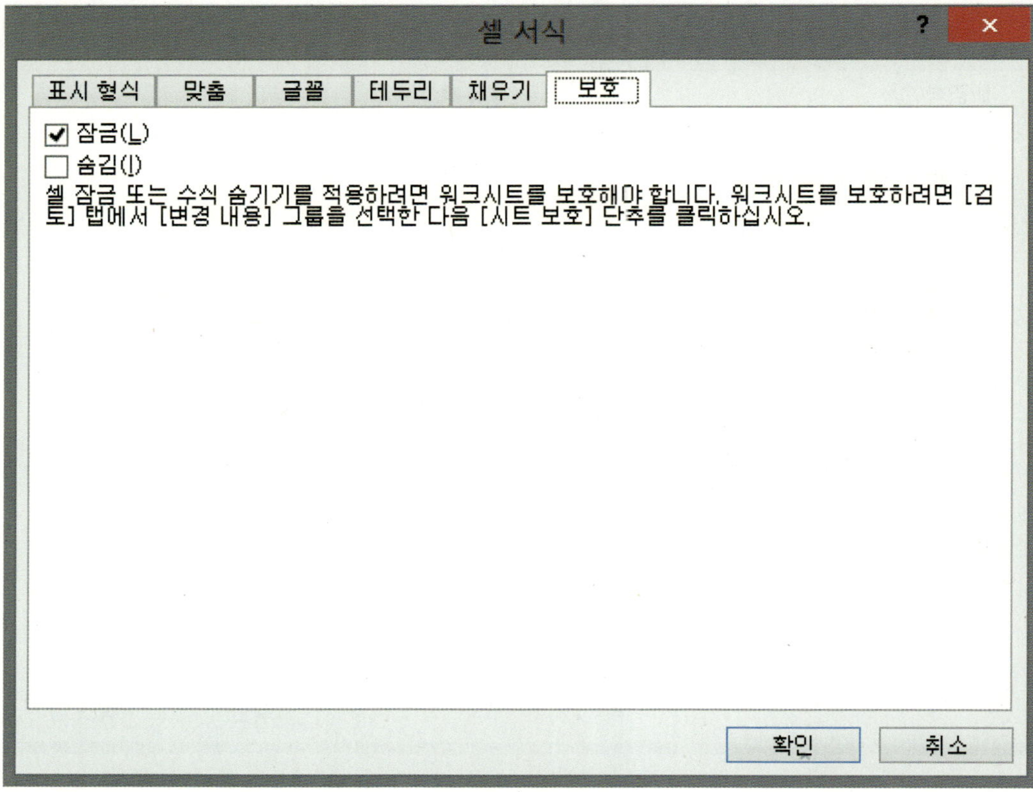

7) 셀에 셀 서식 지정하기

셀에 셀 서식 지정하는 예제를 위해 아래의 데이터를 입력한다.

	A	B	C	D	E	F
1	가장 많이 팔린 도서(베스트셀러)순위/단행본					
2	제목	저자		원어	발행년도	부수
3	두 도시 이야	찰스 디킨스		영어	1859	200000000
4	물몬경	조지프 스미스 주니어		영어	1830	150000000
5	반지의 제왕	J.R.R. 톨킨		영어	1937	150000000
6	그리고 아무도	애거사 크리스티		영어	1939	100000000
7	호빗	J.R.R. 톨킨		영어	1937	100000000
8	홍루몽	조설근		중국어	18세기 중반	100000000
9	그녀	헨리 라이더 해거드		영어	1887	83000000
10	어린왕자	암투안 드 쌩텍쥐페리		프랑스어	1943	80000000
11	호밀밭의 파수	제롬 데이비드 샐린저		영어	1951	65000000
12	연금술사	파울루 코엘류		포루투갈어	1988	65000000
13	다빈치 코드	댄 브라운		영어	2003	57000000
14	하이디	요하나 슈피리		독일어	1880	50000000

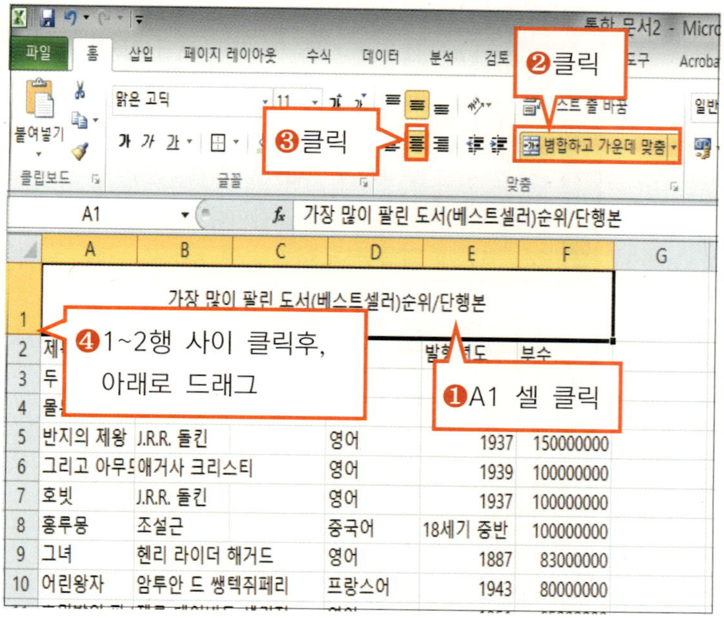

① [A1] 셀 클릭 후 [A1:F1] 영역의 범위를 잡는다.

② [홈]-[맞춤]-[병합하고 가운데 맞춤]을 클릭한다.

- 병합은 셀 여러개를 하나의 셀로 합치는 방법으로 '병합하고 가운데 맞춤' 버튼을 한번 클릭하면 병합이 되고, 다시 클릭하면 병합이 해제된다.

③ [홈]-[맞춤]-[가운데 맞춤]을 클릭한다. 가로 가운데 맞춤이다.

- '가운데 맞춤'은 세로 방향으로 가운데 맞춤하는 것과 가로방향으로 가운데 맞춤하는 두 가지방법이 있다.

④ 1행과 2행 사이를 클릭 한 후 아래로 드래그 하여 적당한 행 높이를 준다.

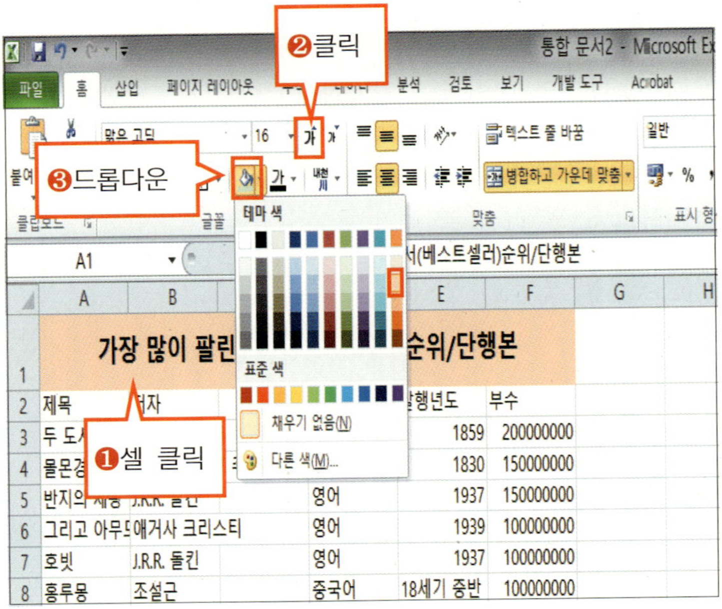

① [A1] 셀을 클릭한다.
② [홈]-[글꼴]-[글꼴 크기 크게]를 사용하여 원하는 크기를 준다.
③ [홈]-[글꼴]-[채우기 색]을 드롭다운하여 알맞은 셀의 음영색상을 준다.

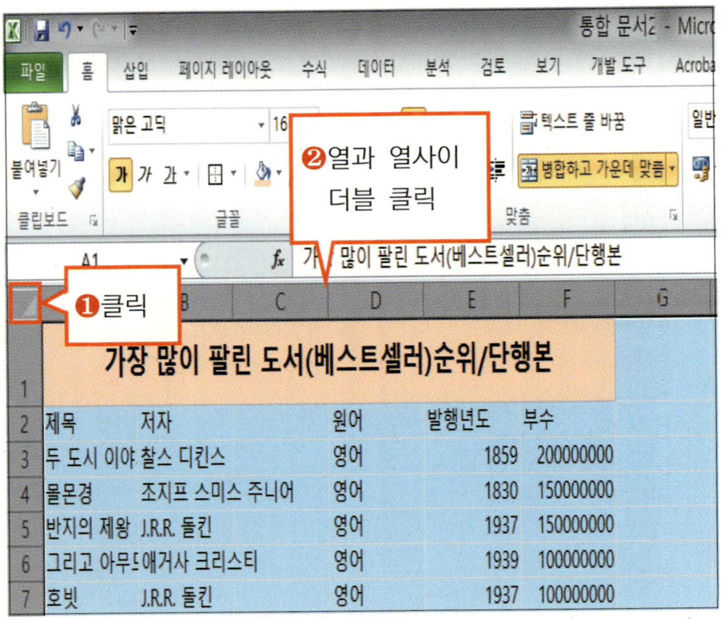

① 1행 위, 또는 A열 앞 부분을 클릭한다. 전체 워크시트가 다 선택이 잡힌다.
  - 워크시트안의 모든 셀이 선택이 잡힌다.
② C열과 D열 사이를 더블 클릭한다.
  - 모든 열이 데이터에 알맞게 각각의 크기가 조절된다.

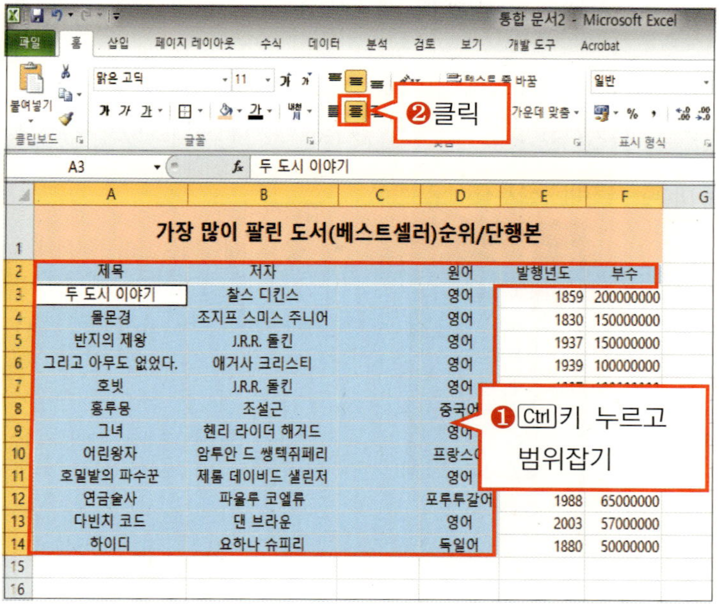

① Ctrl키 누르고 문자열 데이터를 클릭하거나 드래그하여 범위를 잡는다.

② [홈]-[맞춤]-[가운데 맞춤]을 클릭한다. 가로 가운데 맞춤이다.

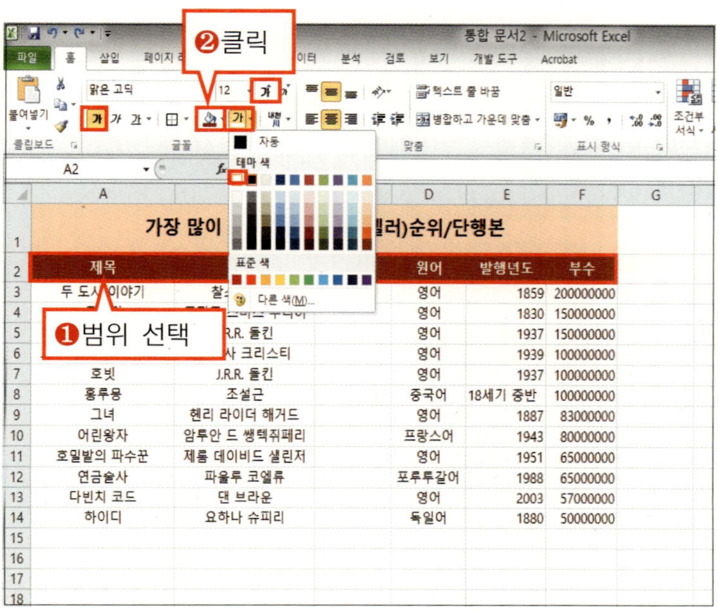

① [A1:F1] 영역의 범위를 잡는다.

② [홈]-[글꼴]-[굵게]를 클릭해서 글씨를 진하게 한다.

[홈]-[글꼴]-[채우기 색]을 클릭해서 셀의 음영색을 지정한다.

[홈]-[글꼴]-[글꼴 색]을 클릭해서 글씨의 색상을 지정한다.

[홈]-[글꼴]-[글꼴 크기 크게]를 클릭해서 글꼴 크기를 크게한다.

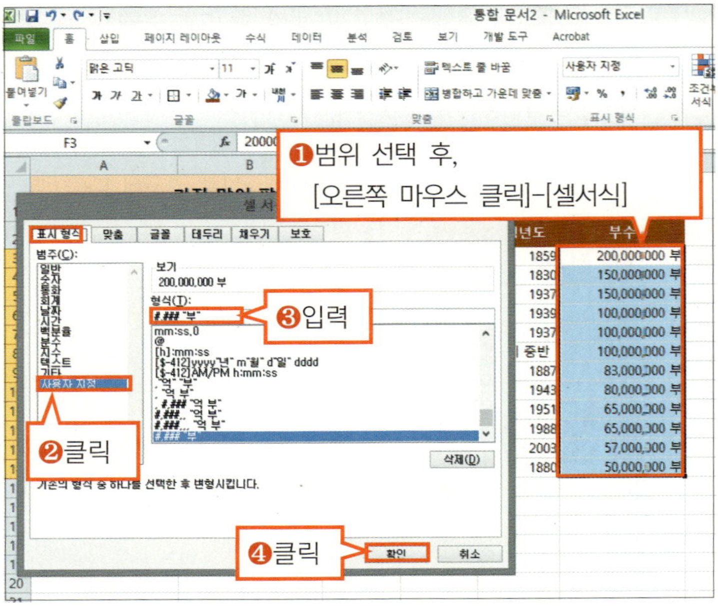

① [F3:F14] 영역의 범위를 선택한 후 [오른쪽 마우스 클릭]-[셀 서식]을 클릭한다.

② [표시형식] 탭의[사용자 지정]에서 '형식' 아래에 '#,###"원"'를 입력한다.

- 숫자 데이터는 표시형식에서 '#'으로 표시하고, 세 자리마다 콤머(,)를 표시하고 싶다면 '#,###'을 입력한다. 맨 뒤에 "원"을 붙이면 '원'이 숫자 데이터 뒤에 연이어 출력된다. 단 '#'은 일의 자리에 '0'이 있을 때 '0'을 출력시키는 않는 표시 형식이므로 이때는 '#,##0"원"'으로 입력한다.

③ '확인' 버튼을 클릭한다.

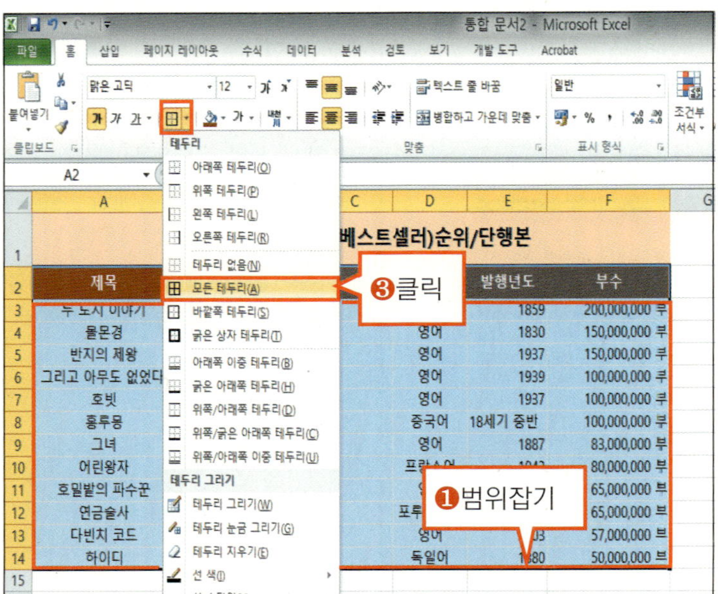

① [A2:F14] 영역의 범위를 잡는다.

② [홈]-[글꼴]-[모든 테두리]를 선택한다.

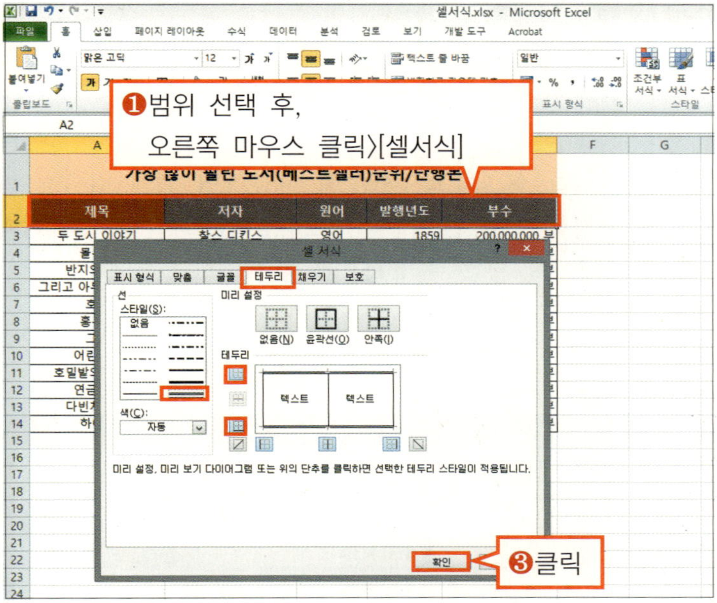

① [A1:F1] 영역의 범위를 선택 한 후, [오른쪽 마우스 클릭]-[셀 서식]을 클릭한다.

② [테두리] 탭의 [스타일]의 선의 종류를 선택한 후, '테두리'에서 선이 필요한 부분의 버튼을 클릭한다.

③ '확인' 버튼을 클릭한다.

2.6 조건부 서식

1) 열의 너비 지정

조건부 서식은 특정 셀에 대해서만 서식을 설정하고자 할 때 사용하며 셀에 입력된 글자에 관련된 각종 서식, 테두리 셀의 배경색 등을 설정한다. 그리고 조건에 따라서 데이터 막대, 색조 및 아이콘들을 이용하여 데이터 값을 시각적으로 표현한다.

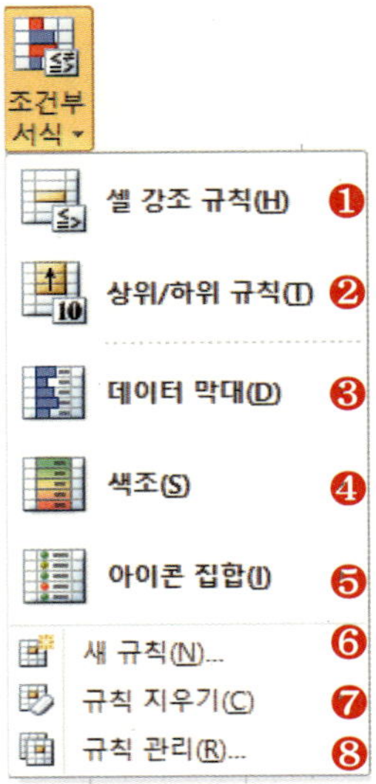

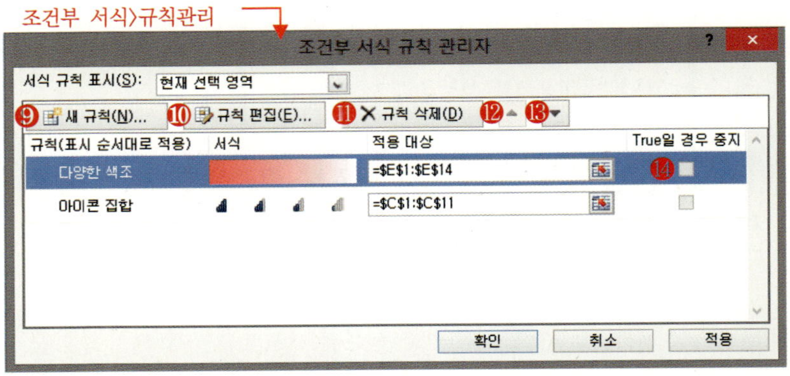

① **셀 강조 규칙** : 지정한 값을 가지고 만족하는 데이터에 대해 조건부 서식을 지정한다.

② **상위/하위 규칙** : 숫자 데이터의 상위, 하위 등의 조건으로 하여 조건부 서식을 지정할 수 있다.

③ **데이터 막대** : 단색과 그라데이션을 이용하여 숫자 데이터의 비율을 박대그래프 형태로 셀에 표시해 준다. 숫자 데이터의 시각적 비교에 적당하다.

④ **색조** : 2색 또는 3색의 그라데이션을 이용하여 데이터 값의 높고 낮음을 시각화 시켜준다.

⑤ **아이콘 집합** : 아이콘을 이용하여 데이터 값을 시각화 시켜준다. 이것 역시 데이터 값의 높고 낮음을 알 수 있다.

⑥ **새 규칙** : 새로운 조건부 서식을 만든다.

⑦ **규칙 지우기** : 기존에 만들었던 조건부 서식을 지운다.

⑧ **규칙 관리** : [규칙 관리]를 클릭하면 오른쪽 그림인 [조건부 서식 규칙 관리자]가 열린다.

⑨ **새 규칙** : 새로운 조건부 서식을 편집한다.

⑩ **규칙편집** : 선택한 조건부 서식을 편집한다.

⑪ **규칙 삭제** : 선택한 조건부 서식을 삭제한다.

⑫ ▲ : 선택한 규칙의 우선순위를 위쪽으로 이동한다.

⑬ ▼ : 선택한 규칙의 우선순위를 아래쪽으로 이동한다.

⑭ **True일 경우 중지** : 여러 개의 조건부 서식 규칙을 지원하지 않는 엑셀 2007 이전 버전과의 호환성을 위해 확인란에 체크하면 이전 버전으로 저장 시 규칙 평가를 중지한다.

2) 조건부 서식을 이용하여 스타일 적용하기

조건부 서식을 적용하기 위하여 새로운 데이터를 입력한다.

	A	B	C	D	E	F	G
1		등급별 판매량 통계					
2							
3	코드명	대리점명	상반기	하반기	총판매량	평균판매량	순위
4	MK001	성북구	77	58	135	67.5	9
5	MK002	노원구	90	74	164	82	6
6	MK003	강남구	90	98	188	94	3
7	MK004	강서구	96	100	196	98	1
8	MK005	마포구	92	97	189	94.5	2
9	MK006	구로구	75	67	142	71	7
10	MK007	동작구	91	88	179	89.5	4
11	MK008	강북구	87	85	172	86	5
12	MK009	성동구	66	67	133	66.5	10
13	MK010	강동구	68	72	140	70	8

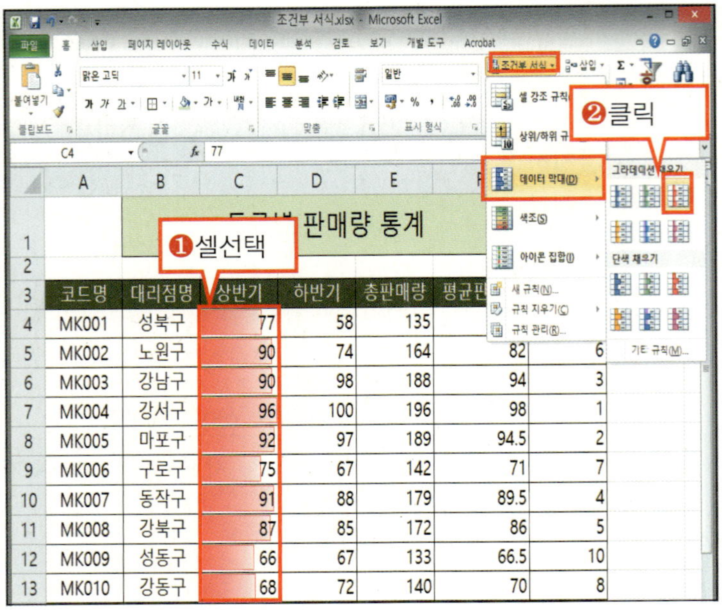

① [C4:C13] 영역의 범위를 선택한다.

② [홈]-[스타일]-[조건부 서식]-[데이터 막대]를 클릭하여 적당한 데이터 막대를 선택한다.

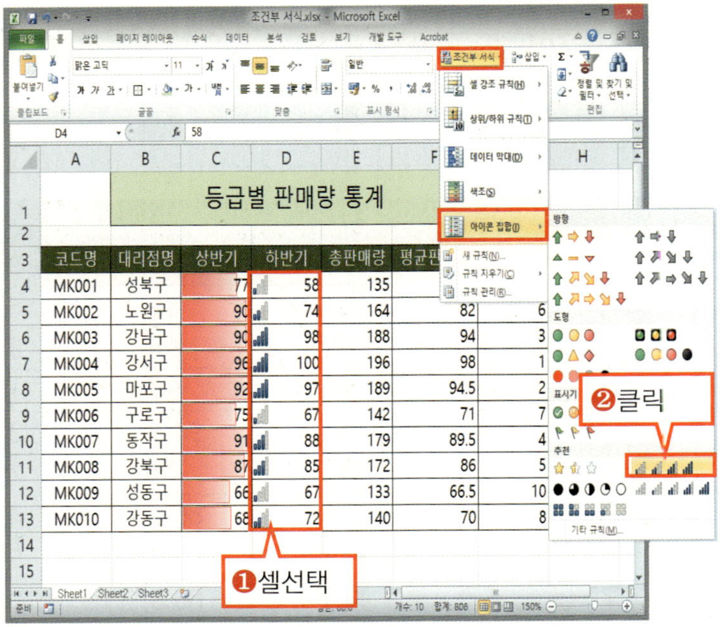

① [D4:D13] 영역의 범위를 선택한다.

② [홈]-[스타일]-[조건부 서식]-[아이콘 집합]을 클릭 하여 적당한 아이콘 집합을 선택한다.

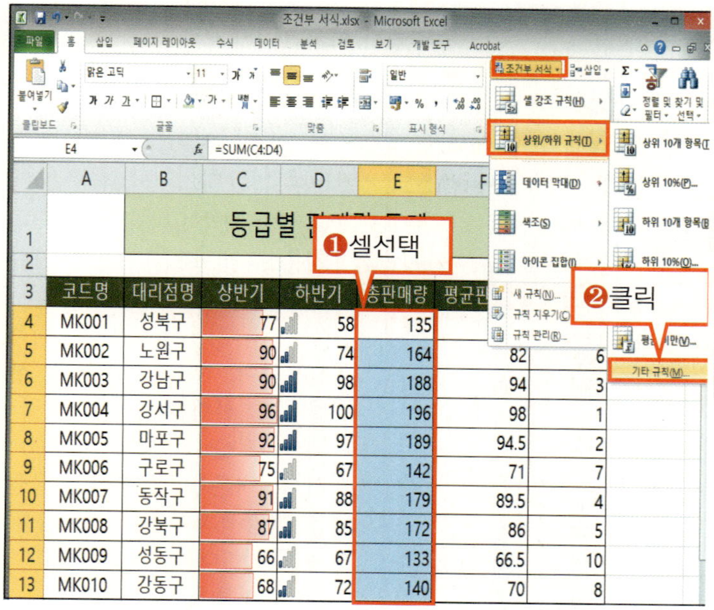

① [E4:E13] 영역의 범위를 선택한다.

② [홈]-[스타일]-[조건부 서식]-[상위/하위 규칙]-[기타 규칙]을 클릭한다.

조건

'총판매량'은 상위 30%에 해당하는 데이터에 글꼴을 '굵게, '자주색'으로 조건부 서식을 준다.

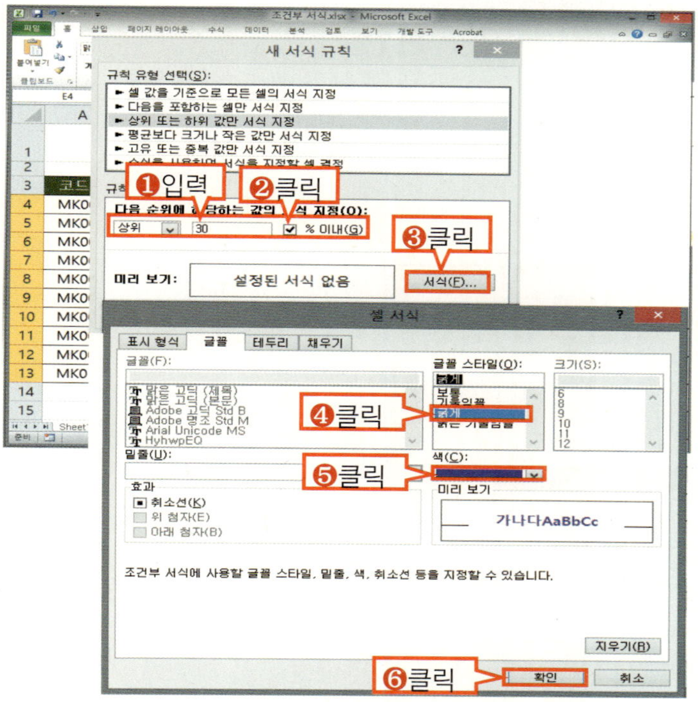

① 상위 30%의 데이터에 조건부 서식을 주기 위해서 먼저 '30'을 입력한다.

② '30%' 이므로 '%이내'를 체크한다.

③ '서식' 버튼을 클릭한다.

④ [글꼴] 탭에서 '글꼴 스타일'을 '굵게'를 클릭한다.

⑤ '색'은 '자주'를 선택한다.

⑥ '확인' 버튼을 클릭한 후, 다시 '확인' 버튼을 클릭한다.

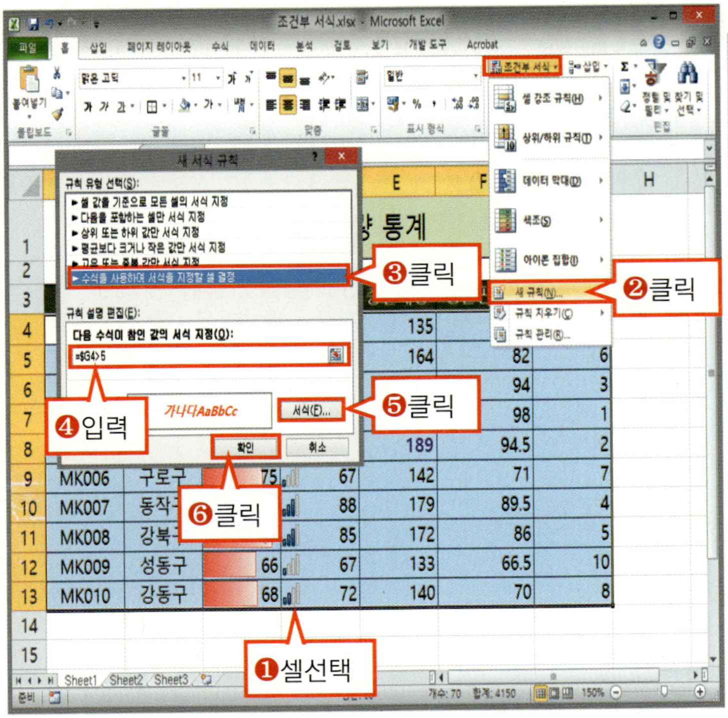

조건

전체 데이터 중 '순위'가 5등을 초과한 데이터에 글꼴색 빨강, '굵은 기울임' 스타일을 주는 조건부 서식이다.

① [A4:H13] 영역의 범위를 선택한다.
② [홈]-[스타일]-[조건부 서식]-[새규칙]을 클릭한다.
③ '규칙 유형 선택'을 '수식을 사용하여 서식을 지정할 셀 결정'을 선택한다.
④ '=$G4>5'을 입력한다.
⑤ '서식' 버튼을 클릭한다. 글꼴을 빨강색과 '굵은 기울임꼴'을 선택한다.
⑥ '확인' 버튼을 클릭한다.

- 데이터의 영역 범위를 잡을 때 필드명이 들어가지 않는다. 수식은 '=$G4>5'로 G열은 셀 주소가 변하지 않지만, 행은 계속 변하기 때문에 G앞에만 $를 입력했다. 더 자세한 내용은 3과와 4과를 참조할 것.

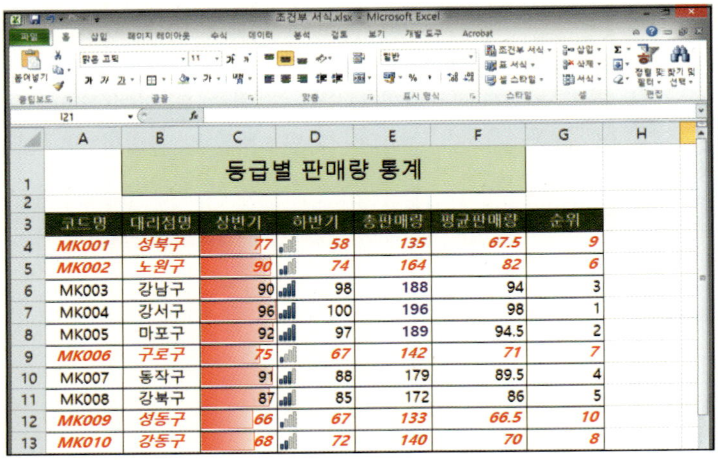

① 최종 완성된 데이터이다.

2.7 워크시트 관리하기

1) 열의 너비 지정

열이란 A, B, C, D 등의 세로를 일컬으며 각 A, B, C, D 등의 간격을 넓히고 조절하는 명령이다. 워크시트에서 열 너비는 0~255로 지정할 수 있으며 이 값은 서식이 지정된 셀에 표시할 수 있는 문자수이며 각 셀의 기본 열 너비는 8.38이다. 열 너비를 0으로 설정하면 해당 열은 숨겨지게 된다. 각 열의 간격을 조절하는 방법은 아래와 같다.

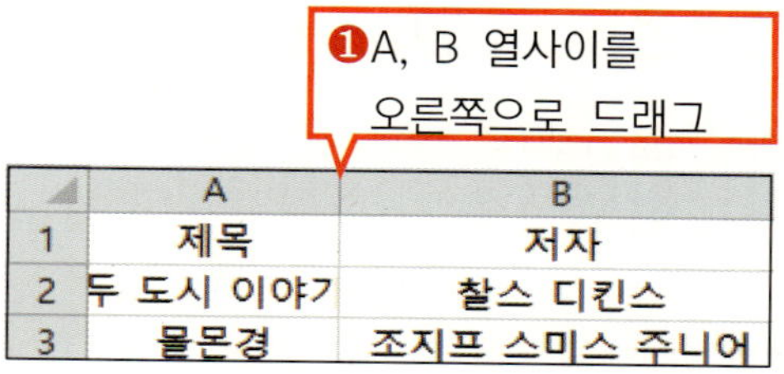

① 마우스로 A열과 B열의 경계선을 마우스로 드래그하여 간격을 조절한다.

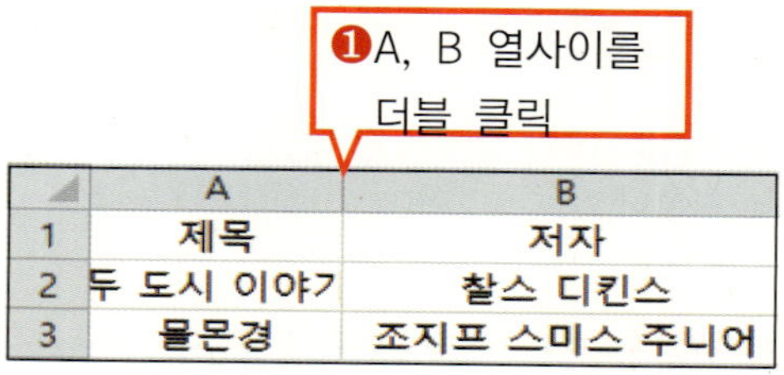

① A열과 B열의 경계선에서 더블클릭을 하여 최적의 셀 크기가 설정된다.

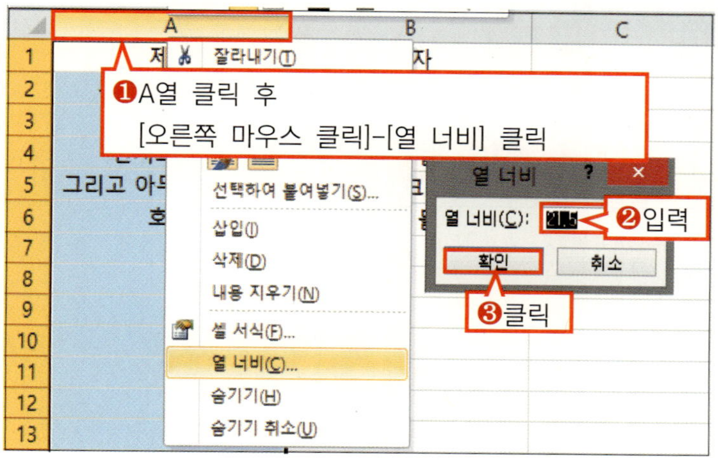

① A열 [오른쪽 마우스 클릭]-[열 너비]를 클릭한다.
② '열 너비'에 수치를 입력한다.
③ '확인' 버튼을 클릭한다.

2) 행의 높이 지정

행은 1, 2, 3, 4 등의 세로를 일컬으며 각 행의 높이를 조절하는 명령이다. 워크시트에서 행 높이는 0~409까지 지정할 수 있으며 이 값은 포인트 단위의 높이 측정값으로 기본 행 높이는 16.5포인트이다. 행 높이를 0으로 설정하면 해당 행은 숨겨지게 된다.

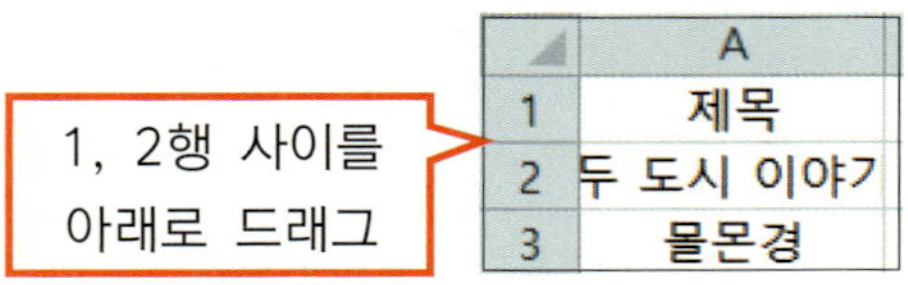

① 마우스로 1행과 2행의 경계선을 마우스로 드래그하여 간격을 조절한다.

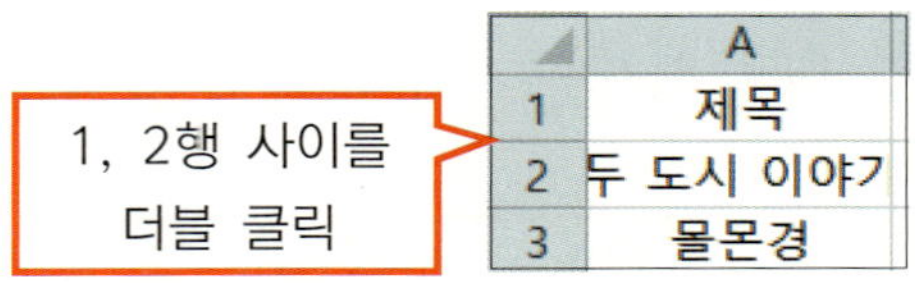

① 마우스로 1행과 2행의 경계선에서 더블클릭을 한다.

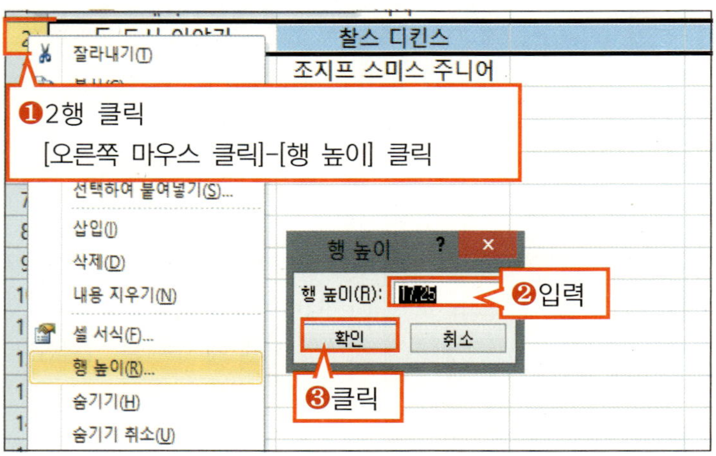

① 2행 [오른쪽 마우스 클릭]-[행 높이]를 클릭한다.
② '행 높이'에 수치를 입력한다.
③ '확인' 버튼을 클릭한다.

3) 행/열 삽입하기

현재 위치한 셀 바로 앞에 한 개의 행/열을 삽입하고자 한다면, 해당 셀 '행/열 머리글'을 선택하고 바로가기 단축키 (Ctrl+[+])를 누른다. 또는 아래의 방법을 사용한다.

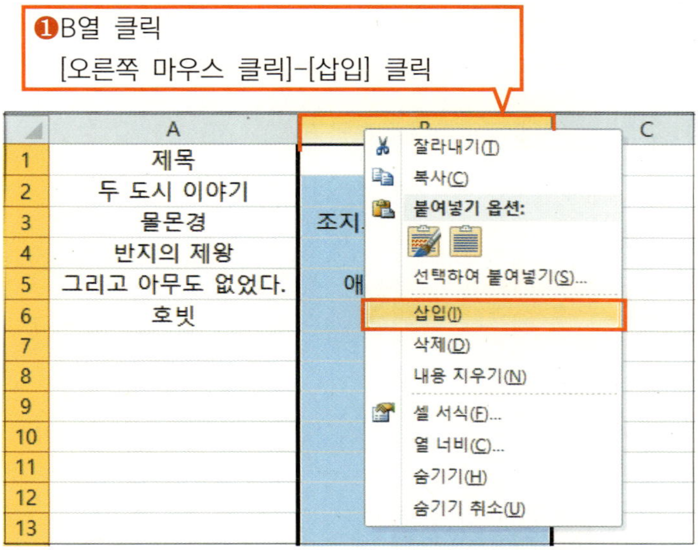

① B열 클릭 후 [오른쪽 마우스 클릭]-[삽입]을 클릭한다. B열 왼쪽에 새로운 열이 생성된다.

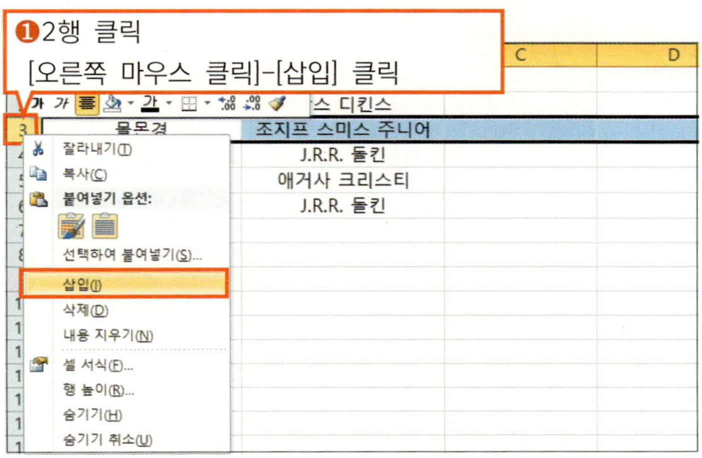

① 3행 클릭 후 [오른쪽 마우스 클릭]-[삽입]을 클릭한다. 3행 윗쪽에 새로운 행이 생성된다.

엑셀 2010

4) 행/열 삭제하기

현재 위치한 셀 바로 앞에 한 개의 행/열을 삭제하고자 한다면, 해당 셀 '행/열 머리글'을 선택하고 바로가기 단축키 (Ctrl+-)를 누른다. 또는 아래의 방법을 사용한다.

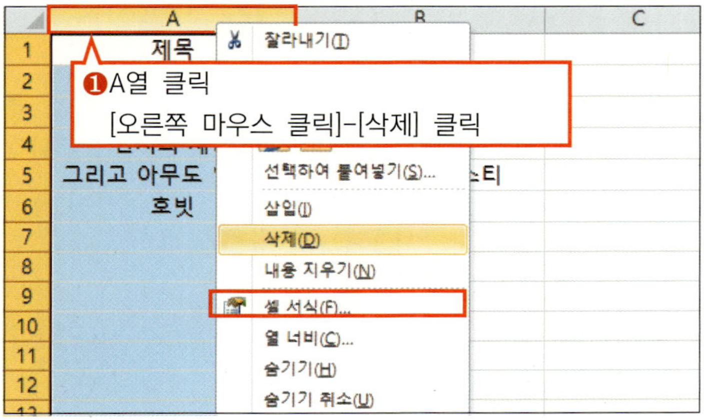

① A열 클릭 후 [오른쪽 마우스 클릭]-[삭제]를 클릭한다. A열이 삭제되면서 다른 열들이 왼쪽으로 밀린다.

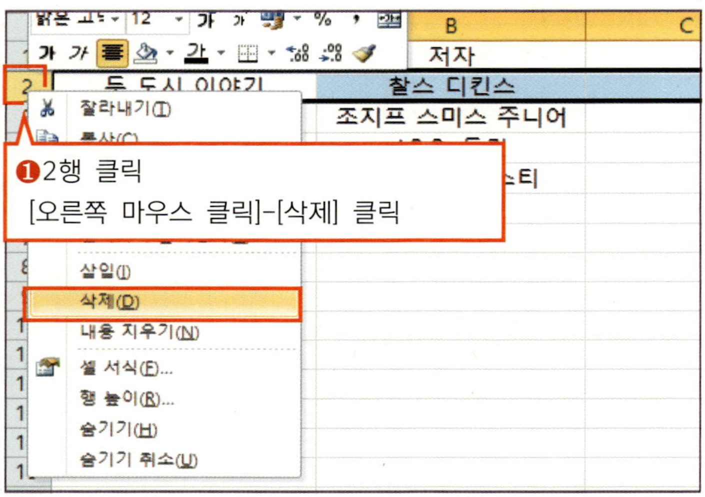

① 2행 클릭 후 [오른쪽 마우스 클릭]-[삭제]를 클릭한다. 2행이 삭제되면서 다른 행들이 위쪽으로 밀린다.

5) 행/열 숨기기

행/열 숨기기 명령은 현재 사용 중인 셀의 내용을 일시적으로 안보이게 할 수 있는 명령으로 필요 없는 셀을 지워서 완전히 삭제하는 것보다 나중에 사용할 목적으로 잠시 숨기는 명령이다. 숨겨진 셀은 나중에 숨기기 취소 명령을 이용하여 해제할 수 있다.

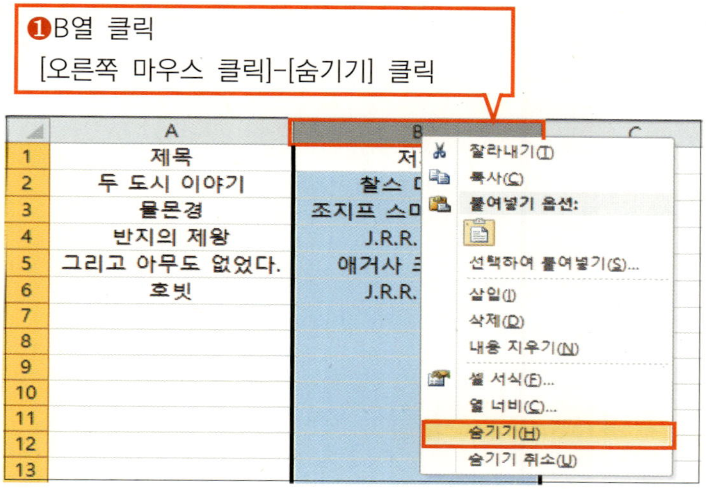

① B열 클릭 후 [오른쪽 마우스 클릭]-[숨기기]를 클릭한다. B열이 숨고, 주변에 A열과 C열만 보인다.

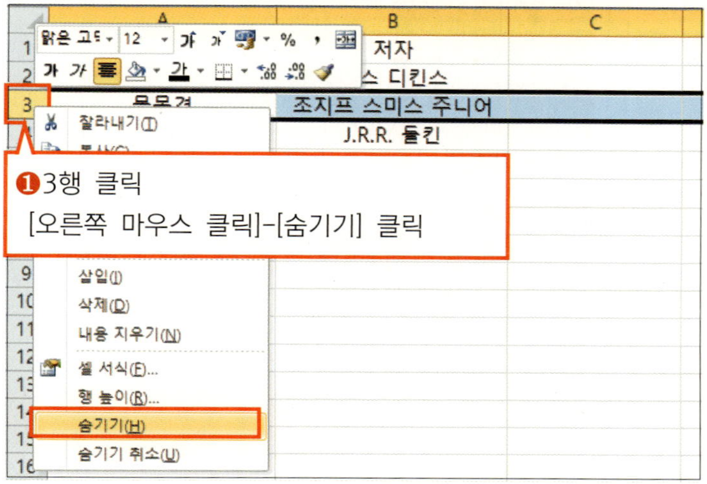

① 3행 클릭 후 [오른쪽 마우스 클릭]-[숨기기]를 클릭한다. 3행이 숨고, 주변에 2행과 4행은 보인다.

6) 행/열 숨기기 취소

숨겨진 행을 표시하려면 표시하려는 행의 위쪽 행과 아래쪽 행을 선택한다. 숨겨진 열의 양쪽에 인접한 열을 선택하거나 또는 'A'열과 '1'행 왼쪽의 모서리 전체 범위 선택을 클릭하여 마우스 오른쪽 버튼을 눌러 숨기기 취소를 선택한다.

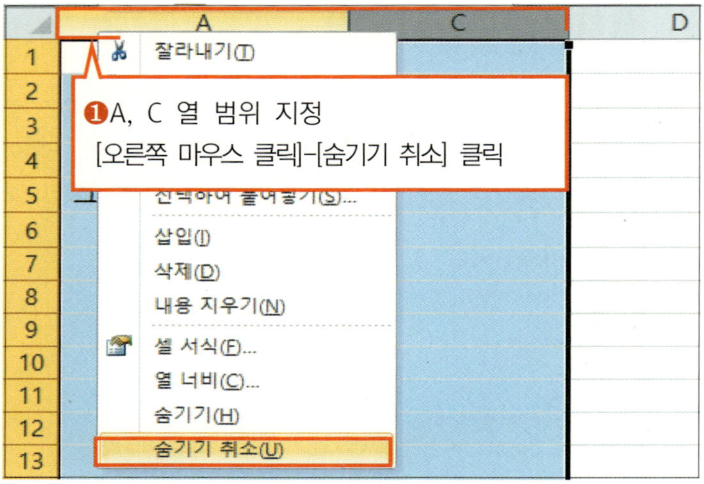

① A, C열 클릭 후 [오른쪽 마우스 클릭]-[숨기기 취소]를 클릭한다. 숨어 있던 B열이 다시 표시된다.

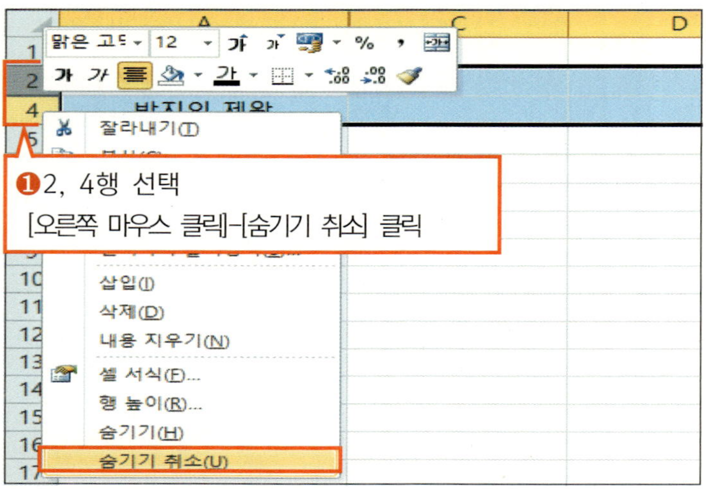

① 2, 4행 클릭 후 [오른쪽 마우스 클릭]-[숨기기 취소]를 클릭한다. 숨어 있던 3행이 다시 표시된다.

7) 새 워크시트 삽입

엑셀 통합문서에는 기본적으로 세 개의 워크시트가 제공되는데 사용자의 작업 양에 따라서 워크시트를 삽입할 수 있다. 작업하는 기존 워크시트 뒤에 새 워크시트를 삽입하려면, 아래 그림의 빨간색 부분을 클릭하면 된다.

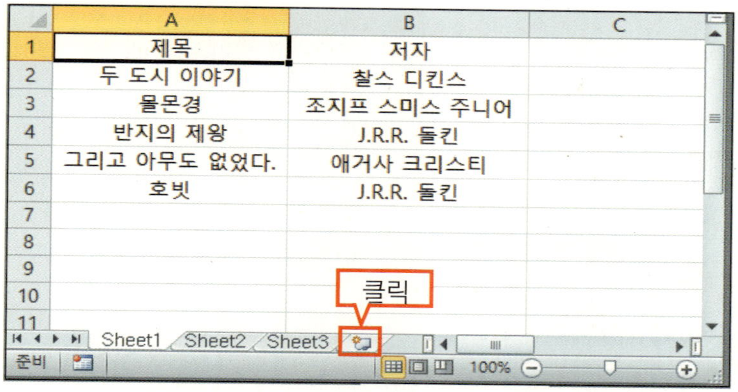

8) 워크시트 이름 변경

현재 사용하는 시트의 이름을 변경하고자 한다면, 아래의 그림처럼 하면 된다.

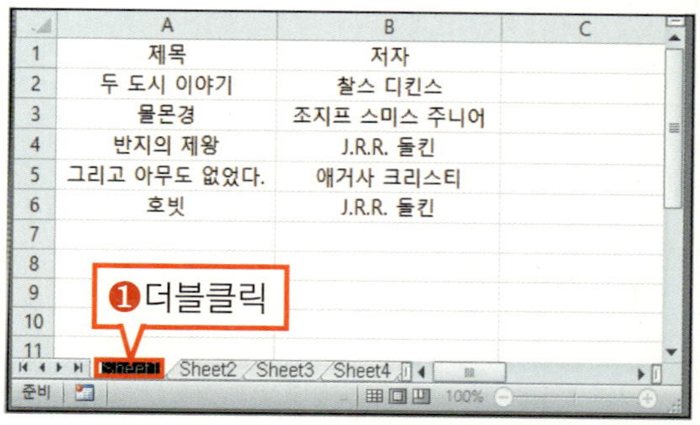

① 변경하고자 하는 시트 탭을 더블 클릭한 후 이름을 바꾼다.

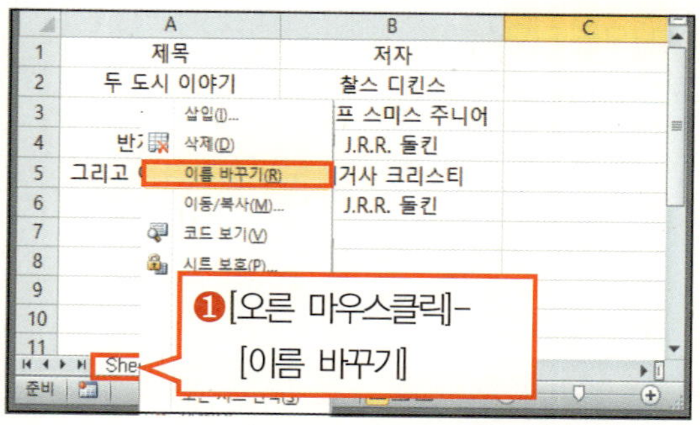

① 변경하고자 하는 시트를 선택하고 [오른쪽 마우스 클릭]-[이름 바꾸기] 클릭하여 이름을 바꾼다.

9) 워크시트 복사/이동

현재 사용하는 시트를 하나 더 복사하려고 한다면, 복사 하고자하는 시트를 선택하여 마우스 오른쪽 버튼을 클릭-[이동/복사]-[복사본 만들기]에 체크(✔) 표시를 한다. 또는 복사하고자하는 시트에서 Ctrl를 누르고 복사하고자 하는 위치로 마우스로 드래그 한다.

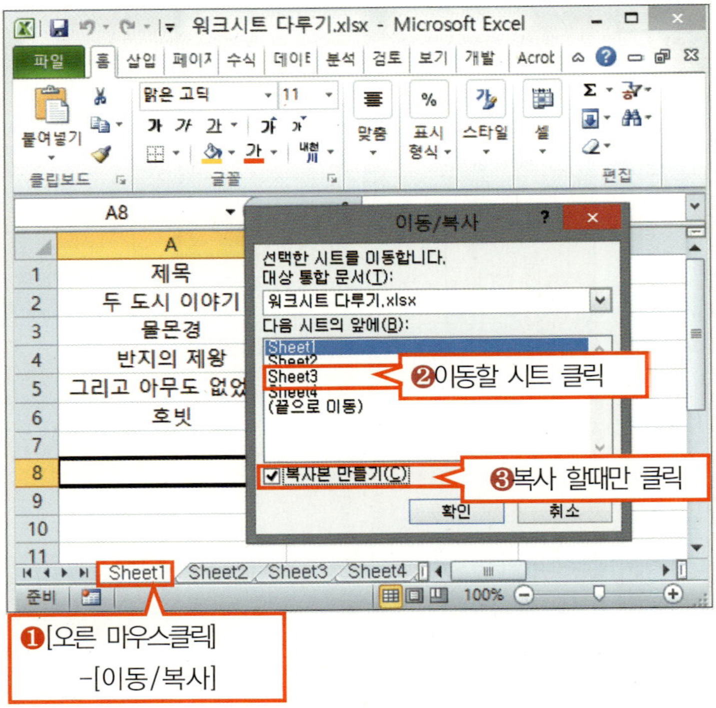

① 복사를 원하는 시트에 [오른 마우스 클릭]-[이동/복사]를 클릭한다.

② 어떤 시트 앞에 이동/복사 할지 시트 이름을 클릭한다.

③ 복사본을 만들때만 체크한다.

10) 워크시트 삭제

필요 없는 워크시트를 삭제하고자 한다면 삭제하고자하는 워크시트에 마우스를 위치시킨 후 마우스 오른쪽 버튼을 클릭하여 [삭제]를 클릭한다.

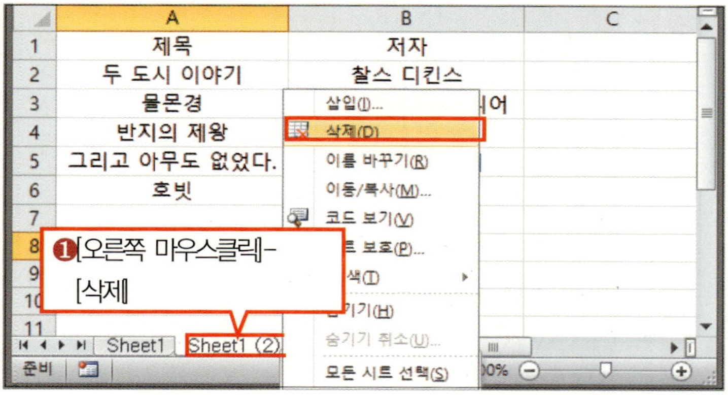

① 필요 없는 워크시트에 [오른쪽 마우스 클릭]-[삭제]를 클릭한다.

11) 기본적으로 제공되는 3개의 워크시트 개수를 변경하기

기본으로 제공되는 3개의 워크시트 개수를 필요한 만큼 늘리거나 줄일 수 있다.

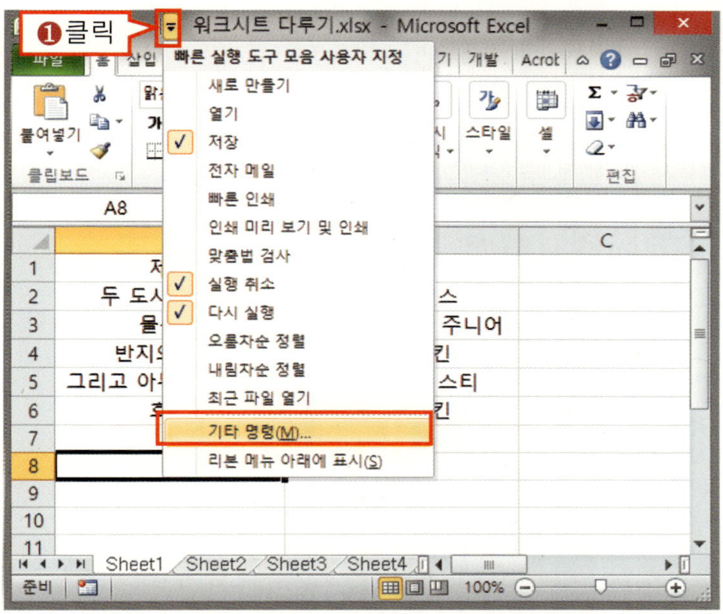

① [빠른 실행 도구 모음 사용자 지정]-[기타 명령]을 클릭한다.

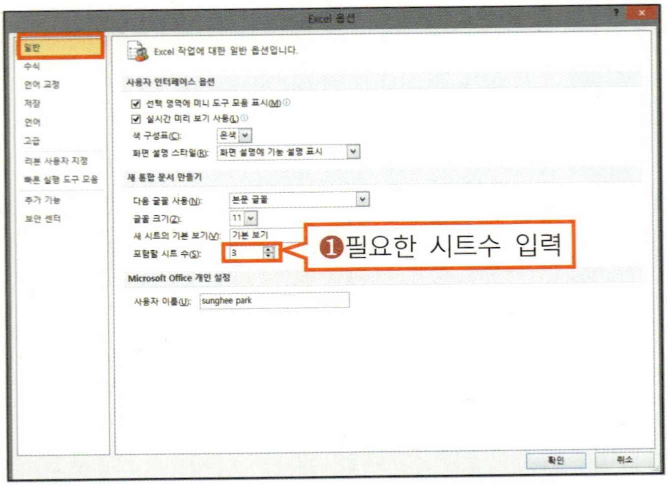

① [일반] 탭에서 '포함할 시트수'를 필요한 만큼 입력한다.

2.8 문서 관리

1) 통합 문서 저장하기

① 워크시트에 데이터를 입력한 후 '❶ 파일 '를 클릭한 후 [저장]을 클릭하거나 [빠른 도구 실행 모음]의 저장 아이콘(❷)을 클릭한다.

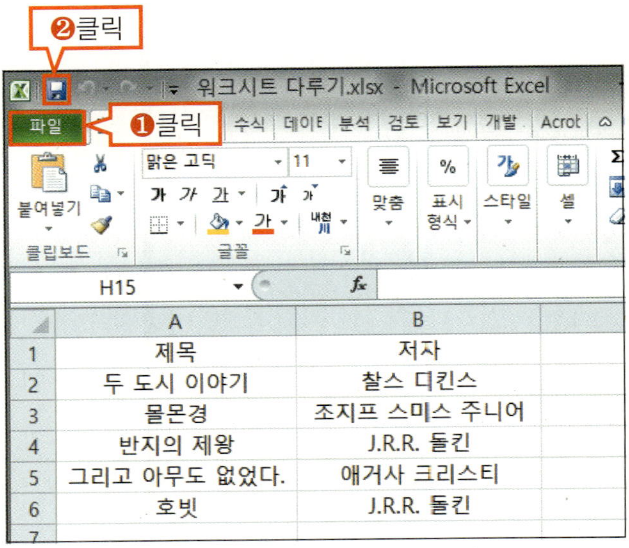

Tip

엑셀은 여러 가지 형식으로 저장할 수 있다.

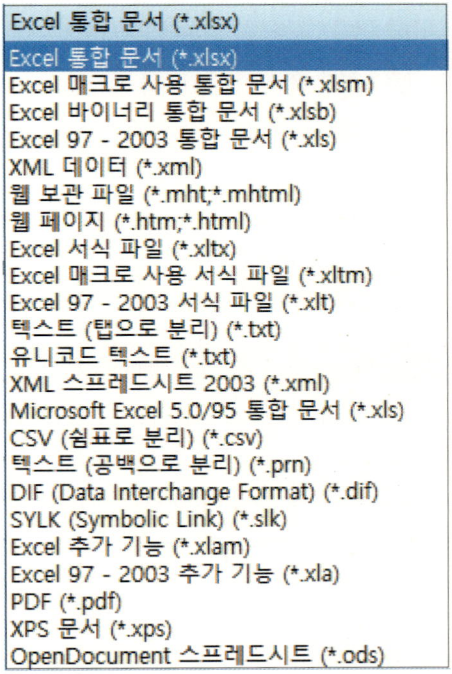

- Excel 통합 문서(*.xlsx) : 일반적인 엑셀 2010 형식으로 저장한다.
- Excel 매크로 사용 통합 문서(*.xlsm) : 매크로를 포함하는 XML 기반의 엑셀 2010 형식으로 저장한다.
- Excel 97-2003 통합 문서(*.xls) : 기존의 엑셀 97-엑셀 2003 형식으로 저장한다.
- 다른 형식 : 여러형식(*.txt, *pdf)으로 저장한다.

실습문제 1

아래의 '출력결과'와 같이 '조건'에 지시한대로 빈셀을 채워라.

조건

① '열C, 열D, 열E, 열F, 열H, 열I'는 자동 채우기를 활용해서 데이터를 채운다.
② '열A, 열G'는 [홈]-[편집]-[채우기]-[계열]을 이용해서 데이터를 채운다.
③ '열J'는 '사용자 지정 목록'에 등록한 후 자동 채우기 한다.

	A	B	C	D	E	F	G	H	I	J
1										
2		날짜(년도 1씩 증가)	1씩 증가	같은 데이터	2씩 증가	10씩 증가	3의 급수	월	Month	계절
3		2014-12-13	1	1	1	1	1	일월	January	봄
4										
5										
6										
7										
8										
9										
10										
11										
12										
13										
14										

✎ 출력결과

	A	B	C	D	E	F	G	H	I	J
1										
2		날짜(년도 1씩 증가)	1씩 증가	같은 데이터	2씩 증가	10씩 증가	3의 급수	월	Month	계절
3		2014-12-13	1	1	1	1	1	일월	January	봄
4		2015-01-13	2	1	3	11	3	이월	February	여름
5		2015-02-13	3	1	5	21	9	삼월	March	가을
6		2015-03-13	4	1	7	31	27	사월	April	겨울
7		2015-04-13	5	1	9	41	81	오월	May	
8		2015-05-13	6	1	11	51	243	유월	June	
9		2015-06-13	7	1	13	61	729	칠월	July	
10		2015-07-13	8	1	15	71	2187	팔월	August	
11		2015-08-13	9	1	17	81	6561	구월	September	
12		2015-09-13	10	1	19	91	19683	시월	October	
13		2015-10-13	11	1	21	101	59049	십일월	November	
14		2015-11-13	12	1	23	111	177147	십이월	December	

조건

① '점수율'에 조건부 서식 지정할 것 (아이콘 집합)

② '백분율'에 조건부 서식 지정할 것. (상위 20%)

③ 전체 데이터중 '점수 백분율이 50% 이상인 학생들만 글꼴을 빨강, 굵게 지정할 것.

엑셀 2010

실습문제 2

아래의 '출력결과'와 같이 빈셀을 채워넣고, 조건에 맞게 작성하시오.

조건

① [A1:I1] 영역은 '셀 병합 후, 가로, 세로 가운데 맞춤' 밑줄은 '밑줄(실선)'으로 지정하시오.
② [A3:I3] 영역은 '가로 가운데 맞춤'으로 하고, 셀 음영은 '연한파랑'으로 채우시오.
③ [G3] 영역의 '할인율' 글자를 알맞은 한자로 변환하시오.
④ [[D4:D9] 영역은 셀 서식의 사용자 정의를 이용하여 문자 앞에 '주)'이 표시되도록 설정하시오.
⑤ [E4:E9] 영역을 출력형태와 같이 셀서식의 표시형식을 설정하시오.
⑥ [F4:F9] 영역을 '셀 병합' 후 출력형태와 같이 셀서식의 테두리를 설정하시오.
⑦ [G4:G9] 영역을 출력형태와 같이 셀서식의 표시형식을 설정하시오.
⑧ [A3:I9] 영역에 '⊞(바깥쪽 테두리)'를 적용하여 표시하시오.

	A	B	C	D	E	F	G	H	I
1	우리마트 봄맞이 할인행사 현황								
2									
3	상품코드	분류	상품명	공급업체	가격	재고	할인율	행사시작일	행사수량
4	SC-03	화장품	영양크림	미인유통	13000		0.15		
5	FN-02	과일	수박	싱싱우통	9000		0.1		
6	SS-02	세제	섬유 유연제	크린유통	8900		0.2		
7	FC-01	영양/건강	홍삼세트	싱싱유통	29900		0.1		
8	FC-02	세제	섬유 세제	크린유통	12000		0.3		
9	FS-01	화장품	아이크림	미인유통	30000		0.15		

✎ **출력결과**

	A	B	C	D	E	F	G	H	I
1	우리마트 봄맞이 할인행사 현황								
2									
3	상품코드	분류	상품명	공급업체	가격	재고	割引率	행사시작일	행사수량
4	SC-03	화장품	영양크림	주)미인유통	₩13,000		15.00%	2015-11-05	5 1/7
5	FN-02	과일	수박	주)싱싱유통	₩9,000		10.00%	10월 09일	100
6	SS-02	세제	섬유 유연제	주)크린유통	₩8,900		20.00%	Sep-14	200
7	FC-01	영양/건강	홍삼세트	주)싱싱유통	₩29,900		10.00%	2015년11월20일	300
8	FC-02	세제	섬유 세제	주)크린유통	₩12,000		30.00%	2015년 11월 21일	50
9	FS-01	화장품	아이크림	주)미인유통	₩30,000		15.00%	2015년11월22일	200 4/9

실습문제 3

아래의 시트와 같이 다양한 데이터를 입력해 보자.

	A	B	C	D	E	F	G	H
1	그래픽활용 응시자							
2								
3	번호	응시일	성명(姓名)	응시반	연락처 ☎	평가	점수율	점수 백분율
4	1	2014-11-25	정준영	1반	313-2121	합격	1/2	50%
5	2	12월 23일	이민규	3반	345-5654	합격	1	100%
6	3	Nov-14	이상규	2반	325-3640	합격	1/3	33%
7	4	Dec-14	허정민	1반	989-9403	합격	5/6	83%
8	5	12월 07일	우민정	3반	212-7537	합격	1	100%
9	6	2015-03-04	하종한	3반	955-2561	불합격	4/5	80%
10	7	2015-05-04	김명수	1반	235-4235	합격	1/7	14%
11	8	04월 02일	소지섬	2반	345-3456	불합격	1	100%
12	9	2014년 12월 9일	박빈	2반	463-2657	불합격	2/3	67%
13	10	2015년 6월 7일	이혜리	1반	567-3246	합격	3/4	75%

실습문제 4

위 3번 문제의 데이터를 이용하여 아래의 조건에 갖게 편집해 보자

조건

① '점수율'에 조건부 서식 지정할 것 (아이콘 집합)
② '백분율'에 조건부 서식 지정할 것. (상위 20%)
③ 전체 데이터중 '점수 백분율이 50% 이상인 학생들만 글꼴을 빨강, 굵게 지정할 것.

출력결과

	A	B	C	D	E	F	G	H
1	그래픽활용 응시자							
2								
3	번호	응시일	성명(姓名)	응시반	연락처 ☎	평가	점수율	점수 백분율
4	1	2014-11-25	정준영	1반	313-2121	합격	1/2	50%
5	2	12월 23일	이민규	3반	345-5654	합격	1	100%
6	3	Nov-14	이상규	2반	325-3640	합격	1/3	33%
7	4	Dec-14	허정민	1반	989-9403	합격	5/6	83%
8	5	12월 07일	우민정	3반	212-7537	합격	1	100%
9	6	2015-03-04	하종한	3반	955-2561	불합격	4/5	80%
10	7	2015-05-04	김명수	1반	235-4235	합격	1/7	14%
11	8	04월 02일	소지섬	2반	345-3456	불합격	1	100%
12	9	2014년 12월 9일	박빈	2반	463-2657	불합격	2/3	67%
13	10	2015년 6월 7일	이혜리	1반	567-3246	합격	3/4	75%

실습문제 5

다음 조건에 알맞은 조건부 서식을 설정하시오.

조건

① 근무기간이 '5'년 이하이고 부서가 '교육팀'인 자료 행 전체에 대하여 글꼴 스타일은 '굵게', 글꼴색은 '자주'로 표시하시오.

② 조건은 하나의 수식이어야 함.

출력결과

	A	B	C	D	E
1	성명	부서	직급	연봉(원)	근무기간(년)
2	원강철	교육팀	과장	23,900,000	13
3	김지용	영업팀	사원	14,100,000	12
4	구명희	교육팀	부장	32,000,000	11
5	김민수	기획팀	부장	32,900,000	10
6	이영아	기획팀	대리	16,200,000	5
7	**김찬명**	**교육팀**	**사원**	**15,000,000**	**3**
8	엄행식	교육팀	과장	22,900,000	15
9	박민훈	교육팀	대리	16,800,000	12
10	박경정	기획팀	사원	13,300,000	15
11	서승명	기획팀	대리	20,200,000	7
12	성철현	교육팀	과장	22,500,000	6
13	신중영	교육팀	과장	24,800,000	8
14	**오상명**	**교육팀**	**대리**	**17,200,000**	**2**
15	윤상진	영업팀	부장	30,200,000	10
16	이민규	영업팀	사원	18,300,000	8
17	이상규	홍보팀	사원	14,200,000	9
18	이현철	영업팀	사원	14,500,000	13
19	이승희	기획팀	대리	16,600,000	15
20	이재한	교육팀	과장	25,200,000	17

3

CHAPTER

수식

3.1 수식의 구성

수식은 우리가 일반적으로 수학시간에 쓰는 수식과 동일하다, 단, 엑셀의 수식은 등호(=)로 시작하고 숫자, 함수, 연산자, 셀 주소 등을 포함한다. 아래의 형식은 수식의 기본 구조이다.

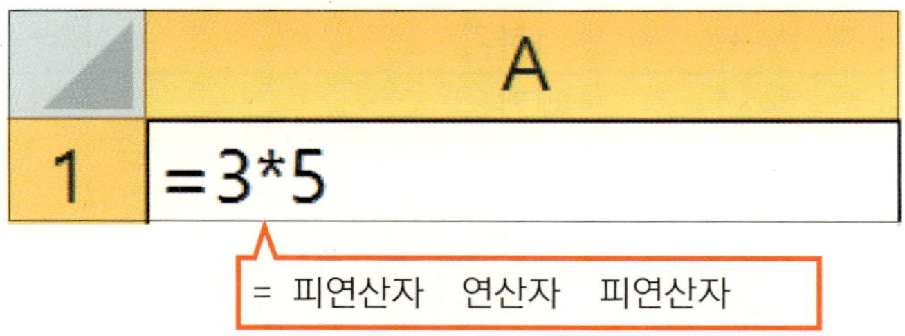

등호(=): 수식을 시작한다는 기호로써 반드시 수식을 시작할때 있어야 한다.(또는 '+' 기호도 사용될 수 있다.)

피연산자: 숫자 또는 셀 주소 부분

연산자: '+', '-', '*', '/' 등이 있다. 산술, 문자, 비교 연산자 등으로 구분된다.

3.2 수식에 사용되는 연산자

연산자	종류	기능	사용 예
산술 연산자	^	지수승	=5^2
	/	나누기	=5/2
	*	곱하기	=5*2
	+	더하기	=5+2
	−	빼기	=5−2
	%	백분율	=5%*2%
비교 연산자	=	같다	=5=2
	〉	크다(초과)	=5〉2
	〈	작다(미만)	=5〈2
	〈〉	같지 않다	=5〈〉2
	〉=	크거나 같다(이상)	=5〉=2
	〈=	작거나 같다(이하)	=5〈=2
문자열연산자	&	문자와 문자 연결 문자와 숫자 연결	=“컴퓨터”&“활용”
참조 연산자	콜론(:)	연속적인 셀 범위를 지정	A2:A5
	쉼표(,)	비연속적인 셀 범위 지정	A2:A5,B7:B10

3.3 참조

참조란 셀 수식에서 사용되는 셀의 주소를 말하며 열과 행의 합으로 구성된다. 참조에는 상대 참조, 절대 참조, 혼합 참조가 있다.

1) 상대 참조

상대 참조는 셀 참조 시 기본적으로 지정되는 방식으로 채우기 핸들 사용 시 자동으로 셀 주소가 바뀌는 것을 말한다.

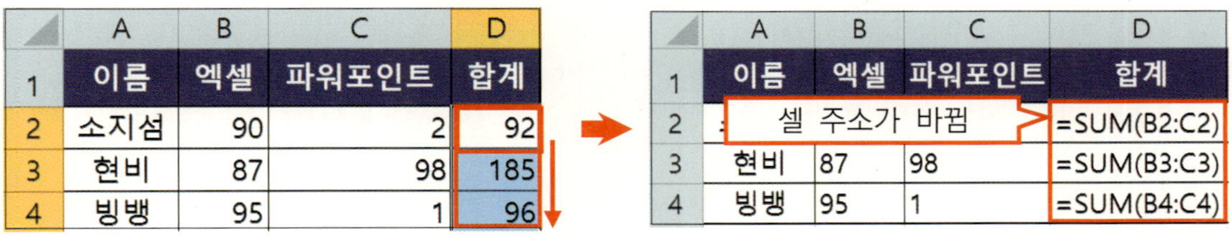

2) 절대 참조

절대 참조란 수식 입력 시 셀의 주소를 고정시킬 때 사용하는 방식으로 채우기 핸들을 이용하여 드래그 하더라도 수식 입력 줄의 수식에 있는 셀의 주소에는 변함이 없다. 절대 참조를 만드는 방법은 셀주소를 선택하고 F4 키를 누른다. 이때, 셀 주소 행과 열 사이에 $ 기호가 붙는다. 결과 셀의 위치가 바뀌어도 참조 값의 위치는 바뀌지 않는다.

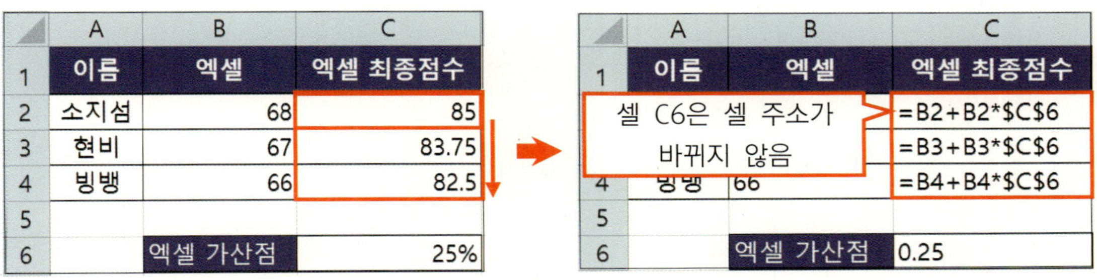

3) 혼합 참조

혼합 참조란 상대 참조와 절대 참조를 혼합하여 사용하는 것이다. 혼합 참조에는 행, 열 값 중 한곳에만 $ 기호를 붙인 형태로써 $ 기호가 붙이 있는 곳의 값은 채우기 핸들을 하더라도 값이 변하지 않는다. 혼합 참조에는 열 문자에만 절대 참조를 적용한 열 고정 혼합 참조와 행 문자에만 절대 참조를 적용한 행 고정 혼합 참조가 있다.

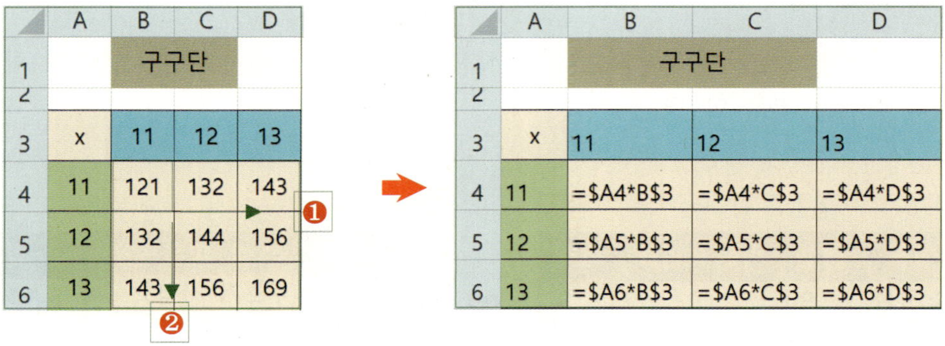

	A	B	C	D
1		구구단		
2				
3	x	11	12	13
4	11	121	132	143
5	12	132	144	156
6	13	143	156	169

	A	B	C	D
1		구구단		
2				
3	x	11	12	13
4	11	=$A4*B$3	=$A4*C$3	=$A4*D$3
5	12	=$A5*B$3	=$A5*C$3	=$A5*D$3
6	13	=$A6*B$3	=$A6*C$3	=$A6*D$3

실습문제 1

아래의 워크시트에서 '판매액'과 '합계'를 상대참조를 이용하여 구하여라. (SUM 함수를 이용한다.)

조건

① '영업소', '개수', '단가' 모두 '셀 서식'의 '사용자 지정' 표시형식에서 아래의 출력 형태로 설정하시오.

② '판매액'의 표시형식은 '회계'이다.

③ SUM 함수를 이용해서 '합계'를 구한다.

④ 사칙연산을 이용해서 '판매액'을 구한다.

출력결과

	A	B	C	D	E
1		하반기 영업소별 판매 현황			
2					
3	판매시기	영업소	개수	단가	판매액
4	6월	A형	340개	2,400원	₩ 816,000
5		B형	420개	3,200원	₩ 1,344,000
6		C형	380개	1,100원	₩ 418,000
7	7월	A형	485개	3,300원	₩ 1,600,500
8		B형	470개	3,400원	₩ 1,598,000
9		C형	465개	3,200원	₩ 1,488,000
10	8월	A형	536개	1,800원	₩ 964,800
11		B형	557개	1,650원	₩ 919,050
12		C형	590개	2,450원	₩ 1,445,500
13	9월	A형	350개	3,600원	₩ 1,260,000
14		B형	323개	1,200원	₩ 387,600
15		C형	286개	1,740원	₩ 497,640
16	합 계		5,202개	29,040원	₩ 12,739,090

엑셀 2010

실습문제 2

'성북 대리점 판매 현황'표에서 '품명', '가격'을 아래의 '품목별 단가표'를 이용하여 채우고, '판매액'을 구하시오.(절대참조와 상대참조를 이용하고, VLOOKUP 함수를 이용한다.)

✎ 출력결과

	A	B	C	D	E
1	성북 대리점 판매 현황				
2	코드번호	품명	가격	수량	판매액
3	RF-300	냉장고	2,300,000	32	₩73,600,000
4	HD-1000	핸드폰	600,000	40	₩24,000,000
5	WM-700	세탁기	1,200,000	5	₩6,000,000
6	TV-600	TV	2,800,000	7	₩19,600,000
7	EV-5000	청소기	380,000	38	₩14,440,000
8	AC-580	에어컨	2,600,000	9	₩23,400,000
9					
10	품목별 단가표				
11	코드번호	품명	가격		
12	AC-580	에어컨	2,600,000		
13	HD-1000	핸드폰	600,000		
14	TV-600	TV	2,800,000		
15	WM-700	세탁기	1,200,000		
16	EV-5000	청소기	380,000		
17	RF-300	냉장고	2,300,000		

실습문제 3

구구단을 혼합참조를 이용하여 채워 넣으시오.

✎ 출력결과

	A	B	C	D	E	F	G	H	I	J	K	L
1												
2		×	11	12	13	14	15	16	17	18	19	20
3		11	121	132	143	154	165	176	187	198	209	220
4		12	132	144	156	168	180	192	204	216	228	240
5		13	143	156	169	182	195	208	221	234	247	260
6		14	154	168	182	196	210	224	238	252	266	280
7		15	165	180	195	210	225	240	255	270	285	300
8		16	176	192	208	224	240	256	272	288	304	320
9		17	187	204	221	238	255	272	289	306	323	340
10		18	198	216	234	252	270	288	306	324	342	360
11		19	209	228	247	266	285	304	323	342	361	380
12		20	220	240	260	280	300	320	340	360	380	400

4
CHAPTER

함수

4.1 함수의 구성

함수는 엑셀에서 복잡한 계산 과정을 미리 정해진 수식에 의해 연산되도록 작성한 하나의 약속이다. 엑셀에서 사용되는 함수는 약 300개가 있다. 함수는 아래의 형식으로 구성 되어 있다.

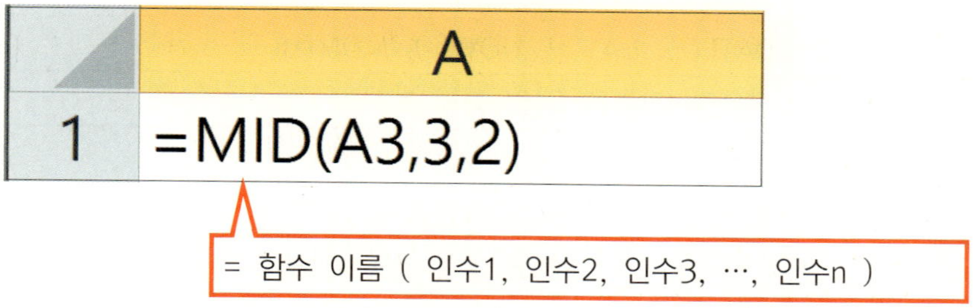

- 등호(=) : 수식을 시작한다는 기호로써 반드시 수식을 시작할때 있어야 한다. 함수도 수식이다.
- 함수이름 : 수식 계산에 필요한 함수의 이름이다. 함수 이름은 모두 영문자이다.
- 괄호 : 함수의 시작과 끝을 알려준다.
- 인수 : 함수에 따라 인수의 개수는 다양하다. 경우에 따라서 인수가 없는 함수도 있지만, 반드시 '함수이름()'의 형식을 갖추어야 한다.

4.2 함수의 범주

함수 범주	사용 예
재무	재무 관련 함수(이자율, 수익률)
	PMT( ), PPMT( ), RATE( ) …
날짜/시간	날짜, 시간 함수
	DATE( ), DAY( ), NOW( ), MONTH( ) …
수학/삼각	반올림, 원주율, 사인 등의 계산
	SUM( ), ROUND( ), LOG( ) …
통계	통계 관련 함수(석차, 표준편차)
	AVERAGE( ), COUNT( ), COUNTIF( ) …
찾기/참조영역	데이터나, 범위를 찾을 수 있는 함수
	VLOOKUP( ), HLOOKUP( ), INDEX( ) …
데이터베이스	데이터베이스를 사용하여 분석할 수 있는 함수
	DAVERAGE( ), DSUM( ), DCOUNT( ) …
텍스트	문자 데이터 처리 함수
	RIGHT( ), LEFT( ), MID( ) …
논리	조건에 따른 참, 거짓 값을 처리할 수 있는 함수
	IF( ), OR( ), AND( ) …
정보	셀에 입력된 데이터의 정보를 알려 주는 함수
	CELL( ), INF( ), NA( ) …
공학	공학 계산을 위해 필요한 함수
	IMSUM( ), IMSIN( ), IMDIV( ) …
큐브	SQL 서버 연동을 위한 함수
	CUBEMEMBER( ), CUBESET( ), CUBEVALUE( ) …
Compatibility	Excel 2007/ 이전 버전의 호환성을 위해 필요한 함수
	CHTEST( ), CONFIDENCE( ) …

4.3 SUM / AVERAGE 함수

SUM 함수	
의미	SUM : 인수들의 합을 구합니다.
구문	SUM(number1, number2)
number	합계를 구하려는 값들로서 255개까지 지정할 수 있습니다. 논리값과 텍스트는 제외됩니다.

AVERAGE 함수	
의미	AVERAGE : 인수들의 평균을 구합니다. 인수는 숫자가 이름, 배열, 숫자가 들어 있는 참조 등이 될 수 있습니다.
구문	AVERAGE(number1, number2)
number	평균을 구하고자 하는 값들로서 256개까지 지정할 수 있습니다.

다양한 함수 사용을 위해서 아래의 데이터를 입력한다. 입력 후 '총점'을 구하기 위해서는 'SUM '함수를 평균을 구하기 위해서는 'AVERAGE' 함수를 사용한다.

	A	B	C	D	E	F	G	H	I
1				컴퓨터 활용 성적표					
2	이름	엑셀	워포인트	총점	평균	학점	석차	평가	
3	이민규	92	90						
4	정준영	98	96						
5	박지섬	52	87						
6	이상규	91	93						
7	정현철	90	88						
8	이문정	78	74						
9	홍문희	82	80						
10	최석강	80	84						
11	조준민	72	70						
12	박빈	60	100						
13									
14							학점 기준표		
15	평균 최고점수						0	F	
16	평균 최저점수						60	D^0	
17							65	D+	
18	총 응시자수						70	C^0	
19							75	C+	
20							80	B^0	
21							85	B+	
22							90	A^0	
23							95	A+	
24	각 학점의 인원수								
25	A+	A0	B+	B0	C+	C0	D+	D0	F
26									

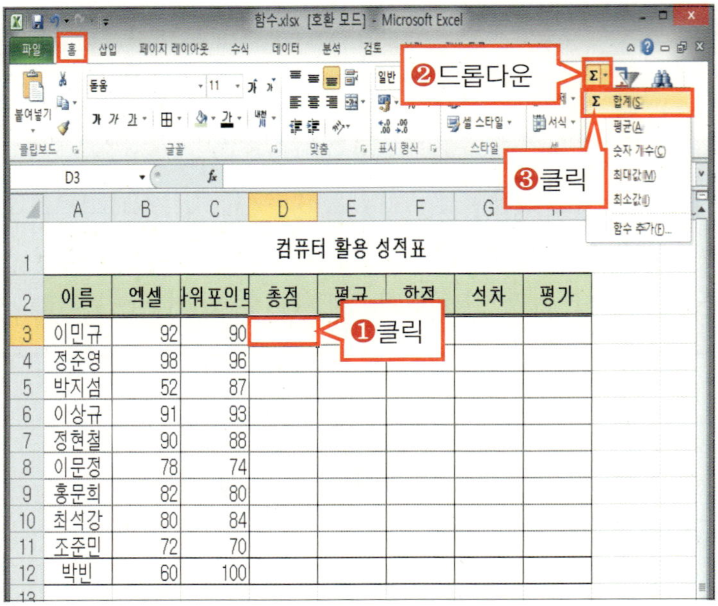

① 영역 [D3]를 클릭한다.
② [홈]-[편집]-[자동합계]를 드롭다운한다.
③ '합계'를 클릭한다.

- '엑셀'과 '파워포인트' 과목의 '합계'를 구한다.

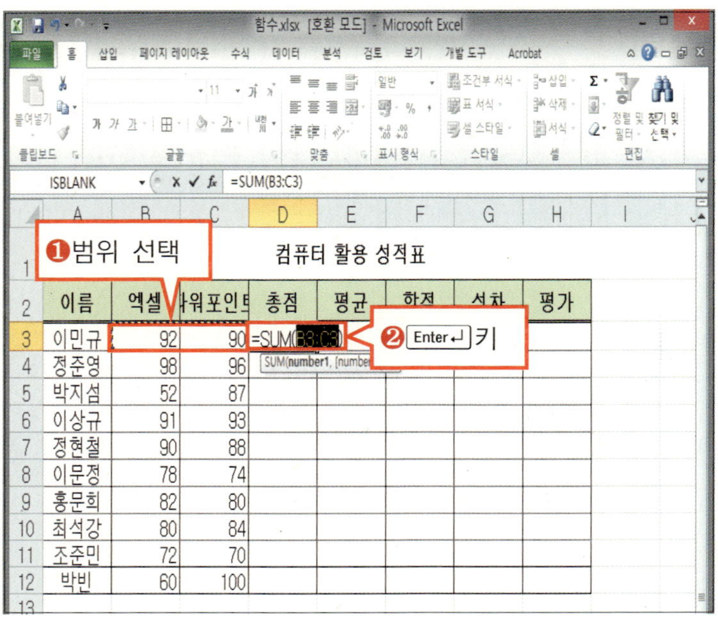

① 영역 [B3:C3]의 범위를 선택한다.
② Enter↵ 키를 누른다.

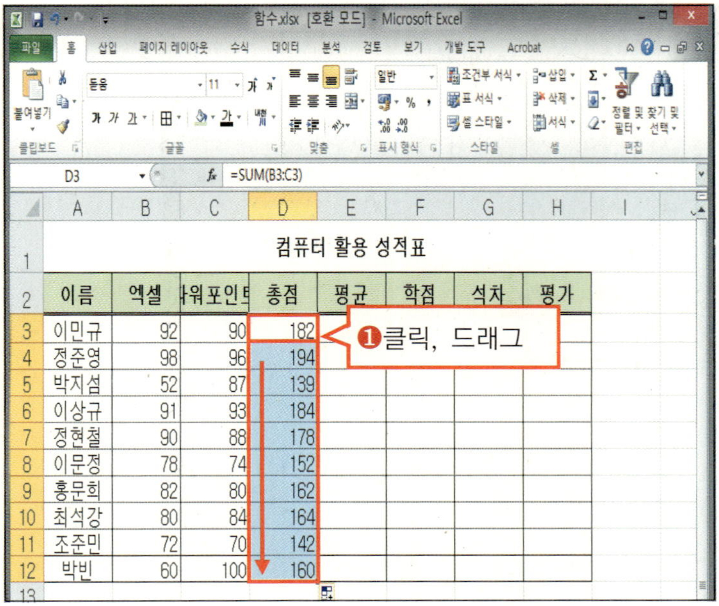

① 영역 [D3]의 셀 포인터를 클릭 한 후, 아래로 드래그 한다.

- 셀포인터:

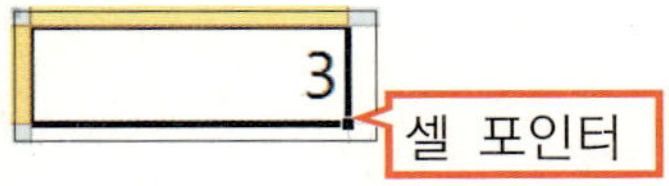

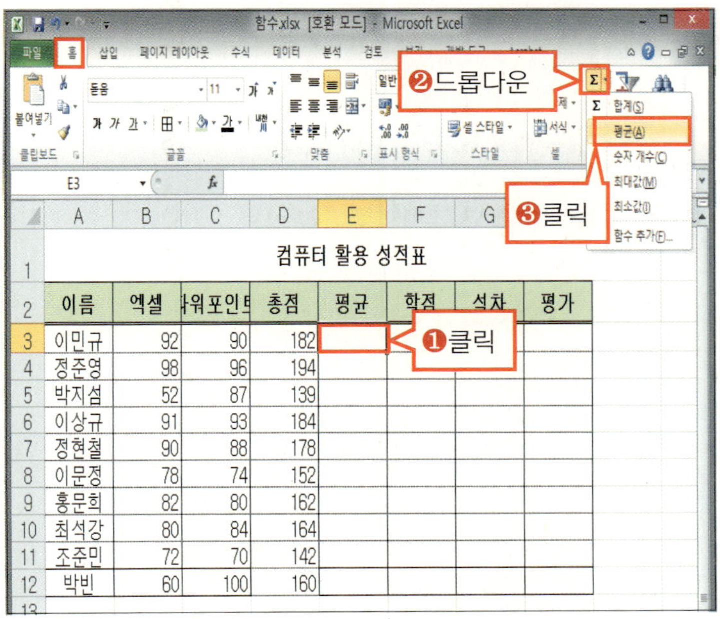

① 영역 [E3]를 클릭한다.

② [홈]-[편집]-[자동합계]를 드롭다운한다.

③ '평균'을 클릭한다.

- '엑셀'과 '파워포인트' 과목의 '평균'을 구한다.

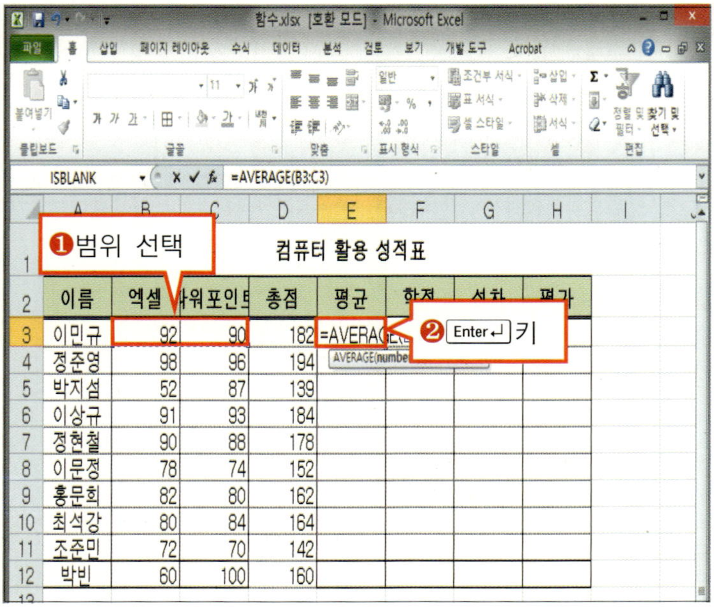

① 영역 [B3:C3]의 범위를 선택한다.
② Enter↵ 키를 누른다.

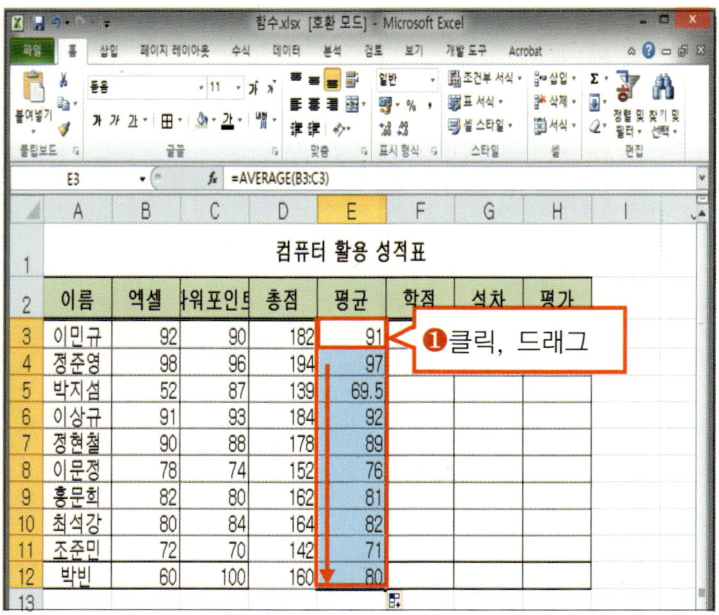

① 영역 [E3]의 셀 포인터를 클릭한 후, 아래로 드래그 한다.

4.4 RANK_EQ 함수(2007 버전에서는 RANK 함수임)

RANK_EQ 함수	
의미	수 목록 내에서 지정한 수의 크기를 구합니다. 목록 내에서 다른 값에 대한 상대적인 크기를 말합니다. 둘 이상의 값이 순위가 같으면 해당 값 집합에서 가장 높은 순위가 반환됩니다.
구문	RANK_EQ(number, ref, order)
number	순위를 구하려는 수
ref	수 목록의 배열 또는 셀 주소입니다. 수 이외의 값은 제외됩니다.
order	순위를 정할 방법을 지정하는 수입니다. 0이나 생략하면 내림차순으로 0이 아닌 값을 지정하면 오름차순으로 순위가 정해집니다. 즉, 가장 점수가 높은 사람이 1등이므로 이때 0이거나 생략한다.

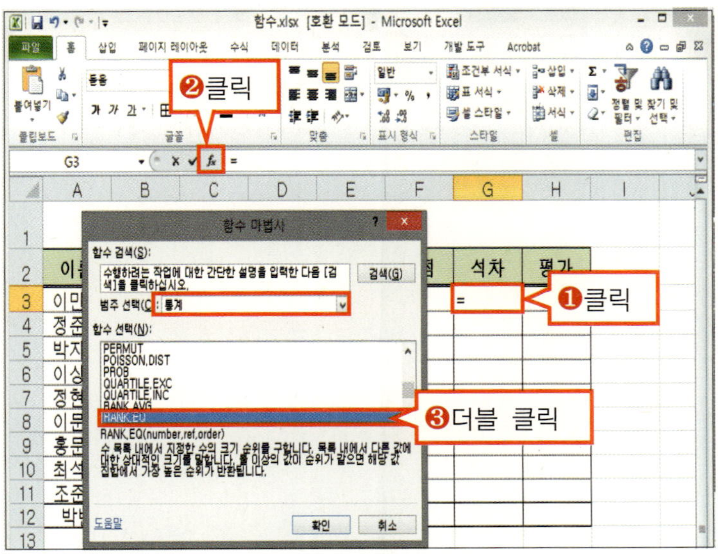

① 영역 [G3] 클릭한다.

② '함수 삽입' 버튼을 클릭한다.

- '함수 삽입' 버튼: f_x

③ '통계' 범주의 'RANK_EQ' 함수를 더블 클릭한다.

- '평균'으로 '석차'를 구한다.

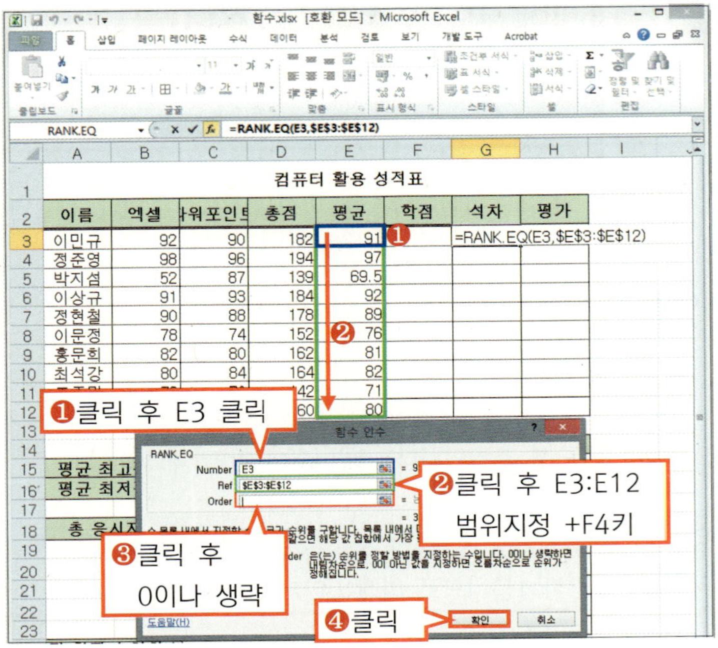

① 인수 'Number'에 영역 [E3] 클릭한다.

② 인수 'Ref'에 영역 [E3:F12]의 범위를 선택한다. 이 전체 평균은 절대참조이므로 [E3:F12]영역에 F4 키를 누른다.

- ① '이민규'의 개인의 '평균'을 ② 전체 평균과 비교한다.

③ 인수 'Order'에는 '평균'이 제일 높은 사람이 1등인 내림차순이므로 '0'이나 '생략'한다.

④ '확인' 버튼을 클릭한다.

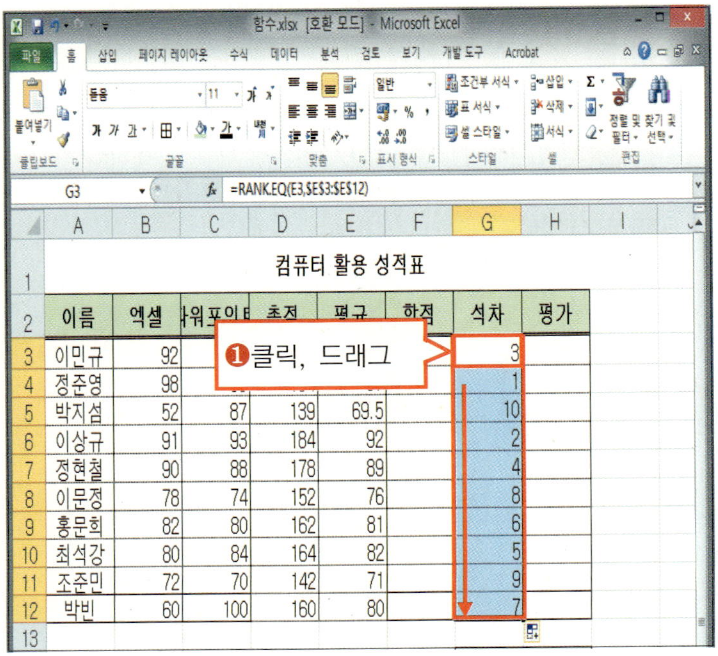

① 영역 [G3]의 셀 포인터를 클릭한 후, 아래로 드래그 한다.

4.5 VLOOKUP 함수

VLOOKUP 함수	
의미	배열의 첫 열에서 값을 검색하여, 지정한 열의 같은 행에서 데이터를 돌려 줍니다. 기본적으로 오름차순으로 표가 정렬됩니다.
구문	VLOOKUP(lookup_value, table_array, col_index_num, rage_lookup)
lookup_value	표의 첫 열에서 찾으려는 값입니다. 값이나 셀 주소 또는 텍스트일 수 있습니다.
table_array	데이터를 검색하고 추출하려는 표입니다. 범위 참조가 범위 이름이 될 수 있습니다.
col_index_num	열 번호로 값을 추출할 열을 지정합니다. 표의 첫 열 값은 열 1입니다.
rage_lookup	정확하게 일치하는 것을 찾으려면 FALSE를 비슷하게 일치하는 것을 찾으려면 TRUE(또는 생략)를 지정합니다.

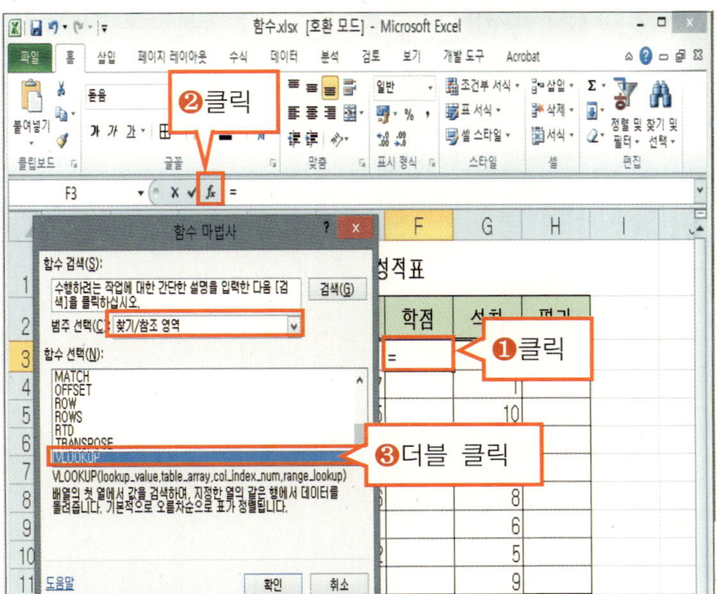

① 영역 [F3] 클릭한다.
② '함수 삽입' 버튼을 클릭한다.
③ '찾기/참조 영역' 범주의 'VLOOKUP' 함수를 더블 클릭한다.

조건

'평균' 점수를 아래의 '학점 기준표'에서 어떤 학점에 속하는지를 찾아온다.

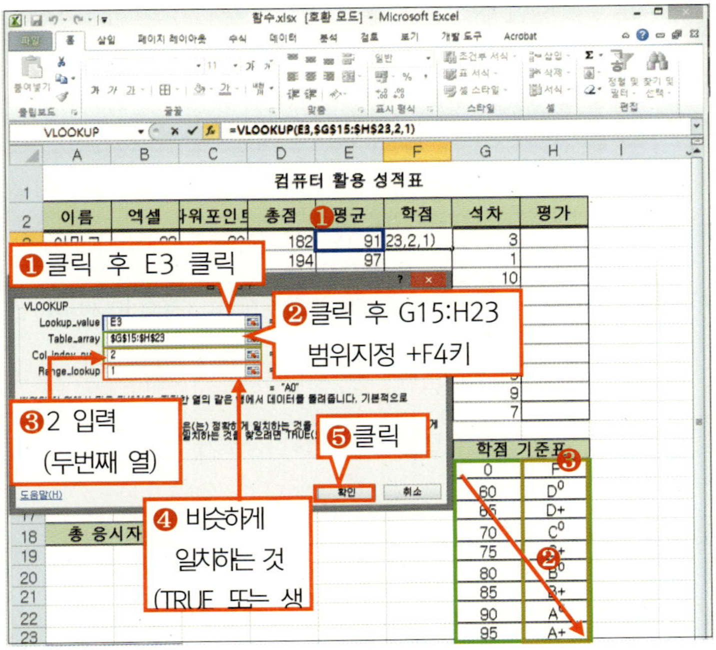

① 인수 'Lookup_value'에 영역 [E3]를 클릭한다.

② 인수'Table_array'는 [G15:H23] 영역에 F4 키를 누른 값이다. '학점 기준표'는 절대참조이다.

③ 인수 'Col_index_num'에 '2'를 입력한다.

- ① '이민규'의 '평균'을 ② 아래 '학점 기준표'에서 ③ 학점이 어느 정도인지 '2'(두번째 열)에서 찾는 것이다.

④ 인수 'Range_lookup'에 비슷하게 일치하는 것이므로 '1' 또는 'TRUE' 또는 '생략'한다.

- '0'점부터 '59'점 까지가 'F'이므로 비슷한 값(범위 값)이다.

⑤ '확인' 버튼을 클릭한다.

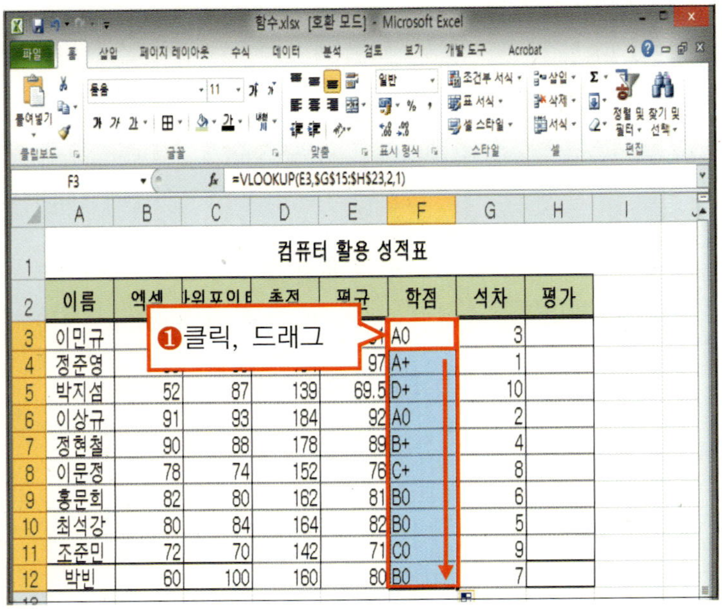

① 영역 [F3]의 셀 포인터를 클릭한 후, 아래로 드래그 한다.

4.6 IF 함수

IF 함수	
의미	논리 검사를 수행하여 TRUE나 FALSE에 해당하는 값을 변환합니다.
구문	IF(logical_test, value_if_true, value_if_false)
logical_test	TRUE나 FALSE로 판정될 값이나 식입니다.
value_if_true	TRUE일 때, 돌려주는 값입니다. 생략하면 TRUE를 변환합니다. IF 함수를 일곱 번 중첩해서 쓸 수 있습니다.
value_if_false	FALSE일 때 돌려주는 값입니다. 생략하면 FALSE를 반환합니다.

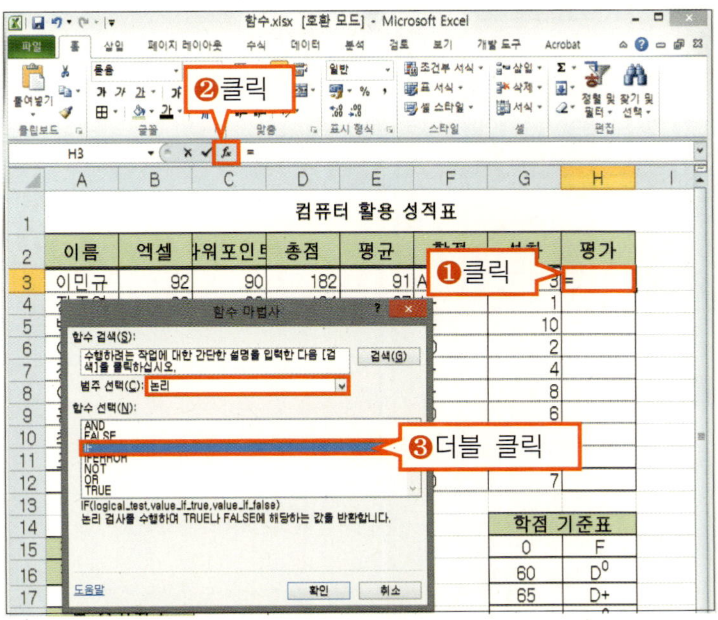

① 영역 [H3] 클릭한다.
② '함수 삽입' 버튼을 클릭한다.
③ '논리' 범주의 'IF' 함수를 더블 클릭한다.

조건

'엑셀' 과목 또는 '파워포인트' 과목이 60점 이하이거나 '평균'이 80점 미만이면 '불합격' 그 외의 조건이면 '합격'이다.

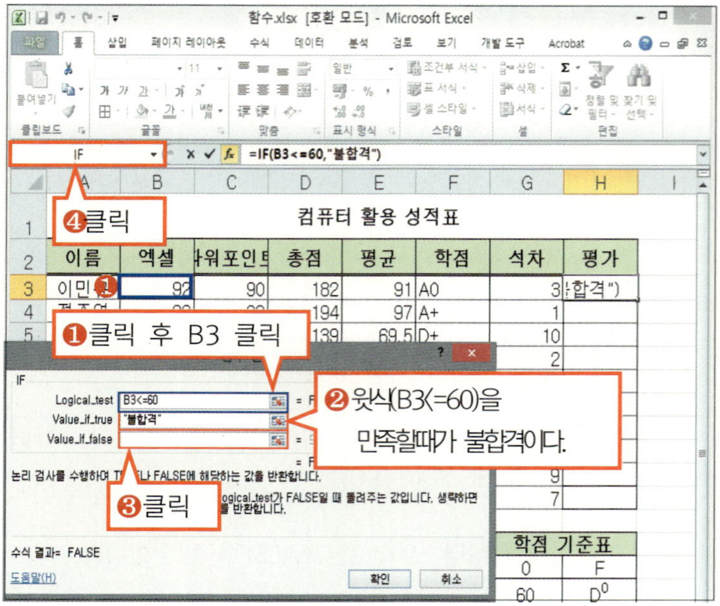

① 인수 'Logical_test'에 조건식 'B3<=60'을 입력한다.

② 인수 'Value_if_true'는 위 ①의 식을 만족할 때에 불리는 값 '불합격'을 입력한다.

③ 인수 'Value_if_false'에 위 ①의 식을 만족하지 않는다면 다시 '파워포인트'가 '60'점 이하인지를 새로운 'IF' 함수에서 알아보아야 한다.

④ 새로운 'IF' 함수를 열기 위해서 왼쪽 그림의 ③을 클릭해서 커서가 위치한 후 ④를 클릭한다.

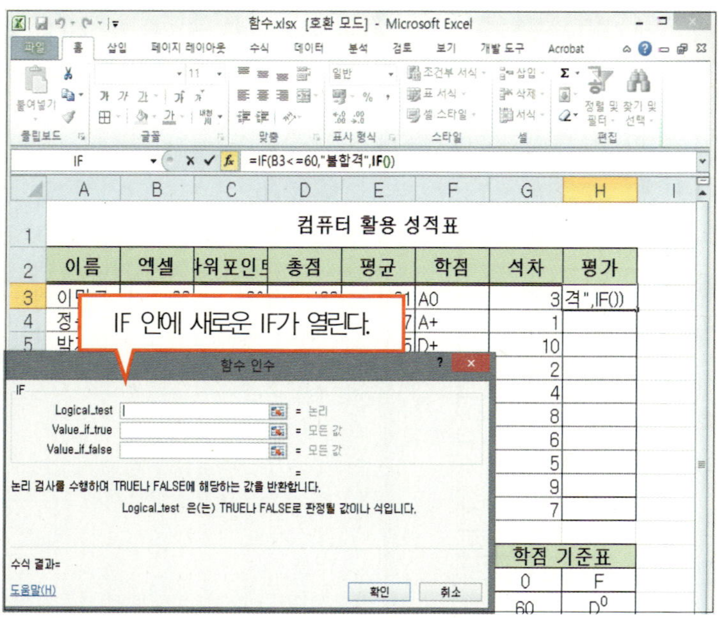

① '=IF(B3<=60,"불합격",IF())' 처럼 'IF' 함수 안에 'IF' 함수가 형성된다.

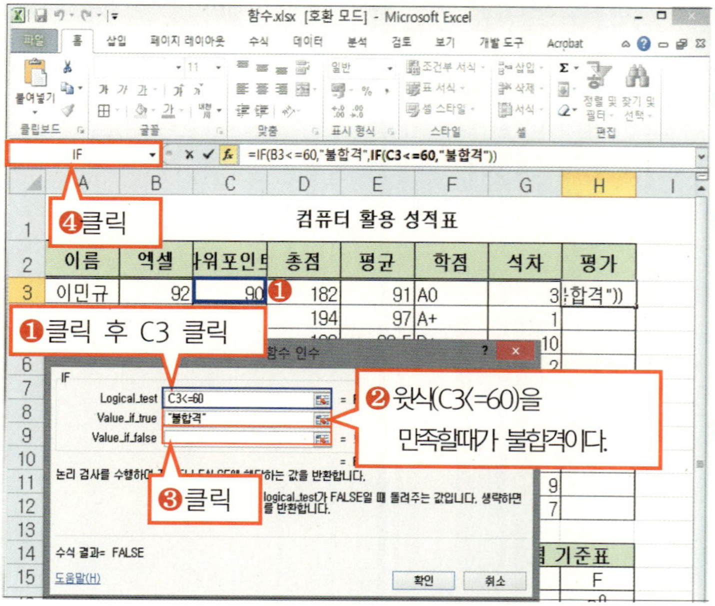

① 인수 'Logical_test'에 조건식 'C3<=60'을 입력한다.

② 인수 'Value_if_true'는 위 ①의 식을 만족할 때에 불리는 값 '불합격'을 입력한다.

③ 인수 'Value_if_false'에 위 ①의 식을 만족하지 않는다면 다시 '평균'이 '80'점 이상인지를 새로운 'IF' 함수에서 알아보아야 한다.

④ 왼쪽 그림의 ③을 클릭해서 커서가 위치한 후 ④를 클릭한다.

- 'IF(IF(IF()))'가 형성 되었다.

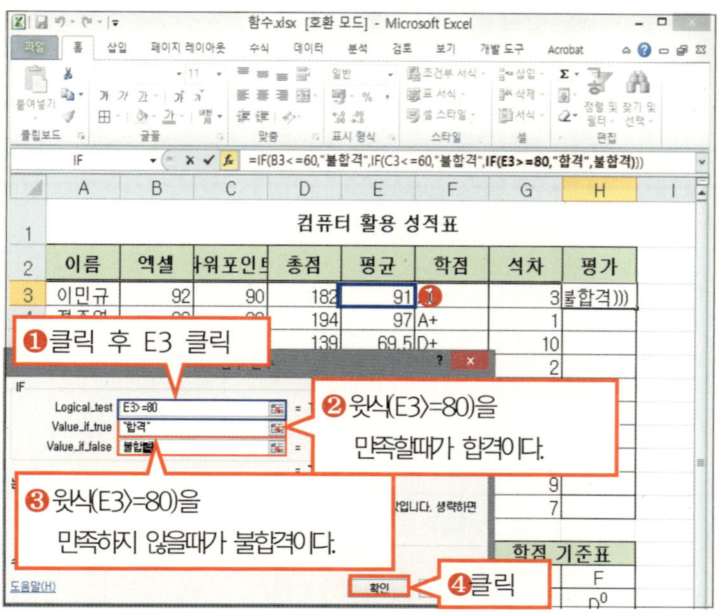

① 인수 'Logical_test'에 조건식 'E3>=80'을 입력한다.

② 인수 'Value_if_true'는 위 ①의 식을 만족할 때에 불리는 값 '합격'을 입력한다.

③ 인수 'Value_if_false'에 위 ①의 식을 만족하지 않을 때에 불리는 값 '불합격'을 입력한다.

④ '확인' 버튼을 클릭한다.

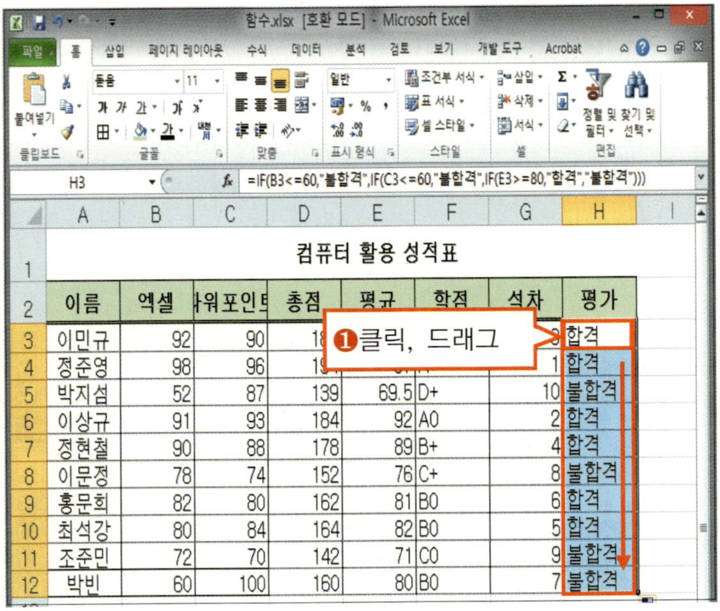

① 영역 [H3]의 셀 포인터를 클릭 한 후, 아래로 드래그 한다.

4.7 MAX / MIN 함수

MAX 함수	
의미	최대값을 구합니다. 논리값과 텍스트는 제외됩니다.
구문	MAX(number1, number2)
number	최대값을 구하려는 수로서 255개까지 지정할 수 있습니다.

MIN 함수	
의미	최소값을 구합니다. 논리값과 텍스트는 제외됩니다.
구문	MIN(number1, number2)
number	최소값을 구하려는 수로서 256개까지 지정할 수 있습니다.

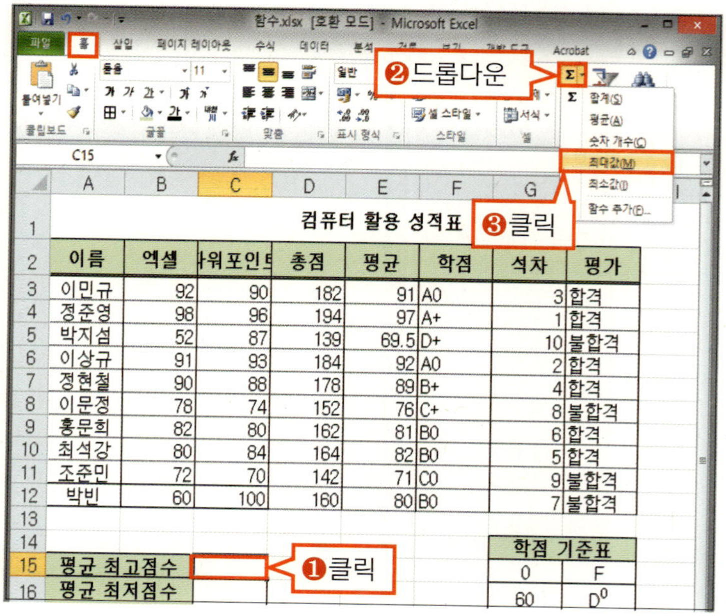

① 영역 [C15]를 클릭한다.

② [홈]-[편집]-[자동합계]를 드롭다운한다.

③ '최대값'을 클릭한다.

- '평균'의 '최대값'을 구한다.

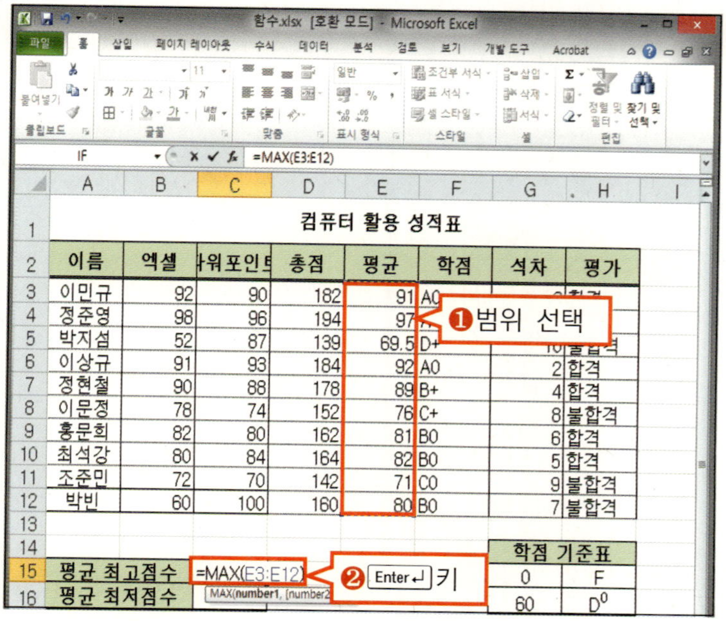

① 영역 [E3:E12]의 범위를 선택한다.

② Enter↵ 키를 누른다.

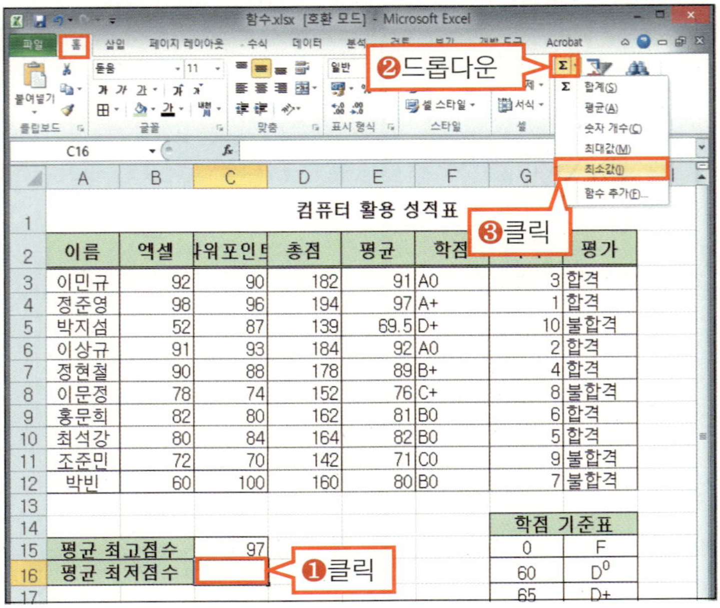

① 영역 [C16]을 클릭한다.

② [홈]-[편집]-[자동합계]를 드롭다운한다.

③ '최소값'을 클릭한다.

- '평균'의 '최소값'을 구한다.

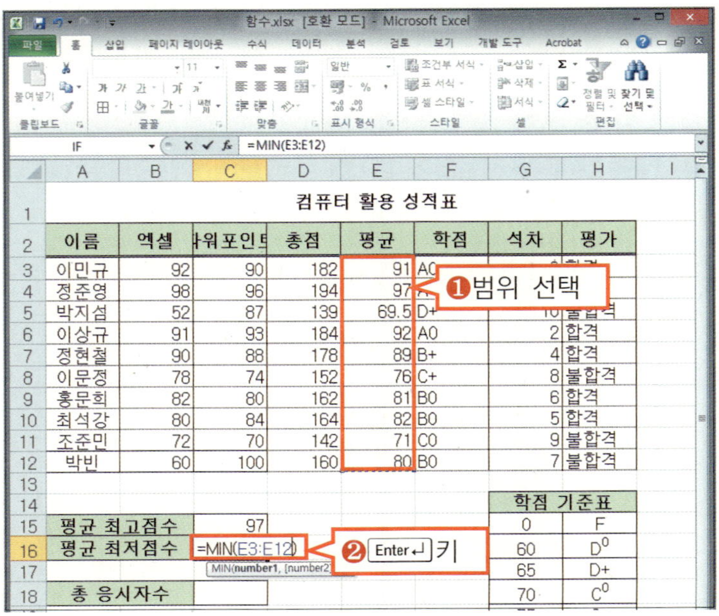

① 영역 [E3:E12]의 범위를 선택한다.

② Enter↵ 키를 누른다.

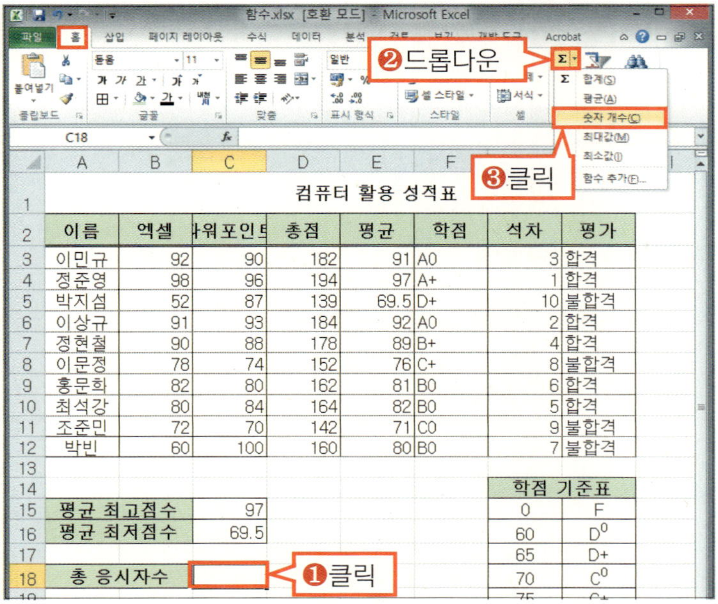

① 영역 [C18]을 클릭한다.

② [홈]-[편집]-[자동합계]를 드롭다운한다.

③ '숫자 개수'를 클릭한다.

- '총 응시자수'는 '엑셀/파워포인트/총점/평균/석차' 점수의 개수를 세서 나타낼 수 있다. 이들 모두 숫자열이므로 'COUNT' 함수를 사용해야 한다.
- 만약 문자열의 개수를 세고 싶다면 'COUNTA' 함수를 사용해야 한다.

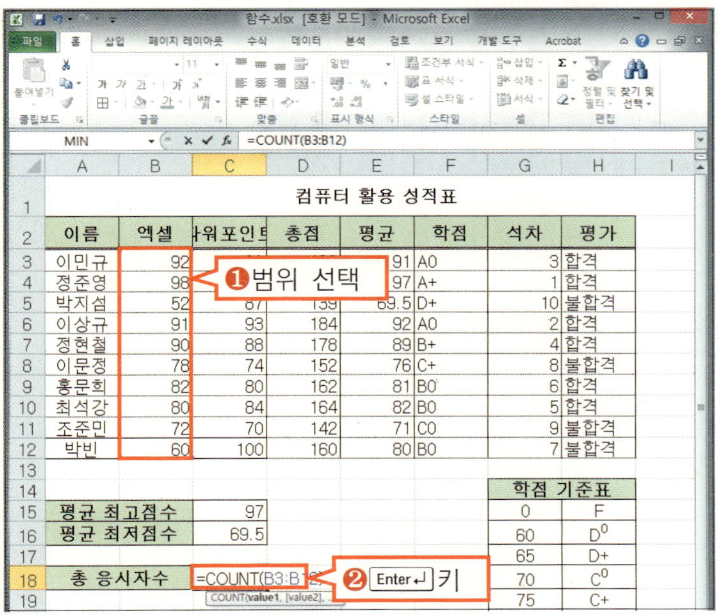

① 영역 [B3:B12]의 범위를 선택한다.

② Enter↵ 키를 누른다.

4.8 COUNTIF 함수

COUNTIF 함수	
의미	지정한 범위 내에서 조건에 맞는 셀의 개수를 구합니다.
구문	COUNIF(range, criteria)
range	조건에 맞는 셀의 수를 구하려는 셀 범위입니다.
criteria	숫자, 식, 텍스트 형태의 조건입니다.

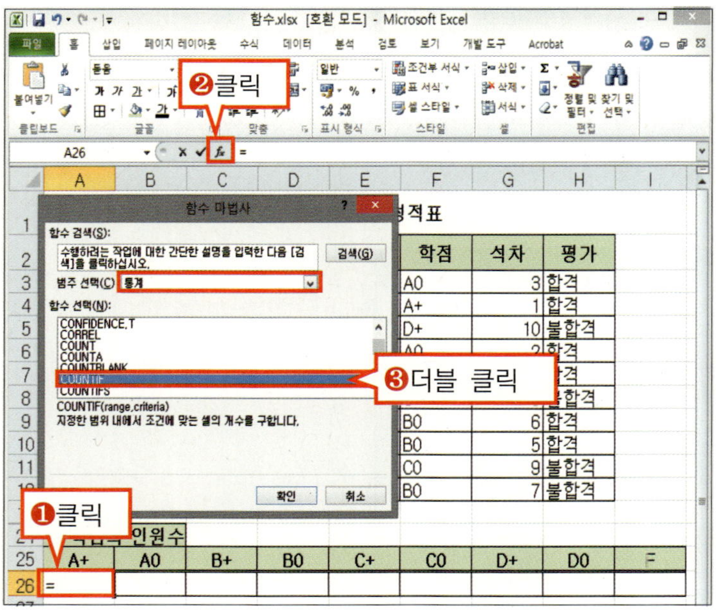

① 영역 [A26]을 클릭한다.

② '함수 삽입' 버튼을 클릭한다.

③ '통계' 범주의 'COUNTIF' 함수를 더블 클릭한다.

- 조건이 있는 인원수 셀때는 'COUTIF' 함수를 사용하고, 조건이 없는 인원수를 셀때에는 'COUNT' 함수를 사용한다.

조건

'A+/A0/B+/B0/C+/C0/D+/D0/F'를 각각 몇 명이 받았는지 인원수를 세는 것이다.

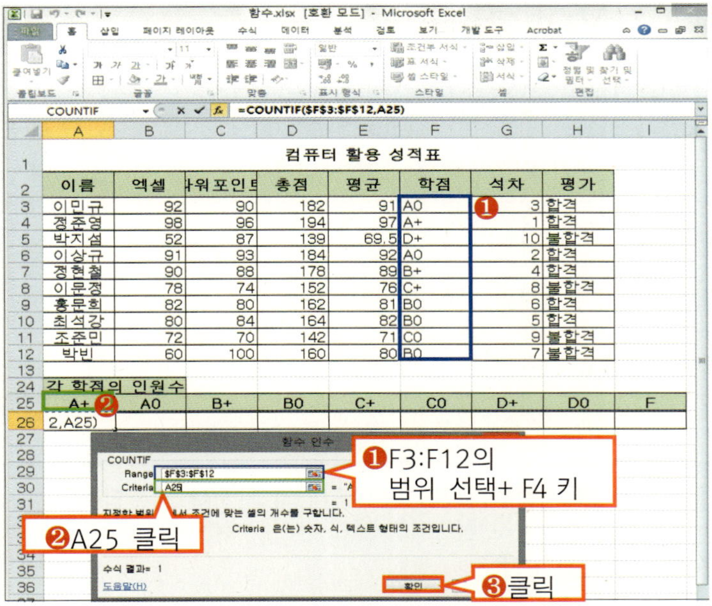

① 인수 'Range'에 영역 [F3:F12] 범위를 선택한 후, F4 키를 누른다. 전체 '학점'은 절대참조이다.

② 인수 'Criteria'에 조건을 담고 있는 셀 주소 [A25]를 클릭한다. 조건을 입력하는 곳으로 등호는 생략한다.

- ① 전체 '학점'이 ② 'A+'일 때의 인원수이다.

③ '확인' 버튼을 클릭한다.

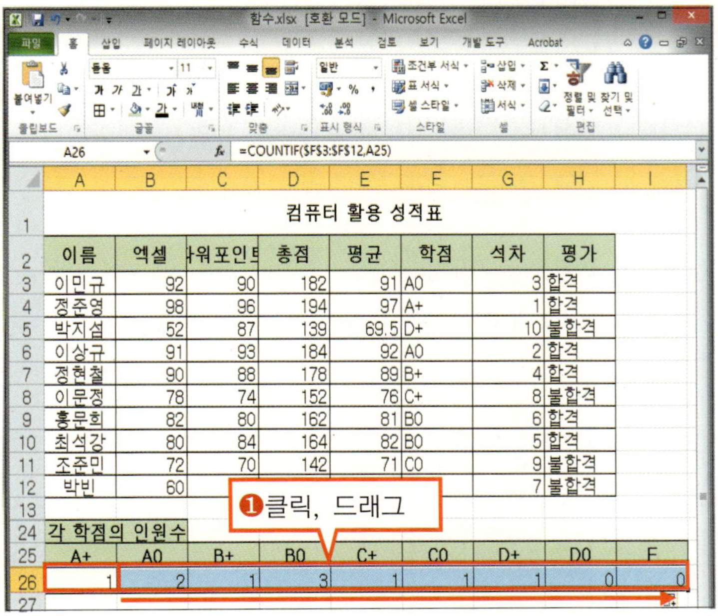

① 영역 [A26]의 셀 포인터를 클릭한 후, 오른쪽으로 드래그 한다.

4.9 LEFT / RIGHT /MID / VALUE 함수

LEFT 함수	
의미	텍스트 문자열의 시작 지점부터 지정한 수만큼의 문자를 변환합니다.
구문	LEFT(text, num_chars)
text	추출하려는 문자가 들어 있는 텍스트 문자열입니다.
num_chars	왼쪽에서부터 추출할 문자 수를 지정합니다. 생략하면 1이 됩니다.

RIGHT 함수	
의미	텍스트 문자열의 끝 지점부터 지정한 수만큼의 문자를 반환합니다.
구문	RIGHT(text, num_chars)
text	추출하려는 문자가 들어 있는 텍스트 문자열입니다.
num_chars	추출할 문자 수를 지정합니다. 생략하면 1이 됩니다.

MID 함수	
의미	문자열의 지정 위치에서 문자를 지정한 개수만큼 돌려줍니다.
구문	MID(text, start_num, num_chars)
text	돌려줄 문자들이 포함된 문자열입니다.
start_num	돌려줄 문자열에서 첫째 문자의 위치입니다. Text에서 첫 문자는 1이 됩니다.
num_chars	Text에서 돌려줄 문자 개수를 지정합니다.

VALUE 함수	
의미	텍스트 문자열 인수를 숫자로 바꿉니다.
구문	VALUE(text)
text	바꾸려는 텍스트가 있는 셀의 주소 또는 따옴표로 묶인 텍스트입니다.

다양한 함수 사용을 위해서 아래의 새로운 데이터를 입력한다.

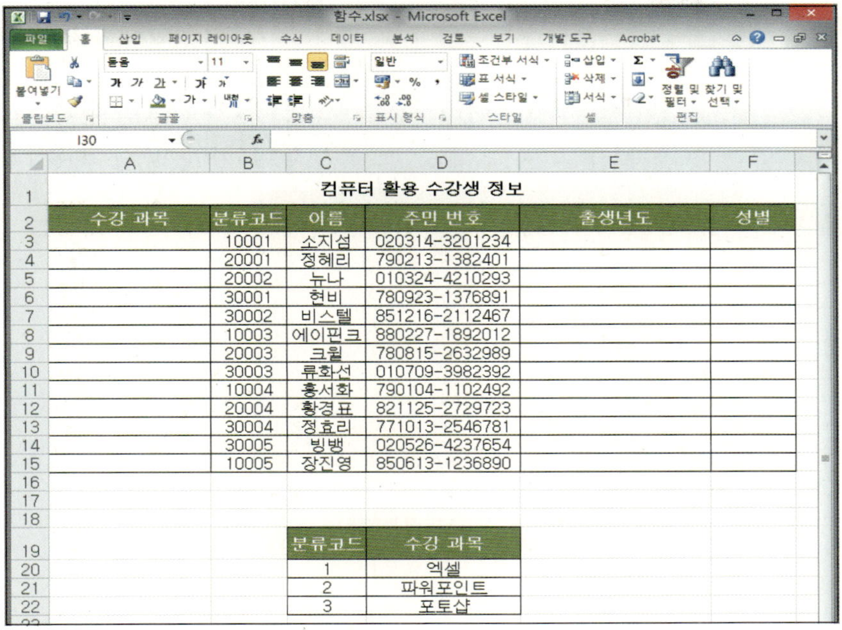

컴퓨터 활용 수강생 정보

수강 과목	분류코드	이름	주민 번호	출생년도	성별
	10001	소지섭	020314-3201234		
	20001	정혜리	790213-1382401		
	20002	뉴나	010324-4210293		
	30001	현비	780923-1376891		
	30002	비스텔	851216-2112467		
	10003	에이펀크	880227-1892012		
	20003	크윌	780815-2632989		
	30003	류화선	010709-3982392		
	10004	홍서화	790104-1102492		
	20004	황경표	821125-2729723		
	30004	정효리	771013-2546781		
	30005	빙뱅	020526-4237654		
	10005	장진영	850613-1236890		

분류코드	수강 과목
1	엑셀
2	파워포인트
3	포토샵

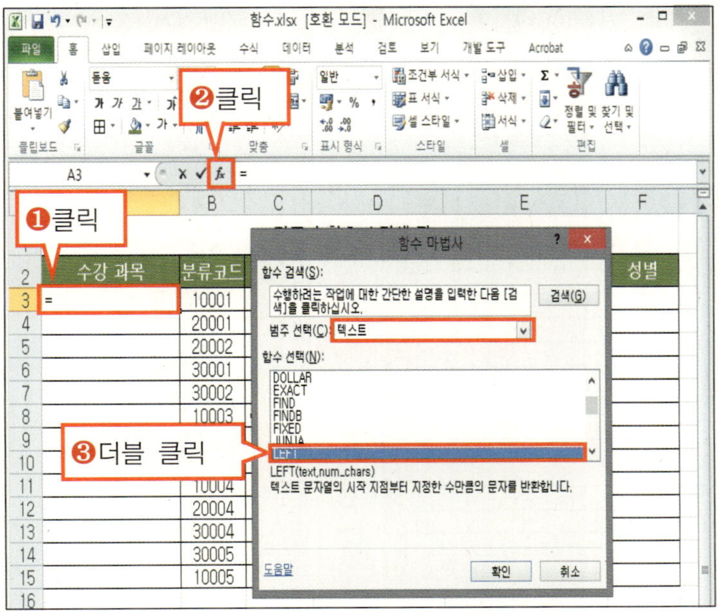

① 영역 [A3] 클릭한다.

② '함수 삽입' 버튼을 클릭한다.

③ '텍스트' 범주의 'LEFT' 함수를 더블 클릭한다.

조건

'분류코드'의 왼쪽에서 첫 글자를 이용하여 아래의 '수강과목'이 무엇인지 찾아오는 것이다.

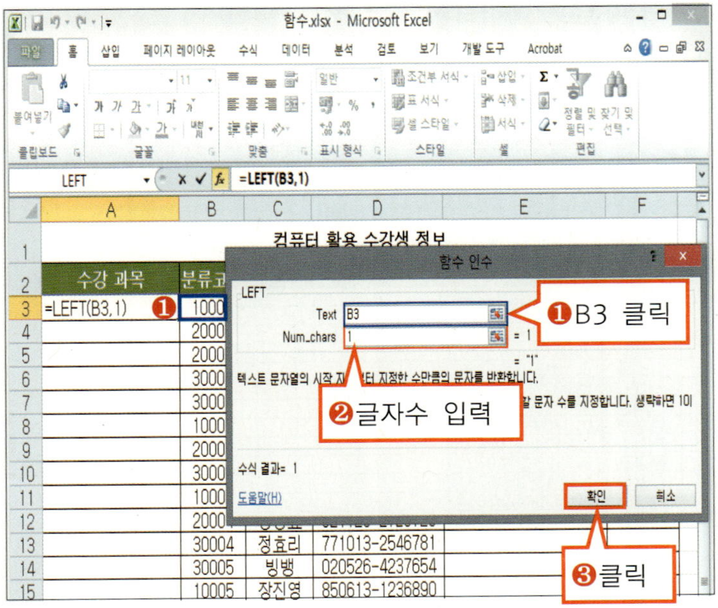

① 인수 'Text'에 영역 [B3]를 클릭한다.

② 인수 'Num_chars'에 '1'을 입력한다.

- ① 분류코드[B3]에 ② 왼쪽에서부터 한 글자를 얻는 과정이다. 'TEXT' 함수는 문자열 함수이다.

③ '확인' 버튼을 클릭한다.

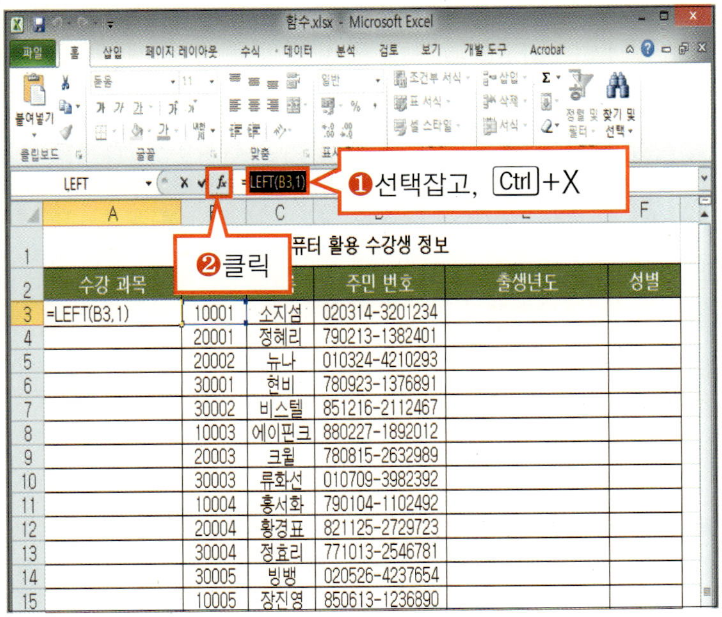

① '수식 입력줄'의 '=LEFT(B3,1)'에서 등호를 뺀 나머지 식을 오린다. 단축키는 Ctrl+X 이다.

② '함수 삽입' 버튼을 클릭한다.

- ① 오려 놓은 수식은 ② 새롭게 열릴 함수의 인수로 들어 간다.

- 수식 입력줄:

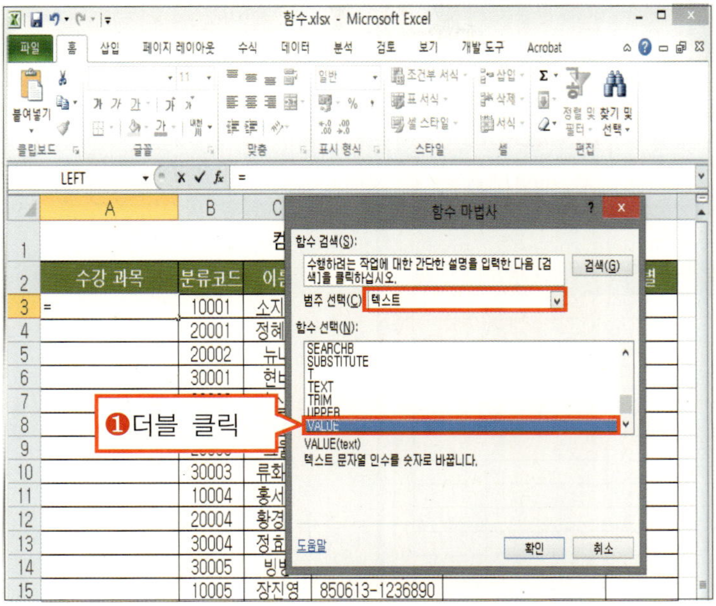

① ‘텍스트’ 범주의 ‘VALUE’ 함수를 더블 클릭한다.

- ‘VALUE’ 함수는 문자열을 숫자로 바꾸어 주는 함수이다. 즉 ‘LEFT’ 함수가 문자열이기 때문에 이 값을 다시 ‘VALUE’ 함수에 넣어서 숫자로 바꾼다. 굳이 숫자로 바꾼 이유는 아래의 ‘분류코드’가 숫자이기 때문이다.

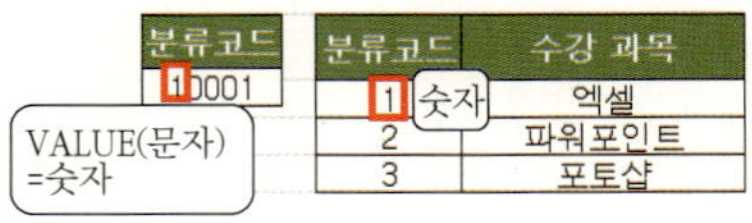

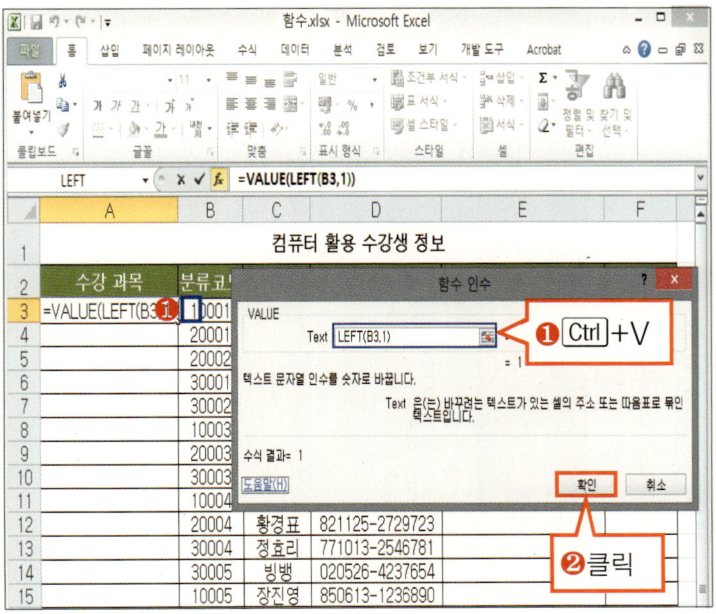

① 인수 ‘Text’에 ‘LEFT(B3,1)’를 붙여 넣기 한다. 단축키는 Ctrl+V

- 문자열을 숫자로 만드는 과정이다.

② ‘확인’ 버튼을 클릭한다.

엑셀 2010

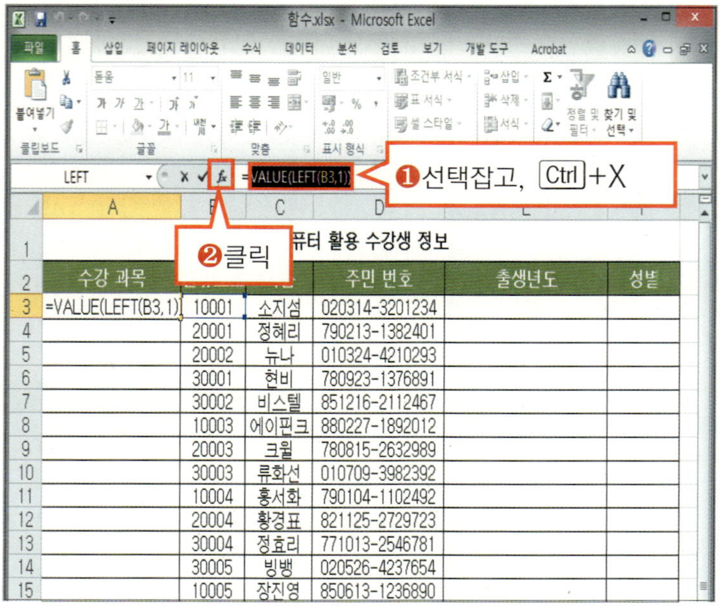

① '수식 입력줄'의 '=VALUE(LEFT(B3,1))'에서 등호를 뺀 나머지 식을 오린다.

② '함수 삽입' 버튼을 클릭한다.

- ① 오려 놓은 수식은 ② 새롭게 열릴 함수의 인수로 들어간다.

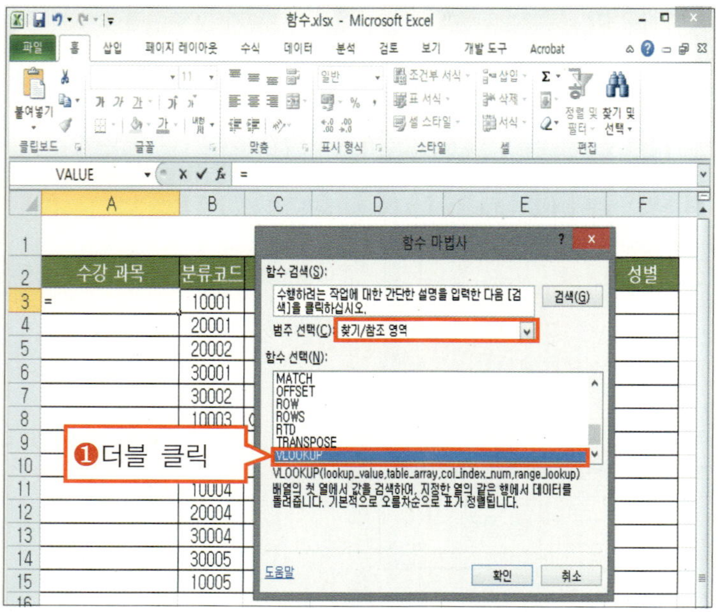

① '찾기/참조 영역' 범주의 'VLOOKUP' 함수를 더블 클릭한다.

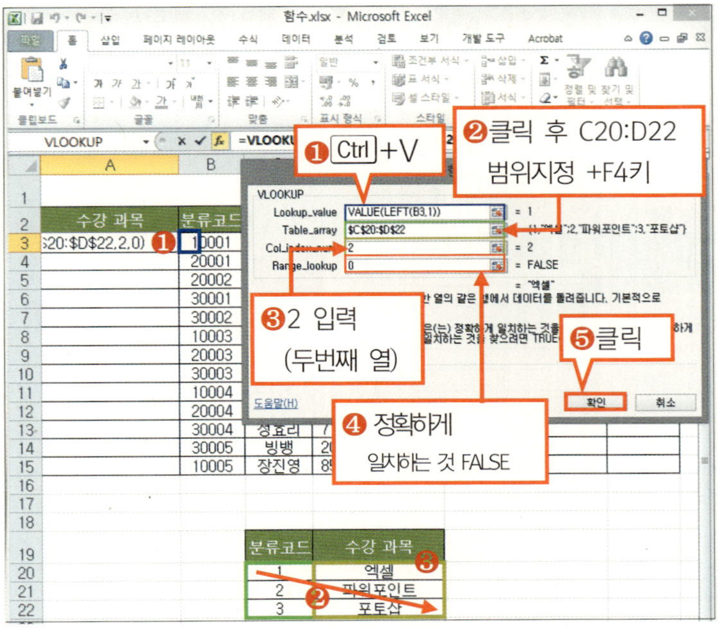

① 인수 'Lookup_value'에 'VALUE(LEFT(B3,1))'을 붙여 넣기 한다.

② 인수'Table_array'는 [C20:D22] 영역에 F4 키를 누른 값이다.

③ 인수 'Col_index_num'에 '2'를 입력한다.

- ① 분류코드'중 왼쪽에서 첫 글자를 ② 아래 '분류코드와 수강과목'의 ③ '2'(두번째 열)에서 찾는 것이다.

④ 인수 'Range_lookup'에 정확하게 일치하는 값이므로 '0' 또는 'FALSE'를 입력한다.

- '분류코드'가 '1'일 때 만 '수강과목'이 '엑셀'이므로 정확한 값이다.

⑤ '확인' 버튼을 클릭한다.

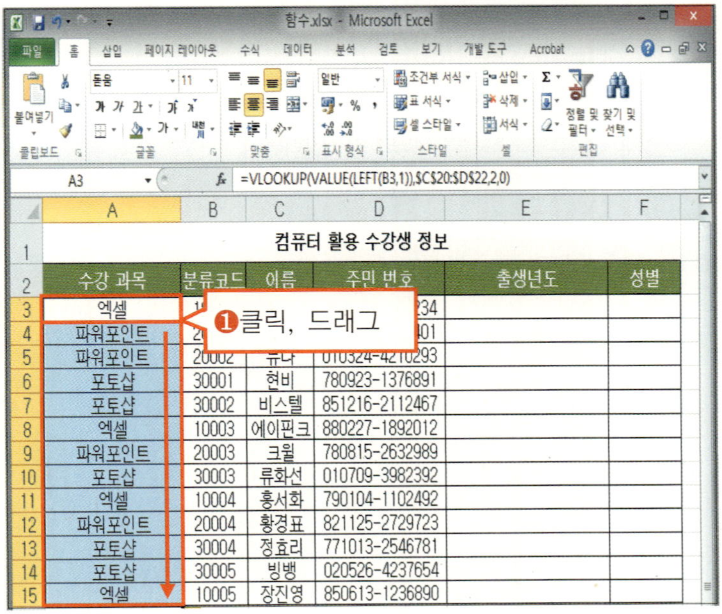

① 영역 [A3의 셀 포인터를 클릭한 후, 아래쪽으로 드래그 한다.

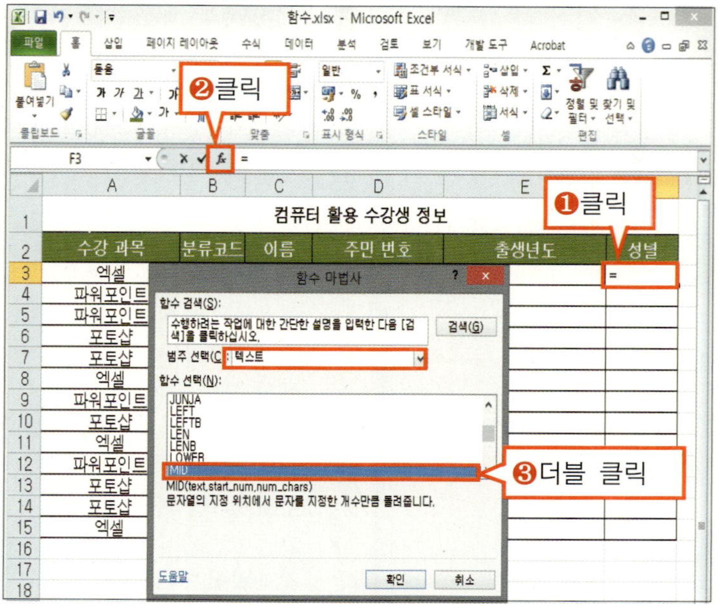

① 영역 [F3]을 클릭한다.
② '함수 삽입' 버튼을 클릭한다.
③ '텍스트' 범주의 'MID' 함수를 더블 클릭한다.

조건

'주민번호'의 여덟 번째 시작하는 한글자가 '1'또는 '3'이면 '남자'를, 나머지는 '여자'를 '성별'에 채워 넣는 것이다.

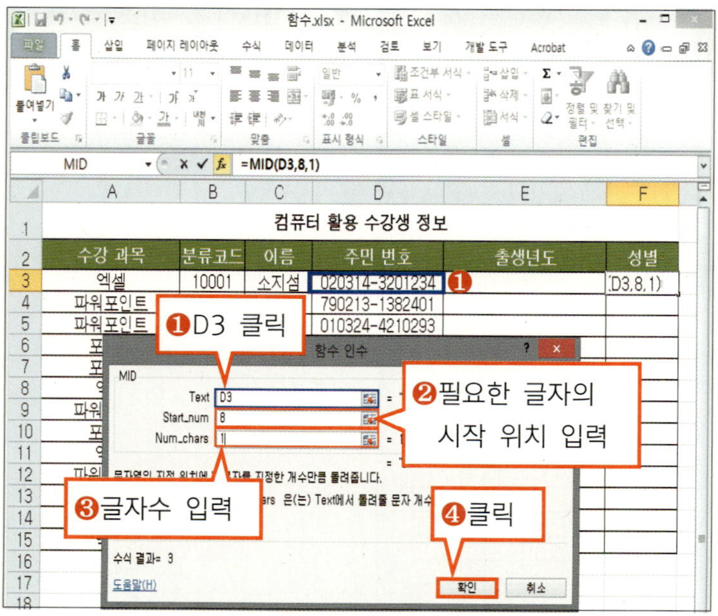

① 인수 'Text'에 영역 [D3]를 클릭한다.
② 인수 'Start_num'에 영역 '8'을 입력한다.
③ 인수 'Num_chars'에 '1'을 입력한다.
- ① '주민 번호'에서 ② '8'번째 글자부터 ③ 하나의 글자를 얻는 과정이다.

④ '확인' 버튼을 클릭한다.

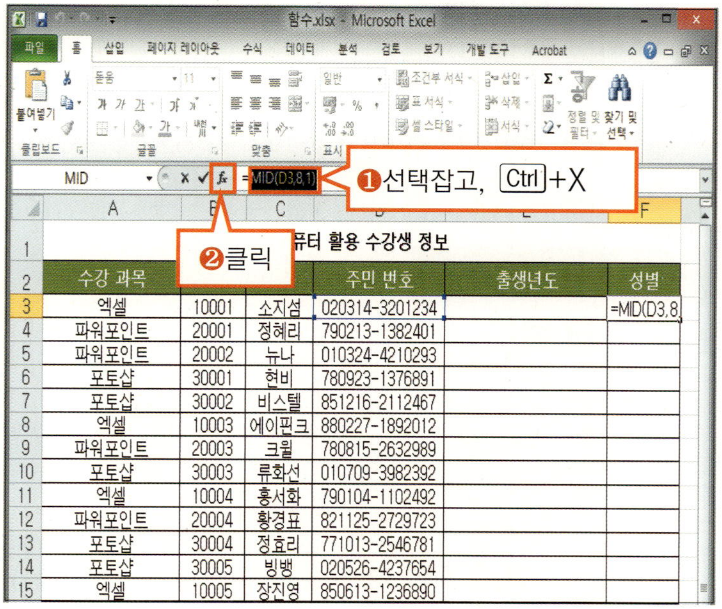

① '수식 입력줄'의 '=MID(D3,8,1)'에서 등호를 뺀 나머지 식을 오린다.

② '함수 삽입' 버튼을 클릭한다.

- ① 오려 놓은 수식은 ② 새롭게 열릴 함수의 인수로 들어간다.

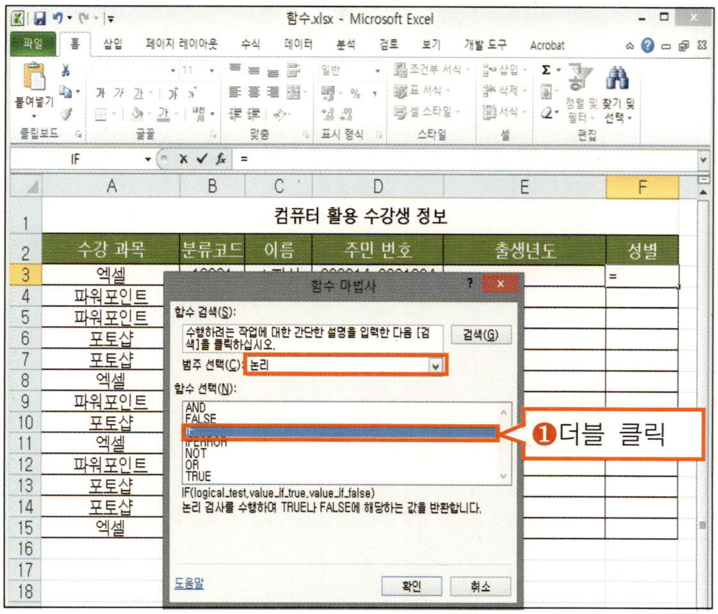

① '논리' 범주의 'IF' 함수를 더블 클릭한다.

- 'IF' 함수의 'Logical_test'에서는 조건식이 문자열로 구성되어 있거나, 숫자로 구성 되어 있어야 한다.
- 따라서 'MID(D3,8,1)=1'이 아니라 'MID' 함수가 문자열이므로 'MID(D3,8,1)="1"' 이어야 한다. "숫자"는 문자로 성질이 바뀐다.

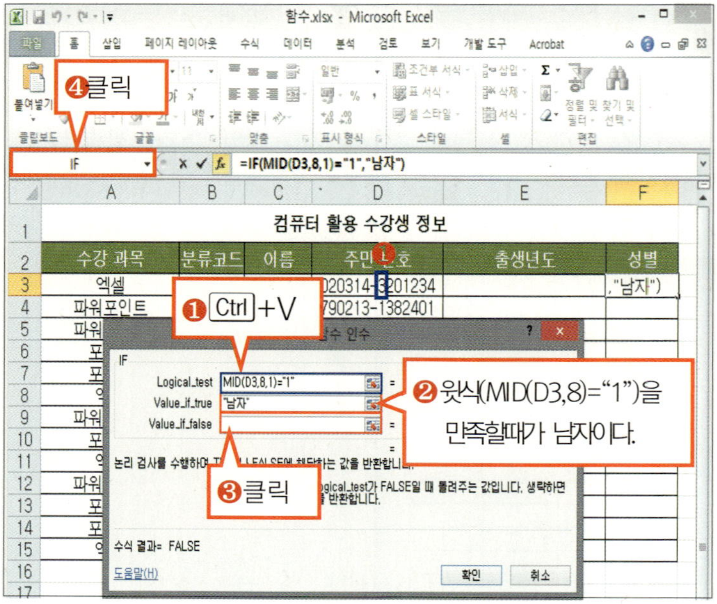

① 인수 'Logical_test'에 'MID(D3,8,1)'을 붙여 넣기 하고 연이어서 '="1"'을 입력해서 조건식을 완성한다.

② 인수 'Value_if_true'는 위 ① 의 식을 만족할 때에 불리워지는 값 '남자'를 입력한다.

③ 인수 'Value_if_false'에 위 ① 의 식을 만족하지 않는다면 'MID(D3,8,1)="3"'인지 살펴보기위해서

④ 새로운 'IF' 함수를 클릭한다.

- IF함수 안에 새로운 IF함수를 열었다.
- 'IF' 함수의 'Logical_test'에서는 조건식이 문자열로 구성되어 있거나, 숫자로 구성 되어 있어야 한다.
- 따라서 'MID(D3,8,1)=1'이 아니라 'MID' 함수가 문자열이므로 'MID(D3,8,1)="1"'이어야 한다. 숫자를 문자로 바꾸는 방법은 "숫자" 이다.

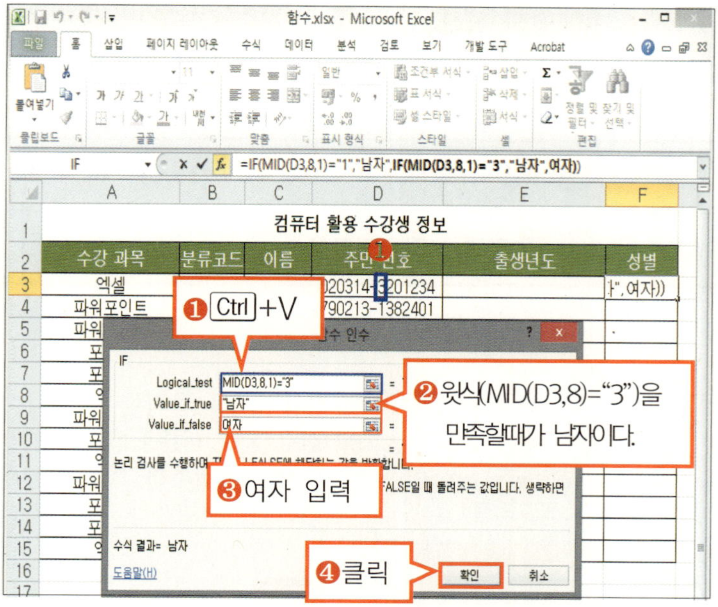

① 인수 'Logical_test'에 'MID(D3,8,1)'을 붙여 넣기 하고 연이어서 '="3"'을 입력해서 조건식을 완성한다.

② 인수 'Value_if_true'는 위 ①의 식을 만족할 때에 불러지는 값 '남자'를 입력한다.

③ 인수 'Value_if_false'는 위 ①의 식을 만족하지 않을 때에 불러지는 값 '여자'를 입력한다.

④ '확인'을 클릭한다.

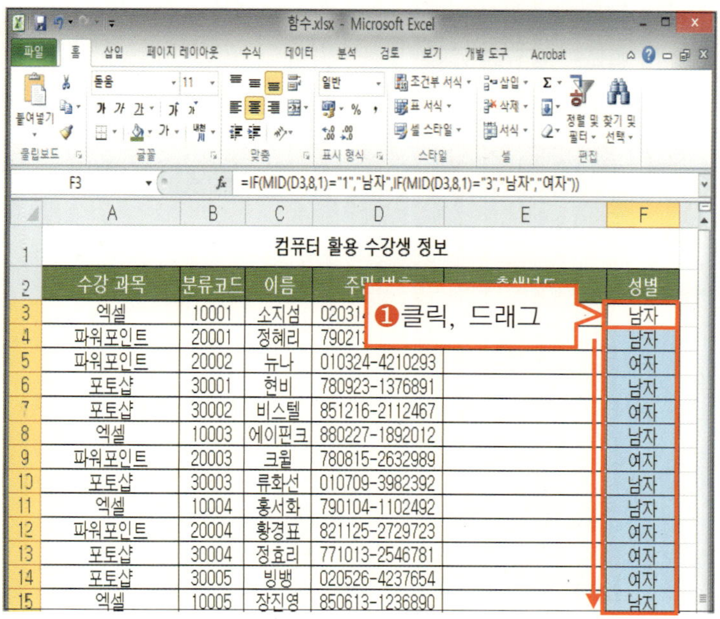

① 영역 [F3]의 셀 포인터를 클릭한 후, 아래로 드래그 한다.

4.10 & 연산자

& 연산자	
의미	문자열 결합 연산자입니다.
구문	"컴퓨터"&"활용" ====〉 결과: 컴퓨터활용

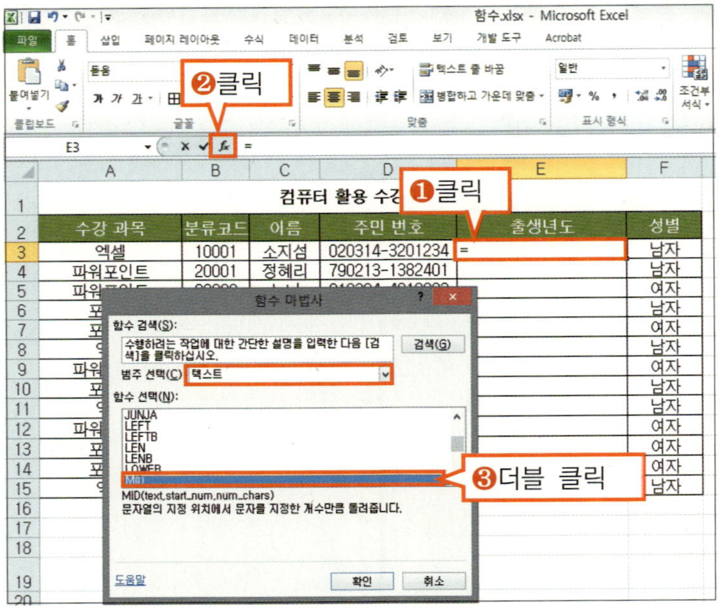

① 영역 [E3]을 클릭한다.
② '함수 삽입' 버튼을 클릭한다.
③ '텍스트' 범주의 'MID' 함수를 더블 클릭한다.

조건

'주민번호'를 이용하여 출생년도를 구하는 것으로, '0000년 00월 00일'의 형태로 나타내어야 한다. 년도는 '주민번호' 8번째의 한 글자가 '1'과 '2'이면 '1900년' 생이고 그 외는 '2000년생'이다.

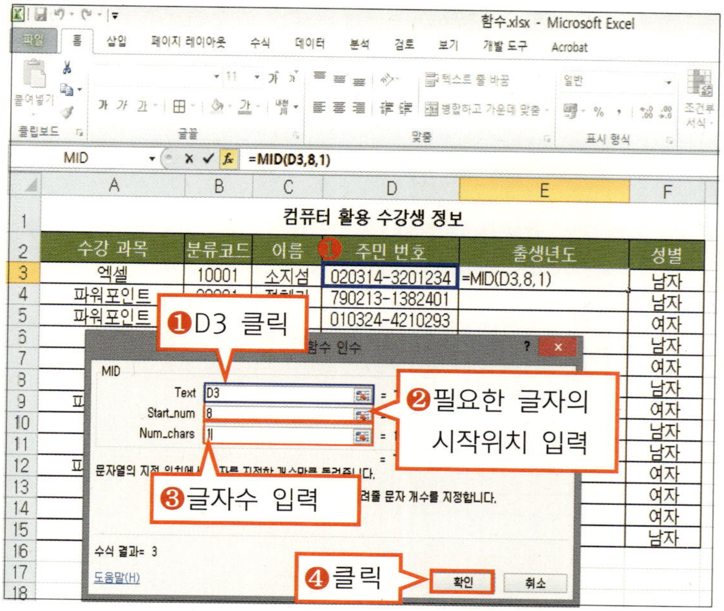

① 인수 'Text'에 영역 [D3]를 클릭한다.

② 인수 'Start_num'에 영역 '8'을 입력한다.

③ 인수 'Num_chars'에 '1'을 입력한다.

- ① '주민 번호'에서 ② '8'번째 글자부터 ③ 하나의 글자를 얻는 과정이다.

④ '확인' 버튼을 클릭한다.

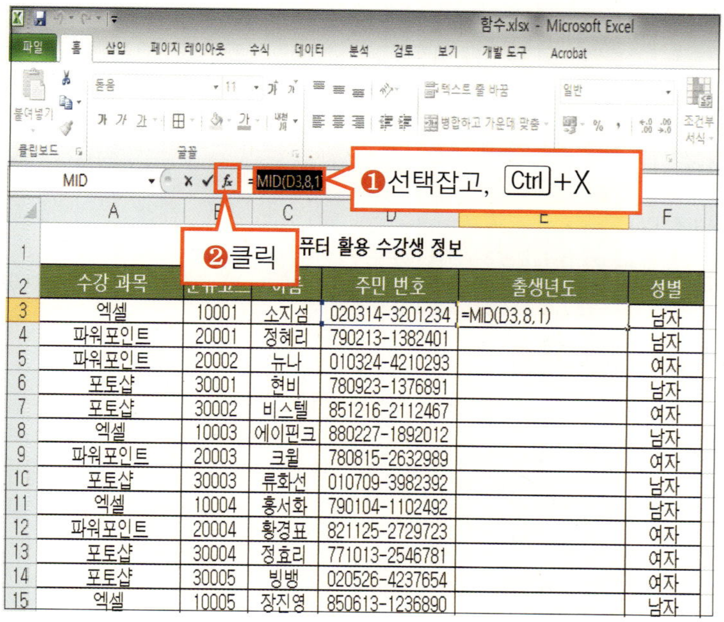

① '수식 입력줄'의 '=MID(D3,8,1)'에서 등호를 뺀 나머지 식을 오린다.

② '함수 삽입' 버튼을 클릭한다.

- ① 오려 놓은 수식은 ② 새롭게 열릴 함수의 인수로 들어 간다.

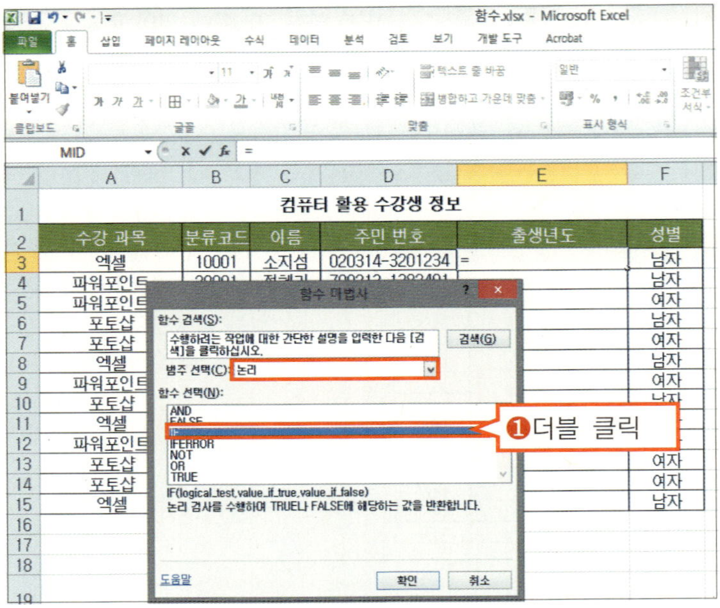

① '논리' 범주의 'IF' 함수를 더블 클릭한다.

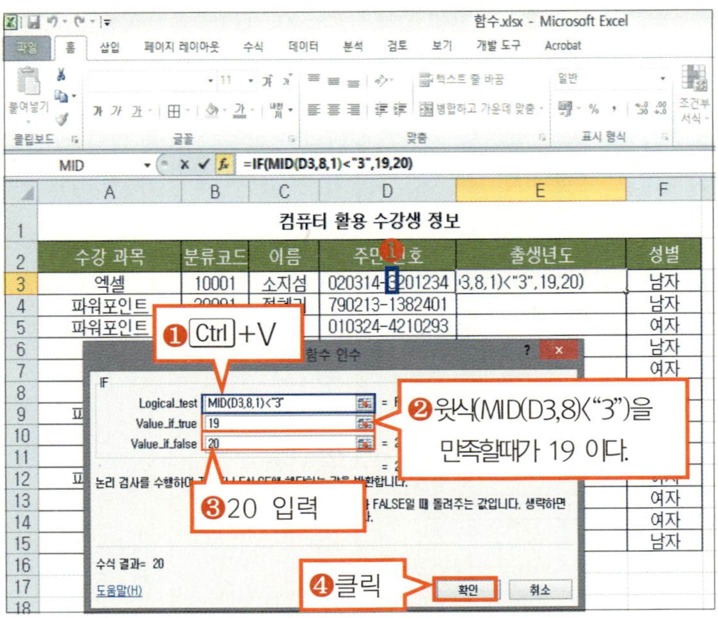

① 인수 'Logical_test'에 'MID(D3,8,1)'을 붙여 넣기 하고 연이어서 '<"3"'을 입력해서 조건식을 완성한다.

② 인수 'Value_if_true'는 위 ①의 식을 만족할 때에 불리워지는 값 '19'를 입력한다.

③ 인수 'Value_if_false'는 위 ①의 식을 만족하지 않을 때에 불리워지는 값 '20'를 입력한다.

④ '확인'을 클릭한다.

- ② '1900'이 아닌 '19'인 이유는 '19'&'주민번호 앞에서부터 두글자'를 연결하여 년도를 만들기 위해서이다.

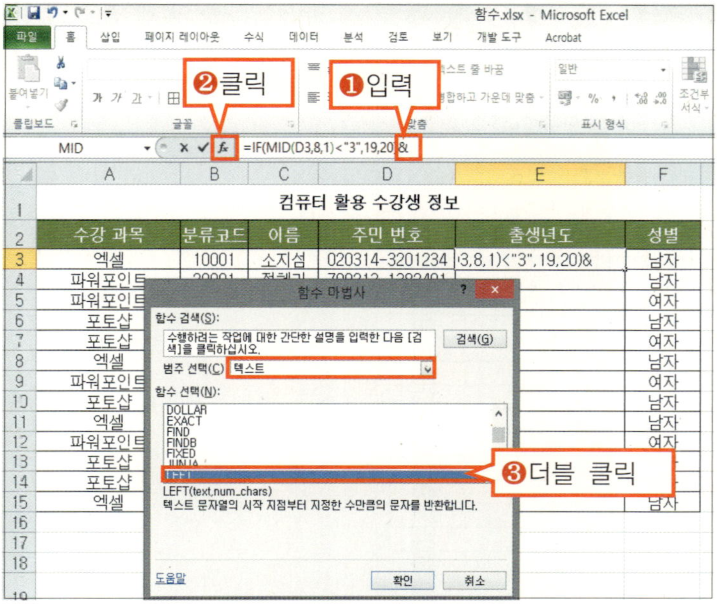

① '수식 입력줄'의 맨 끝에 커서를 클릭하고 '&'를 입력한다.
② '함수 삽입' 버튼을 클릭한다.
③ '텍스트' 범주의 'MID' 함수를 더블 클릭한다.

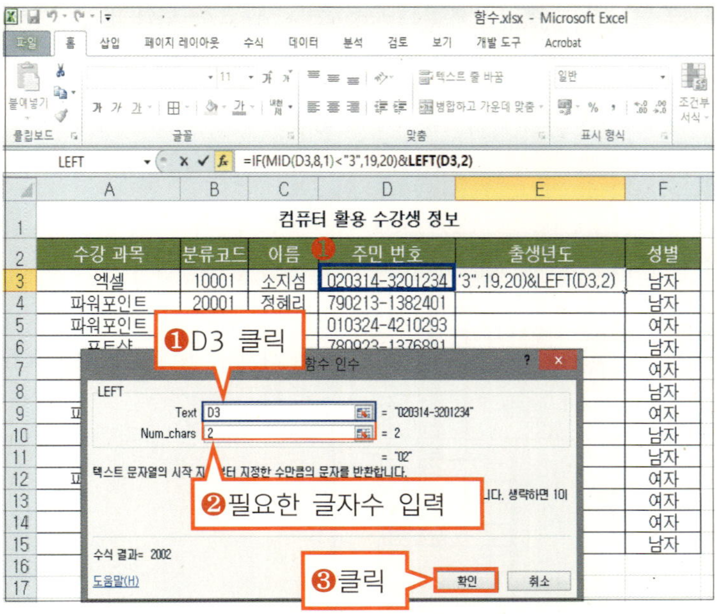

① 인수 'Text'에 영역 [D3]를 클릭한다.
② 인수 'Num_chars'에 '2'을 입력한다.

- ① 주민번호 [D3]에 ② 왼쪽에서부터 두 글자를 얻는 과정이다. 여기까지가 년도 4자리를 구하는 과정이다.

③ '확인' 버튼을 클릭한다.

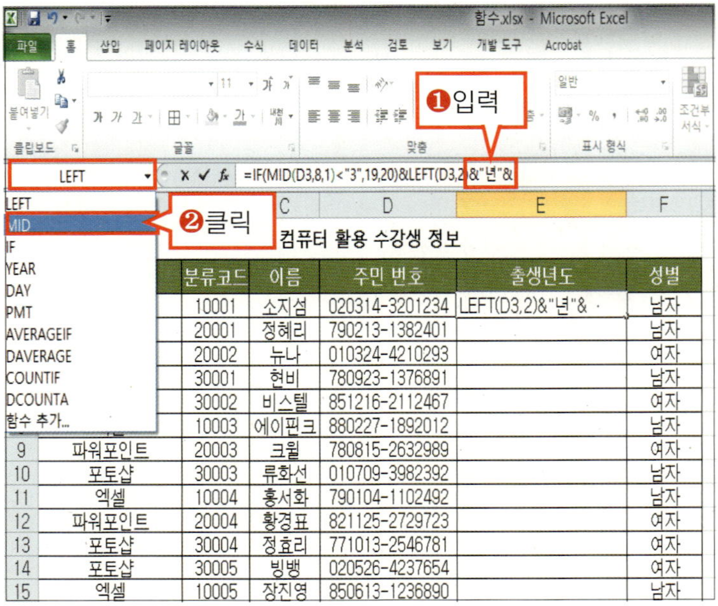

① '수식 입력줄'의 맨 끝에 커서를 클릭하고 '&"년"&'를 입력한다.

② 'MID' 함수를 클릭한다.

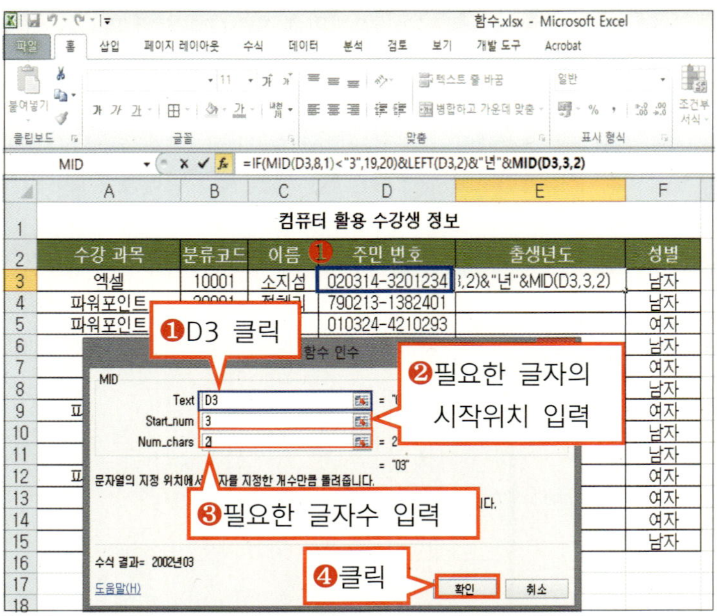

① 인수 'Text'에 영역 [D3]를 클릭한다.

② 인수 'Start_num'에 '3'을 입력한다.

③ 인수 'Num_chars'에 '2'를 입력한다.

- ① '주민 번호'에서 ② '2' 번째 글자부터 ③ 두개의 글자를 얻는 과정이다. 여기까지가 월 두 자리를 얻었다.

④ '확인' 버튼을 클릭한다.

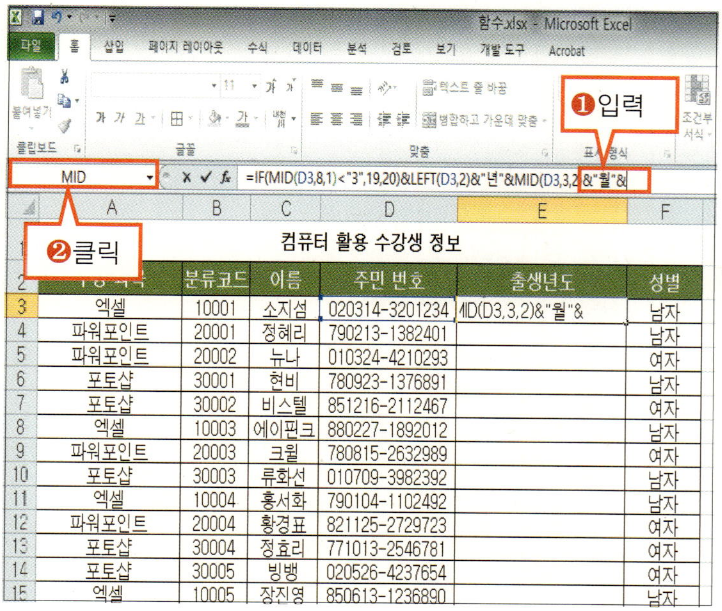

① '수식 입력줄'의 맨 끝에 커서를 클릭하고 '&"월"&'를 입력한다.
② 'MID' 함수를 클릭한다.

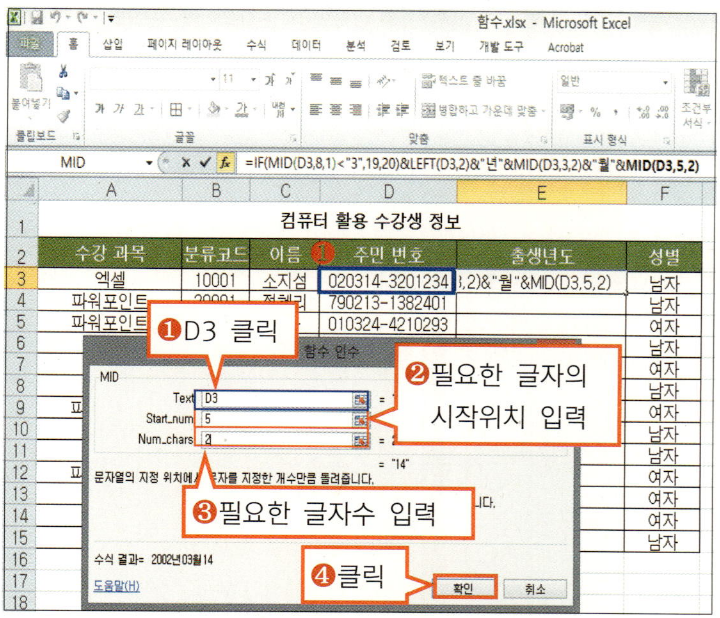

① 인수 'Text'에 영역 [D3]를 클릭한다.
② 인수 'Start_num'에 '5'를 입력한다.
③ 인수 'Num_chars'에 '2'를 입력한다.

- ① '주민 번호'에서 ② '5'번째 글자부터 ③ 두개의 글자를 얻는 과정이다. 여기까지가 일 두 자리를 얻었다.

④ '확인' 버튼을 클릭한다.

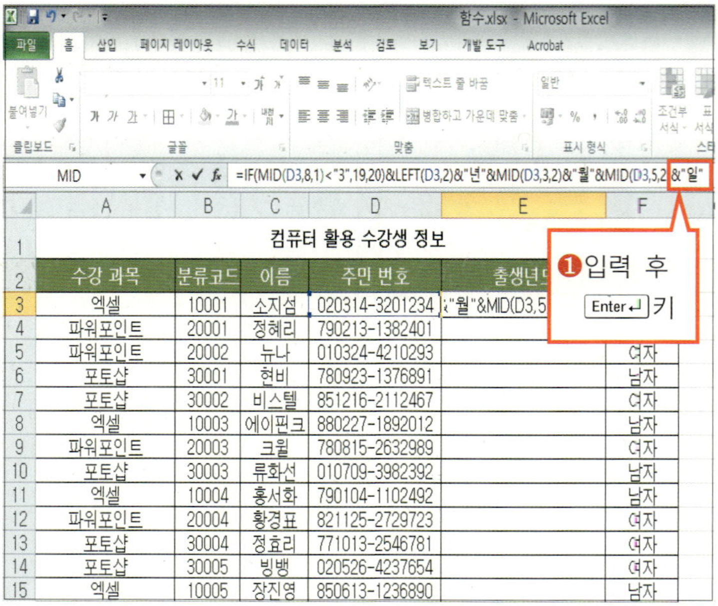

① '수식 입력줄'의 맨 끝에 커서를 클릭하고 '&"일"'를 입력한 후, Enter↵ 키를 누른다.

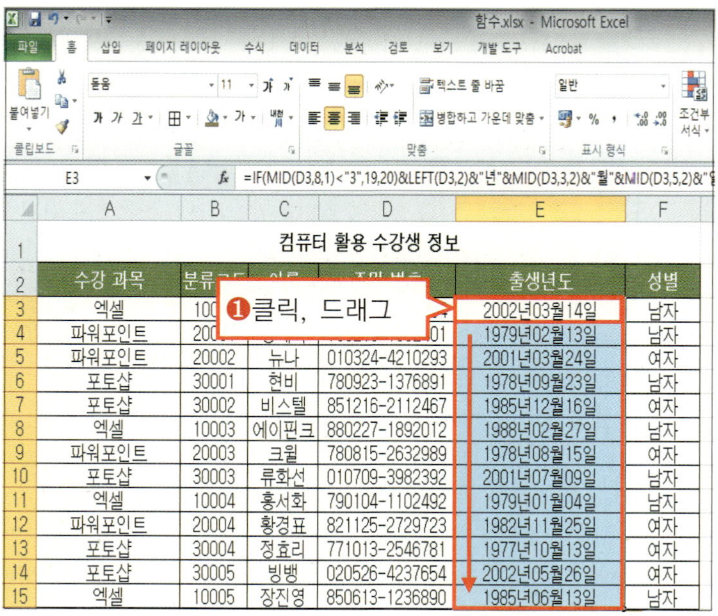

① 영역 [E3]의 셀 포인터를 클릭한 후, 아래로 드래그 한다.

4.11 MOD 함수

MOD 함수	
의미	나눗셈의 나머지를 구합니다.
구문	MOD(number, divisor)
number	나머지를 구하려는 수입니다.
divisor	나누는 수입니다.

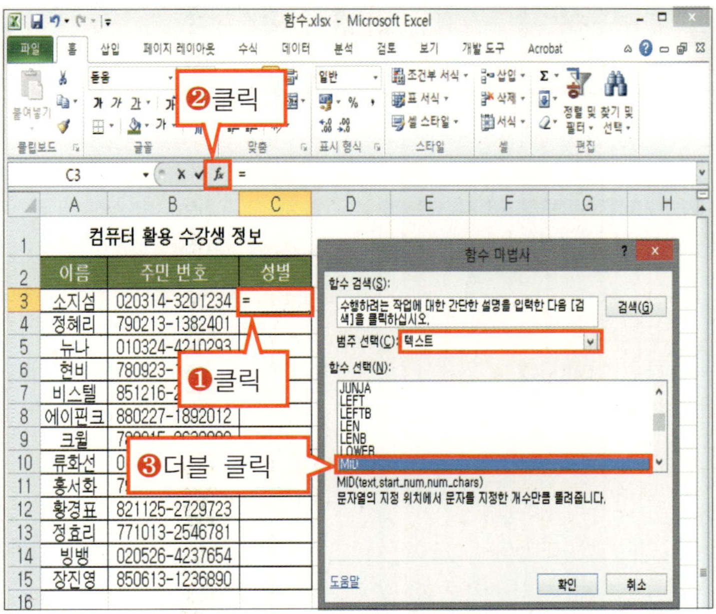

① 영역 [C3]을 클릭한다.
② '함수 삽입' 버튼을 클릭한다.
③ '텍스트' 범주의 'MID' 함수를 더블 클릭한다.

조건

'주민번호' 8번째의 한 글자로 성별을 구할 수 있는데, 이 숫자가 짝수(2로 나누었을 때 나머지가 0이다.)이면 '여자'이고, 홀수(2로 나누었을 때 나머지가 1이다.)이면 '남자'이다.

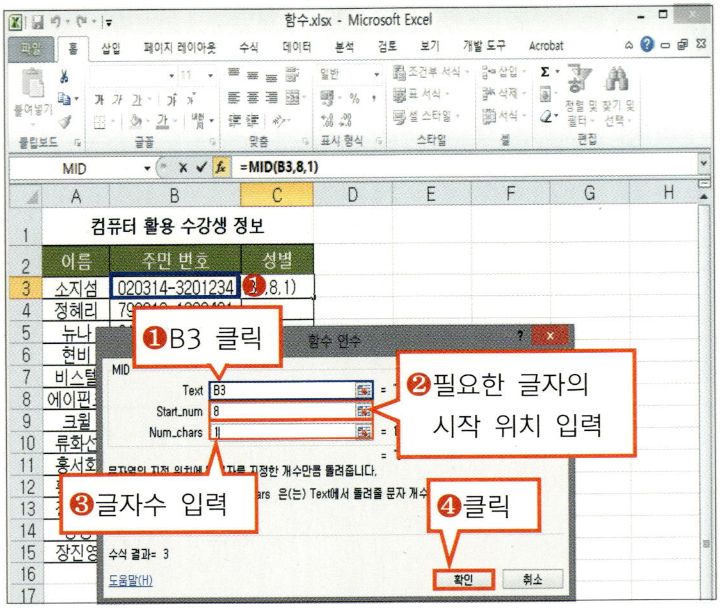

① 인수 'Text'에 영역 [B3]를 클릭한다.

② 인수 'Start_num'에 '8'을 입력한다.

③ 인수 'Num_chars'에 '1'을 입력한다.

- ① '주민 번호'에서 ② '8'번째 글자부터 ③ 한 개의 글자를 얻는 과정이다.

④ '확인' 버튼을 클릭한다.

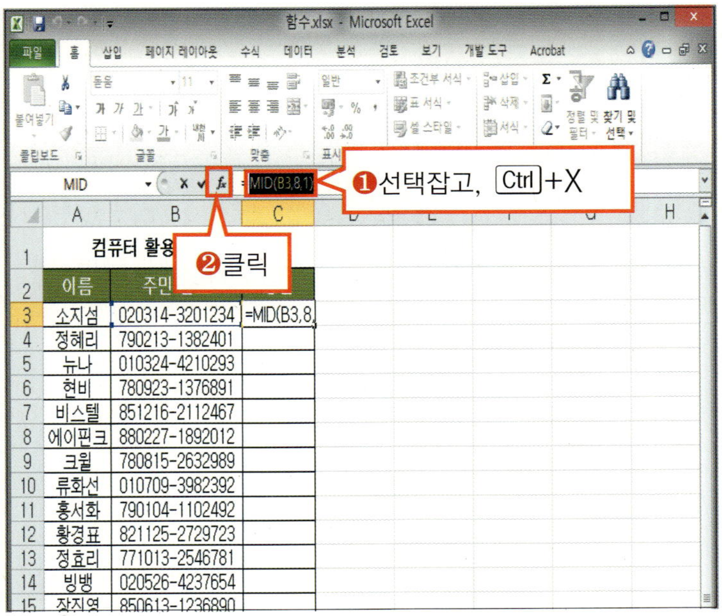

① '수식 입력줄'의 '=MID(D3,8,1)'에서 등호를 뺀 나머지 식을 오린다.

② '함수 삽입' 버튼을 클릭한다.

- ① 오려 놓은 수식은 ② 새롭게 열릴 함수의 인수로 들어간다.

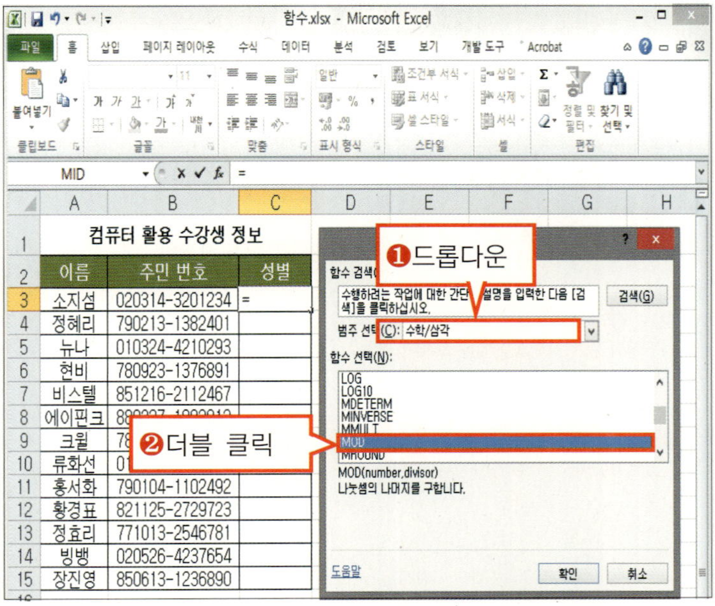

① '수학/삼각' 범주의 'MOD' 함수를 더블 클릭한다.

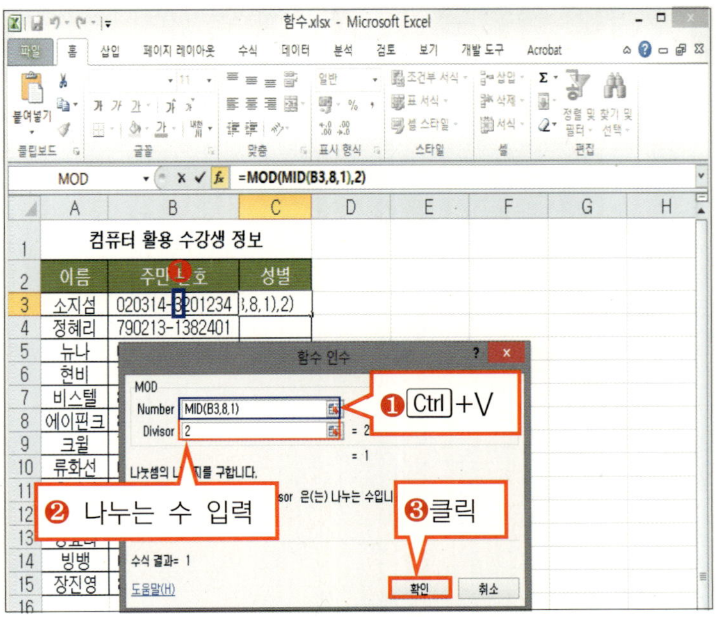

① 인수 'Number'에 'MID(D3,8,1)'을 붙여 넣기 한다.

② 인수 'Divisor'에 '2'를 입력한다.

- ① 'MID(D3,8,1)'에서 얻을 수 있는 값은 1, 2, 3, 또는 4이다. 이 값을 ② '2'로 나누었을때의 나머지는 0 또는 1이다.

③ '확인'을 클릭한다.

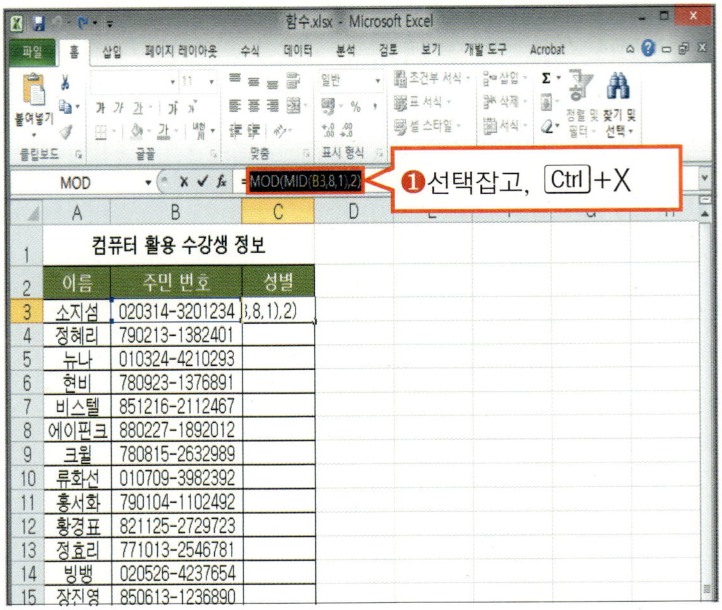

① '수식 입력줄'의 '=MOD(MID(D3,8,1),2)'에서 등호를 뺀 나머지 식을 오린다.

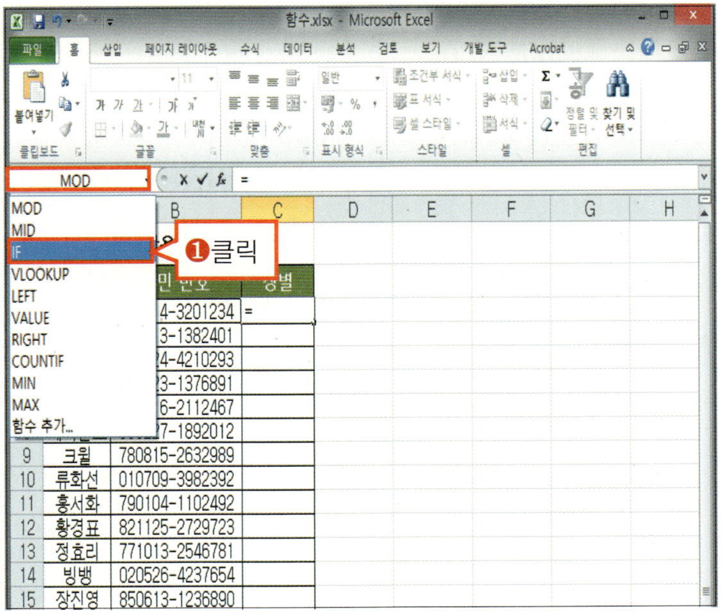

① 'IF' 함수를 연다.

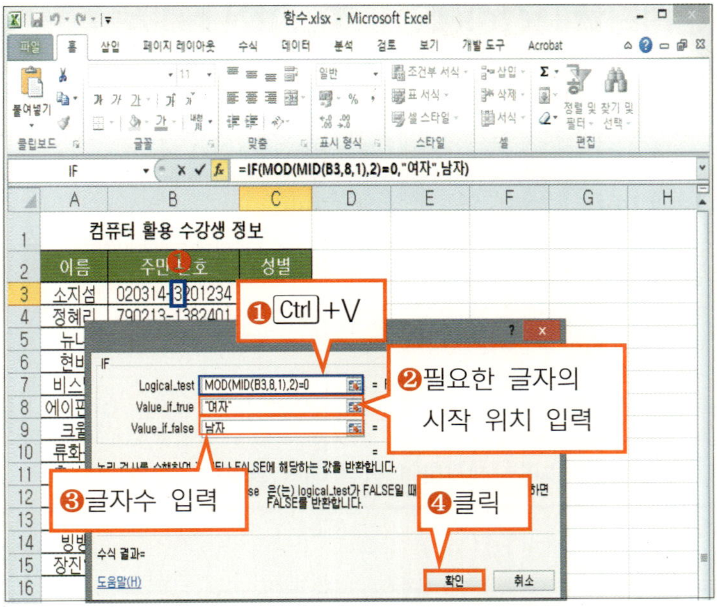

① 인수 'Logical_test'에 'MOD(MID(D3,8,1),2)'을 붙여넣기 하고 연이어서 '=0'을 입력해서 조건식을 완성한다.

- 'MOD(MID(D3,8,1),2)=0'에서 'MOD' 함수가 문자열 함수가 아니므로 "0"이 아니다.

② 인수 'Value_if_true'는 위 ①의 식을 만족할 때에 불리워지는 값 '여자'를 입력한다.(나머지가 0이다.)

③ 인수 'Value_if_false'는 위 ①의 식을 만족하지 않을 때에 불리워지는 값 '남자'를 입력한다. (나머지가 1이다.)

④ '확인'을 클릭한다.

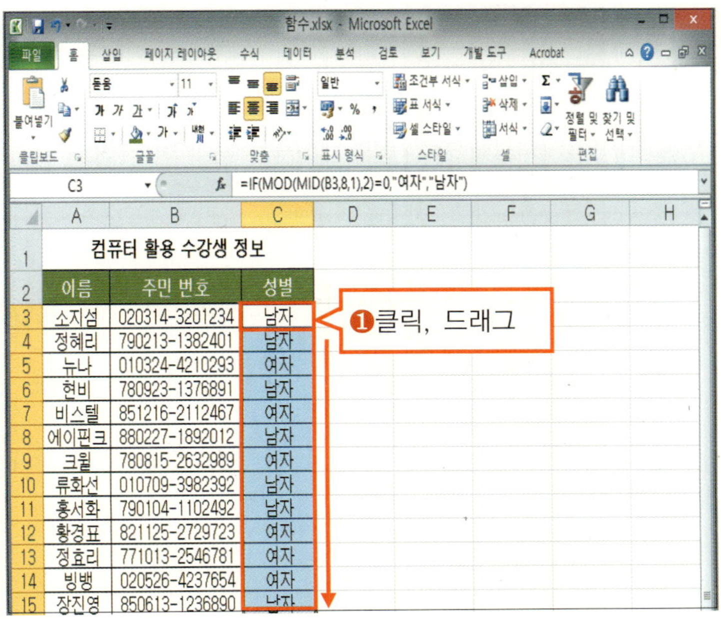

① 영역 [C3]의 셀 포인터를 클릭 한 후, 아래로 드래그 한다.

4.12 SUMIF / AVERAGEIF / DCOUNT / DCOUNTA / DAVERAGE / DSUM 함수

SUMIF 함수	
의미	주어진 조건에 의해 지정된 셀들의 합을 구합니다.
구문	SUMIF(range, criteria, sum_range)
range	조건에 맞는지를 검사할 셀들입니다.
criteria	더할 셀의 조건을 지정하는 수, 식 또는 텍스트입니다.
sum_range	합을 구할 실제 셀들입니다. 생략하면 범위 내의 셀들이 계산됩니다.

AVERAGEIF 함수	
의미	주어진 조건에 따라 지정되는 셀의 평균(산술 평균)을 구합니다.
구문	AVERAGEIF(range, criteria, average_range)
range	계산할 셀의 범위입니다.
criteria	숫자, 식 또는 텍스트 형식의 조건으로 평균을 구할 셀을 정의합니다.
average_range	평균을 구하는 데 사용할 실제 셀입니다. 생략하면 범위 안에 있는 셀이 사용됩니다.

DCOUNT /DCOUNTA 함수	
의미	지정한 조건에 맞는 데이터베이스의 필드에서 숫자를 포함한 셀의 수를 구합니다.(빈셀이 아닌 숫자나 문자는 DCOUNTA 함수를 사용합니다.)
구문	DCOUNT(database, field, criteria)
database	데이터베이스나 목록으로 지정할 셀 범위입니다. 데이터베이스는 관련 데이터 목록입니다.
field	목록에서 열 위치를 나타내는 숫자나 열 레이블입니다.
criteria	찾을 조건이 있는 셀 범위입니다. 이 범위는 열 레이블과 조건 레이블 아래의 셀을 포함합니다.

DAVERAGE 함수	
의미	지정한 조건에 맞는 데이터베이스나 목록에서 열의 평균을 구합니다.
구문	DAVERAGE(database, field, criteria)
database	데이터베이스나 목록으로 지정할 셀 범위입니다. 데이터베이스는 관련 데이터 목록입니다.
field	목록에서 열 위치를 나타내는 숫자나 따옴표로 묶인 열 레이블입니다.
criteria	지정한 조건이 있는 셀 범위입니다. 이 범위는 열 레이블과 조건 레이블 아래의 셀을 포함합니다.

DSUM 함수	
의미	지정한 조건에 맞는 데이터베이스에서 필드 값들의 합을 구합니다.
구문	DSUM(database, field, criteria)
database	데이터베이스나 목록으로 지정할 셀 범위입니다. 데이터베이스는 관련 데이터 목록입니다.
field	목록에서 열 위치를 나타내는 숫자가 열 레이블입니다.
criteria	찾을 조건이 있는 셀 범위입니다. 이 범위는 열 레이블과 조건 레이블 아래의 셀을 포함합니다.

다양한 함수 사용을 위해서 아래의 새로운 데이터를 입력한다.

	A	B	C	D	E	F	G	H
1	컴퓨터 활용 성적표							
2	이름	엑셀	파워포인트	총점	평균	학점	석차	평가
3	이민규	92	90	182	91	A0	3	합격
4	정준영	98	96	194	97	A+	1	합격
5	박지섬	52	87	139	69.5	D+	10	불합격
6	이상규	91	93	184	92	A0	2	합격
7	정현철	90	88	178	89	B+	4	합격
8	이문정	78	74	152	76	C+	8	불합격
9	홍문희	82	80	162	81	B0	6	합격
10	최석강	80	84	164	82	B0	5	합격
11	조준민	72	70	142	71	C0	9	불합격
12	박빈	60	100	160	80	B0	7	불합격
13								
14								
15–18	평가가 합격인 사람의 총인원수 (DCOUNTA)			평가가 합격인 사람의 총인원수 (COUNTIF)				
19–22	평가가 합격인 사람의 평균의 총평균 (DAVERAGE)			평가가 합격인 사람의 평균의 총평균 (AVERAGEIF)				

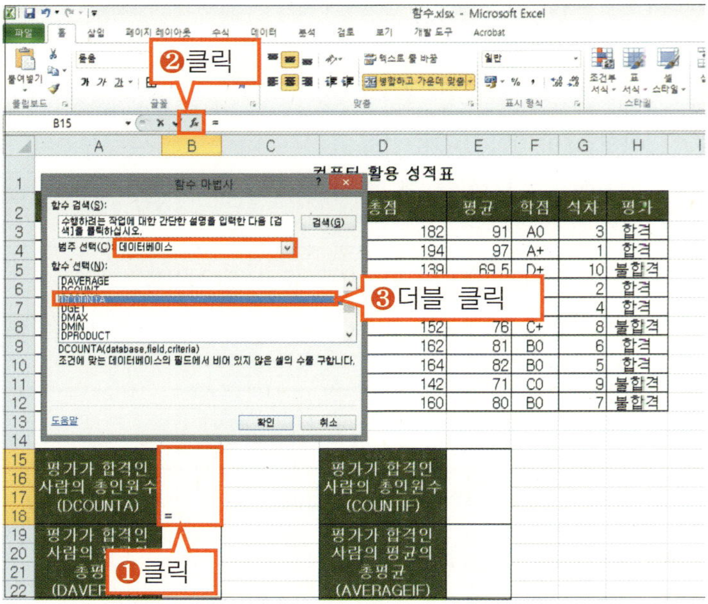

① 영역 [B15]을 클릭한다.
② '함수 삽입' 버튼을 클릭한다.
③ '데이터베이스' 범주의 'DCOUNTA' 함수를 더블 클릭한다.

- '평가'가 '합격'인 사람의 인원수를 구한다.

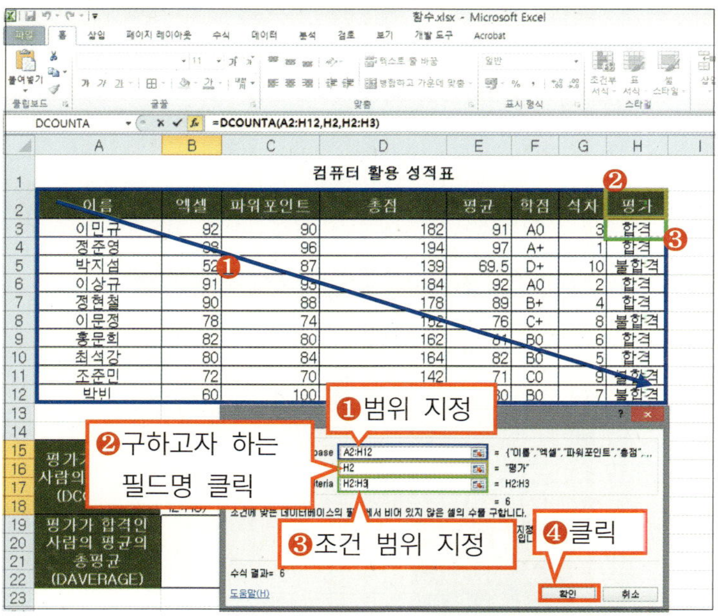

① 인수'Database'에 영역 [A2:H12]을 범위로 지정한다.
② 인수 'Field'는 인원수를 구해야 하는 필드명 '평가[H2]'를 클릭한다.

- 같은 성질을 갖는 데이터 그룹의 이름을 '필드명' 이라고 한다.

③ 인수 'Criteria'는 영역 [H2:H3]을 범위로 지정한다.

- 'Criteria'는 필드명을 포함한 조건식이 들어가야 한다. 따라서 필드명 '평가', 조건식 '합격'(등호는 생략)을 선택 잡았다. 만약 조건식이 없다면 다른 곳에 반드시 필드명과 조건식을 만들고 DATABASE 함수를 시작해야 한다.

④ '확인'을 클릭한다.

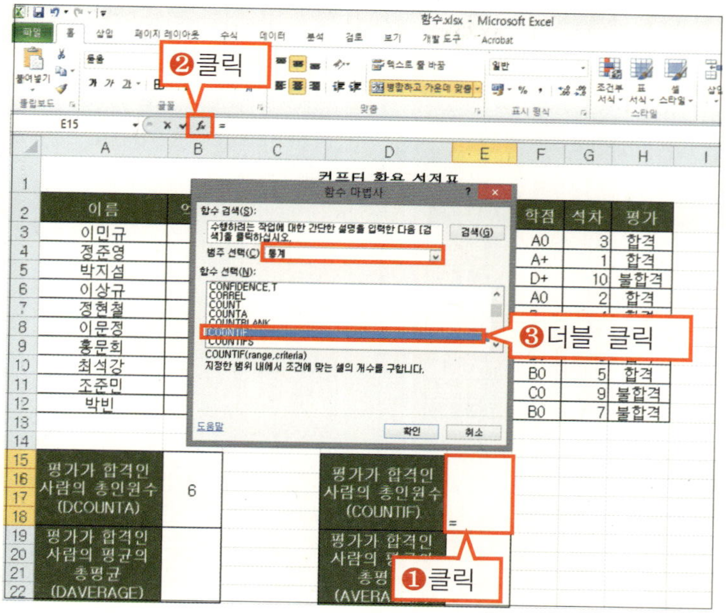

① 영역 [E15]을 클릭한다.

② '함수 삽입' 버튼을 클릭한다.

③ '통계' 범주의 'COUNTIF' 함수를 더블 클릭한다.

- '평가'가 '합격'인 사람의 인원수를 구한다.

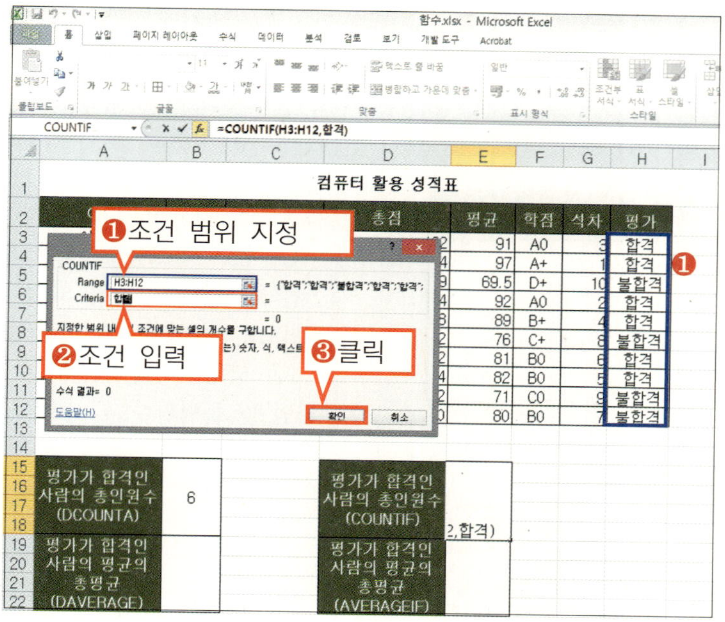

① 인수 'Range'에 영역 [H3:H12]을 범위로 지정한다.

② 인수 'Criteria'는 조건식 '합격'을 입력한다.

- '평가' 필드에서 '합격'인 사람의 인원수를 세는 과정이다.

③ '확인'을 클릭한다.

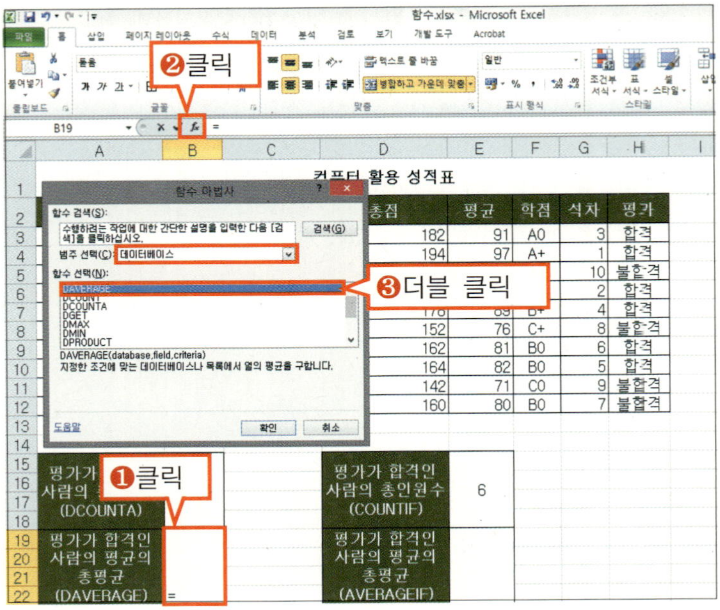

① 영역 [B19]를 클릭한다.

② '함수 삽입' 버튼을 클릭한다.

③ '데이터베이스' 범주의 'DAVERAGE' 함수를 더블 클릭한다.

- '평가'가 '합격'인 사람의 '평균'의 총평균을 구한다.

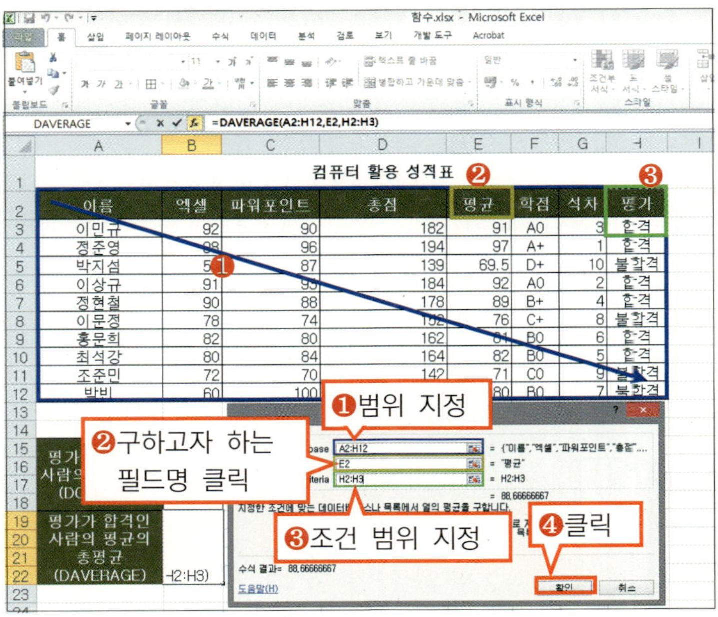

① 인수 'Database'에 영역 [A2:H12]을 범위로 지정한다.

② 인수 'Field'는 평균을 구해야 하는 필드명 '평균[E2]'을 클릭한다.

③ 인수 'Criteria'는 영역 [H2:H3]을 범위로 지정한다.

- 'Criteria'는 필드명을 포함한 조건식이 들어가야 한다. 따라서 필드명 '평가', 조건식 '합격'(등호는 생략)을 선택 잡는다.

④ '확인'을 클릭한다.

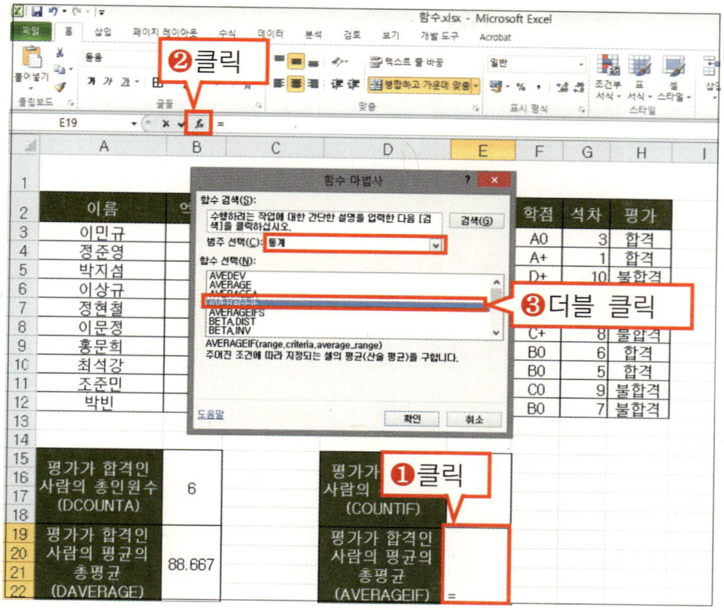

① 영역 [E19]를 클릭한다.
② '함수 삽입' 버튼을 클릭한다.
③ '통계' 범주의 'AVERAGEIF' 함수를 더블 클릭한다.

- '평가'가 '합격'인 사람의 '평균'의 총평균을 구한다.

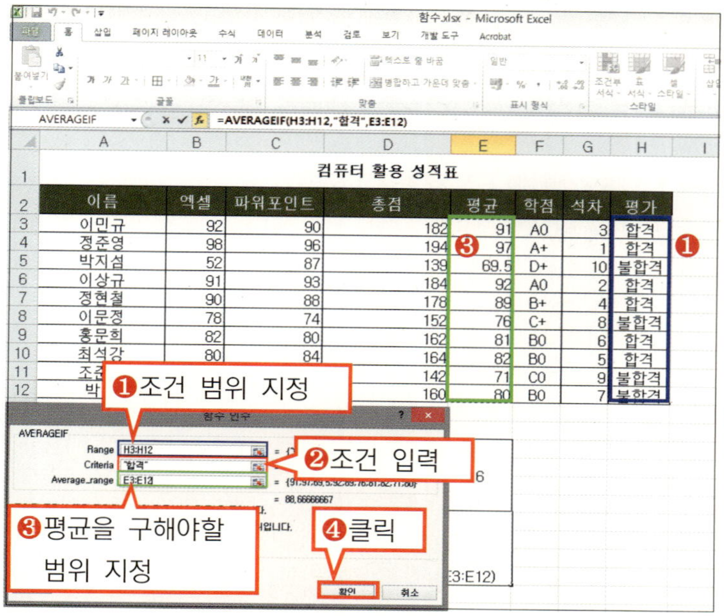

① 인수 'Range'에 영역 [H3:H12]을 범위로 지정한다.
② 인수 'Criteria'는 조건식 '합격'을 입력한다.
③ 인수 'Average_range'는 평균을 구해야 하는 영역 [E3:E12]을 범위로 지정한다.

- '평가' 필드에서 '합격'인 사람의 '평균'의 총평균을 구하는 과정이다.

④ '확인'을 클릭한다.

4.13 PMT 함수

PMT 함수	
의미	주기적이고 고정적인 지급액과 고정적인 이율에 의거한 대출 상환금을 계산합니다.
구문	PMT(rate, nper, pv, fy, type)
rate	대출에 대한 기간별 이자율입니다. 예를 들어 연 이율 6%에 분기 상환 시에는 6%/4를 사용합니다.
nper	대출 상환금의 총 지급 기간 수입니다.
pv	일련의 미래 지급액에 상응하는 현재 가치입니다.
fy	상환이 완료된 후 얻고자 하는 미래 가치 또는 현금 잔액입니다. 생략하면 0(영)으로 지정합니다.
type	상환 시기를 나타내며 1은 상환 주기 초를, 0 또는 생략 시에는 상환 주기 말을 의미합니다.

다양한 함수 사용을 위해서 아래의 새로운 데이터를 입력한다.

	A	B	C
1			
2		연이율	5.50%
3		납입기간(월)	12
4		대출원금	₩10,000,000
5		월납입액	

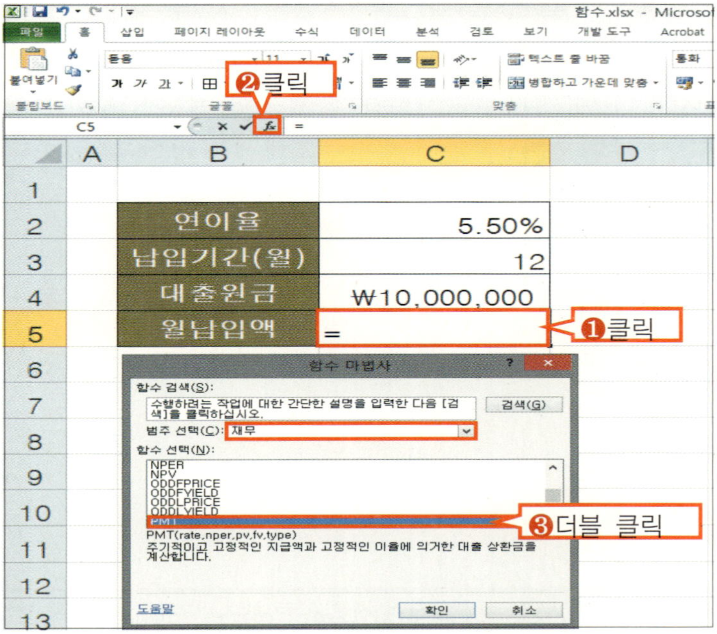

① 영역 [C5]를 클릭한다.
② '함수 삽입' 버튼을 클릭한다.
③ '재무' 범주의 'PMT' 함수를 더블 클릭한다.

조건

'연이율'이 '5.5%'이고, 납입기간이 12개월일 때 대출원금이 10,000,000원 이라면 상환할 금액은 얼마인지 구하는 것이다.

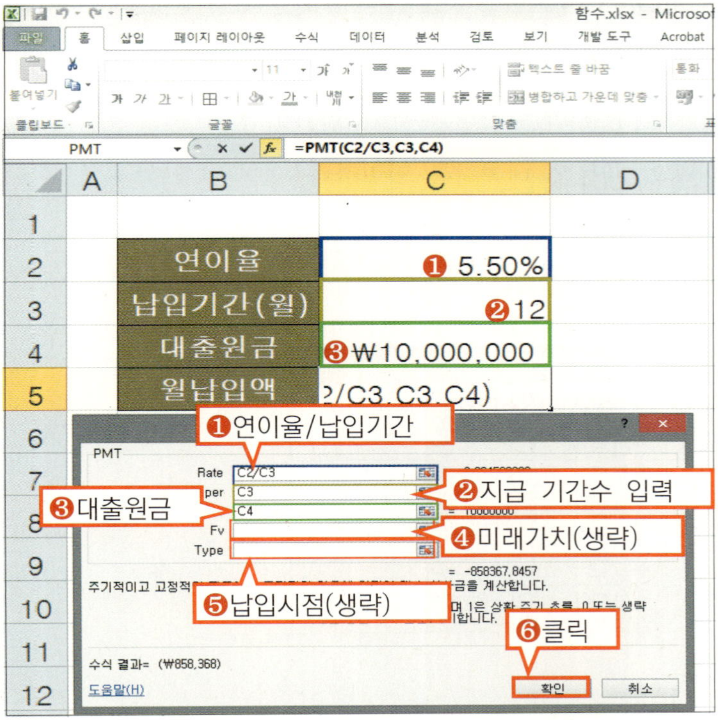

① 인수 'Rate'에 한달간의 이율 '연이율[C2]/납입기간[C3]'을 입력한다.
② 인수 'Nper'는 상환해야할 개월 수 [C3]를 클릭한다.
③ 인수 'Pv'에 '대출원금[C4]'를 클릭한다.
④ 인수 'Fv'는 상환이 완료 되었을 때의 미래가치와 현금잔액이므로 '생략' 한다.
⑤ 인수 'Type'는 상환시기를 나타내며, 보통은 월말이므로 '생략' 한다.
⑥ '확인'을 클릭한다.

	A	B	C	D
1				
2		연이율	5.50%	
3		납입기간(월)	12	
4		대출원금	₩10,000,000	
5		월납입액	-₩858,368	

① 완성된 데이터이다. 10,000,000원에 대하여 12개월 동안 월 858,368원씩 상환해 나가야 한다.

4.14 YEAR 함수

YEAR 함수	
의미	1900에서 9999 사이의 정수로 일정 날짜의 연도를 구합니다.
구문	YEAR(serial_number)
serial_number	Microsoft Excel에서 사용하는 날짜-시간 코드 형식의 수입니다.

다양한 함수 사용을 위해서 아래의 새로운 데이터를 입력한다.

	A	B	C	D
1	직원별 근무기간			
2			현재:	2014-12-11
3	이름	부서	입사년도	근무기간
4	이민규	영업부	2000-03-02	
5	정준영	경리부	1990-05-02	
6	박지섬	경리부	2001-03-04	
7	이상규	총무부	1998-05-04	
8	정현철	영업부	2000-05-03	
9	이문정	영업부	2002-05-02	
10	홍문희	총무부	1985-03-02	
11	최석강	홍보부	1988-03-03	
12	조준민	홍보부	2003-05-04	
13	박빈	영업부	2005-05-03	

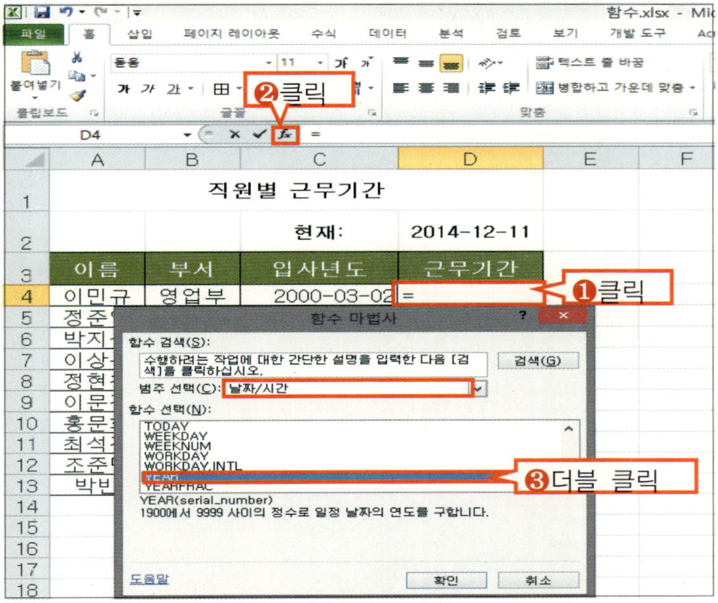

① 영역 [D4]를 클릭한다.
② '함수 삽입' 버튼을 클릭한다.
③ '날짜/시간' 범주의 'YEAR' 함수를 더블 클릭한다.

조건

'현재' 년도에서 '입사년도'를 빼서 근무기간을 얻는 것이다.

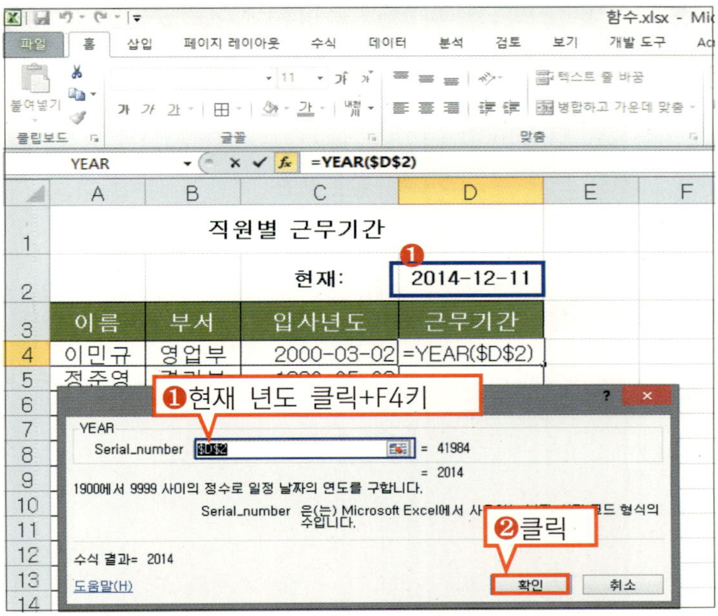

① 인수 'Serial_number'에 영역 [D2]를 클릭한다.
- '현재' 중 년도 부분만을 얻는 과정이다.

② '확인' 버튼을 클릭한다.

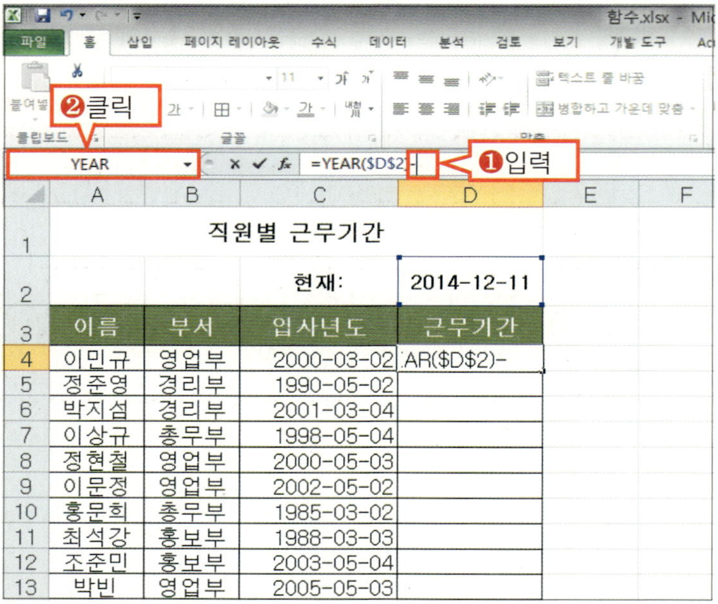

① '수식 입력줄'의 맨 끝에 커서를 클릭하고 '-'를 입력한다.

② 'YEAR' 함수를 클릭한다.

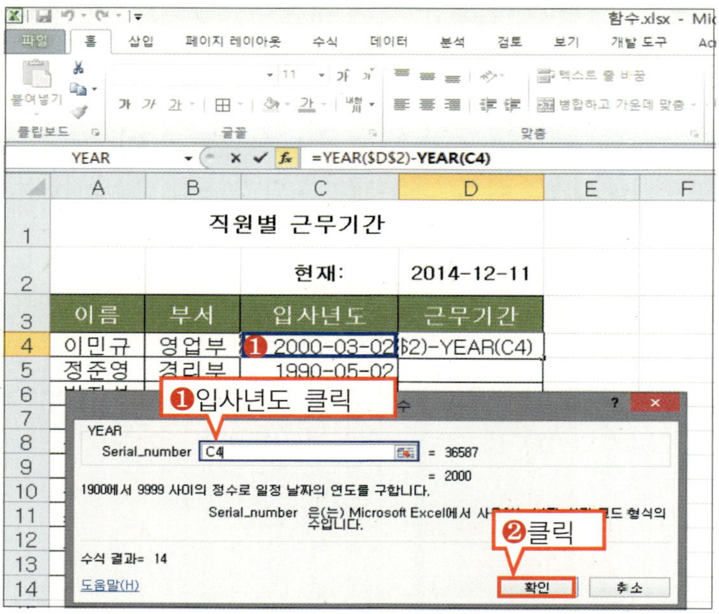

① 인수 'Serial_number'에 영역 [C4]를 클릭한다.

- '입사년도' 중 년도 부분만을 얻는 과정이다.

② '확인' 버튼을 클릭한다.

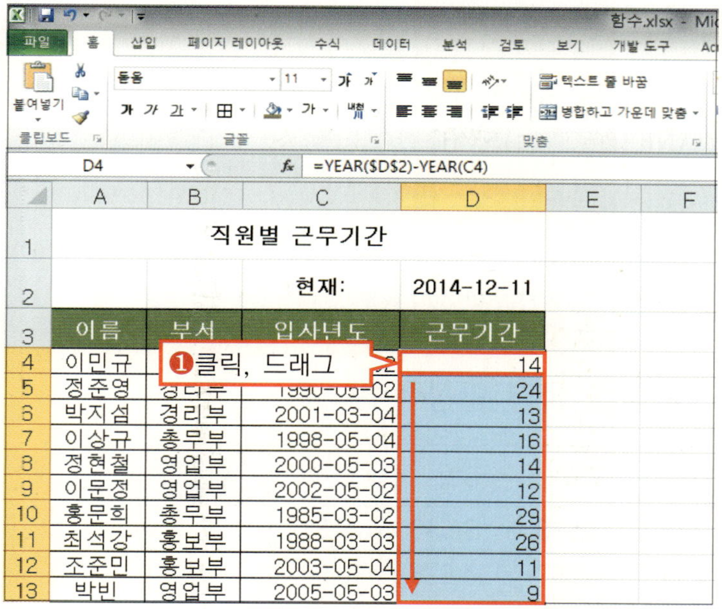

① 영역 [D4]의 셀 포인터를 클릭한 후, 아래로 드래그 한다.

실습문제 1

총계[E3:E9]를 기준으로 순위를 구하여 평가[F3:F9] 영역에 표시하시오. (순위는 총계가 가장 높은 점수가 1위이며, RANK_EQ 함수를 사용한다.)

✎ 출력결과

	A	B	C	D	E	F
1	지역별 극장 입장객수					
2	극장명	1월	2월	3월	총계	평가
3	성북구	1,256	4,598	3,658	9,512	6
4	강남구	2,456	6,897	4,578	13,931	4
5	강동구	7,892	12,457	6,578	26,927	1
6	송파구	4,568	8,597	5,896	19,061	3
7	노원구	7,596	9,845	8,457	25,898	2
8	마포구	3,254	5,789	4,569	13,612	5
9	은평구	1,589	3,546	2,598	7,733	7

실습문제 2

관리코드[C3:C9]의 4번째 문자가 '1'이면 '4품', '2'이면 '1단', '3'이면 '5단'으로 급수[E3:E9] 영역에 표시하시오. (IF와 MID 함수를 사용한다.)

✎ 출력결과

	A	B	C	D	E
1	태권도 선수 명단				
2	체육관	선수명	관리코드	경력	급수
3	화정	황최고	K99111	1년	4품
4	남해	오빛나	T02322	9년	5단
5	화랑	박차기	S97101	2년	4품
6	연세	김수비	L94303	12년	5단
7	한빛	허공격	L01202	2년	1단
8	한국	나잘해	T89322	15년	5단
9	햇빛	정순간	K95213	4년	1단

실습문제 3

주민등록번호[C3:C8]을 이용하여 생년월일[E3:E8] 영역에 표시하시오. (DATE, LEFT, MID 함수와 & 연산자를 함께 사용 하시오.)

✎ 출력결과

	A	B	C	D	E
1	보육원 유아명단				
2	유아명	연락처 ☎	주민등록번호		생년월일
3	고소은	323-2090	110304-456789		2011-03-04
4	박철수	153-2467	101103-345678		2010-11-03
5	김재영	567-6572	121205-323232		2012-12-05
6	나빛나	567-8654	100701-432345		2010-07-01
7	최순애	567-1454	110912-467459		2011-09-12
8	강철준	952-5479	100231-394857		2010-03-03
9	알림 : 주민등록번호는 2000년도생이다.				

실습문제 4

반[A3:A10]이 '3반'인 수학[E3:E10] 점수의 평균을 구하여 [B:14], [E14] 셀에 각각 표시하시오. (단, [B:14]는 DAVERAGE 함수를 사용하고, [E14]는 AVERAGEIF 함수를 사용하시오.)

✎ 출력결과

	A	B	C	D	E
1	모의고사 성적표				
2	반	학번	국어	영어	수학
3	1반	K0301	94	89	92
4	3반	K0302	77	67	73
5	2반	K0303	85	79	82
6	3반	K0304	94	92	96
7	2반	K0305	96	100	95
8	1반	K0306	88	84	85
9	3반	K0307	54	59	64
10	1반	K0308	82	78	83
11					
12	DAVERAGE			AVERAGEIF	
13	반	수학 평균		반	수학 평균
14	3반	77.67		3반	77.67

실습문제 5

아래의 조건에 알맞게 각각의 [표1], [표2], [표3]을 완성하시오.

조건

① [표1]의 제품번호의 마지막 글자를 이용하여 단가를 [E3:E25]영역에 계산하여 표시하시오. (단, [표3]의 단가표 이용하고, HLOOKUP, RIGHT 함수를 이용하시오.)

② [표1]의 배달비를 [F3:F25]영역에 계산하여 표시하시오. 배달방법'이 택배이면 3,000원, 퀵이면 15,000원, 직접수령이면 '무료'를 표시하시오. 단 '배달방법'이 택배인 것중 '판매수량 * 단가'를 계산한 값이 70.000원 이상이면 '무료'를 표시하시오. (IF, AND, OR 함수를 이용 하시오.)

③ [표1]의 판매수량, 단가를 이용하여 비고를 [G3:G25]영역에 계산하여 표시하시오. '판매수량*단가"를 계산한 값이 100,0C0원 이상이면 "DC20%", 30,000원 이하이면 "DC5%"를 그렇지 않으면 "DC10%"를 표시하시오. (IF 함수를 사용하시오.)

④ [표1]의 배달방법을 이용하여 전체 판매수량의 합계에 대한 각 판매수량의 합계의비율을 [표2]의 [B29:B31]영역에 계산하여 표시하시오. (SUMIF, SUM 함수를 이용하시오.)

✎ 출력결과

[표1]

고객이름	제품번호	판매수량	단가	배달방법	배달비(원)	비고
나산다	S202	3	14,000	택배	3,000	DC10%
김택배	S101	5	23,000	택배	무료	DC20%
김물품	S303	6	32,000	택배	무료	DC20%
강만이	S404	2	9,800	직접수령	무료	DC5%
박듬뿜	S101	21	23,000	택배	무료	DC20%
하하루	S505	8	6,700	퀵	15,000	DC10%
홍중독	S202	5	14,000	택배	무료	DC10%
박조금	S404	6	9,800	택배	3,000	DC10%
김파산	S303	25	32,000	택배	무료	DC20%
허바람	S404	9	9,800	퀵	15,000	DC10%
단가비	S505	3	6,700	택배	3,000	DC5%
강큰애	S505	7	6,700	퀵	15,000	DC10%
김소름	S202	9	14,000	택배	무료	DC20%
소지섭	S202	3	14,000	직접수령	무료	DC10%
현비	S101	2	23,000	택배	3,000	DC10%
나햇빛	S101	4	23,000	택배	무료	DC10%
강소산	S404	1	9,800	퀵	15,000	DC5%
김만득	S101	5	23,000	퀵	15,000	DC20%
이민중	S202	9	14,000	택배	무료	DC20%
이신종	S404	2	9,800	퀵	15,000	DC5%
박싸다	S303	10	32,000	퀵	15,000	DC20%
김중원	S101	11	23,000	택배	무료	DC20%
정큰손	S303	16	32,000	직접수령	무료	DC20%

[표2] 배달방법별 비율

배달방법	비율
직접수령	12%
택배	63%
퀵	24%

[표3] 단가표

제품번호	1	2	3	4	5
가격	23,000	14,000	32,000	9,800	6,700

엑셀 2010

5

CHAPTER

차트와 스파크라인 만들기

5.1 엑셀에서 제공되는 차트

데이터의 목록 형태 보다는 차트가 훨씬 더 데이터를 비교 분석하는데 유리하다. 차트는 수치 자료를 분석할 수 있는 여러 가지 그래프 형태로 시각화하여 데이터를 보여준다. 엑셀은 11가지의 다양한 차트가 있다. 그 특징과 차트의 종류에 대하여 알아보자.

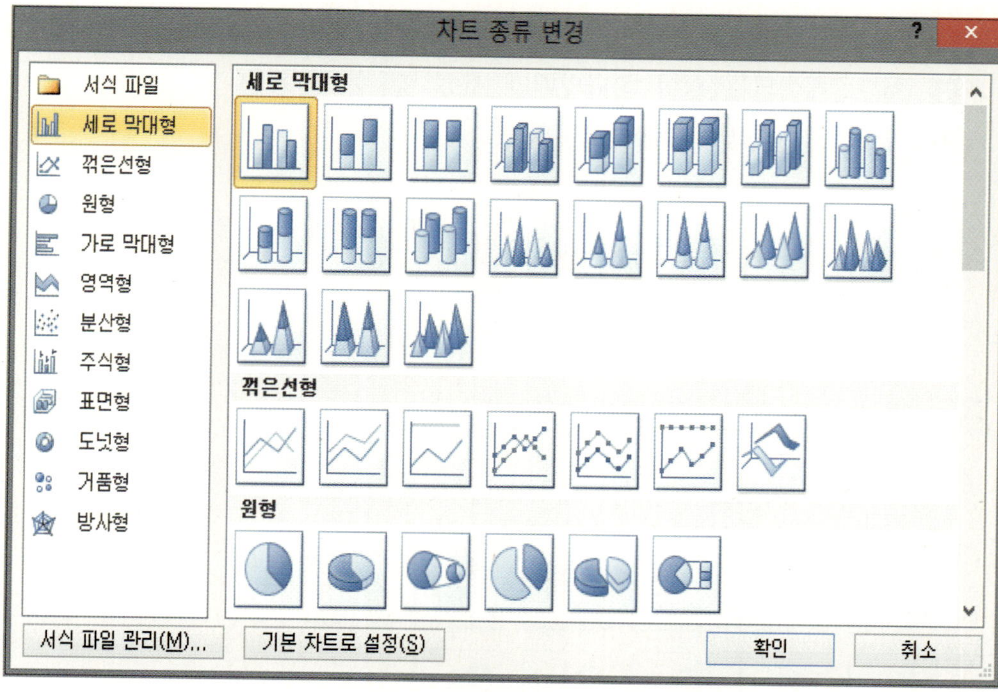

세로 막대형 차트: 시간의 경과에 따른 데이터 변동을 표시하거나 항목 간의 데이터를 비교 표시할 때 사용한다. 실적 비교, 직원 현황 분석 등에 사용된다.

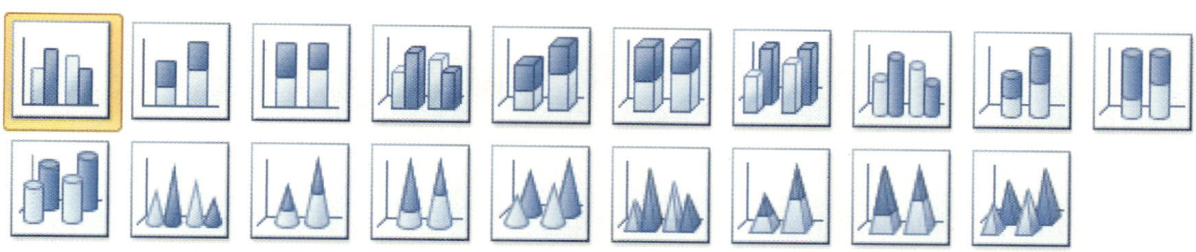

꺾은 선형 차트: 일정 기간 동안 데이터의 연속직인 추이를 표시할 때 사용된다. 주식 동향, 유가동향, 환율 변화 등에 사용된다.

원형 차트: 데이터 계열이 하나일때만 사용 할 수 있다. 시장 점유율, 설문 조사 결과, 투표 결과율 분석 등에 사용된다.

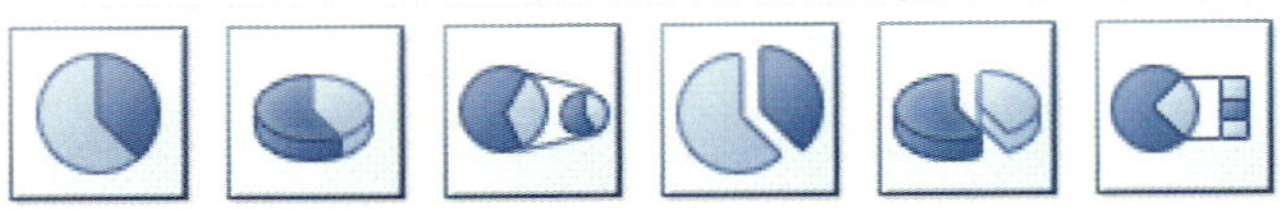

가로 막대형 차트: 세로 막대형 차트와 유사하다. 실적 비교, 직원 현황 분석 등에 사용된다.

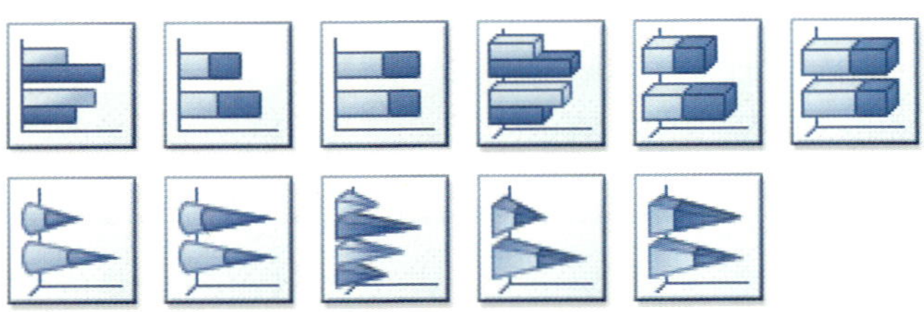

영역형 차트: 시간에 따른 변동의 크기를 강조하여 보여주는 차트이다. 월별 판매 매출 현황, 연도별 자동차 판매 현황 등에 사용된다.

분산형 차트: 데이터의 불규칙한 간격이나 분포를 나타낼 때 사용한다. 시간대별 예상 강수량과 실제 강수량 비교, 분기별 예상 강설량과 실제 강설량 비교 등에 사용된다.

주식형 차트: 특정 순서로 있는 데이터를 차트로 나타낼 때 유용한다. 주식 동향 등에 사용된다.

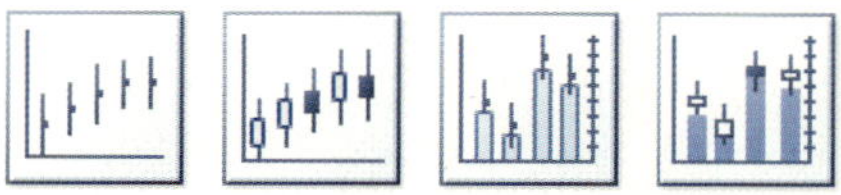

표면형 차트: 두 데이터 집합 사이의 최적 조합을 찾을 때 사용한다. 지형 지도를 그릴때 사용한다.

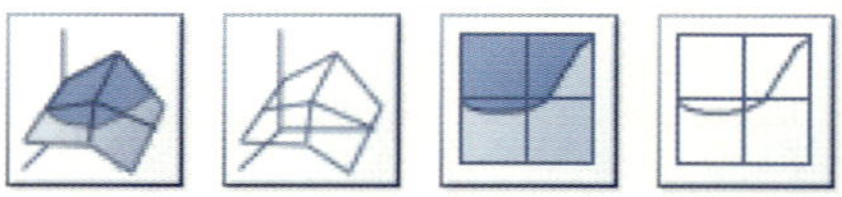

도넛형 차트: 원형차트와 유사하나, 다중 계열일 때 사용할 수 있다.

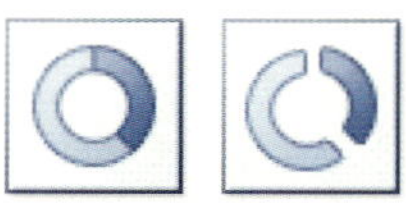

거품형 차트: 분산형 차트와 비슷하나 위치뿐만 아니라 규모까지 나타낼 수 있다. 제품의 매출액과 시장 점유율, 어장 매출액과 어장 점유율 등에 사용된다.

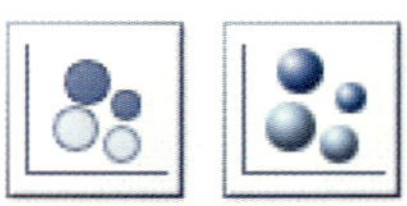

방사형 차트: 비교 대상 항목이 여러 개가 있는 데이터에 이용한다. 신제품의 지역별 판매량과 소비자 만족도, 교재의 판매량과 학생 만족도 등에 사용된다.

5.2 차트 도구

차트를 선택하면 차트를 편집할 수 있는 디자인, 레이아웃, 서식 등의 3개의 탭을 가진 리본메뉴가 활성화 된다.

1) 디자인 탭 살펴보기

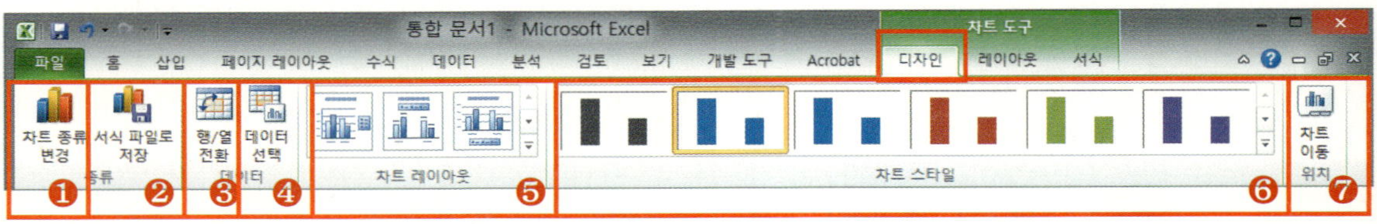

① **차트 종류 변경** : 차트의 종류 변경할 때 사용한다.

② **서식 파일로 저장** : 현재 작업하는 서식을 저장해서 앞으로 만들 차트에 적용할 때 사용한다.

③ **행/열 전화** : 차트의 가로축과 세로축을 변경할 때 사용한다.

④ **데이터 선택** : 차트에 데이터 영역을 지정할 때 사용한다.

⑤ **차트 레이아웃** : 차트에 레이아웃을 설정할 수 있다.

⑥ **차트 스타일** : 차트에 스타일을 적용할 수 있다.

⑦ **차트 이동** : 차트를 다른 시트로 이동할 때 사용한다.

2) 레이아웃 탭 살펴보기

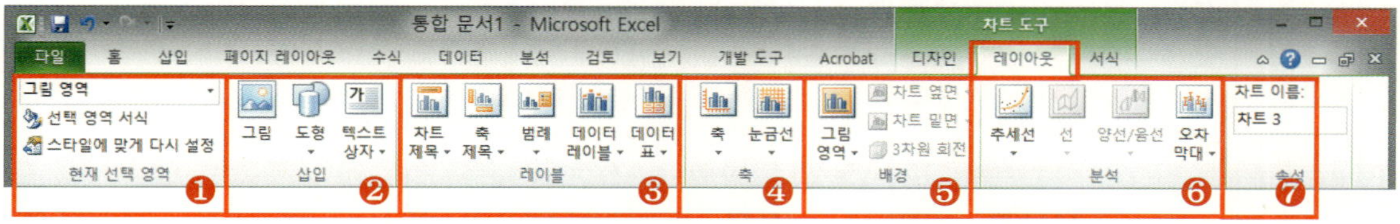

① **현재 선택 영역 그룹** : 드롭다운해서 차트의 각 요소를 선택할 수 있으며, 선택 영역 서식을 이용해서 선택된 각 요소에 대한 서식을 수정할 수 있다.

② **삽입그룹** : 그림과 도형, 텍스트 상자를 삽입할 때 사용한다.

③ **레이블 그룹** : 차트 제목, 축 제목, 범례 등을 삽입하고 수정할 때 사용한다.

④ **축그룹** : 가로축과 세로축, 눈금선을 삽입하거나 수정할 때 사용한다.

⑤ **배경그룹** : 그림 영역에 대해서 편집할 때 사용한다.

⑥ **분석그룹** : 차트의 데이터 계열을 분석할 때 사용한다.

⑦ **속성그룹**: 차트의 이름을 지정할 때 사용한다.

5.3 원형 차트 만들기

원형 차트를 만들기 위해서 아래와 같이 내용을 입력한다. 원형차트는 단일 목록 차트이므 알맞은 데이터에 사용해야 한다.

	A	B	C	D	E	F
1	정보화 교육 수강생 현황					
2	지역	1기	2기	3기	4기	합계
3	성북구	32	31	33	32	128
4	강서구	25	23	22	26	96
5	강남구	15	17	13	11	56
6	강동구	30	27	23	21	101
7	합계	102	98	91	90	381

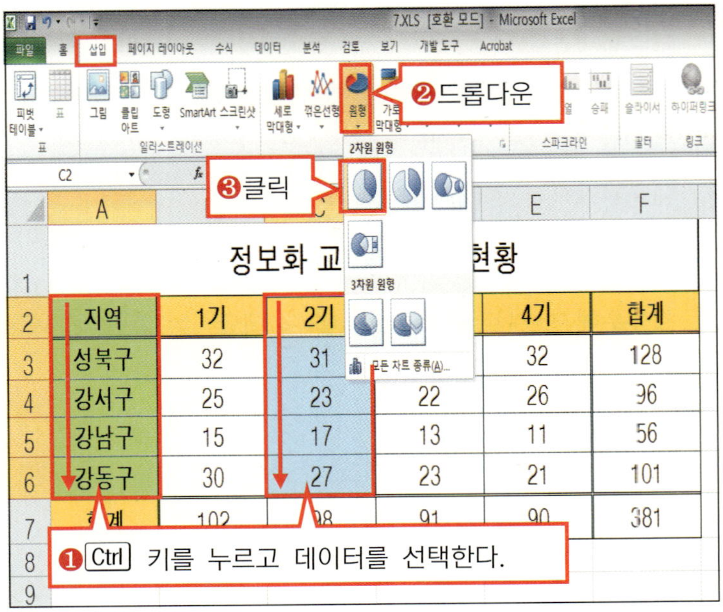

① Ctrl 키를 누르고 영역 [A2:A6]과 영역[C2:C6]을 지정한다.

② [삽입]-[차트]-[원형]을 드롭다운 한다.

③ '3차원 원형'을 클릭한다.

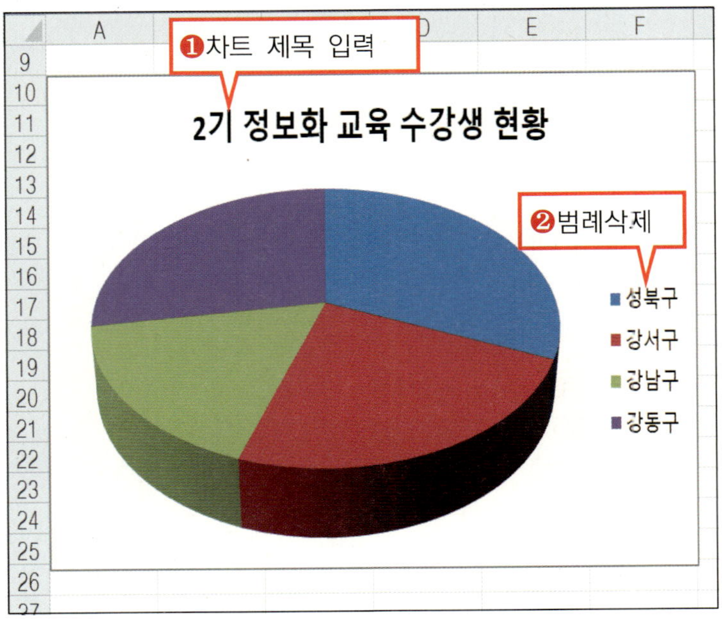

① 차트 제목에 '2기 정보화 교육 수강생 현황'이라고 입력한다.

② 범례 부분을 클릭하고 Delete 키를 눌러서 범례를 삭제한다.

- 범례는 각각의 데이터를 색상으로 구분한 것을 말한다. 범례의 위치는 [차트 도구]-[레이아웃]-[범례]에서 원하는 위치로 바꿀 수 있다.

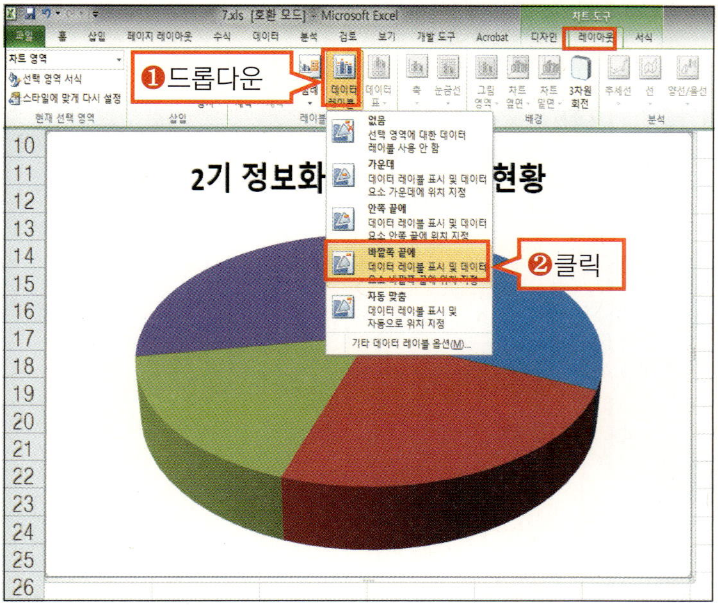

① [차트도구]-[레이아웃]-[데이터레이블]을 드롭다운 한다.

② '바깥쪽 끝에'를 클릭한다.

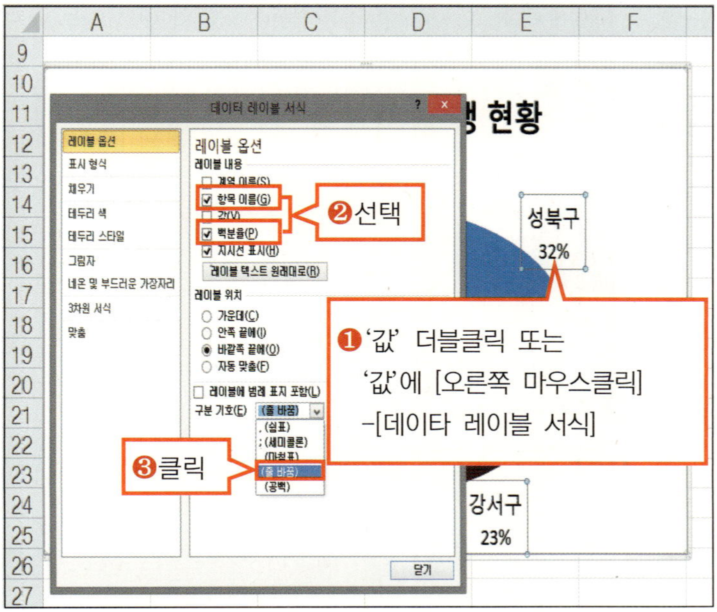

① 데이터 레이블 '성북구 32%'를 더블 클릭 하거나 또는 [오른쪽 마우스 클릭]-[데이타 레이블 서식]을 클릭한다.

② [데이터레이블 서식]-[레이블 옵션]에서 '항목 이름'과 '백분율'을 선택한다.

③ '구분기호'를 '줄바꿈'으로 선택한다.

- 지시선: 데이터 레이블을 원형 차트 조각에서 멀어지면 선이 생성되는데 이것을 지시선이라 한다.
- 구분기호: '성북구 32%'를 구분하는 방법으로 줄 바꿈을 선택해 놓았으므로 '성북구' 줄바꿈 '32%'로 보여진다.

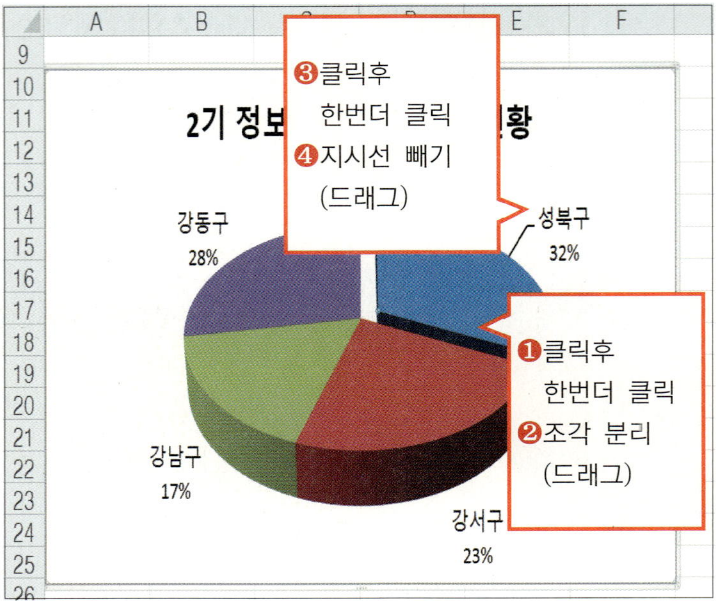

① '성북구 32%'의 원형 차트 조각을 클릭 후 한번더 클릭한다.

- 클릭을 한번 하면 모든 원형 차트 조각이 선택이 되지만, 클릭을 한번 하고 다시 클릭하면 하나의 원형 차트 조각만 선택되어진다.

② 조각을 바깥쪽으로 드래그 시켜서 조각을 분리한다.

③ 데이터 레이블 '성북구 32%'을 클릭 후 한번더 클릭한다.

④ '성북구 32%'을 바깥쪽으로 이동 시키면 지시선이 생긴다.

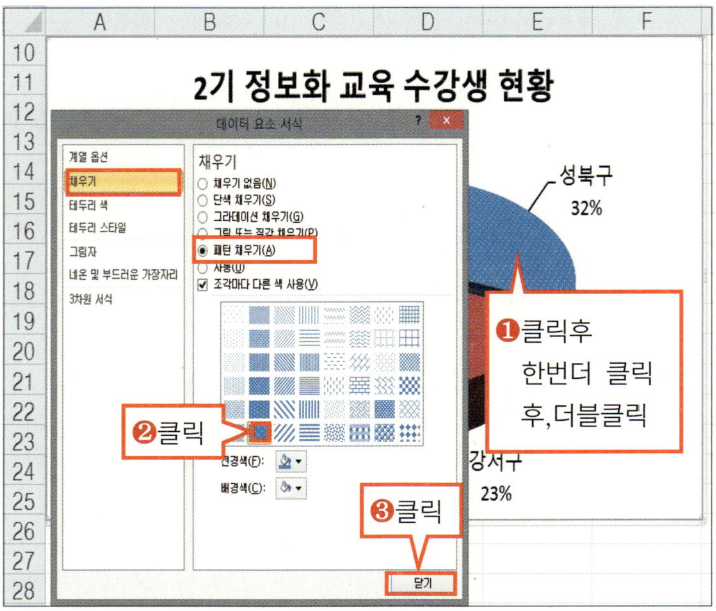

① '성북구 32%'의 원형 차트 조각을 클릭 후 한번 더 클릭한 후, 더블 클릭한다.

② [데이터 요소 서식]-[채우기]에서 '패턴 채우기'를 선택한 후 알맞은 패턴을 클릭한다.

③ '닫기'를 클릭한다.

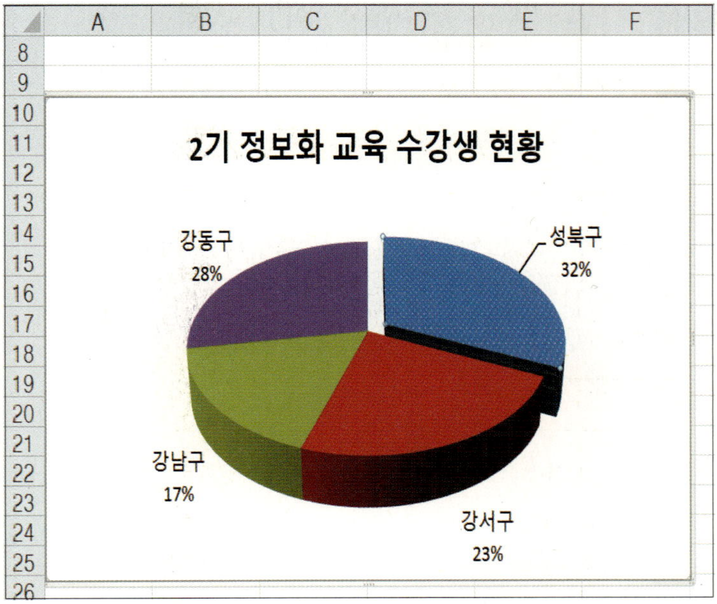

① 최종 완성된 모습이다.

5.4 이중축 혼합형 차트 만들기

이중축 혼합형 차트는 Y축이 이중축(기본축:Y축 오른쪽, 보조축:Y축 왼쪽)이고, 차트가 두종류(보통 세로막대형과 꺾은선형)인 차트를 말한다. 보통, 데이터의 단위가 달라서 같은 축을 사용하지 못할때나 데이터의 값 차이가 심하게 나서 같은 축을 사용하더라도 한쪽의 데이터의 수치를 파악할 수 없을 때 주로 사용한다. 이중축 혼합형 차트를 만들기 위해서 아래의 데이터를 입력한다.

	A	B	C	D	E
1		사업소별 전기 사용 현황			
2		사업소	사용량	비율	
3		중부	5,265	29%	
4		동부	2,358	13%	
5		남부	4,235	23%	
6		서북	3,652	20%	
7		북부	2,678	15%	
8					

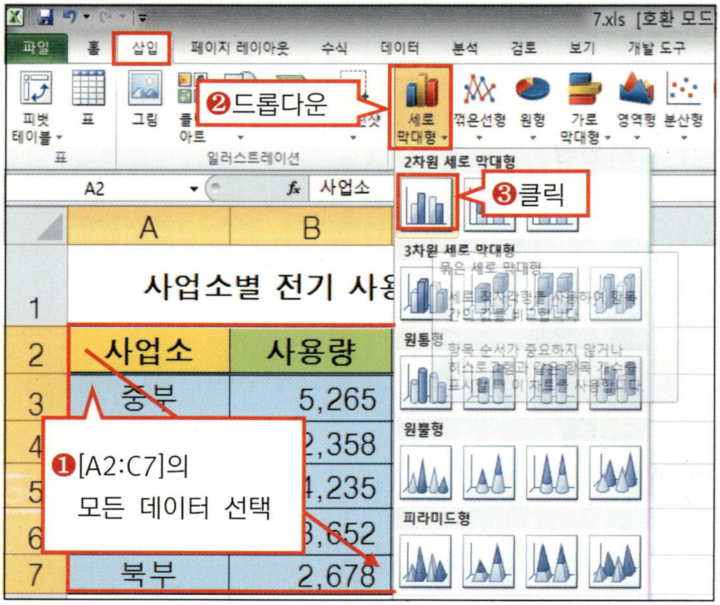

① 영역 [A2:C7]을 지정한다.

② [삽입]-[차트]-[세로 막대형]을 드롭다운 한다.

③ '묶은 세로 막대형'을 선택한다.

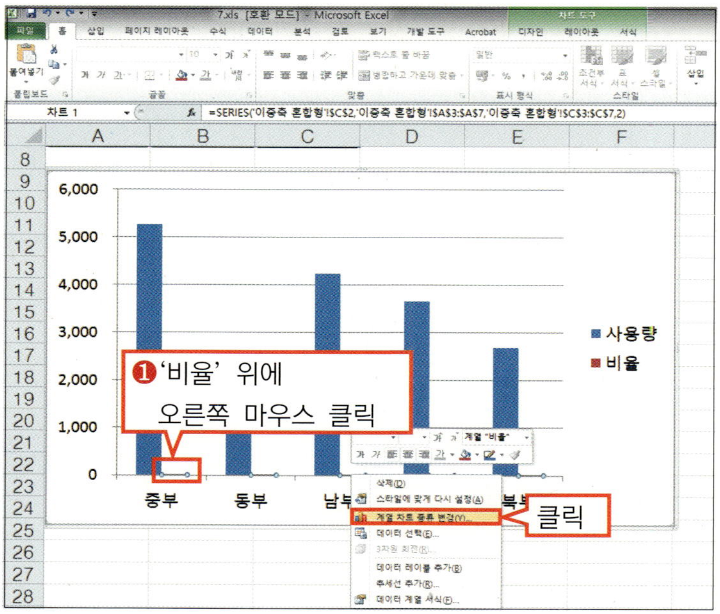

① 데이터 '비율' 위에 [오른쪽 마우스 클릭]-[계열 차트 종류 변경]을 선택한다.

- 데이터 '비율'은 단위가 '%'이므로 데이터 '사용량'과 같은 축을 사용할 수 없다. 따라서 데이터 '비율'은 다른 데이터와 구분하기 위하여 차트의 종류도 변경하고, Y축도 왼쪽이 아닌 오른쪽을 사용해야 한다. 이때 Y축 오른쪽을 '기본축', Y축 왼쪽을 '보조축' 이라고 부른다.

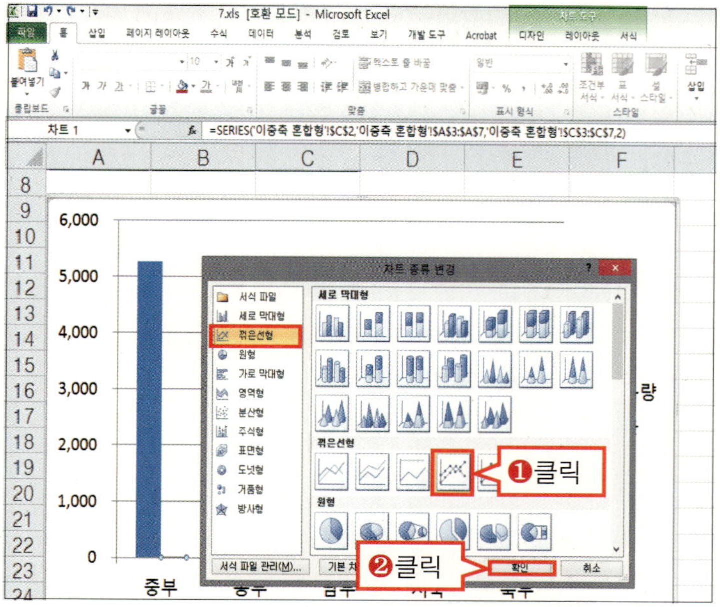

① [차트 종류 변경]-[꺾은선형]-[표식이 있는 꺾은선형]을 선택한다.
② '확인'을 클릭한다.

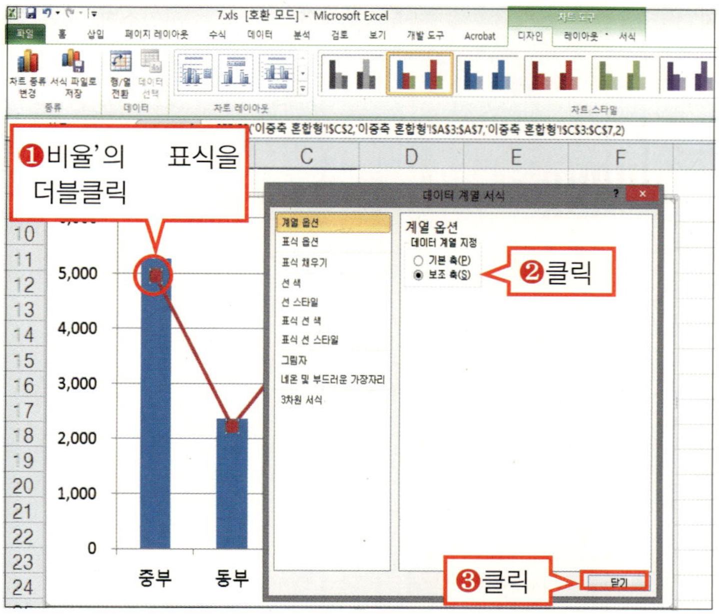

① 데이터 '비율'을 더블 클릭한다.
② [데이터 계열 서식]-[계열 옵션]에서 '보조 축'을 클릭한다.
③ '닫기'를 클릭한다.

- 표식은 왼쪽 그림의 꺾은 선형 그래프에서 동그라미 친 부분을 말한다.

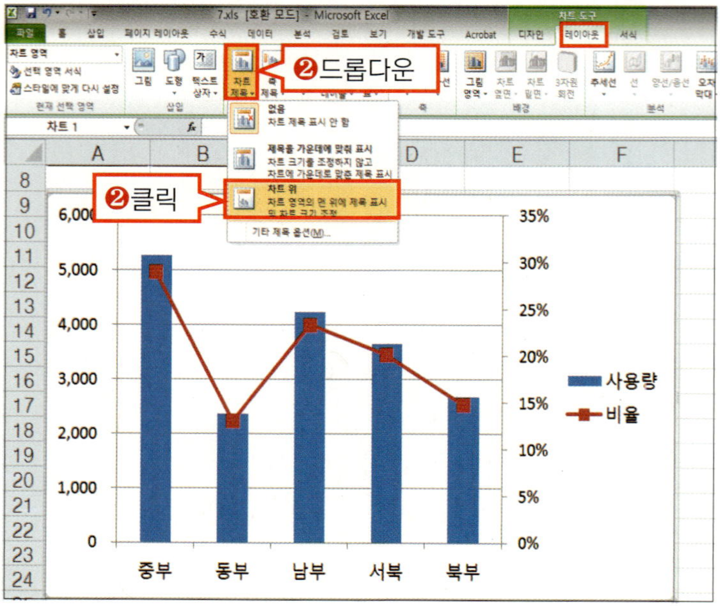

① [차트 도구]-[레이아웃]-[차트 제목]을 드롭다운한다.

② '차트 위'를 선택한다.

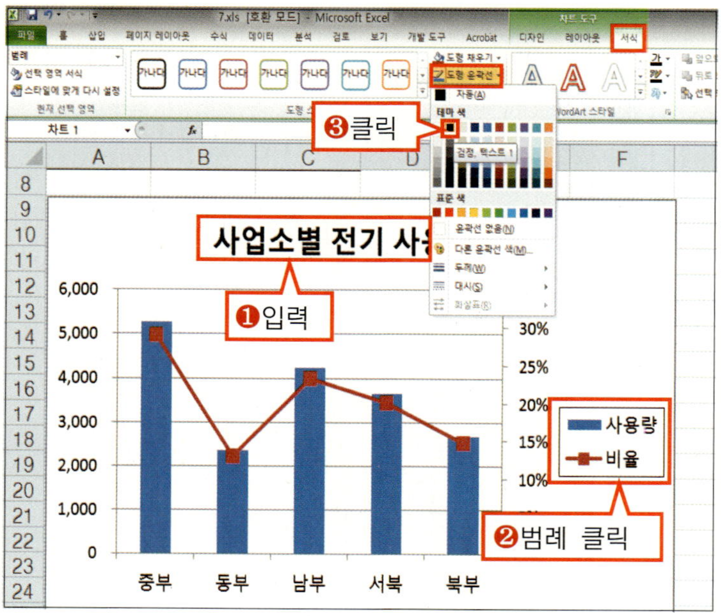

① 차트 제목을 '사업소별 전기 사용 현황'이라고 입력한다.

② 범례를 클릭 후 [차트도구]-[서식]-[도형 스타일]-[도형 윤곽선]을 드롭다운한다.

③ 원하는 테마색을 클릭한다. 범례에 가장자리 선이 만들어진다.

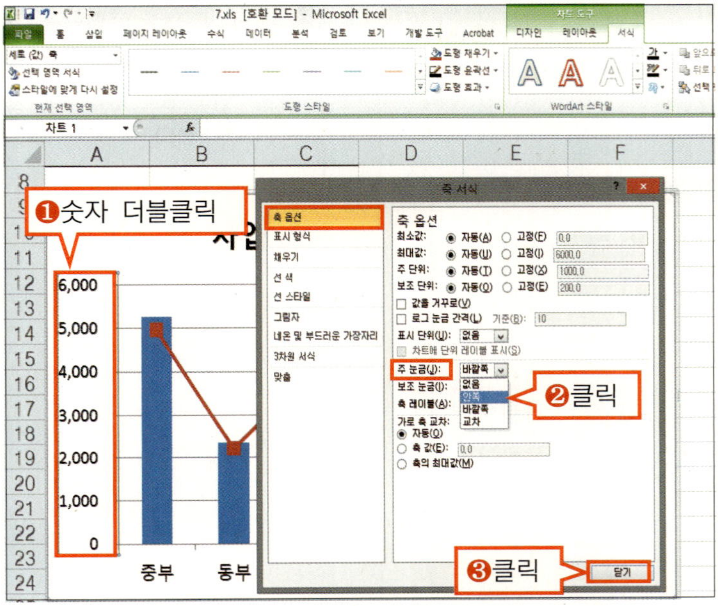

① Y축 숫자 데이터를 더블 클릭한다.
② [축 서식]-[축 옵션]에서 '주 눈금선'을 '안쪽'으로 선택한다.
③ '닫기'를 클릭한다.

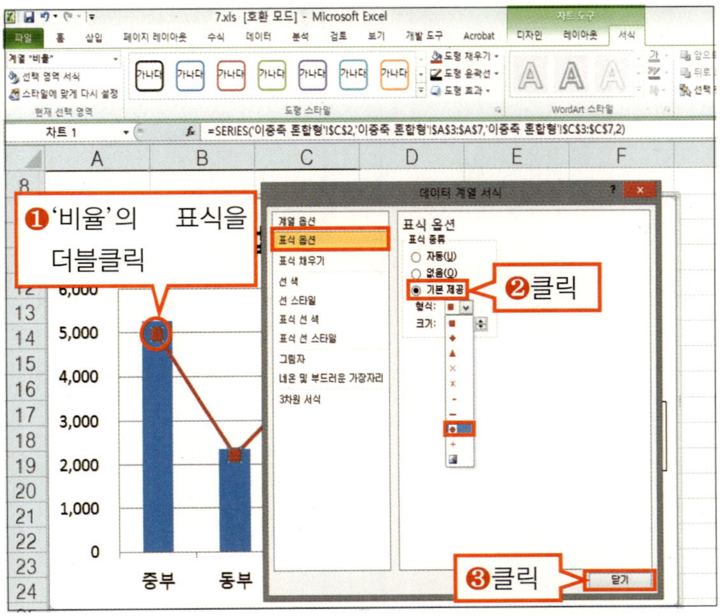

① 데이터 '비율'의 표식을 더블 클릭한다.
② [데이터 계열 서식]-[표식 옵션]에서 '기본 제공'을 클릭한 후, 원하는 '형식'과 '크기'를 지정한다.
③ '닫기'를 클릭한다.

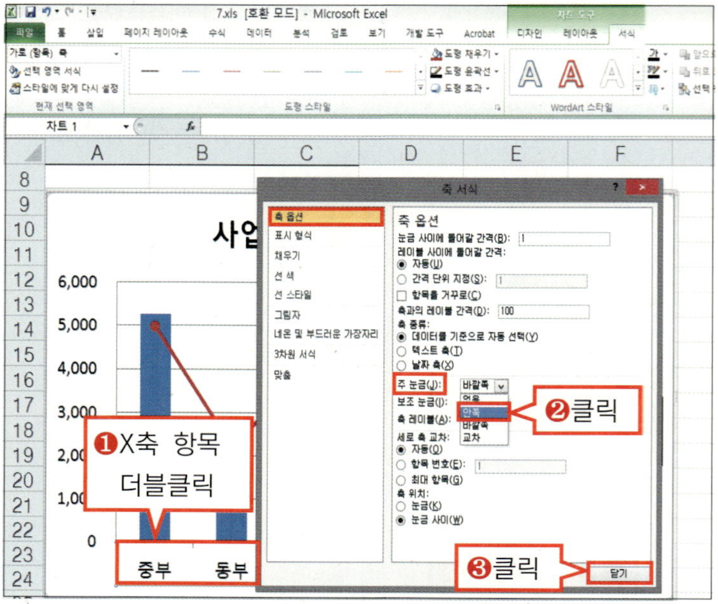

① X축 데이터를 더블 클릭한다.

② [축 서식]-[축 옵션]에서 '주 눈금선'을 '안쪽'으로 선택한다.

③ '닫기'를 클릭한다.

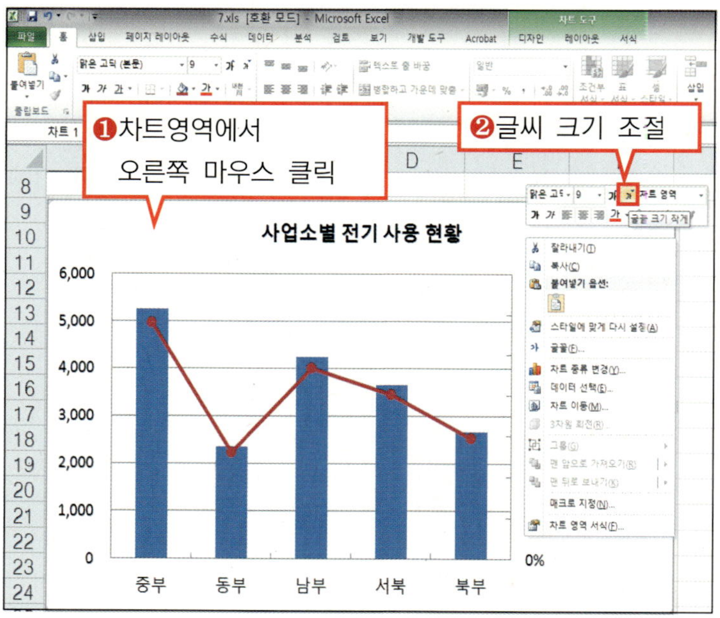

① '차트영역'에서 [오른쪽 마우스 클릭]한다.

② 원하는 글씨 크기를 조절한다.

- '차트 영역'은 왼쪽의 그림에서와 같이 그래프의 바깥쪽 부분이다. 이 부분에 마우스를 가만히 놓으면 '차트 영역'이라고 표시된다. '차트 영역'에서 글씨 크기를 조절하면 '차트 제목'을 제외한 모든 글씨 크기가 모두 동일하게 조절된다.

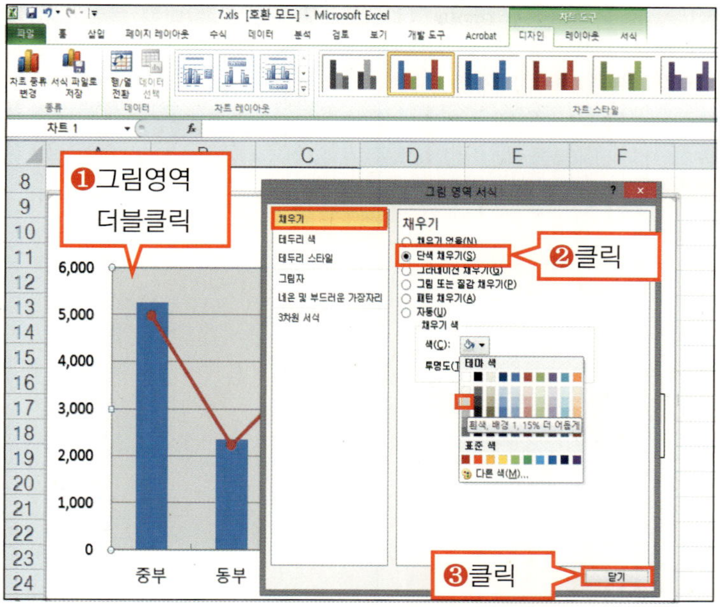

① '그림 영역'을 더블 클릭한다.

② [그림 영역 서식]-[채우기]에서 '단색 채우기'를 선택한 후, 원하는 색상을 클릭한다.

③ '닫기'를 클릭한다.

- '그림 영역'은 왼쪽의 그림에서와 같이 그래프 안쪽 부분이다. 이 부분에 마우스를 가만히 놓으면 '차트 영역'이라고 표시된다.

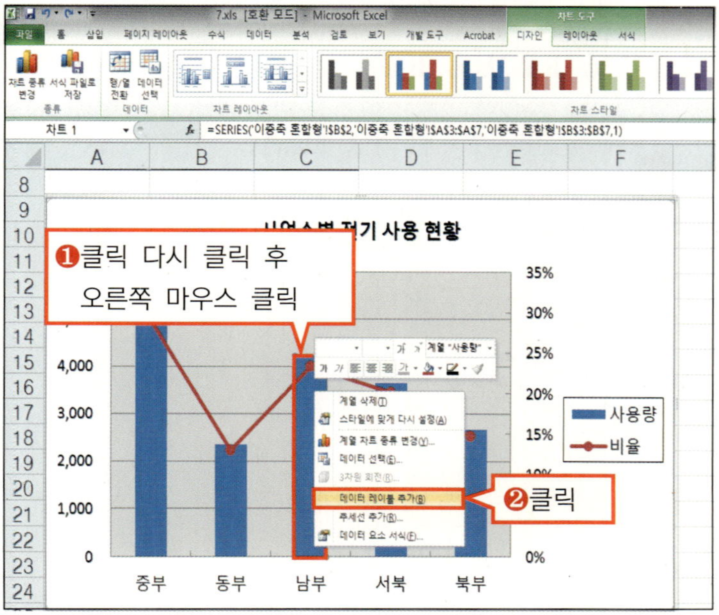

① 데이터 '사용량'중 '남부' 데이터를 [오른쪽 마우스 클릭]한다.

② [데이터 레이블 추가]를 클릭한다.

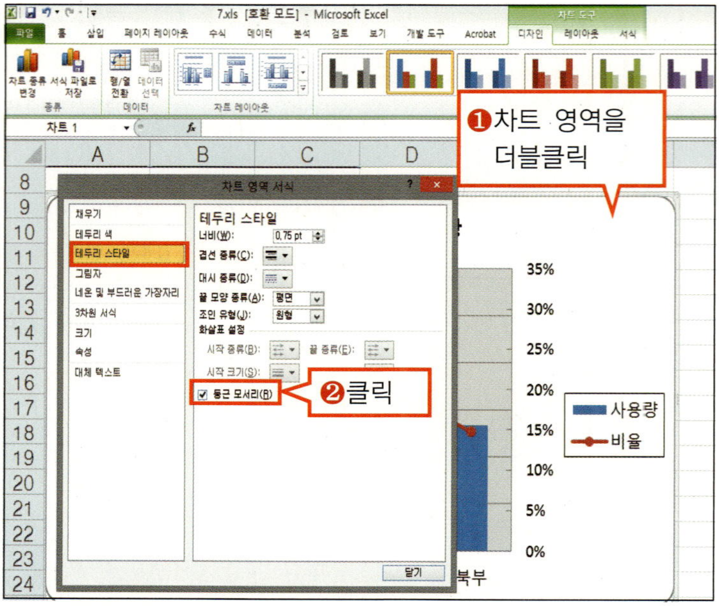

① '차트 영역'을 더블 클릭한다.

② [차트 영역 서식]-[테두리 스타일]에서 '둥근 모서리'를 체크한다.

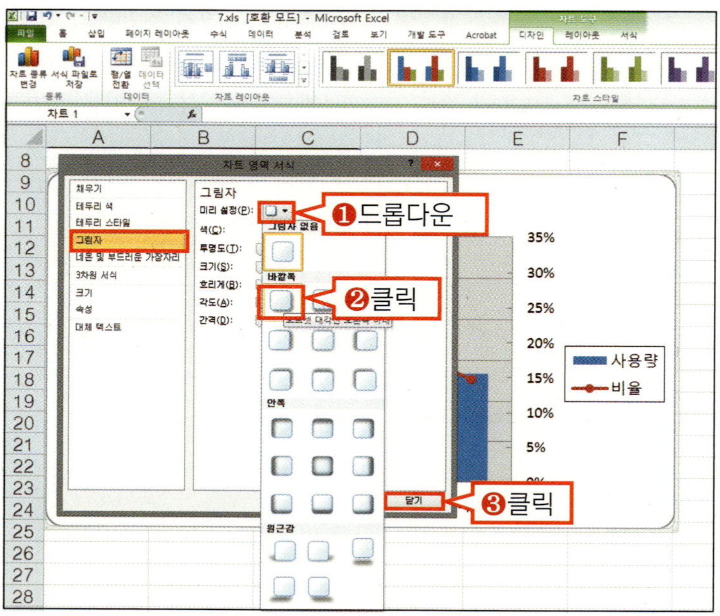

① 위의 과정에서 [차트 영역 서식]-[그림자]에서 '미리 설정'을 드롭다운한다.

② 그림자를 '바깥쪽'-'오프셋 대각선 오른쪽 아래'를 선택한다.

③ '닫기'를 클릭한다.

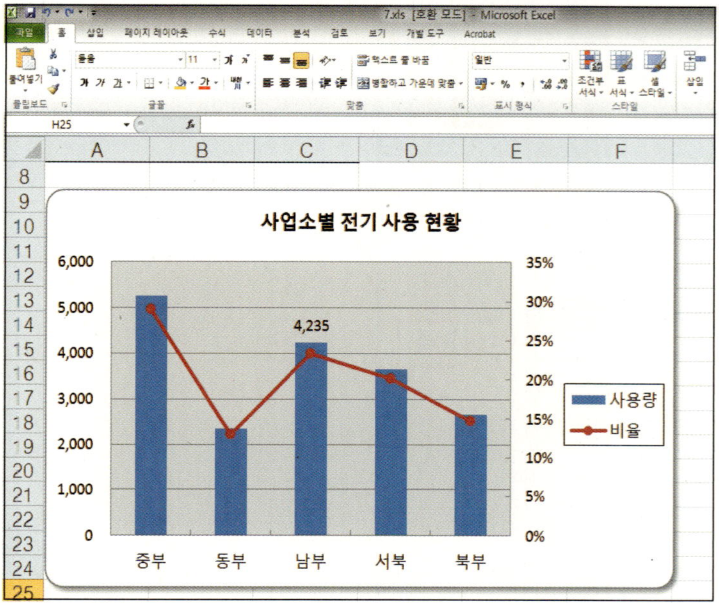

① 최종 완성된 모습이다.

5.5 스파크라인 만들기

스파크라인 예제를 풀기 위해서 아래의 데이터를 입력한다.

	A	B	C	D	E	F	G
1							
2		반별 컴퓨터활용 성적					
3							
4	이름	1회	2회	3회	4회	5회	변화추이
5	정준영	99	98	98	98	97	
6	이상규	95	96	93	96	92	
7	홍정민	91	88	85	91	83	
8	김규찬	70	77	75	72	70	
9	이민규	89	90	93	89	92	
10	매회별						

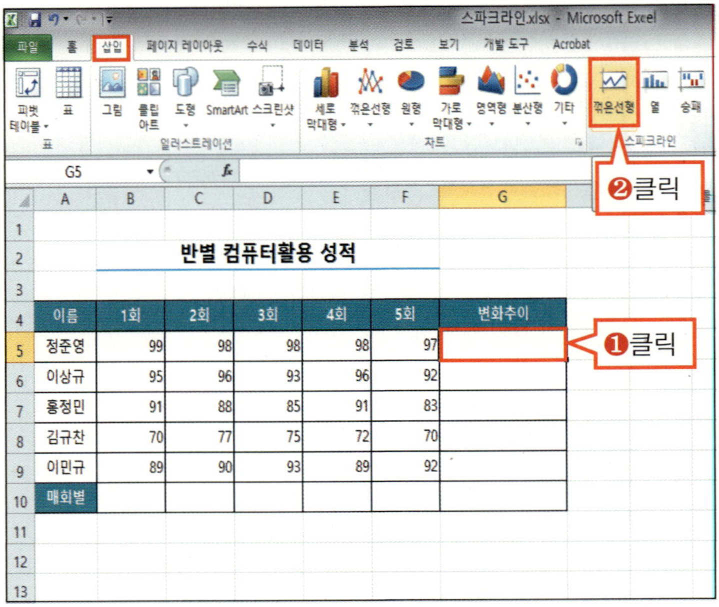

① [G5] 셀을 클릭한다.

② [삽입]-[스파크라인]-[꺾은선형]을 클릭한다.

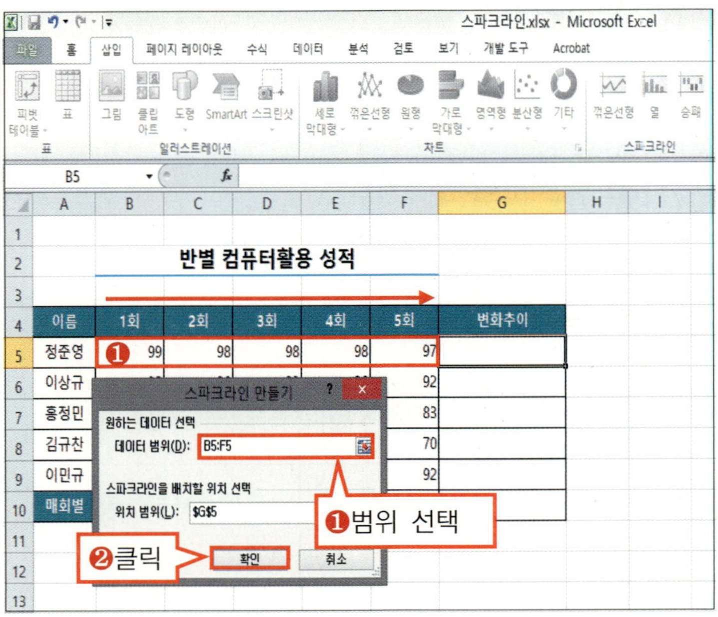

① [스파크라인 만들기] 창에서 '데이터 범위'를 [B5:F5] 영역으로 설정한다.

② '확인' 버튼을 클릭한다.

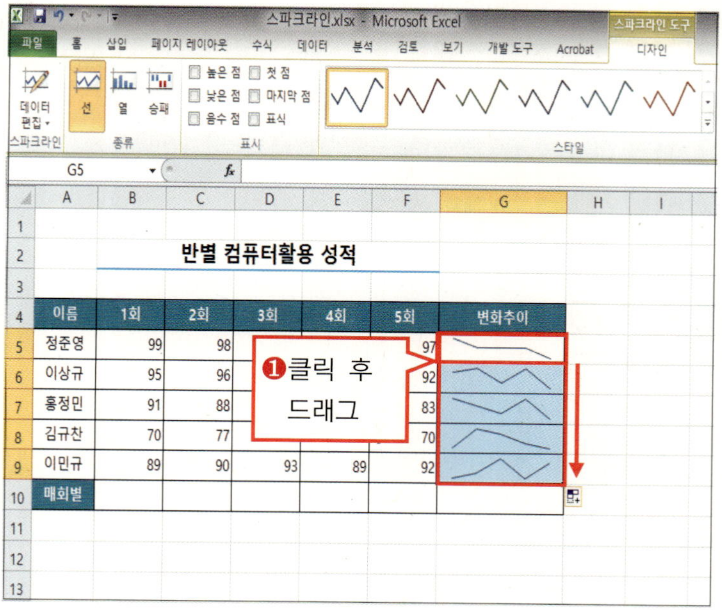

① 셀 [G5] 클릭후, 아래쪽 방향으로 드래그 한다.

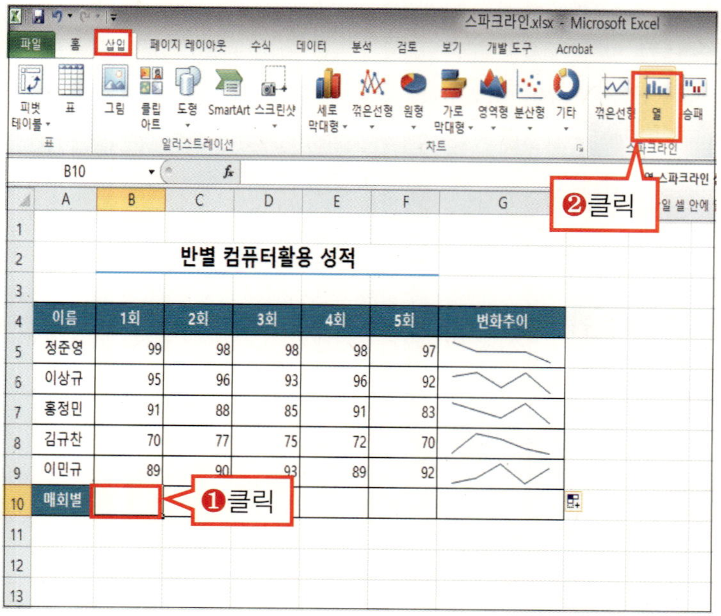

① [G10] 셀을 클릭한다.

② [삽입]-[스파크라인]-[열]을 클릭한다.

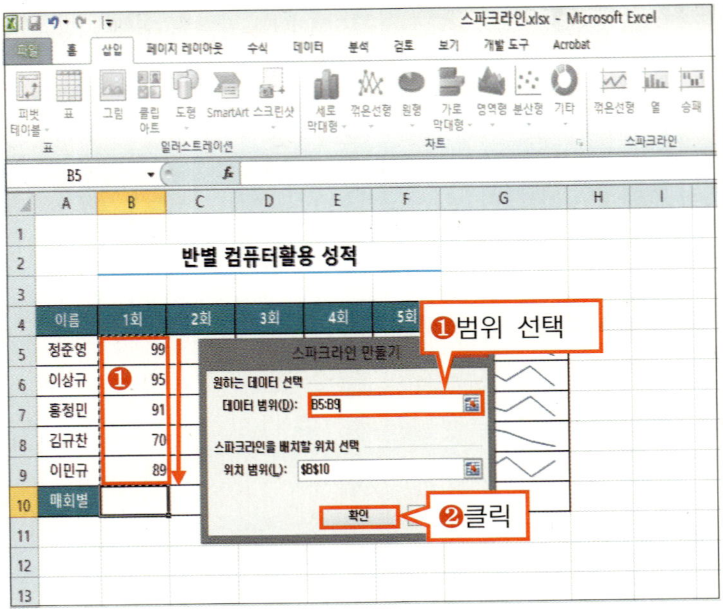

① [스파크라인 만들기] 창에서 '데이터 범위'를 [B5:B9] 영역으로 설정한다.

② '확인' 버튼을 클릭한다.

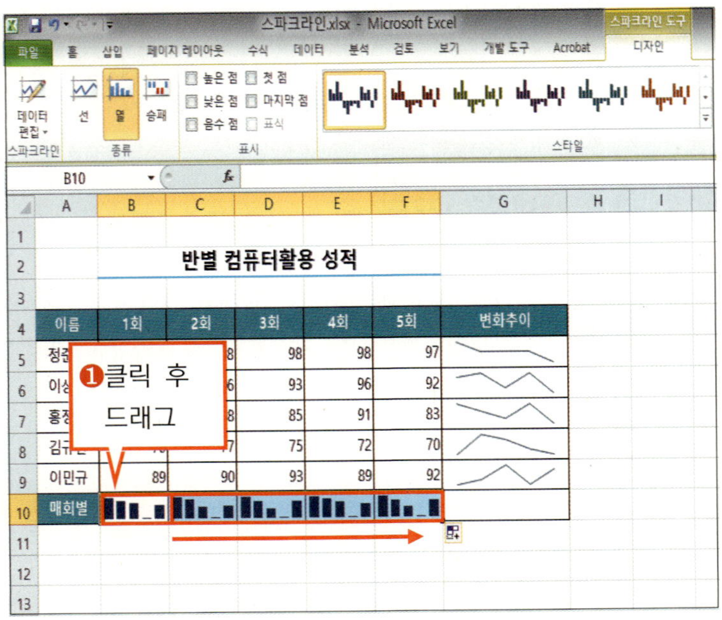

① 셀 [B10] 클릭후, 오른쪽 방향으로 드래그한다.

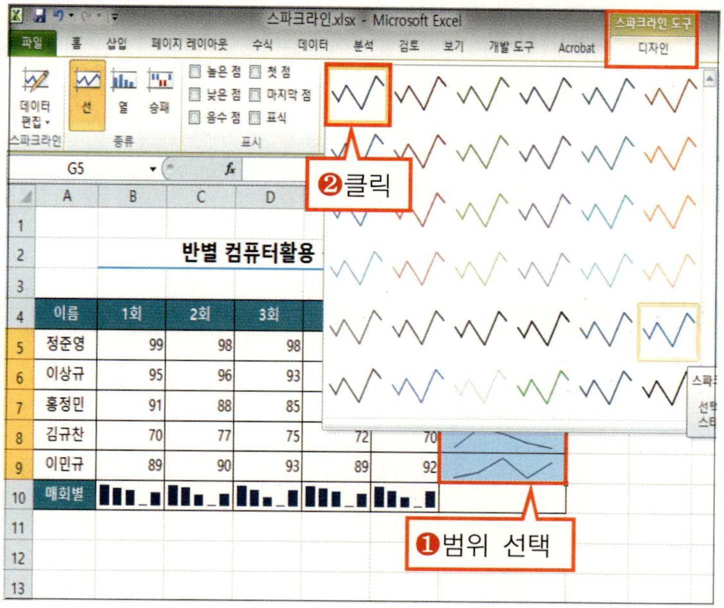

① [G5:G9] 영역을 선택 한다.

② [스파크라인 도구]-[디자인] 탭에서 '스타일'의 밑으로 가는 스크롤바를 클릭한 후(더 많은 스타일들을 볼 수 있다.) 알맞은 스타일을 적용한다.

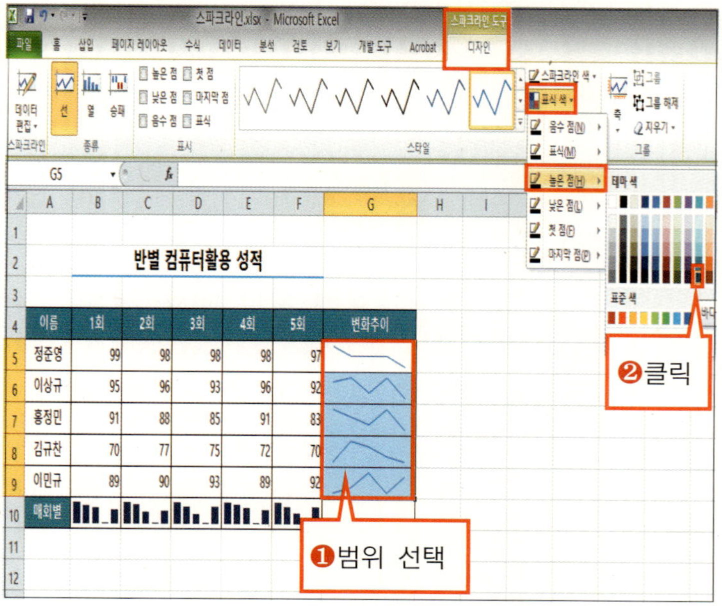

① [G5:G9] 영역을 선택 한다.

② [스파크라인 도구]-[디자인] 탭에서 [표식 색]-[높은 점]을 클릭 후, 알맞은 색상을 선택한다.

- 꺾은 선형 그래프의 높은 값에 지정된 색으로 '표식'이 나타난다.

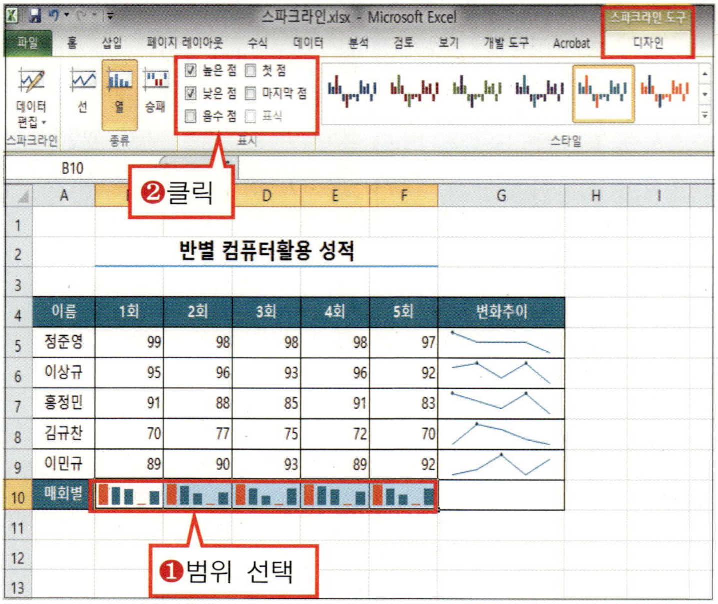

① [B10:F10] 영역을 선택 한다.

② [스파크라인 도구]-[디자인] 탭에서 [표시]의 '높은 점'과 '낮은 점'을 선택한다.

- [B10:F10] 영역의 열 스파크라인이 높은 값과 낮은 값에 강조 색상이 나타난다.

실습문제 1

다음 조건에 맞게 차트를 작성하시오.

조건

① 차트유형 : 누적 영역형
② 차트 전체 : 글꼴(맑은고딕, 10pt)
③ 차트 제목 : 16pt, 테두리 표시, 흰색 배경
④ 차트영역(노랑색) / 그림영역(흰색)
⑤ 범례 표시 안함
⑥ 데이터 테이블 표시
⑦ 축 서식 : Y축 주단위 눈금 40
⑧ X/Y축 주눈금선 표시
⑨ 차트 외곽선 표시
⑩ 차트위치: [A5:G15]

출력결과

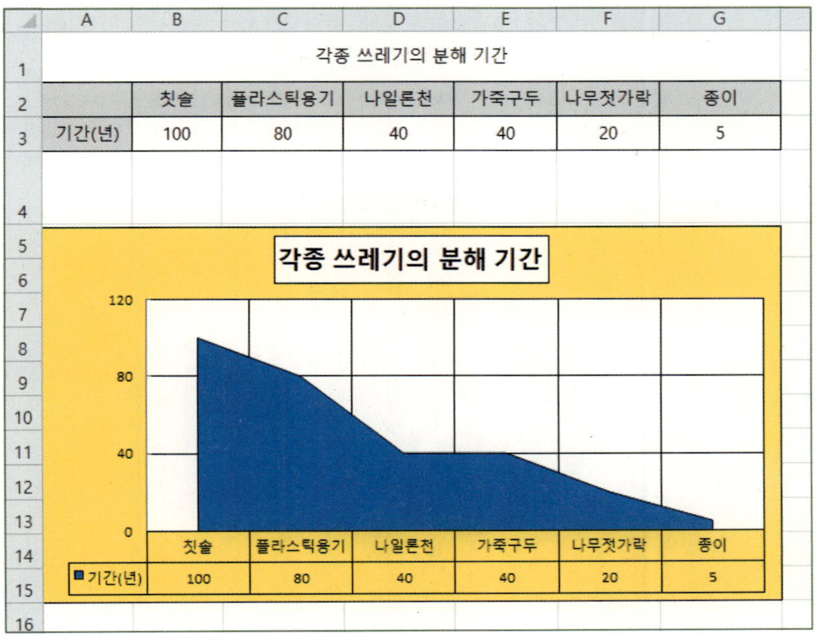

실습문제 2

다음 조건에 맞게 차트를 작성하시오.

조건

① 차트유형 : 원형 대 가로막대형
② 차트 전체 : 글꼴(맑은고딕, 10pt)
③ 차트 제목 : 16pt, 테두리 표시
④ 차트 외곽선 표시, 모서리가 둥근사각형(오프셋 대각선 오른쪽 그림자)
⑤ 범례 표시 안함
⑥ 레이블과 백분율(소수점 이하 1자리까지) 표시
(레이블---항목이름과 백분율 표시. 레이블위치:바깥쪽 끝에)
⑦ 기타 데이터 요소 : 패턴 적용, 지시선 뺄 것, 차트 조각 이동시킬것
⑧ 차트위치: [C5:K18]

출력결과

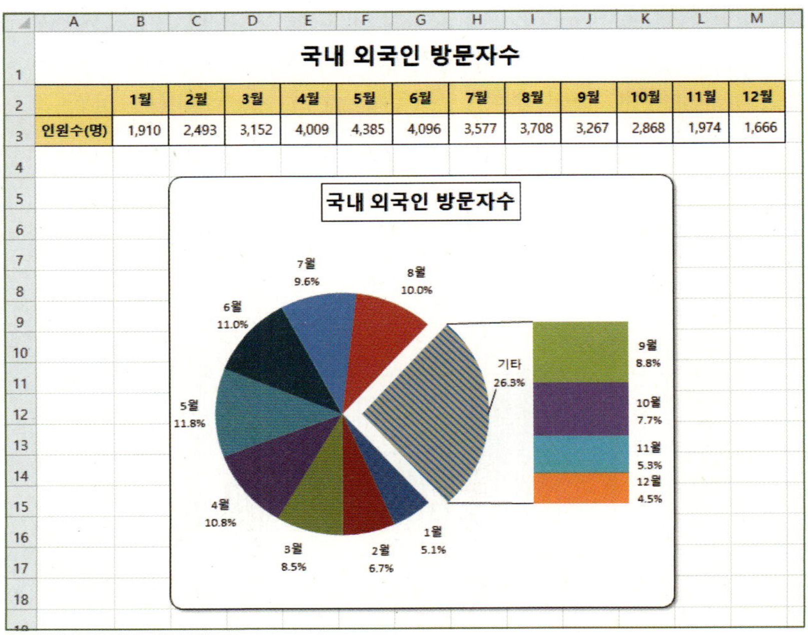

실습문제 3

다음 조건에 맞게 차트를 작성하시오.

조건

① 차트유형 : 묶은 세로 막대형
② 차트 전체 : 글꼴(맑은고딕, 12pt)
③ 차트 제목 : 맑은 고딕, 16pt, 테두리 표시
④ 차트영역(연한 녹색) / 그림영역(흰색)
⑤ 범례 : 표시 안함
⑥ 데이터 레이블 : 값 표시
⑦ 데이터 간격 너비 : 0
⑧ 차트 외곽선 표시
⑨ 차트위치: [A5:H15]

출력결과

성인병 사망 원인

	암	뇌혈관질환	심장질환	당뇨
원인(%)	48.9	28.9	13.2	9

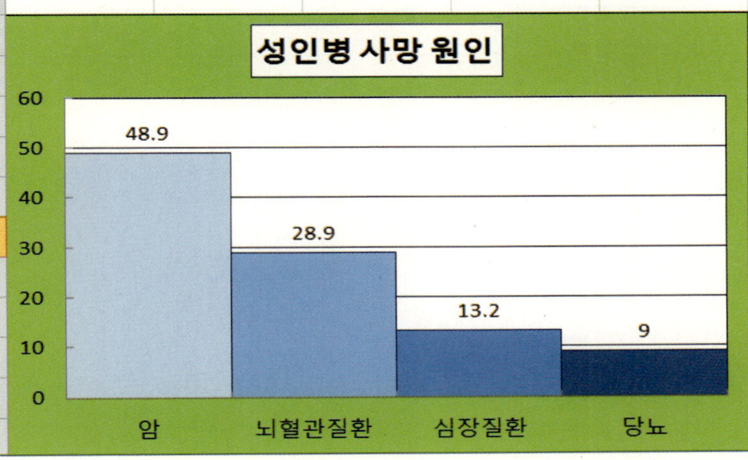

실습문제 4

다음 조건에 맞게 스파크라인을 만드시오

조건

① 변환추이[H3:H8]: 열스파크라인 생성

② 열스파크라인: 높은점과 낮은점의 표시를 하고, 표시색도 바꿀 것.

출력결과

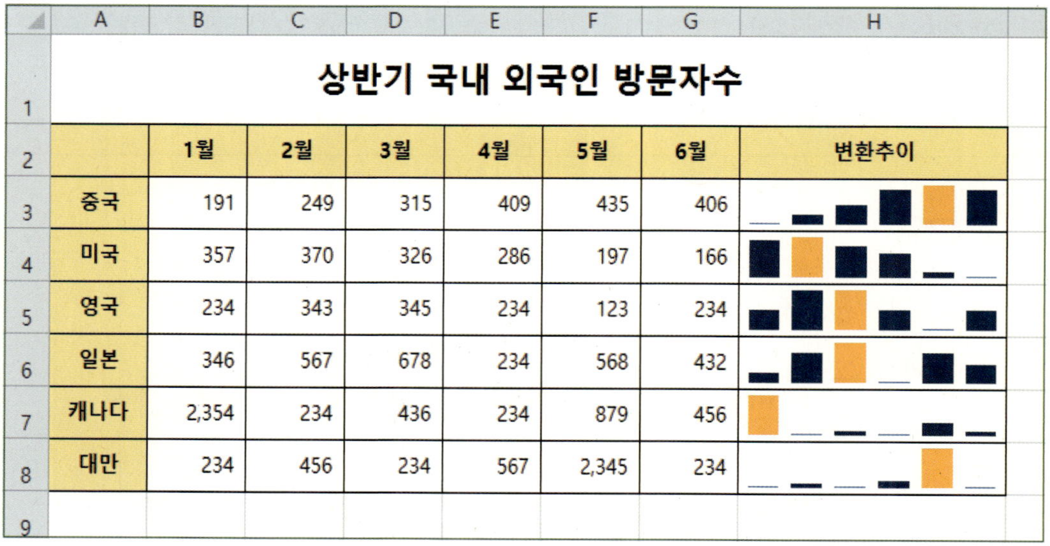

상반기 국내 외국인 방문자수

	1월	2월	3월	4월	5월	6월	변환추이
중국	191	249	315	409	435	406	
미국	357	370	326	286	197	166	
영국	234	343	345	234	123	234	
일본	346	567	678	234	568	432	
캐나다	2,354	234	436	234	879	456	
대만	234	456	234	567	2,345	234	

6

CHAPTER

데이터 관리 및 분석도구

6.1 데이터 정렬

1) 내림차순정렬과 오름차순 정렬

정렬은 워크시트에 입력된 데이터들을 특정한 순서에 따라 재배열하는 기능으로 오름차순 정렬과 내림차순 정렬이 있다. 오름차순 정렬은 숫자의 경우 작은 숫자에서 큰 숫자로, 영문자의 경우 A에서 Z로, 한글의 경우 가에서 하 순서로 배열된다. 내림차순은 오름차순의 반대로 배열이 된다.

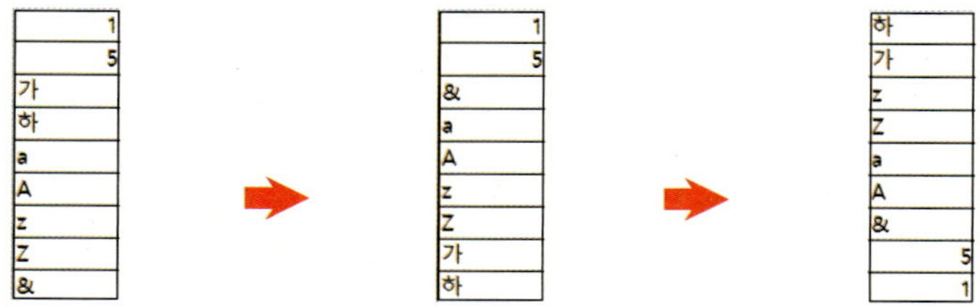

원본 오름차순 정렬 내림차순정렬

2) 사용자 지정 정렬

사용자 지정 정렬은 사용자가 지정한 순서대로 정렬하는 것으로 사용자 지정 목록을 등록한 후 정렬한다. 사용자 지정 정렬은 여러 항목에 대하여 동시에 정렬하고자 할 때 사용한다.

원본 오름차순 정렬 사용자 지정 정렬

정렬의 자세한 내용을 알아보기 위해서 아래의 데이터를 입력한다.

	A	B	C	D	E	F
1	이름	성별	지역	1월 구매실적	2월 구매실적	구매실적합계
2	김한용	남	강북	135000	55000	325,000
3	한성현	남	도봉	38700	78000	155,400
4	김영득	남	도봉	7700	52200	67,600
5	정은희	여	도봉	55000	122500	190,000
6	김양현	남	중랑	38700	21020	96,720
7	이미라	여	중랑	78000	2020	215,020
8	심지영	남	노원	52200	14560	105,460
9	고수정	여	노원	122500	140520	341,020
10	유용구	여	노원	11250	22020	85,470
11	이병열	남	강북	2020	80250	93,520
12	강홍석	남	도봉	140520	135000	427,520
13	백준걸	남	노원	37000	38000	104,000
14	이지영	여	강북	135000	178000	433,200
15	김미현	남	강북	37000	135000	250,000
16	한미우	남	도봉	7000	38700	168,200
17	최재석	남	중랑	5800	135000	142,820
18	안성윤	남	중랑	38700	37000	90,260
19	하인화	여	노원	12500	5800	40,320

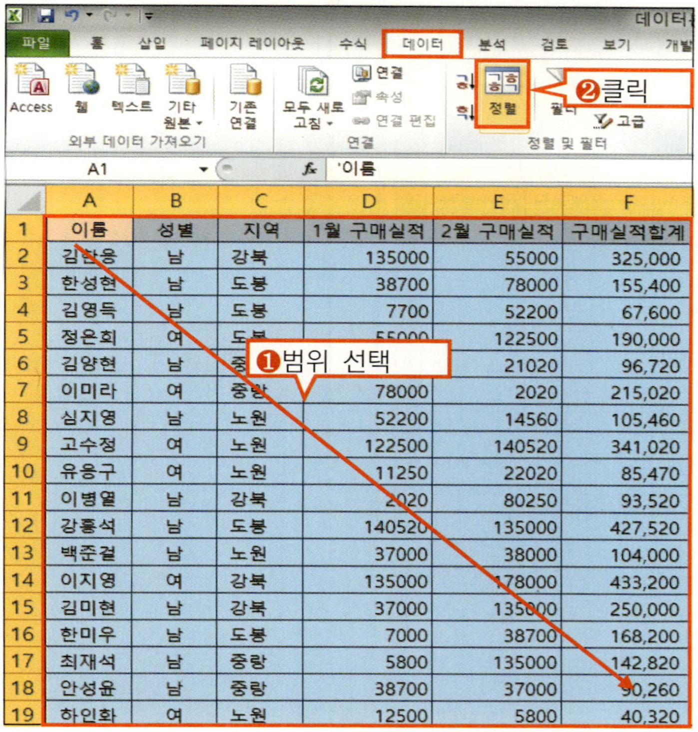

① 영역 [A1:F19]의 범위를 선택한다.

② [데이터]-[정렬]을 클릭한다.

조건

'이름'과 '성별'을 모두 오름차순으로 나타내시오

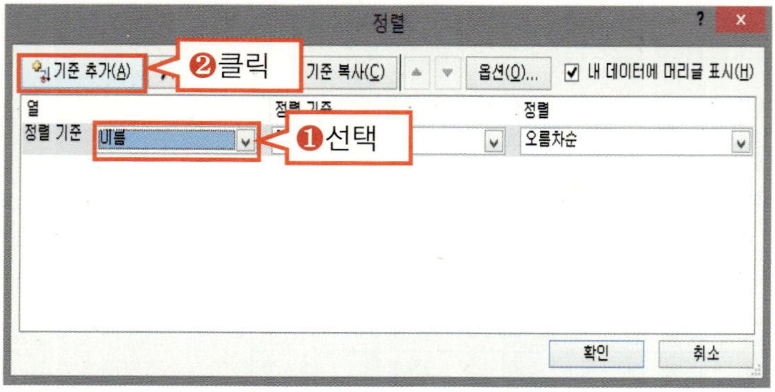

① [정렬] 창에서 '정렬 기준'을 '이름'으로 선택한다.

② '기준 추가' 버튼을 클릭한다.

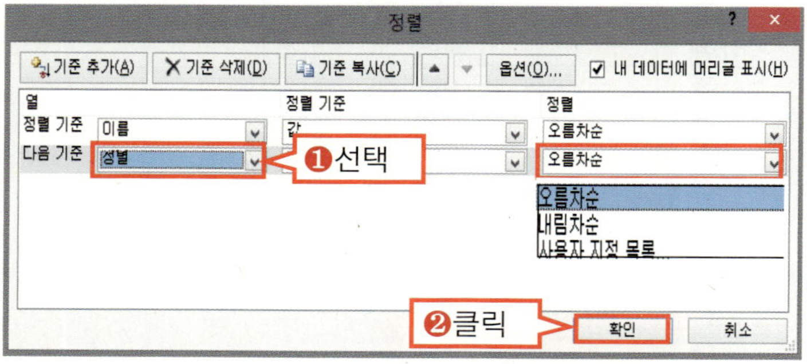

① '다음 기준'을 '성별'로 선택한다.

② '확인' 버튼을 클릭한다.

- '기준 삭제' 버튼은 등록된 '정렬기준'을 삭제한다.

	A	B	C	D	E	F
1	이름	성별	지역	1월 구매실적	2월 구매실적	구매실적합계
2	강홍석	남	도봉	140520	135000	427,520
3	고수정	여	노원	122500	140520	341,020
4	김미현	남	강북	37000	135000	250,000
5	김양현	남	중랑	38700	21020	96,720
6	김영득	남	도봉	7700	52200	67,600
7	김한용	남	강북	135000	55000	325,000
8	백준걸	남	노원	37000	38000	104,000
9	심지영	남	노원	52200	14560	105,460
10	안성윤	남	중랑	38700	37000	90,260
11	유용구	여	노원	11250	22020	85,470
12	이미라	여	중랑	78000	2020	215,020
13	이병열	남	강북	2020	80250	93,520
14	이지영	여	강북	135000	178000	433,200
15	정은희	여	도봉	55000	122500	190,000
16	최재석	남	중랑	5800	135000	142,820
17	하인화	여	노원	12500	5800	40,320
18	한미우	남	도봉	7000	38700	168,200
19	한성현	남	도봉	38700	78000	155,400

① 최종 완성 결과물이다.

6.2 필터

필터는 사용자가 지정한 조건과 일치하는 데이터만 화면에 표시하고 나머지 행은 표시하지 않는 기능으로 자동 필터와 고급 필터가 있다.

1) 자동필터

자동 필터는 각 셀 범위나 표 열에 대해 한 번에 한 가지 유형만 적용할 수 있다. 셀 색이나 숫자 목록으로 각각 필터링을 할 수 있지만 두 조건을 동시에 만족하는 필터링은 할 수 없다. 위의 정렬 자료를 계속 사용해서 자동필터에 대해서 알아보자.

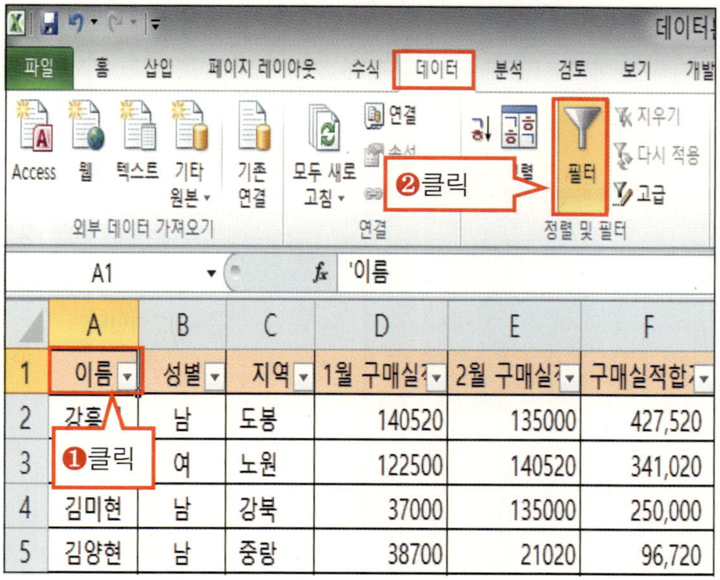

① 셀 [A1]을 클릭한다.
② [데이터]-[필터]를 클릭한다.

조건

'성별'이 '남'이고 '지역'이 '도봉'인 사람을 필터링 하시오.

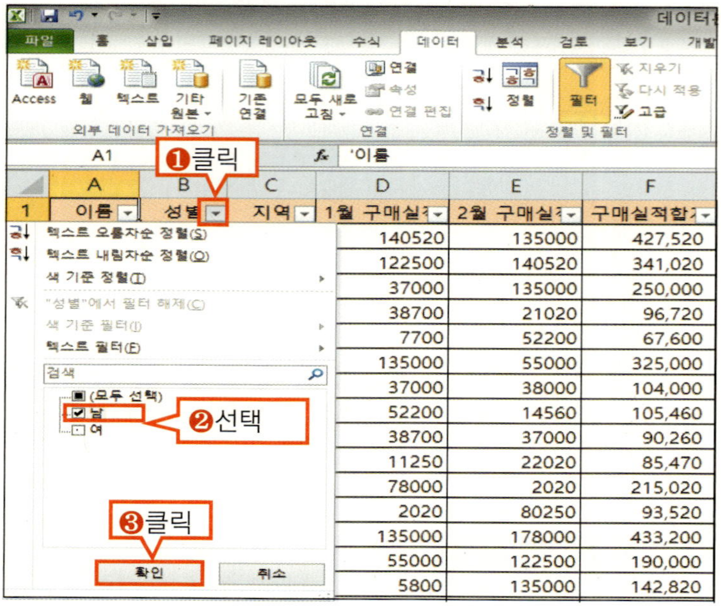

① ‘성별’ [B1]을 드롭다운한다.
② ‘모두선택’을 체크를 풀고 다시 ‘남’만 체크를 한다.
③ ‘확인’ 버튼을 클릭한다.

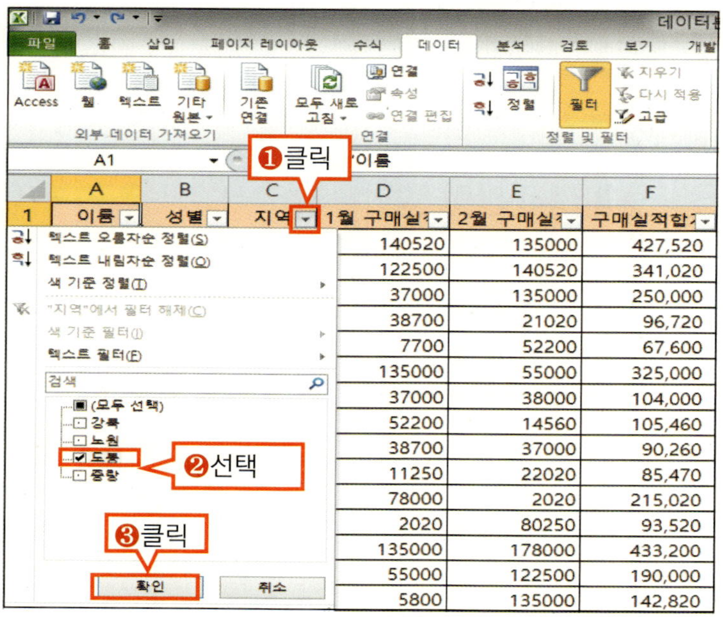

① ‘지역’ [C1]을 드롭다운한다.
② ‘모두선택’을 체크를 풀고 다시 ‘도봉’만 체크를 한다.
③ ‘확인’ 버튼을 클릭한다.

- 자동필터를 해제 하는 방법은 마우스를 필드명에다 위치시키고 [데이터]-[필터] 아이콘을 누르면 된다.

[데이터]-  클릭

	A	B	C	D	E	F
1	이름	성별	지역	1월 구매실적	2월 구매실적	구매실적합계
2	강흥석	남	도봉	140520	135000	427,520
6	김영득	남	도봉	7700	52200	67,600
18	한미우	남	도봉	7000	38700	168,200
19	한성현	남	도봉	38700	78000	155,400

① 최종 완성 결과이다.

2) 고급필터

고급 필터는 필드에 필터 조건을 여러 개 지정할 수 있으므로 복잡한 조건을 필터링하고자 할 때 사용된다. 고급 필터는 필터의 결과를 다른 위치로 복사할 수도 있다. 고급 필터를 사용하기 위해서는 먼저 워크시트에 조건을 입력해야 한다. 조건은 한 필드에 여러 개의 조건을 지정할 수도 있고 두 개 이상의 필드를 AND나 OR로 결합해서 사용할 수도 있다. 조건을 같은 행에 작성하면 AND 연산이 되고 서로 다른 행에 작성하면 OR 연산이 된다.

성별	지역
남	도봉

그리고(AND) 조건

성별이 '남'이고, 지역이 '도봉'인

성별	지역
남	
	도봉

또는(OR) 조건

성별이 '남'이거나 또는 지역이 '도봉'인

위의 정렬 자료를 계속 사용해서 자동필터에 대해서 알아보자.

	A	B	C	D	E	F
1	이름	성별	지역	1월 구매실적	2월 구매실적	구매실적합계
2	강홍석	남	도봉	140520	135000	427,520
3	고수정	여	노원	122500	140520	341,020
4	김미현	남	강북	37000	135000	250,000
5	김양현	남	중랑	38700	21020	96,720
6	김영득	남	도봉	7700	52200	67,600
7	김한응	남	강북	135000	55000	325,000
8	백준걸	남	노원	37000	38000	104,000
9	심지영	남	노원	52200	14560	105,460
10	안성윤	남	중랑	38700	37000	90,260
11	유응구	여	노원	11250	22020	85,470
12	이미라	여	중랑	78000	2020	215,020
13	이병열	남	강북	2020	80250	93,520
14	이지영	여	강북	135000	178000	433,200
15	정은희	여	도봉	55000	122500	190,000
16	최재석	남	중랑	5800	135000	142,820
17	하인화	여	노원	12500	5800	40,320
18	한미우	남	도봉	7000	38700	168,200
19	한성현	남	도봉	38700	78000	155,400
20						
21						
22	이름	성별	지역			
23	김*					
24		남	도봉			

- 고급필터는 항상 조건부터 만들고 시작한다.

① 셀 [A22]부터

이름	성별	지역
김*		
	남	도봉

을 입력한다.

- '김*'은 김씨 성으로 시작하는 아무개라는 뜻이다.

조건

'이름'이 '김'씨 성이거나 '성별'이 '남'이고 '지역'이 '도봉'인 사람들을 고급필터로 A27에 필터링 하시오. 단, 조건은 A22부터 위치시키시오.

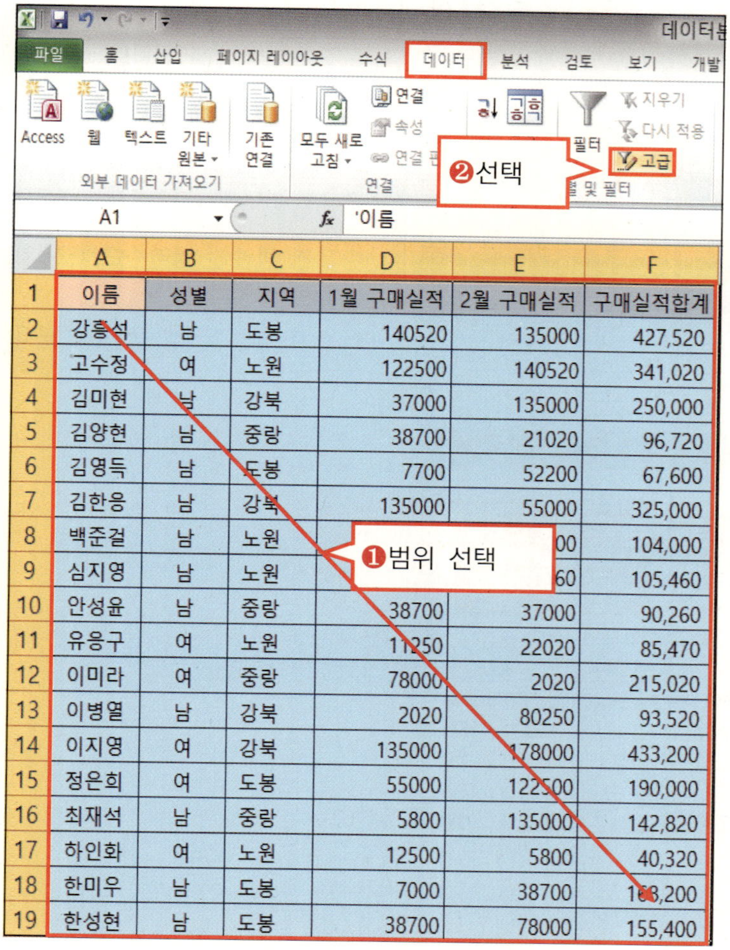

① 영역 [A1:F19]의 범위를 선택한다.

② [데이터]-[고급]을 클릭한다.

- '고급'은 '고급필터'라고 부르고, '필터'는 '자동필터'라고 부른다. 고급필터는 AND, OR 조건을 만들어서 필터링 할 수 있지만, 자동필터는 다른 필드 사이에서는 AND만 조건을 만들 수 있다. 단, 자동필터도 하나의 필드 안에서는 AND와 OR 조건을 다 줄 수 있다.

① [고급필터] 창에서 결과는 '다른 장소에 복사'를 클릭한다. '현재 위치에 필터'하면 원래의 데이터를 필터링한다.

② '목록 범위'는 영역 [A1:F19]의 범위를 선택한다.

③ '조건 범위'는 영역 [A22:C24]의 범위를 선택한다.

④ '복사 위치'는 셀 [A27]을 클릭한다.

이름	성별	지역	1월 구매실적	2월 구매실적	구매실적합계
강흥석	남	도봉	140520	135000	427,520
김미현	남	강북	37000	135000	250,000
김양현	남	중랑	38700	21020	96,720
김영득	남	도봉	7700	52200	67,600
김한응	남	강북	135000	55000	325,000
한미우	남	도봉	7000	38700	168,200
한성현	남	도봉	38700	78000	155,400

① 완성된 결과이다.

6.3 부분합

부분합은 워크시트에 입력된 데이터들을 그룹별로 분류하고 해당 그룹별로 특정한 계산을 한다. 부분합을 작성할 때는 큰 그룹에 대한 부분합을 작성하고 다시 두 번째 그룹에 대한 부분합을 작성한다. 두 번째 그룹에 대한 부분합을 작성할 때는 부분합 대화상자에서 '새로운 값으로 대치' 옵션을 해제하고 작성해야 한다. 부분합에서 가장 먼저 해야 될 과정은 정렬이다.

	A	B	C	D	E	F	G	H
1			현장학습 성적					
2								
3	이름	학과	성별	중간(30%)	기말(40%)	출석(10%)	과제(20%)	총점(100%)
4	나산다	시각디자인	남	28	38	8	17	91
5	김택배	정보관리과	남	25	33	5	20	83
6	김물품	시각디자인	남	20	35	9	18	82
7	강만이	시각디자인	여	29	38	10	19	96
8	박듬뿜	정보관리과	여	27	30	8	12	77
9	하하루	시각디자인	남	26	32	10	18	86
10	홍중독	체육	여	25	34	8	20	87
11	박조금	레크레이션	여	29	40	10	18	97
12	이장군	시각디자인	남	30	37	8	18	93
13	이군자	정보관리과	여	25	24	5	15	69
14	평균			26.4	34.1	8.1	17.5	86.1
15	최대값			30	40	10	20	97
16								

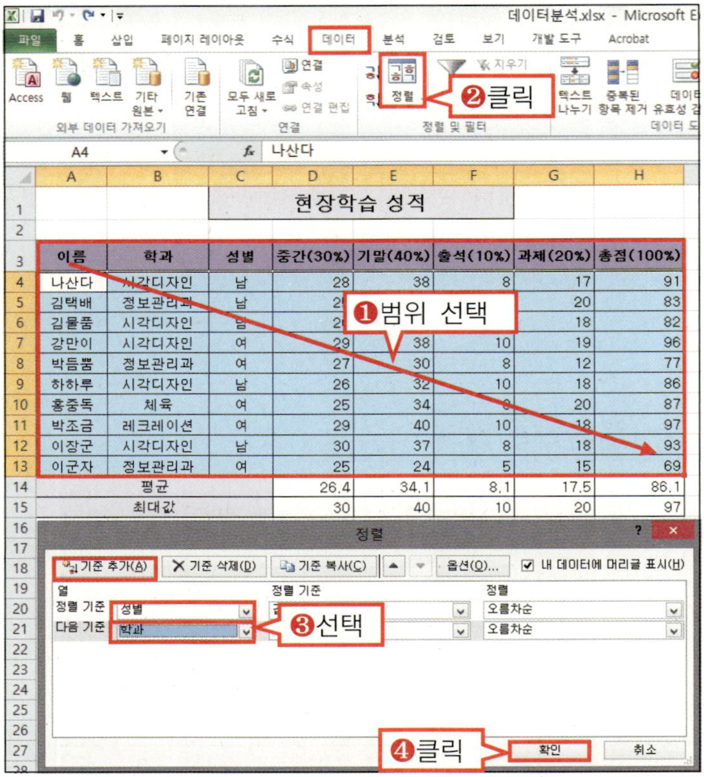

① 영역 [A3:H13]의 범위를 선택한다.

② [데이터]-[정렬]을 클릭한다.

- 부분합의 선행 조건은 정렬이다.

③ 첫째 기준을 '성별' '기준추가' 버튼을 클릭해서 둘째기준을 '총점'으로 선택한다.

④ '확인' 버튼을 클릭한다.

조건

'성별' 별 총점의 합계와 '학과'별 '중간'과 '기말', '총점'의 최대값을 부분합으로 구하여라. '성별'과 '학과'는 오름차순이다.

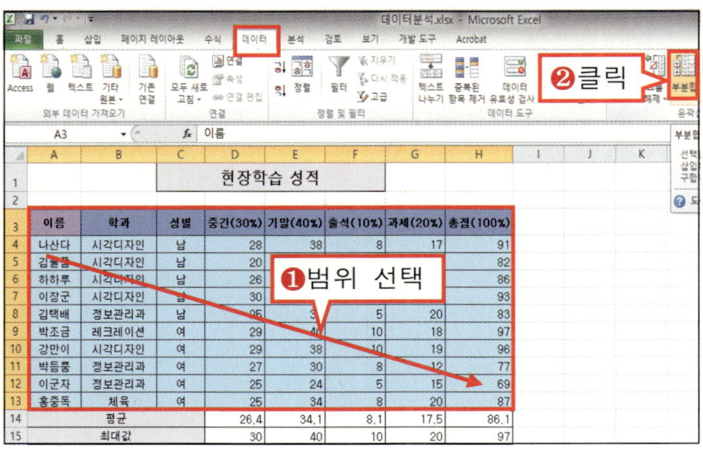

① 영역 [A3:H13]의 범위를 선택한다. 선택 해제를 하지 않았다면, 계속 범위는 선택 되어져 있다.

② [데이터]-[부분합]을 클릭한다.

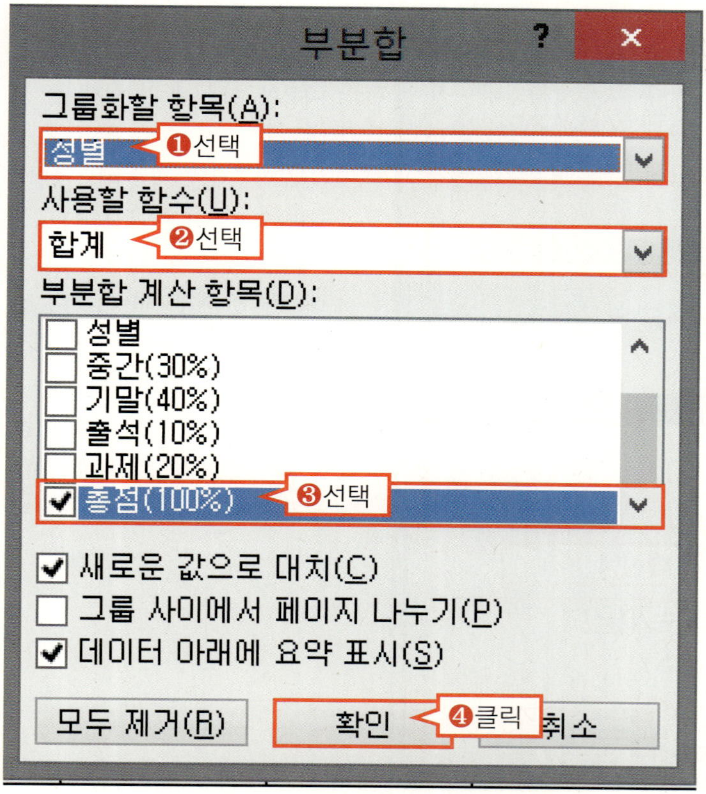

① [부분합] 창에서 '그룹화할 항목'에 '성별'을 클릭한다.

- 그룹화할 항목에는 정렬 시켰던 필드명을 넣는다.

② '사용할 함수'에 '합계'를 선택한다.

③ '부분합 계산 항목'에 '총점'을 체크한다.

④ '확인' 버튼을 클릭한다.

- ① 성별별 ③ 총점의 ② 합계를 부분 부분 구하는 데이터 분석 도구이다.
- 실행된 부분합을 제거하기 위해서는 영역을 선택 잡고, [부분합]에서 '모두 제거' 버튼을 클릭하면 된다.
- 부분합을 하고, 다시 연이어서 부분합을 할 때, 즉 앞의 내용과 합쳐서 출력할때는 반드시 '새로운 값으로 대치'를 해제해야 한다.

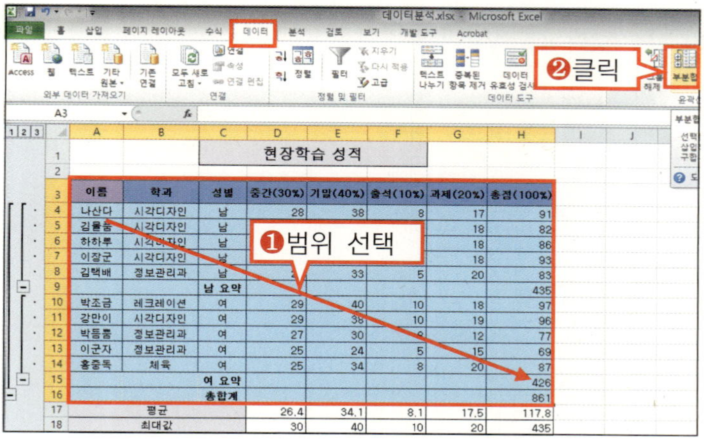

① 영역 [A3:H16]의 범위를 선택한다. 선택 해제를 하지 않았다면, 계속 범위는 선택 되어져 있다.

② [데이터]-[부분합]을 클릭한다.

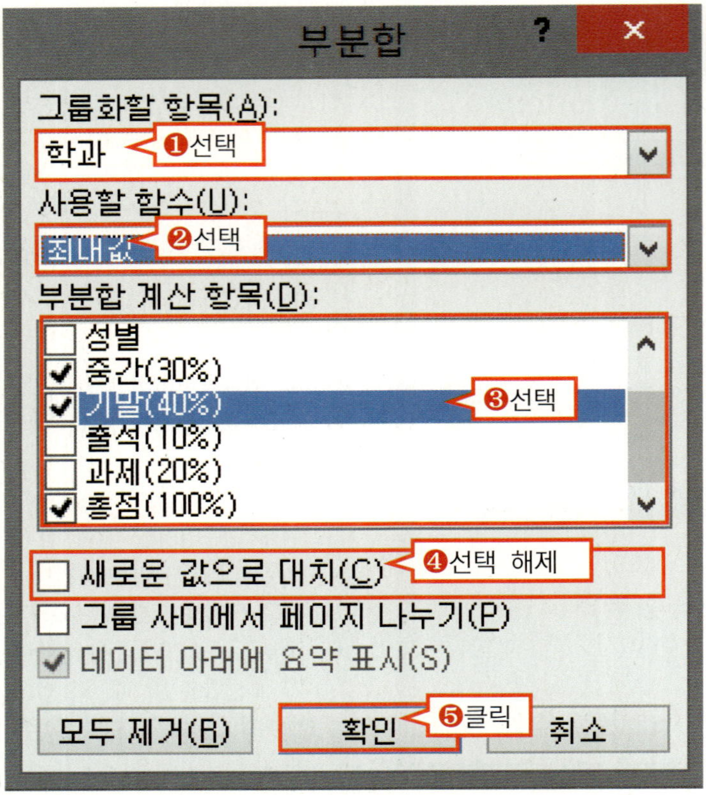

① [부분합] 창에서 '그룹화할 항목'에 '학과'를 클릭한다.

② '사용할 함수'에 '최대값'을 선택한다.

③ '부분합 계산 항목'에 '중간', '기말'과 '총점'을 체크한다.

④ '새로운 값으로 대치'는 체크 해제한다. 해제 시켜야 부분합이 연결되어서 출력 되어진다.

⑤ '확인' 버튼을 클릭한다.

- ① 학과별 ③ 중간, 기말, 총점의 ② 최대값을 부분 부분 구하는 데이터 분석 도구이다.

	A	B	C	D	E	F	G	H
1			현장학습 성적					
2								
3	이름	학과	성별	중간(30%)	기말(40%)	출석(10%)	과제(20%)	총점(100%)
4	나산다	시각디자인	남	28	38	8	17	91
5	김물품	시각디자인	남	20	35	9	18	82
6	하하루	시각디자인	남	26	32	10	18	86
7	이장군	시각디자인	남	30	37	8	18	93
8	시각디자인 최대값			30	38			93
9	김택배	정보관리과	남	25	33	5	20	83
10	정보관리과 최대값			25	33			83
11			남 요약					435
12	박조금	레크레이션	여	29	40	10	18	97
13	레크레이션 최대값			29	40			97
14	강만이	시각디자인	여	29	38	10	19	96
15	시각디자인 최대값			29	38			96
16	박듬뿍	정보관리과	여	27	30	8	12	77
17	이군자	정보관리과	여	25	24	5	15	69
18	정보관리과 최대값			27	30			77
19	홍중독	체육	여	25	34	8	20	87
20		체육 최대값		25	34			87
21			여 요약					426
22		전체 최대값		30	40			97
23			총합계					861
24	평균			26.9	34.7	8.1	17.5	108.9
25	최대값			30	40	10	20	435
26								

① 최종 완성 결과이다.

6.4 시나리오

시나리오는 워크시트에 입력된 데이터들에 대하여 다양한 상황과 변수에 따른 여러 가지 결과 값의 변화를 곧바로 계산 결과에 반영하여 예측 분석하는 기능이다. 셀 값의 변동에 대한 서로 다른 여러 시나리오를 만들어 변화하는 결과 값을 예측하기 위해 사용된다. 주가 분석, 이자율 분석, 손익 분석 등 다양한 상황에 따른 시나리오를 작성할 수 있다. 예제를 위해서 아래의 데이터를 작성한다.

	A	B	C	D	E
1	교양 점수 현황				
2	성명	학과	시험	출결	최종 성적
3	나산다	건축과	70	20	77.5
4	김택배	기계과	40	20	46
5	김물품	경영과	56	20	62.8
6	강만이	기계과	65	18	71.85
7	박듬뿜	건축과	67	15	73.35
8	하하루	건축과	74	20	81.7
9	홍중독	기계과	57	20	63.85
10	박조금	건축과	79	20	86.95
11	평균		63.5	19.125	70.5
12					
13	태도점수	5%			
14	출결	20%			
15					

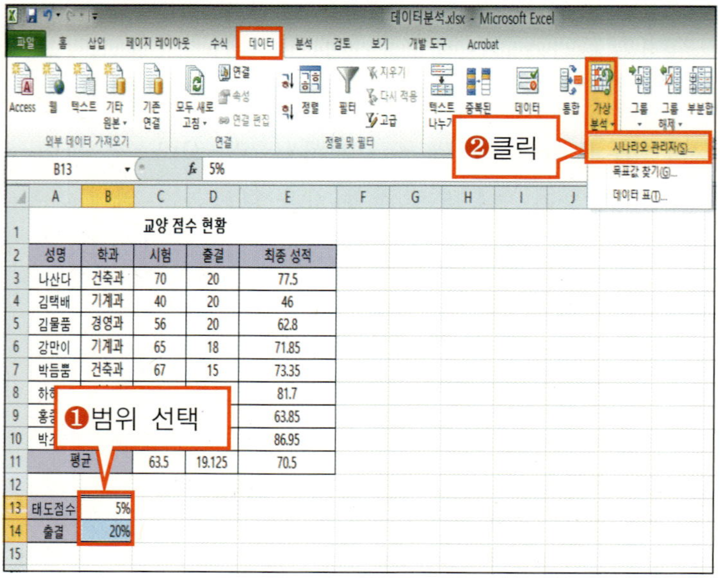

① 영역 [B13:B14]의 범위를 지정한다.

② [데이터]-[가상분석]-[시나리오 관리자]를 클릭한다.

조건

'태도점수'와 '출결' 점수를 각각 인상 시킬때의 학생들의 최종성적을 시나리오로 만들어 보는 것이다. 시나리오 이름은 '비율 인상1', '비율인상2'이고 각각 5%씩 증가한다.

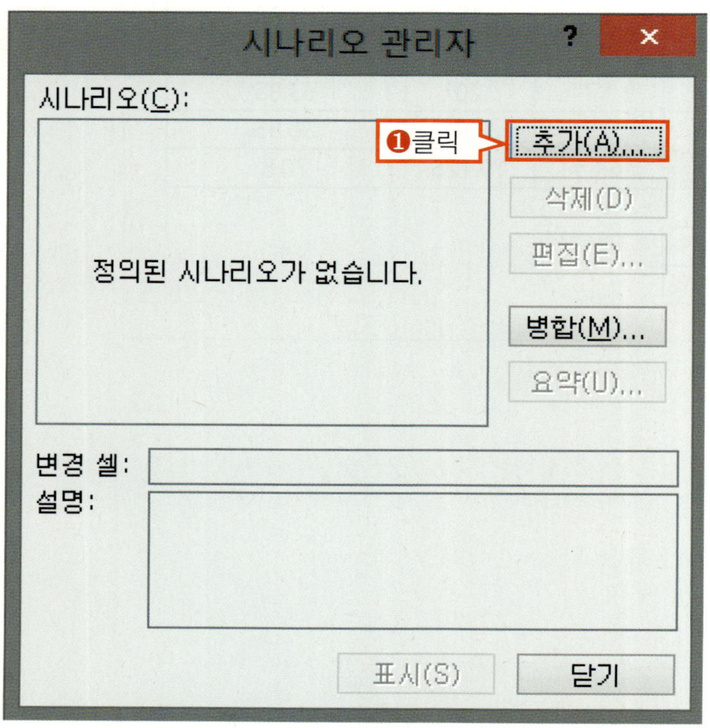

① [시나리오 관리자]창에서 '추가'버튼을 클릭한다.

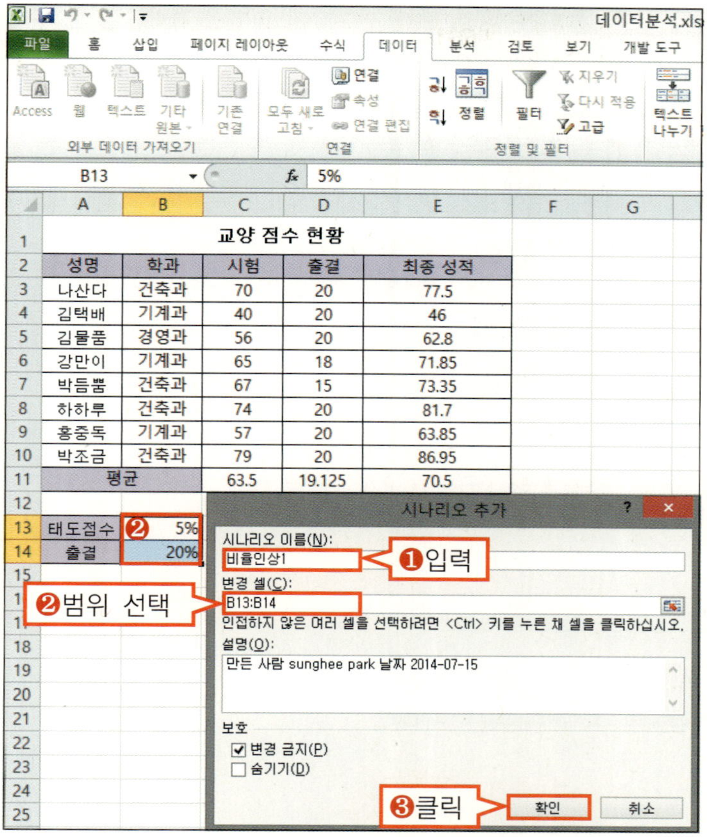

① [시나리오 추가]창에서 '시나리오 이름'에 '비율인상1'을 입력한다.

② '변경 셀'에 'B13:B14'를 입력한다. 이 부분은 시작할 때 영역 [B13:B14]의 범위를 지정했었다면 생략 되어지는 부분이다.

③ '확인' 버튼을 클릭한다.

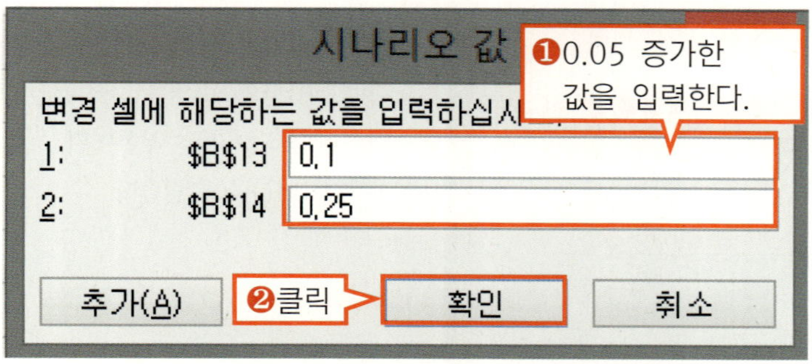

① 0.05씩 증가한 값인 '0.1'과 '0.25'를 입력한다.

② '확인' 버튼을 클릭한다.

엑셀 2010

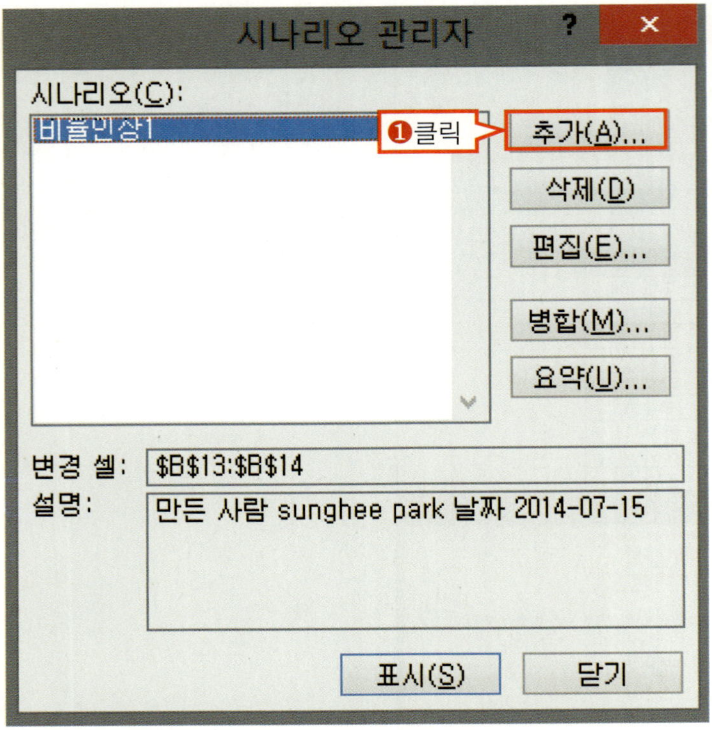

① '추가' 버튼을 클릭한다.

- '비율인상2'를 만들기 위해서 '추가' 버튼을 클릭한다.

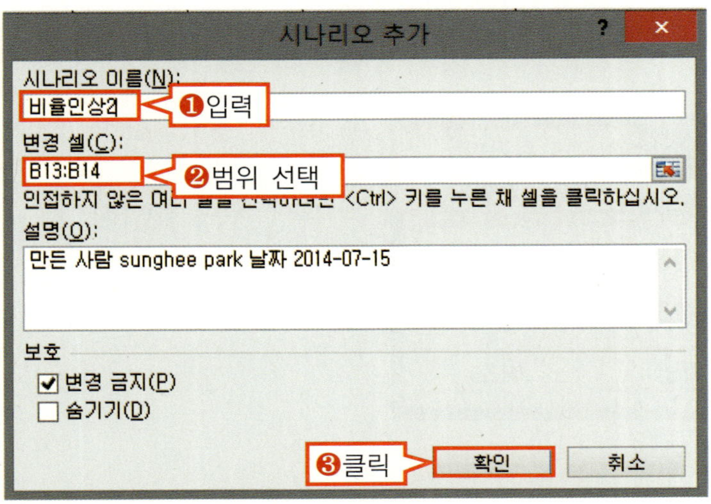

① [시나리오 추가]창에서 '시나리오 이름'에 '비율인상2' 입력한다.

② '변경 셀'에 'B13:B14'를 입력한다. 이 부분은 시작할 때 영역 [B13:B14]의 범위를 지정했었다면 생략 되어지는 부분이다.

③ '확인' 버튼을 클릭한다.

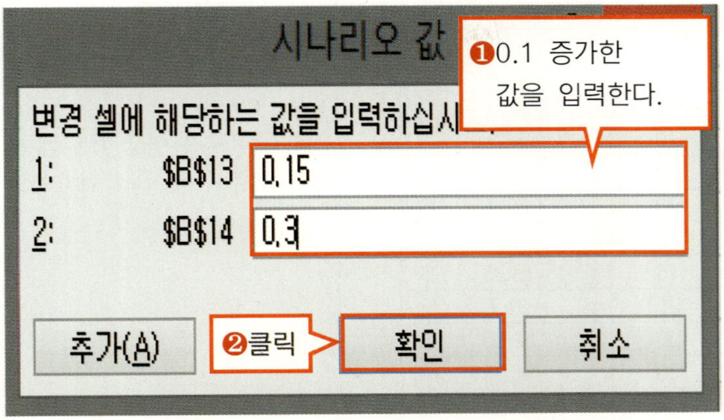

① 처음 값에 0.05 더하고 다시 0.05를 더해야 하므로 '0.1' 증가한 '0.15'와 '0.3'을 입력한다.

② '확인' 버튼을 클릭한다.

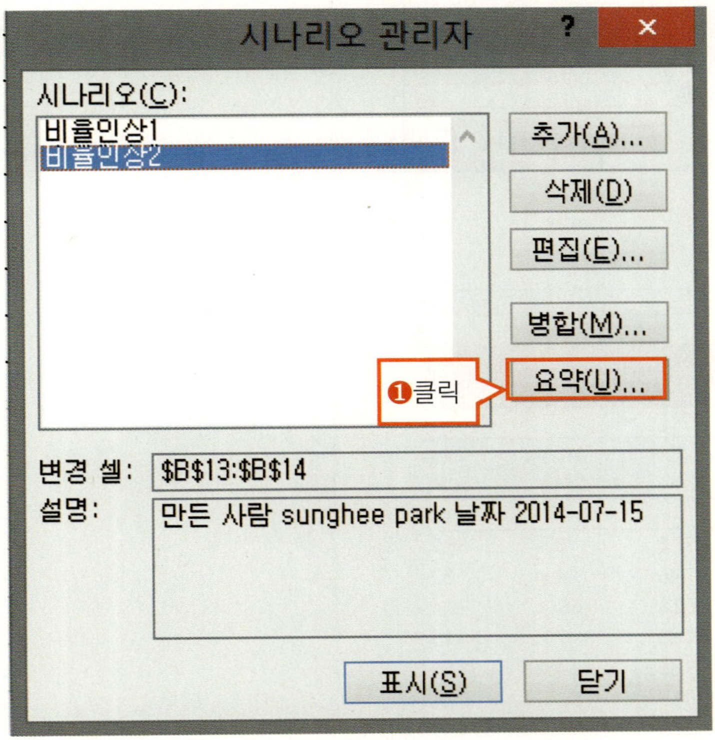

① '요약' 버튼을 클릭한다.

- 시나리오의 이름을 모두 주었기 때문에 '시나리오 요약'을 만들어야 한다.

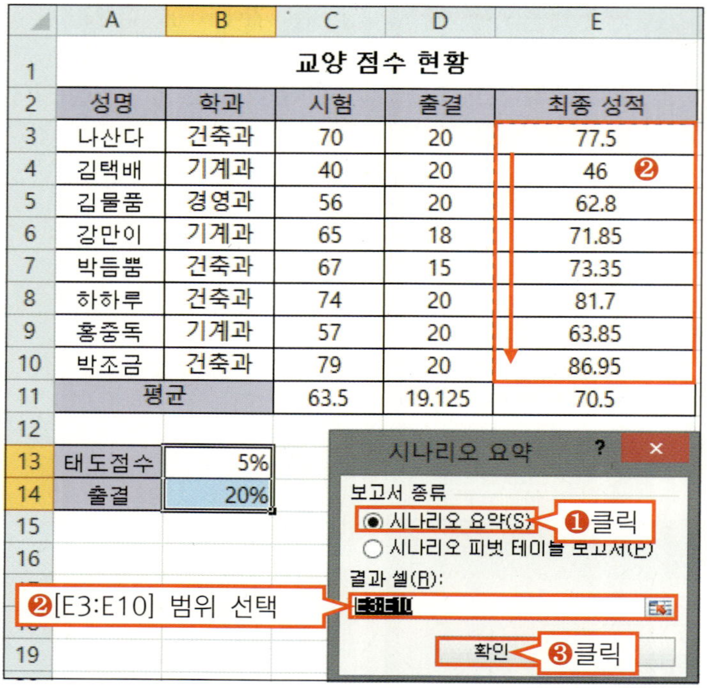

① '시나리오 요약'을 선택한다.

② '결과 셀'에 영역 [E3:E10]의 범위를 선택한다. 학생들의 '최종 성적'이 비율을 인상 했을 때 어떻게 변화는지를 보는 과정이다.

③ 확인을 클릭한다.

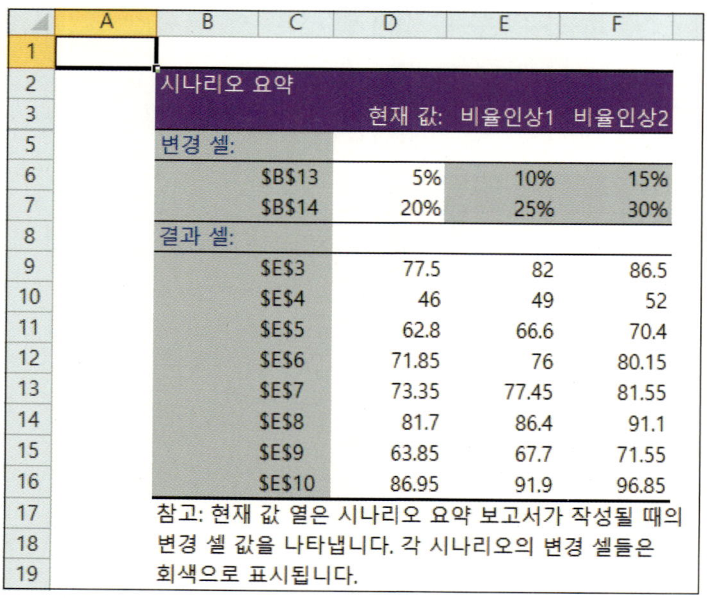

① '시나리오 요약' 결과이다.

- '시나리오 요약' 결과는 현재 작업하는 워크시트 왼쪽에 항상 삽입된다.

6.5 목표값 찾기

목표값 찾기는 수식에서 원하는 결과(목표)값은 알고 있지만 그 결과 값을 계산하기 위해 필요한 입력 값을 모를 경우에 사용한다. 즉 수식이 사용된 셀에서 수식의 결과로 특정한 값을 얻기 위해서는 입력되는 변수가 어떻게 변해야 하는지 알아보는 기능이다.

목표값 찾기는 주어진 결과 값에 대해 하나의 입력 값만 변경할 수 있으며 결과 값은 입력 값을 참조하는 수식으로 작성되어야 한다. 예제를 위해서 아래의 데이터를 입력한다.

	A	B	C	D	E
1		영어 성적 평가			
2					
3	이름	중간	기말	총점	평균
4	나산다	67	76	143	72
5	김택배	98	95	193	97
6	김물품	88	56	144	72
7	강만이	83	78	161	81
8	박듬뿜	65	77	142	71
9	하하루	85	92	177	89
10	전체 평균				80
11					

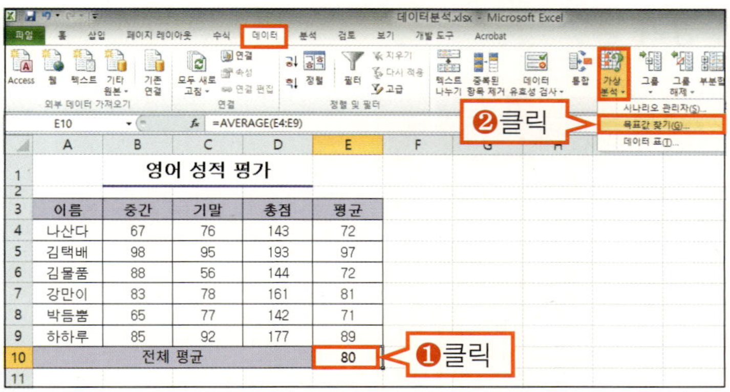

① '전체 평균' 'E10'을 클릭한다.

② [데이터]-[가상 분석]-[목표값 찾기]를 클릭한다.

조건

'전체 평균'이 1점이 올라갈려면 '강만이' 학생의 '기말' 점수가 얼마를 받아야 하는지 목표값 찾기로 구한다.

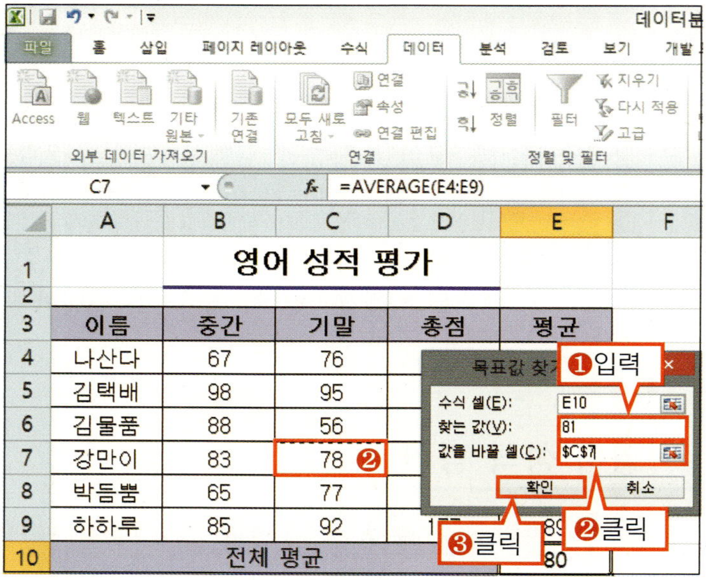

① '찾는 값'에 '81'을 입력한다.

- 위의 '수식 셀[E10]'이 '81' 점이다. 즉, '전체 평균이 81 점이 된다면' 이다.

② '값을 바꿀 셀'에 '강만이'의 '기말' 성적을 클릭한다.

③ '확인' 버튼을 클릭한다.

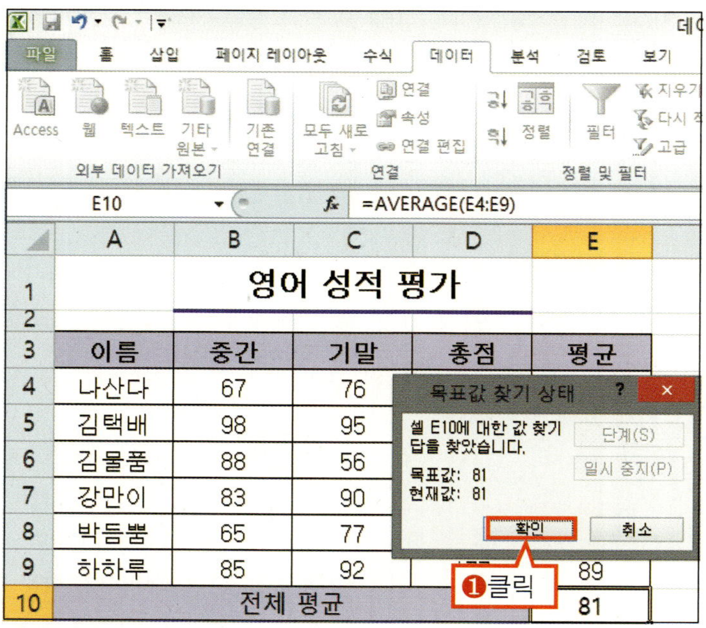

① 목표값을 찾은 후, 값을 보여준다. '확인' 버튼을 클릭한다.

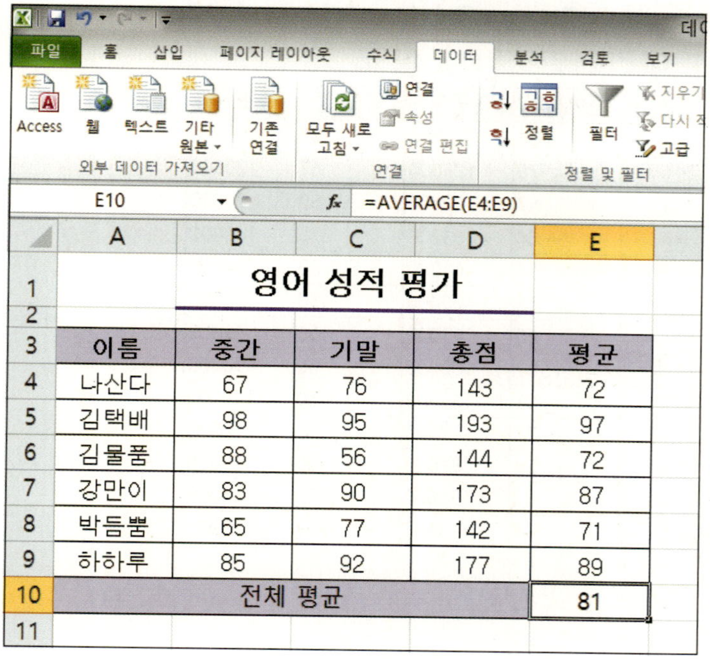

	A	B	C	D	E
1		영어 성적 평가			
2					
3	이름	중간	기말	총점	평균
4	나산다	67	76	143	72
5	김택배	98	95	193	97
6	김물품	88	56	144	72
7	강만이	83	90	173	87
8	박듬뿜	65	77	142	71
9	하하루	85	92	177	89
10	전체 평균				81
11					

① 최종 완성된 과정이다.

6.6 피벗 테이블

피벗 테이블은 워크시트에 입력된 많은 양의 데이터를 효율적으로 분석하고 요약하는 기능을 갖는다. 피벗 테이블을 작성하려면 원본 데이터를 정의하고 피벗 테이블이 만들어질 통합 문서의 위치를 지정한 후 필드 레이아웃을 설정한다. 예제를 위해서 아래의 데이터를 입력한다.

	A	B	C	D	E	F
1	대리점별 비교분석표					
2	대리점	차종	판매량	매출액	목표량	목표액
3	강남	i44	80	144000	87	156600
4	동부	그란저	70	126000	67	120600
5	강남	i44	67	120600	50	90000
6	동부	i44	34	61200	78	140400
7	동부	아떼	34	61200	30	54000
8	서부	그란저	68	122400	50	90000
9	북부	i44	65	117000	55	99000
10	북부	아떼	67	100500	60	90000
11	강남	그란저	85	153000	80	144000
12	북부	아떼	78	117000	75	112500
13	북부	아떼	54	81000	50	75000
14	서부	그란저	87	156600	75	135000
15	평균		66	113375	63	108925

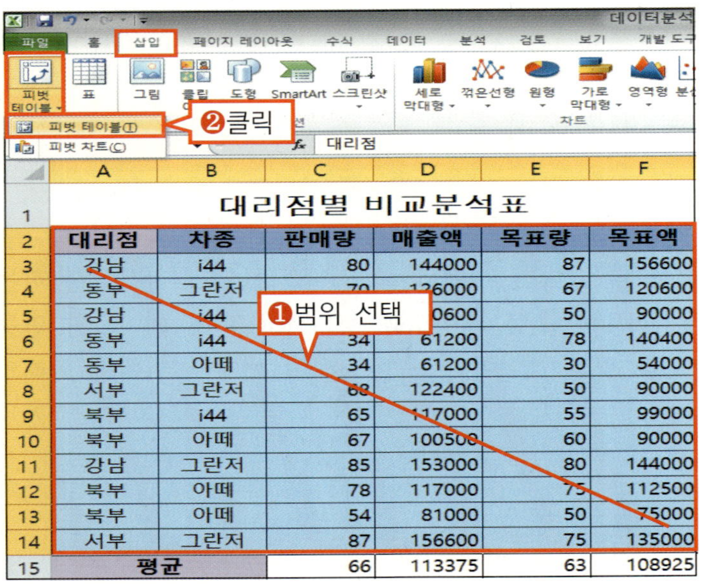

① 영역 [A2:F14]를 지정한다.

② [삽입]-[피벗 테이블]-[피벗 테이블]을 클릭한다.

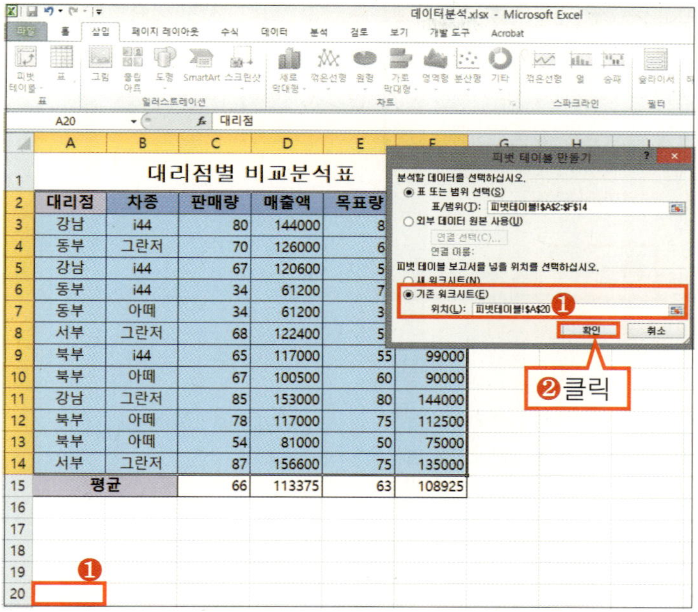

① [피벗 테이블 만들기] 창에서 '기존 워크시트'를 선택하고 피벗테이블이 만들어질 위치를 클릭한다.

- '피벗테이블 보고서'를 넣을 위치를 '새 워크시트'로 하면 현재 워크시트의 앞에 피벗테이블 보고서가 생성이 되고 '기존 워크시트'하면 현재 워크시트에서 '위치'에서 클릭한 곳에 보고서가 생성이 된다.

② '확인' 버튼을 클릭한다.

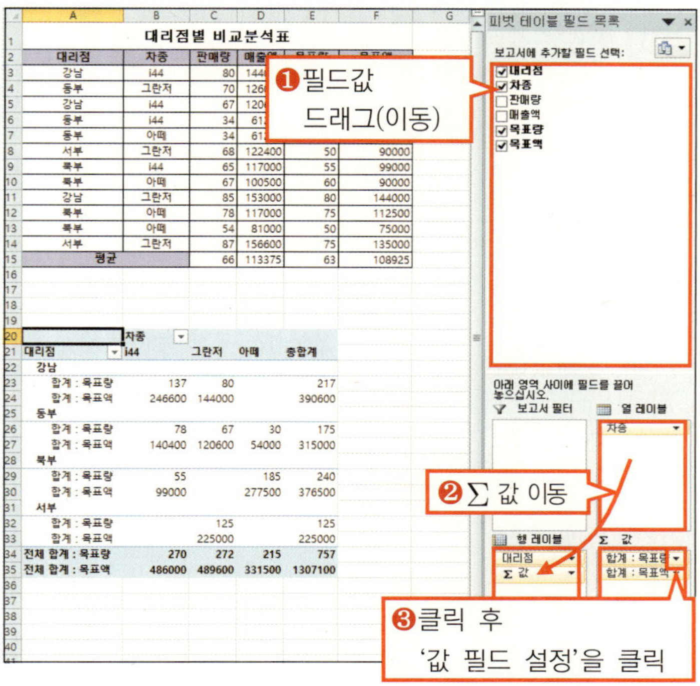

① '대리점'을 '행 레이블'에 드래그한다. '차종'을 '열 레이블'에 드래그 한다. '목표량'과 '목표액'을 '∑ 값'에 드래그한다.

- '대리점', '차종', '목표량', '목표액' 앞의 체크박스를 해제하면 피벗 테이블에서 이 필드가 사라진다.

② '∑ 값'을 '열 레이블'에서 '행 레이블'로 옮긴다.'

③ '∑ 값' 안의 '합계:목표량'의 '▼'를 드롭다운한 후, '값 필드 설정'을 클릭한다.

엑셀 2010

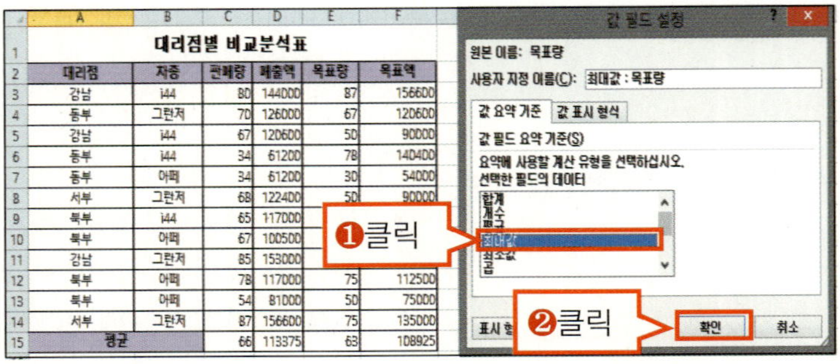

① [값 필드 설정]에서 '최대값'을 클릭한다.

② '표시형식' 버튼을 클릭한다.

	A	B	C	D	E	F
15	평균		66	113375	63	108925
16						
17						
18						
19						
20		차종				
21	대리점	i44	그란저	아페	총합계	
22	강남					
23	최대값 : 목표량	87	80		87	
24	합계 : 목표액	246600	144000		390600	
25	동부					
26	최대값 : 목표량	78	67	30	78	
27	합계 : 목표액	140400	120600	54000	315000	
28	북부					
29	최대값 : 목표량	55		75	75	
30	합계 : 목표액	99000		277500	376500	
31	서부					
32	최대값 : 목표량		75		75	
33	합계 : 목표액		225000		225000	
34	**전체 최대값 : 목표량**	**87**	**80**	**75**	**87**	
35	**전체 합계 : 목표액**	**486000**	**489600**	**331500**	**1307100**	

① 최종 완성된 피벗테이블이다.

실습문제 1

다음 조건에 맞게 정렬과 고급 필터를 하시오.

조건

① '성별'과 '지역'을 기준으로 오름차순으로 정렬하시오.
② [A2:G20] 영역에서 이름이 '김'을 포함하면서 지역이 '노원'이거나, 구매실적합계가 100,000이상 300,000 미만인 자료의 이름, 성별, 지역, 구매실적합계 열만 순서대로 표시하시오.
③ 조건은 [A22:G25] 영역 내에 알맞게 입력하시오.
④ 결과는 [A27] 셀부터 표시하시오.

✎ 출력결과

	A	B	C	D	E	F	G
1	이름	성별	지역	1월 구매실적	2월 구매실적	3월 구매실적	구매실적합계
2	김물품	남	강북	37000	135000	78,000	250,000
3	하하루	남	강북	135000	55000	135,000	325,000
4	강큰애	남	강북	2020	80250	11,250	93,520
5	홍중독	남	노원	37000	38000	29,000	104,000
6	박조금	남	노원	52200	14560	38,700	105,460
7	나산다	남	도봉	140520	135000	152,000	427,520
8	박듬뿜	남	도봉	7700	52200	7,700	67,600
9	강김산	남	도봉	7000	38700	122,500	168,200
10	김만득	남	도봉	38700	78000	38,700	155,400
11	강만이	남	중랑	38700	21020	37,000	96,720
12	김파산	남	중랑	38700	37000	14,560	90,260
13	현김	남	중랑	5800	135000	2,020	142,820
14	김소름	여	강북	135000	178000	120,200	433,200
15	김택배	여	노원	122500	140520	78,000	341,020
16	허바람	여	노원	11250	22020	52,200	85,470
17	나햇빛	여	노원	12500	5800	22,020	40,320
18	소지섬	여	도봉	55000	122500	12,500	190,000
19	단가비	여	중랑	78000	2020	135,000	215,020

	A	B	C	D
22	이름	지역	구매실적합계	구매실적합계
23	*김*	노원		
24			>=100000	<300000

	A	B	C	D
27	이름	성별	지역	구매실적합계
28	김물품	남	강북	250,000
29	홍중독	남	노원	104,000
30	박조금	남	노원	105,460
31	강김산	남	도봉	168,200
32	김만득	남	도봉	155,400
33	현김	남	중랑	142,820
34	김택배	여	노원	341,020
35	소지섬	여	도봉	190,000
36	단가비	여	중랑	215,020

실습문제 2

데이터 통합 기능을 이용하여 '1학년 1학기 성적 (A3:E9)'와 '1학년 2학기 성적 (G3:K9)'에 대한 자료를 '1학년 전체 성적(A13:B19)'에 학번과 평균만 구하여라.

✎ 출력결과

	A	B	C	D	E	F	G	H	I	J	K
1	1학년 1학기 성적						1학년 2학기 성적				
2											
3	학번	이름	중간	기말	평균		학번	이름	중간	기말	평균
4	103	나산다	98	97.5	98		103	나산다	97	98.5	98
5	102	김택배	97	95	96		102	김택배	99	100	100
6	105	김물품	95	96	96		105	김물품	97	90	94
7	104	강만이	94.5	95.8	95		104	강만이	94	97	96
8	101	박듬뿜	94	95,3	94		101	박듬뿜	96	96	96
9	106	하하루	93.8	97	95		106	하하루	94	97	96
10											
11											
12	1학년 전체 성적										
13	학번	평균									
14	103	98									
15	102	98									
16	105	95									
17	104	95									
18	101	95									
19	106	95									

실습문제 3

피벗테이블을 생성하시오. 레이아웃의 위치는 '문제3' 시트의 A20에 위치 시킨다. 레이아웃은 출력결과를 참조하여 완성하시오. 출석, 총점의 평균값은 소수 첫째 자리까지 표시하시오.

✎ 출력결과

		성벽		
18		성벽		
19	학과	남	여	총합계
20	경영학과			
21	평균 : 출석(10%)	7.5	8.0	7.8
22	평균 : 총점(100%)	77.5	84.0	80.8
23	경영정보학과			
24	평균 : 출석(10%)	8.0	5.0	6.5
25	평균 : 총점(100%)	93.0	83.0	88.0
26	회계학과			
27	평균 : 출석(10%)	8.5		8.5
28	평균 : 총점(100%)	84.5		84.5
29	세무학과			
30	평균 : 출석(10%)		10.0	10.0
31	평균 : 총점(100%)		96.5	96.5
32	**전체 평균 : 출석(10%)**	**8.0**	**8.2**	**8.1**
33	**전체 평균 : 총점(100%)**	**83.4**	**88.8**	**86.1**

실습문제 4

'서울 고등학교 컴퓨터 보유 현황'표에서 '고명' 학교의 금액(C11)이 695,000,000이 되려면 단가(B14)가 얼마가 되어야 하는지 목표값 찾기 기능을 이용하여 계산하시오.

✎ 출력결과

	A	B	C	D
1	서울 고등학교 컴퓨터 보유 현황			
2	학교명	컴퓨터 수	금액	등위
3	경신	280	483,000,000	5
4	동성	257	443,325,000	6
5	창문	120	207,000,000	9
6	덕성	320	552,000,000	4
7	용문	240	414,000,000	7
8	삼각산	100	172,500,000	10
9	대일	380	655,500,000	2
10	동대문	360	621,000,000	3
11	고명	400	690,000,000	1
12	개운	160	276,000,000	8
13				
14	단가	1,725,000		

실습문제 5

'학생별 최종 점수' 표에서 보너스점수비율인 [C15] 셀이 다음과 같이 변하는 경우 '현비' 학생의 최종점수(H11)와 '소지섬' 학생의 최종점수(H12)의 변동 시나리오를 작성하시오.

조건

① 시나리오1: 시나리오 이름은 '보너스비율인상{{인상1}}', 보너스비율(C15)은 20%로 설정한다.

② 시나리오2: 시나리오 이름은 '보너스비율인상{{인상2}}', 보너스비율(C15)은 25%로 설정한다.

③ 위 두 시나리오에 의한 '시나리오 요약' 보고서는 '문제5' 시트 바로 앞에 위치시킬 것

출력결과

	A	B	C	D	E	F
1						
2		시나리오 요약				
3				현재 값:	보너스비율인상1	보너스비율인상2
5		변경 셀:				
6			보너스비율	15%	20%	25%
7		결과 셀:				
8			최종점수(현비)	89.7	93.6	97.5
9			최종점수(소지섬)	56.4	58.8	61.3
10		참고: 현재 값 열은 시나리오 요약 보고서가 작성될 때의				
11		변경 셀 값을 나타냅니다. 각 시나리오의 변경 셀들은				
12		회색으로 표시됩니다.				

II. 파워포인트 2010

1
CHAPTER

파워포인트 2010 시작하기

1.1 파워포인트 개요

정식 명칭은 마이크로소프트(MS) 오피스 파워포인트이다. 여러 사람 앞에서 자신의 생각을 발표하거나 공동 작업을 할 때 시각적 보조 자료로 활용할 수 있도록 프레젠테이션(Presentation)을 도와주는 S/W이다.

프레젠테이션(Presentation)이란 '소개·발표·표현·제출'을 뜻하는 용어로, 많은 사람에게 효과적으로 메시지를 전달하고자 할 때 사용한다. 즉 프레젠테이션을 효과적으로 작성·발표하고, 공동 작업을 하는 데 도움을 주는 도구들의 모임이 파워포인트라 할 수 있다. 가장 큰 기능은 프레젠테이션을 위한 자료를 만드는 데 있다. 보고회·세미나·화상교육 등을 할 때 파워포인트를 이용해 만든 화면을 대형 화면이나 빔 프로젝트를 사용해 스크린에 띄워 사용할 경우, 프레젠테이션의 효과를 높일 수 있는 것이 장점이다.

1987년에 Apple 매킨토시용으로 1.0 버전이 출시되었고, 1990년 처음으로 윈도우용이 도입되었다. 그 후 2002년 XP 오피스 파워포인트를 거쳐 파워포인트 2007, 현재 파워포인트 2010이 가장 많이 사용되고 있다. 파워포인트에는 팀 구성원끼리 작업 영역을 공유하고 공동으로 작업할 수 있는 기능, 다른 사용자가 볼 수 없도록 전달·복사·인쇄하지 못하게 하는 기능, 효과적인 발표를 할 수 있도록 도와주는 그래픽·애니메이션·멀티미디어 기능 등 다양한 기능이 포함되어 있다. 여기에 파워포인트 2010은 이전 버전에 비해 그림효과, 화면전환, 애니메이션, 멀티미디어 등의 기능이 더욱 강화되었으며, 파워포인트 2007과 같이 리본메뉴의 인터페이스를 활용한다.

1.2 파워포인트 2010 실행과 종료

1) 파워포인트 2010 실행

파워포인트 2010은 ❶ **[시작]-[모든 프로그램]**-[Microsoft Office] 메뉴의 [Microsoft Office PowerPoint 2010] 클릭하거나, ❷ 바탕 화면의 「Microsoft Office PowerPoint 2010」 단축 아이콘( ) 더블클릭하면 새로운 문서가 열리면서 실행된다. 또한 ❸ 확장자가 *.pptx 인 파워포인트 파일을 더블클릭하면 기존에 저장된 문서가 열리면서 실행된다. 이때 오피스 버튼을 눌러 새로운 문서로 실행한다.

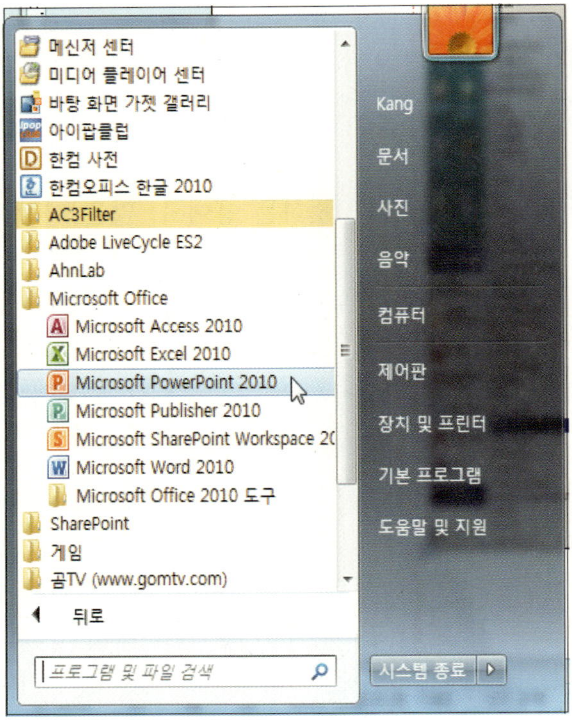

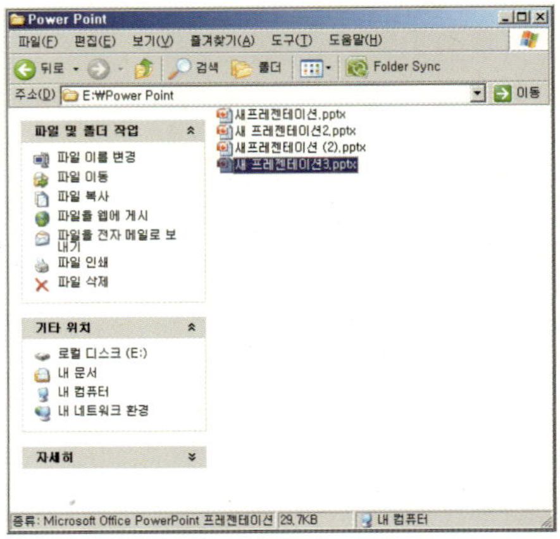

【파워포인트 2010 실행】

- [시작]-[모든 프로그램]-[Microsoft Office] 메뉴의 [Microsoft Office PowerPoint 2010] 클릭
- 바탕 화면의 「Microsoft Office PowerPoint 2010」 아이콘 더블클릭
- 확장자가 *.pptx 인 파워포인트 파일 더블클릭

2) 파워포인트 2010 종료

편집중인 파워포인트 2010 통합 문서를 저장한 후 ❶ 메뉴의 **[파일]** 탭-**[끝내기**()**]**를 선택 하거나, ❷ 제목 표시줄의 **종료[☒]** 버튼을 클릭해 파워포인트 2010을 종료 할 수 있다. 또는 ❸ 제목 표시줄의 아이콘() 클릭 후 **[닫기]**를 선택하여 문서를 닫을 수 있다.

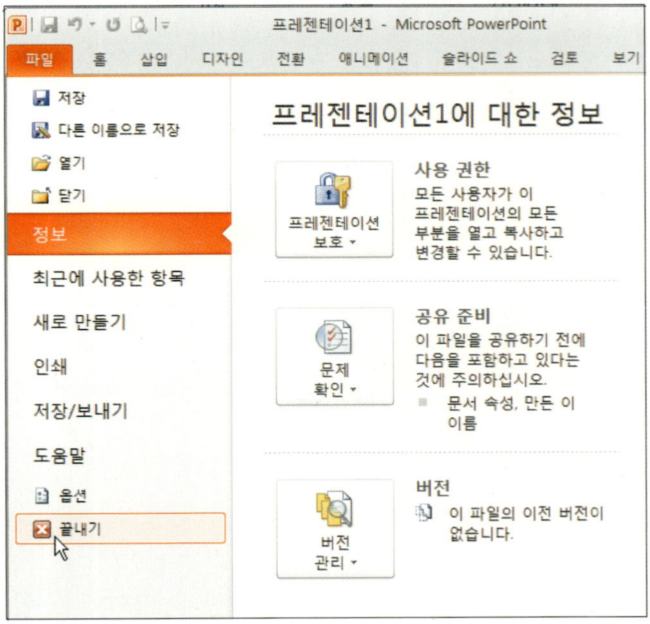

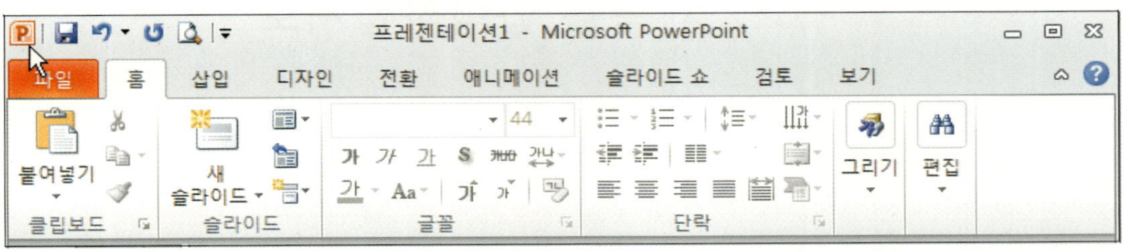

【파워포인트 2010 종료】

- 파워포인트 2010 종료 : - [파일] - [끝내기(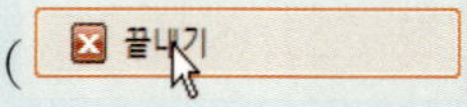)]를 클릭
  - 종료[☒] 버튼 클릭
  - 제목 표시줄의 아이콘() 클릭 후 [닫기]
- 파워포인트 2010 문서닫기 : **[파일]** 탭- **[닫기]** 클릭

1.3 새 프레젠테이션 만들기

파워포인트 2010이 실행되면 새로운 프레젠테이션 파일이 아래 그림과 같이 만들어지며, 이 상태에서 작업을 시작한다.

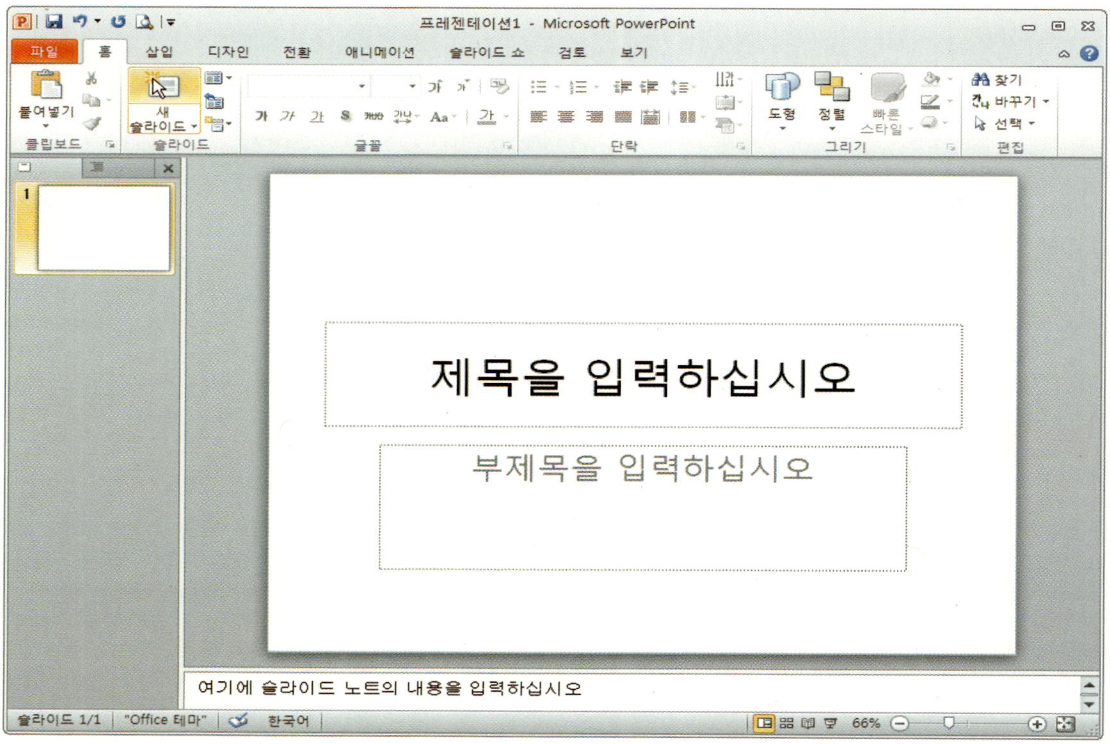

그리고 작업 중 새로운 프레젠테이션 파일을 만들려면 메뉴의 **[파일]** 탭-**[새로 만들기]**를 선택 한다. 이어서 **[새 프레젠테이션]**을 더블클릭하거나 **[만들기]**를 클릭하면 새 프레젠테이션이 만들어 진다.

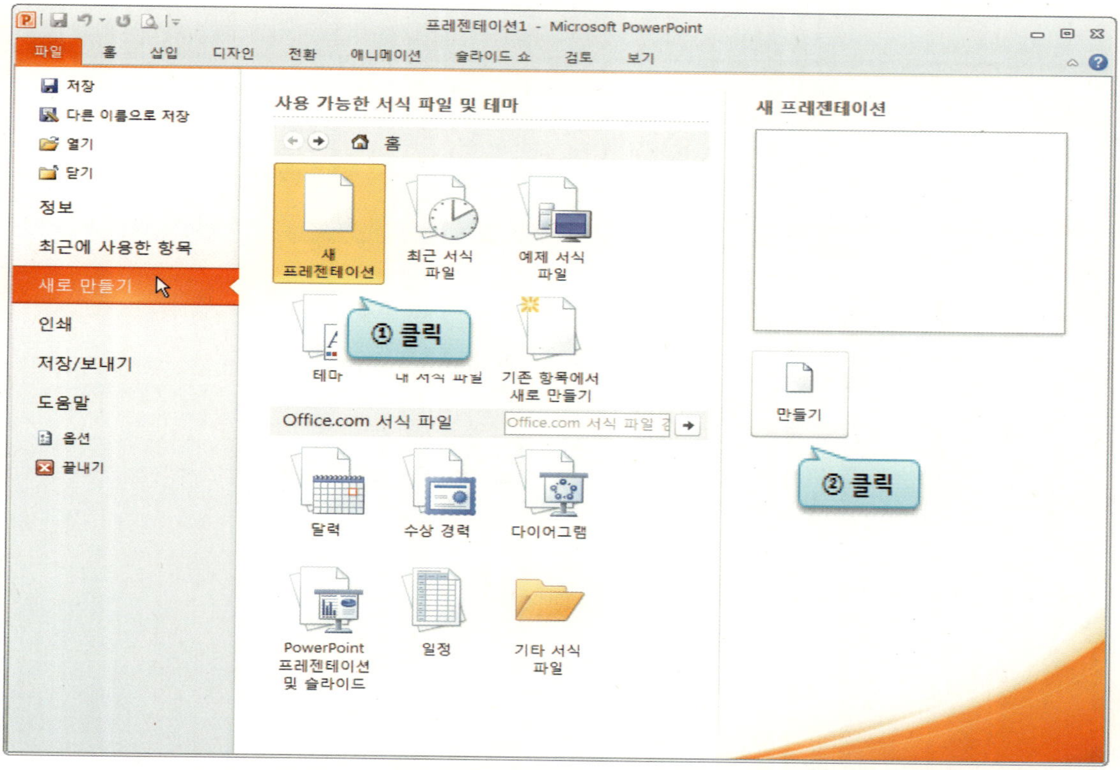

1.4 파워포인트 2010의 화면 구성

파워포인트 2010을 실행하면 다음의 화면으로 실행된다. 주요기능에 따라 슬라이드 편집 창, 개요 및 슬라이드 창과 기본메뉴, 슬라이드 노트 창 등의 영역으로 나뉜다.

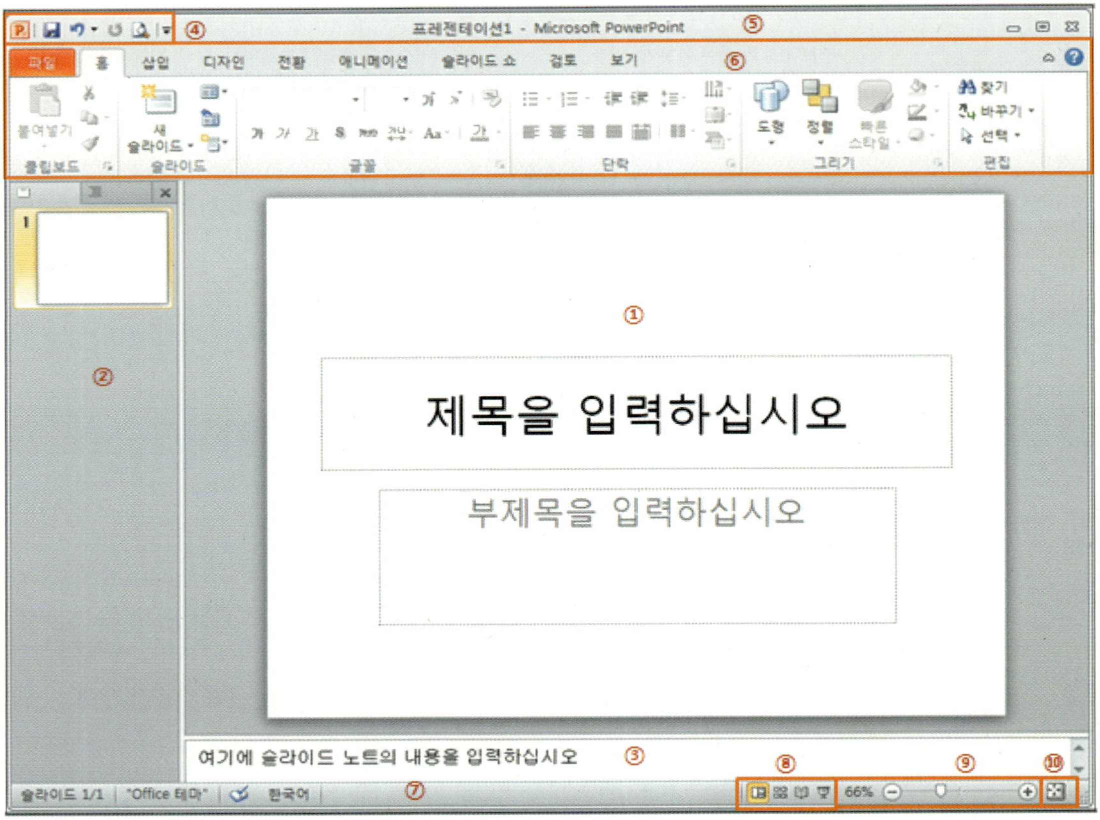

① **슬라이드 창 :** 슬라이드를 편집하는 주된 작업영역으로 개체들의 내용을 입력하고 수정하는 곳이다.

② **슬라이드 및 개요 탭 :** [슬라이드] 탭과 [개요] 탭으로 구분되어 있다.

- [슬라이드] 탭을 선택하면 각 슬라이드를 작은 그림으로 표시한다.
- [개요] 탭을 선택하면 각 슬라이드의 제목 상자와 텍스트 상자에 입력한 내용이 표시된다.

③ **슬라이드 노트 :** 슬라이드 내용에 대한 부연 설명을 입력하는 곳이다. 인쇄할 때 인쇄여부를 설정 할 수 있다.

④ **빠른 실행 도구모음 :** 자주 자용하는 기능을 빠르게 실행하도록 모아 놓은 도구 모음으로, 이를 사용하면 자주 사용하는 도구에 신속하게 액세스할 수 있다. 사용자가 빠른 실행 도구모음에 명령을 추가/제거 할 수 있다.

⑤ **제목 표시줄 :** 현재 작업 중인 문서의 이름 등이 나타난다.

⑥ **명령 그룹 :** 리본 메뉴의 각 탭에는 파워포인트 2010에서 사용하는 명령들이 있는데 기능별로 그룹을 지어 놓고 있다. 그룹에 표시되는 명령 이외에 추가 명령은 각 그룹의 추가 옵션버튼을 누르면 된다.

⑦ **상태표시줄 :** 현재 작업 중인 슬라이드 번호, 테마, 언어 등이 표시 된다.

⑧ **화면보기 :** 파워포인트 작업내용에 따라 화면보기를 간편하게 전환할 수 있다.

ⓐ **기본보기** : 슬라이드에 내용을 입력하고 수정할 때 사용한다. 화면에 개요 및 슬라이드창, 슬라이드 창, 슬라이드 노트 창이 모두 표시된다.

ⓑ **여러 슬라이드 보기** : 파일안의 모든 슬라이드가 표시된다. 이동, 복사, 삭제 등을 쉽게 작업할 수 있다.

ⓒ **읽기용 보기** : 슬라이드 쇼 보기와 비슷하지만 화면 아래쪽에서 보기 형태 및 슬라이드 이동 등을 조작할 수 있다.

ⓓ **슬라이드 쇼** : 완성한 슬라이드를 꽉 찬 전체화면으로 보는 방식이다.

⑨ **슬라이드 확대/축소 도구 :** 슬라이드의 확대/축소 비율을 조절하거나, 슬라이드 막대를 움직여 슬라이드 창에 표시된 슬라이드 크기를 조절한다.

⑩ **창 크기 맞춤 도구 :** 현재 슬라이드 창에 맞게 슬라이드 크기를 자동 조절한다.

1.5 파워포인트 2010의 보기 개요

파워포인트 2010에는 기본 보기, 여러 슬라이드 보기, 슬라이드 노트 보기, 슬라이드 쇼 보기 등 네 가지 주요 보기가 있다.

이전 버전의 파워포인트에서 보기 메뉴로 알려진 항목은, 이제 파워포인트 2010에서는 보기 탭이다. 보기 탭은 리본 메뉴에 있다.

1) 기본 보기

기본 보기는 프레젠테이션을 작성하고 디자인할 때 사용하는 주 편집 보기이다. 이 보기에는 네 가지 작업 영역이 있다. 왼쪽에는 개요 및 슬라이드 창, 가운데는 편집 창, 아래에는 슬라이드 노트 창을 표시한다. **[보기]** 탭에서 **기본**( )을 클릭하거나 화면보기 도구모음에서 **기본보기**( )를 클릭 한다.

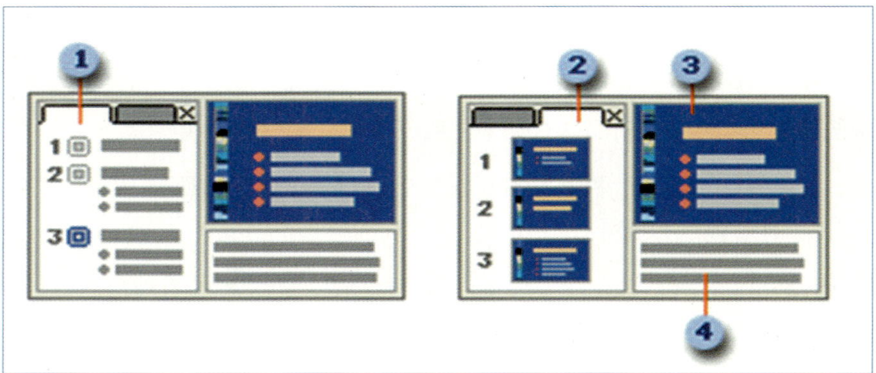

❶ **개요 탭** : 이 영역은 내용 작성을 시작하기에 적합한 곳이다. 아이디어를 구상하고 발표 방법을 계획하고 슬라이드와 텍스트를 이동할 수 있다. 개요 탭은 슬라이드 텍스트를 개요 형식으로 보여준다.

❷ **슬라이드 탭** : 이 영역은 편집하는 동안 프레젠테이션의 슬라이드를 축소판 그림으로 보기에 적합한 곳이다. 축소판 그림을 사용하면 쉽게 프레젠테이션을 탐색하고 디자인 변경 결과를 확인할 수 있다. 또한 슬라이드를 쉽게 다시 정렬하거나 추가 또는 삭제할 수 있다.

❸ **슬라이드 창** : 파워포인트창의 오른쪽 위 구역에 있는 슬라이드 창에는 현재 슬라이드가 크게 표시된다. 이 창에 현재 슬라이드가 표시되어 있는 동안 텍스트를 추가하고 그림, 표, SmartArt 그래픽, 차트, 그리기 개체, 텍스트 상자, 동영상, 소리, 하이퍼링크 및 애니메이션을 삽입할 수 있다.

❹ **슬라이드 노트 창** : 슬라이드 창 아래에 있는 슬라이드 노트 창에서는 현재 슬라이드와 관련된 노트를 입력할 수 있다. 나중에 이 노트를 인쇄하여 발표할 때 참고할 수 있다. 또한 노트를 인쇄하여 청중에게 나누어 줄 수도 있고 청중에게 보내거나 웹 페이지에 게시하는 프레젠테이션에 노트를 포함할 수도 있다.

※ 슬라이드 탭과 개요 탭 간에 전환할 수 있다.

슬라이드 탭과 개요 탭은 창이 너무 작아지면 기호로 표시된다. 개요 탭이나 슬라이드 탭의 표시를 변경하려면 개요 또는 슬라이드 탭 표시 또는 숨기기를 참고한다.

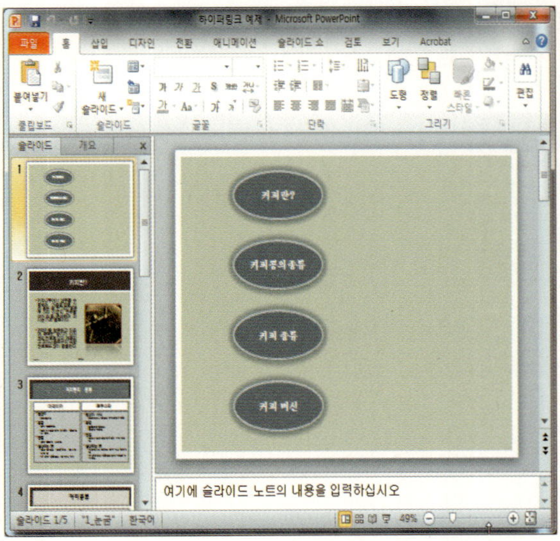

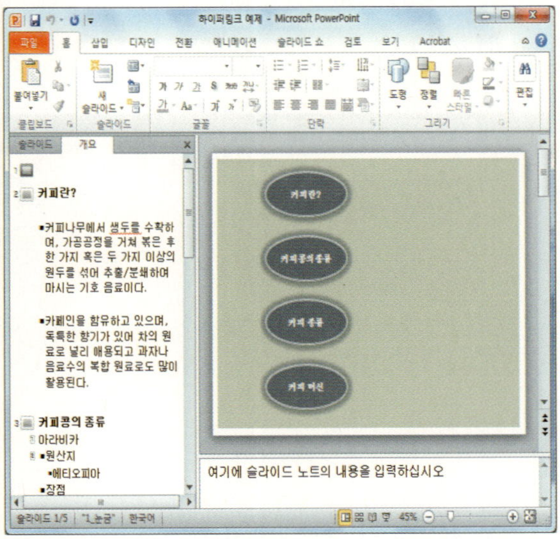

2) 여러 슬라이드 보기

여러 슬라이드 보기는 슬라이드를 축소판 그림 형태로 표시하는 보기이다. 파일에 있는 슬라이드를 한 화면에 보여주기 때문에 전체 슬라이드를 한꺼번에 훑어보기에 적합하고, 슬라이드 위치 변경이나 삭제 등 쉽게 작업할 수 있다. **[보기]** 탭에서 **여러 슬라이드**( )를 클릭하거나 화면보기 도구모음에서 **여러 슬라이드보기**( )를 클릭 한다.

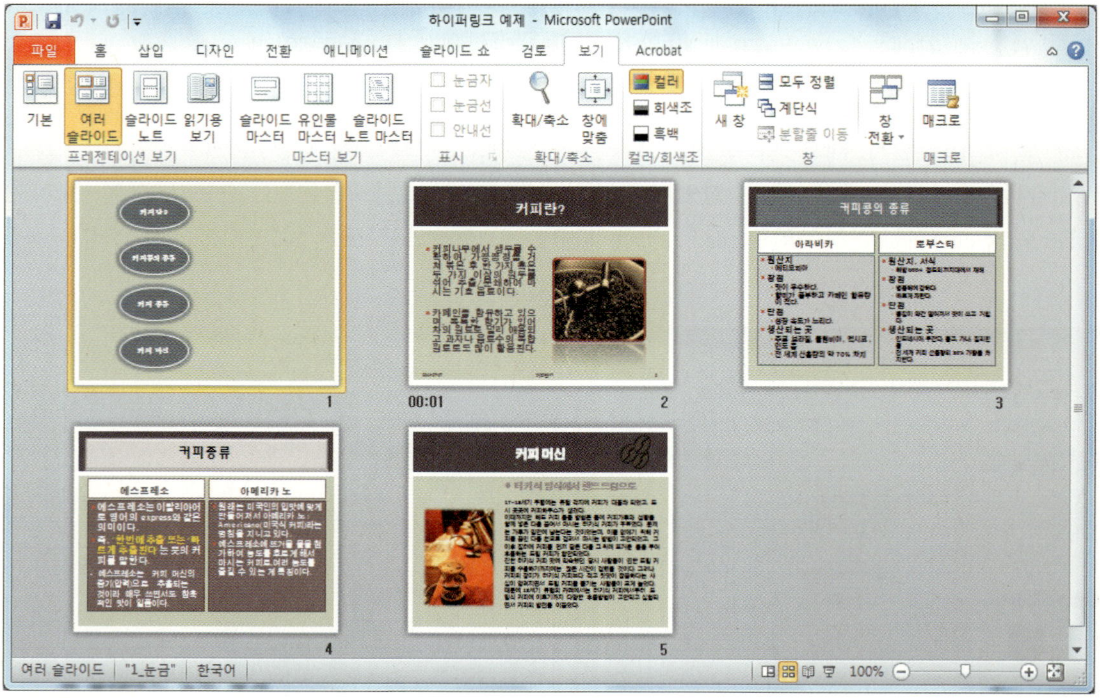

3) 슬라이드 노트 보기

기본 보기에서 슬라이드 창 바로 아래에 있는 슬라이드 노트 창에 노트를 입력할 수 있다. 이는 파워포인트로 작성된 프레젠테이션은 청중에게 전달할 내용을 정리한 것이다. 이때 슬라이드 노트는 발표자가 발표할때에 청중들에게는 보이지 않고 발표자에게만 보이므로 이를 이용해서 발표할 내용을 정리해두면 편리하다.

청중에게는 노트를 숨긴 채로 노트를 보면서 프레젠테이션을 진행하는 방법은 발표자 도구를 사용하여 모니터 두 대로 프레젠테이션을 진행 한다.

[보기] 탭에서 **슬라이드노트( )**를 클릭 한다.

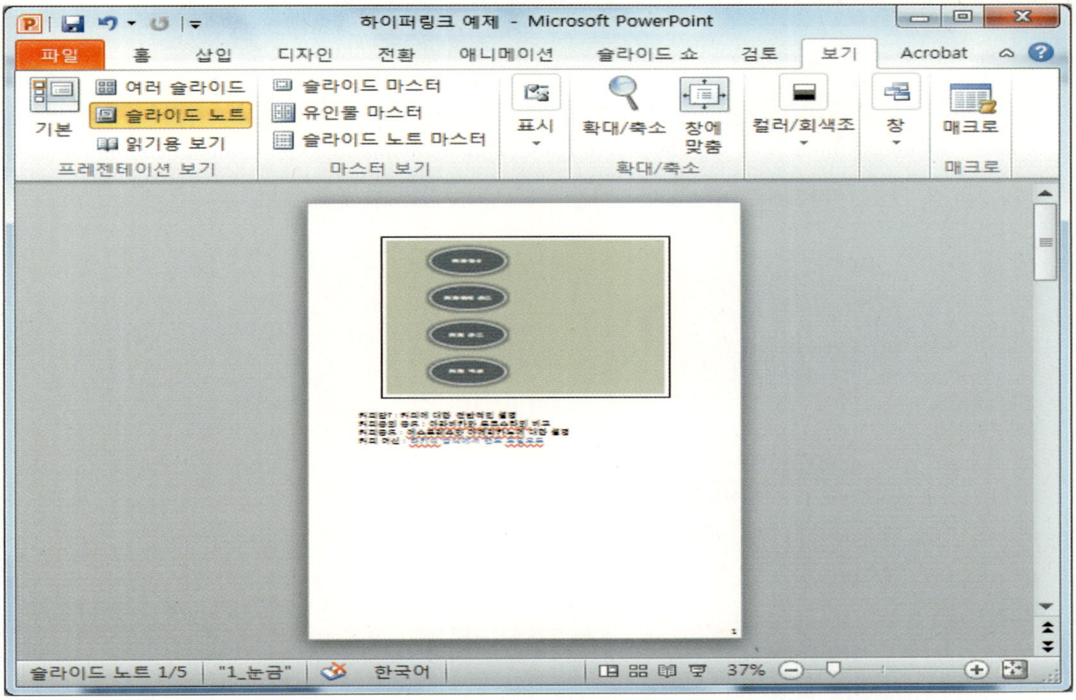

4) 슬라이드 쇼 보기

슬라이드 쇼 보기는 실제 프레젠테이션처럼 전체 화면으로 표시된다. 이 보기에서는 청중이 보는 것과 동일한 프레젠테이션을 보게 된다. 그래픽, 타이밍, 동영상, 애니메이션 효과 및 전환 효과가 실제 프레젠테이션에서 어떻게 보이는지 확인할 수 있다.

[슬라이드 쇼]탭에서 **[처음부터( )]**를 클릭하거나, 키보드의 F5을 누르면 첫 번째 슬라이드부터 실행된다.

그러나 수십 장의 슬라이드 중에서 특정한 부분부터 시작을 원한다면 슬라이드를 선택한 후 **[슬라이드 쇼]**탭에서 **[현재슬라이드부터( )]**를 클릭하거나, 화면도구모음에서 슬라이드 쇼( )를 클릭한다.

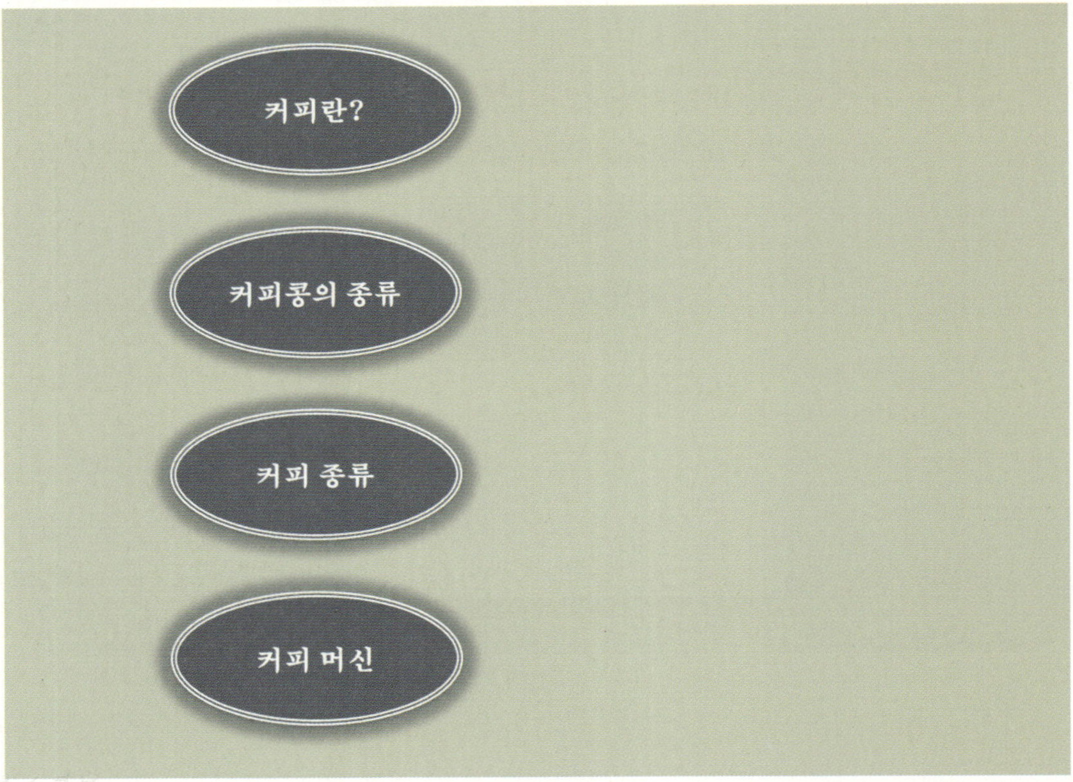

1.6 리본 메뉴 이용하기

파워포인트 2007과 마찬가지로 파워포인트 2010에서도 활용된다. 리본 메뉴는 파워포인트 이전 버전에서 메뉴와 도구모음을 통했던 작업과정을 좀 더 간단하게 축소해 놓은 것이다.

1) 리본 메뉴

이전 버전에서 메뉴를 이용해서 텍스트 서식을 바꾸려면 메뉴에서 텍스트 관련 명령을 찾아야 하고, 그림 서식을 바꾸려면 다시 메뉴에서 그림 서식과 관련된 명령을 찾아야 한다.

그러나 리본메뉴에서는 사용자가 어떤 개체를 선택하느냐에 따라 리본 탭이 자동으로 선택되어 사용자가 작업하기 편하게 된다.

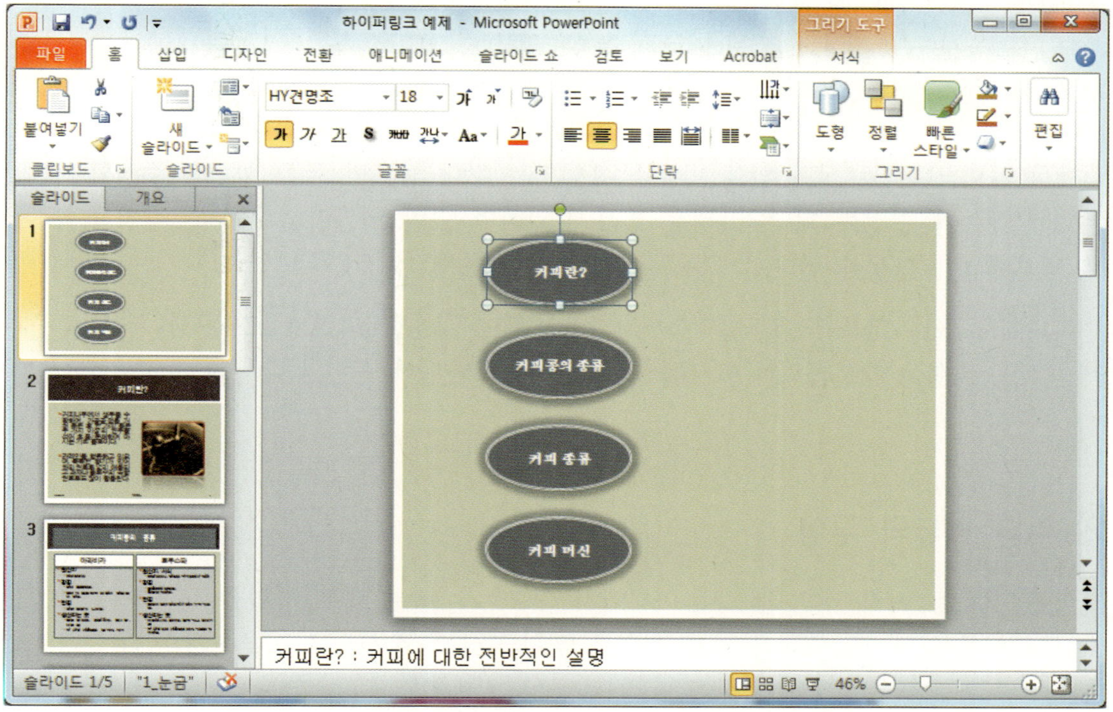

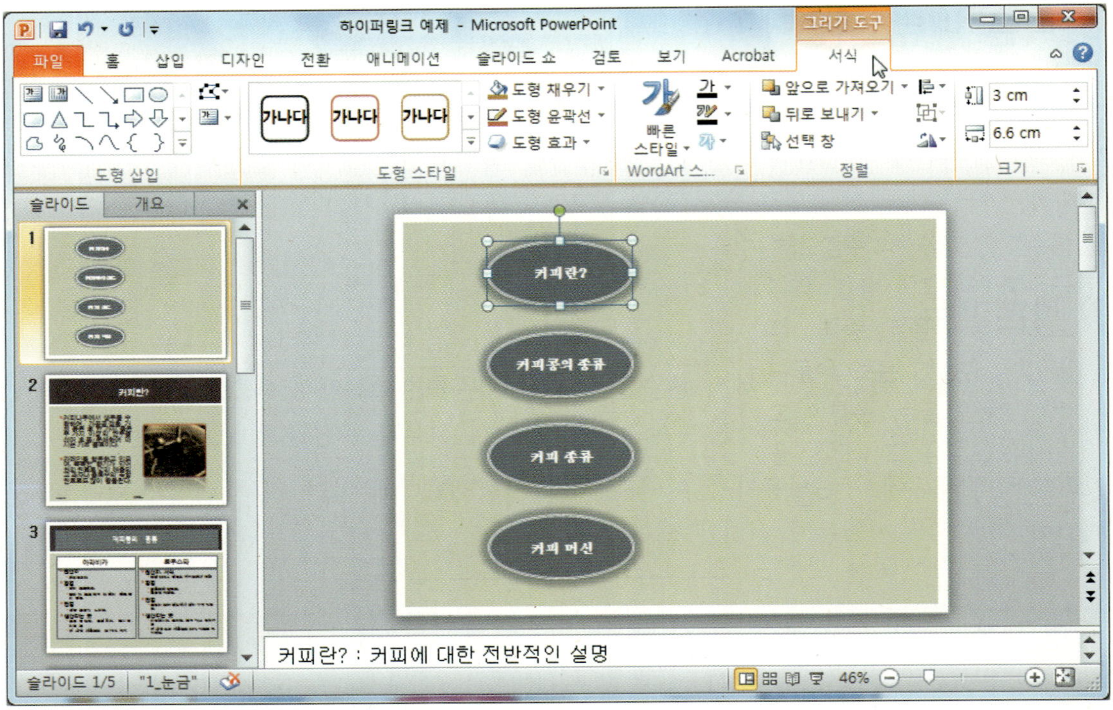

예를 들어, 텍스트 상자 안에 마우스 포인터를 갖다 놓으면 글꼴 서식을 수정할 수 있는 리본메뉴가 활성화 되고, 그림을 더블 클릭하면 그림과 관련된 서식을 수정할 수 있는 리본메뉴가 활성화 된다.

이외에도 표나 차트를 더블클릭하면 [디자인]탭이 활성화 되면서 표도구나 차트 도구가 나타나고, 도형을 더블클릭하면 도형 서식도구나 나타난다.

2) 리본 메뉴의 구성

리본 메뉴는 여러 개의 탭으로 이루어져 있고, 각 탭은 세부 작업을 설정하는 그룹으로 구성되어 있다. 각 그룹은 해당 작업을 위한 단추와 옵션으로 이루어져 있다.

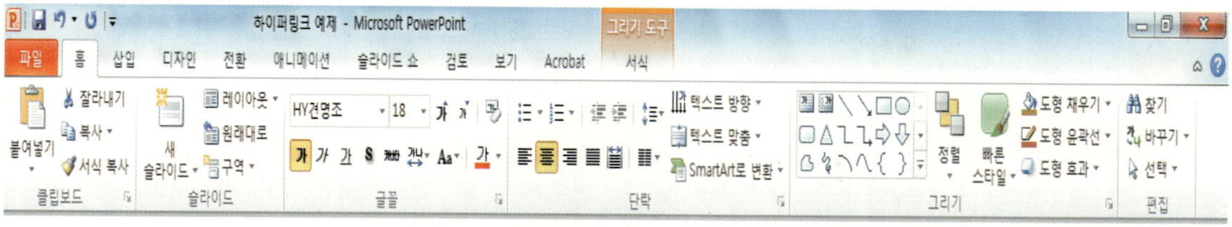

리본 메뉴 탭의 빈 공간에서 마우스 오른쪽 버튼을 클릭하면 **[리본 메뉴 최소화]** 버튼이 있다. 이를 클릭하면 리본메뉴가 최소화되면서 화면상에서 리본 탭이 사라지기 때문에 슬라이드 작업창을 넓게 사용할 수 있다.

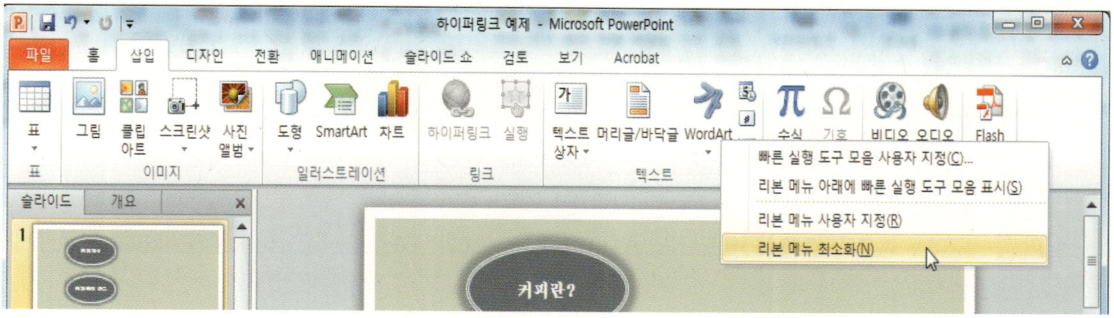

필요한 경우 리본메뉴 탭을 클릭하면 슬라이드 편집 창을 가리면서 메뉴가 표시되고, 사용하지 않은 경우엔 화면에서 리본메뉴가 사라진다. 이는 작업표시줄에서 자동 숨김과 같은 효과를 보여준다. 리본메뉴 탭을 화면에 표시하려면 생성된 리본 메뉴 탭에서 **[마우스 오른쪽 버튼]-[리본 메뉴 최소화]** 버튼을 다시 클릭하면 된다.

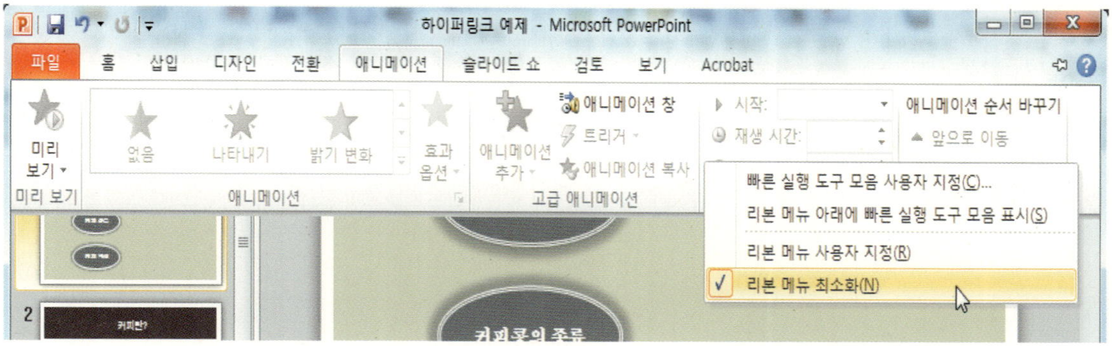

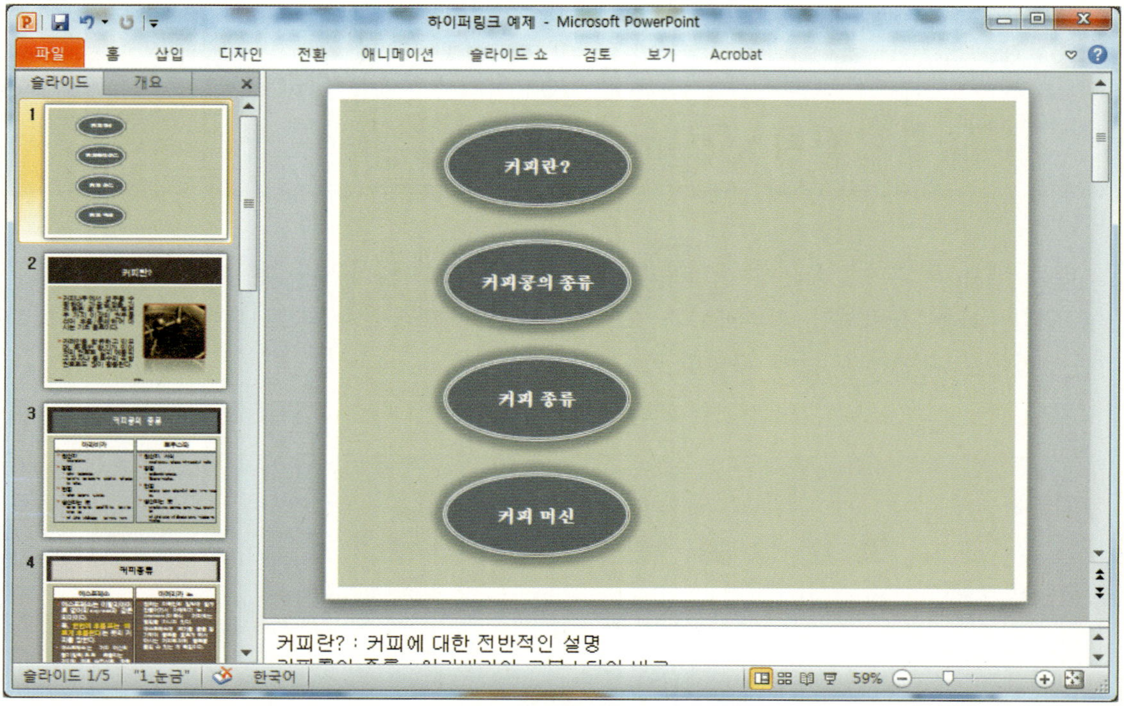

리본 메뉴에 있는 단추들은 단추라기보다는 갤러리처럼 되어있다.

단추를 클릭해서 옵션을 선택하는 것이 아니라, 한눈에 옵션들을 펼쳐놓고 원하는 것을 고르는 형태이기 때문이다.

예를 들어 슬라이드의 배경 효과를 바꾸기 위해 단추를 클릭해서 각각 적용하는 것이 아니라 효과의 기본제공 갤러리에서 마음에 드는 스타일만 선택하면 된다.

이때 스타일 위로 마우스 포인터를 가져가면 그 스타일이 적용되었을 때의 모습이 슬라이드 창에 나타나므로, 선택했다가 어울리지 않아 취소하고 다른 스타일을 선택하는 등의 과정을 생략하게 된다.

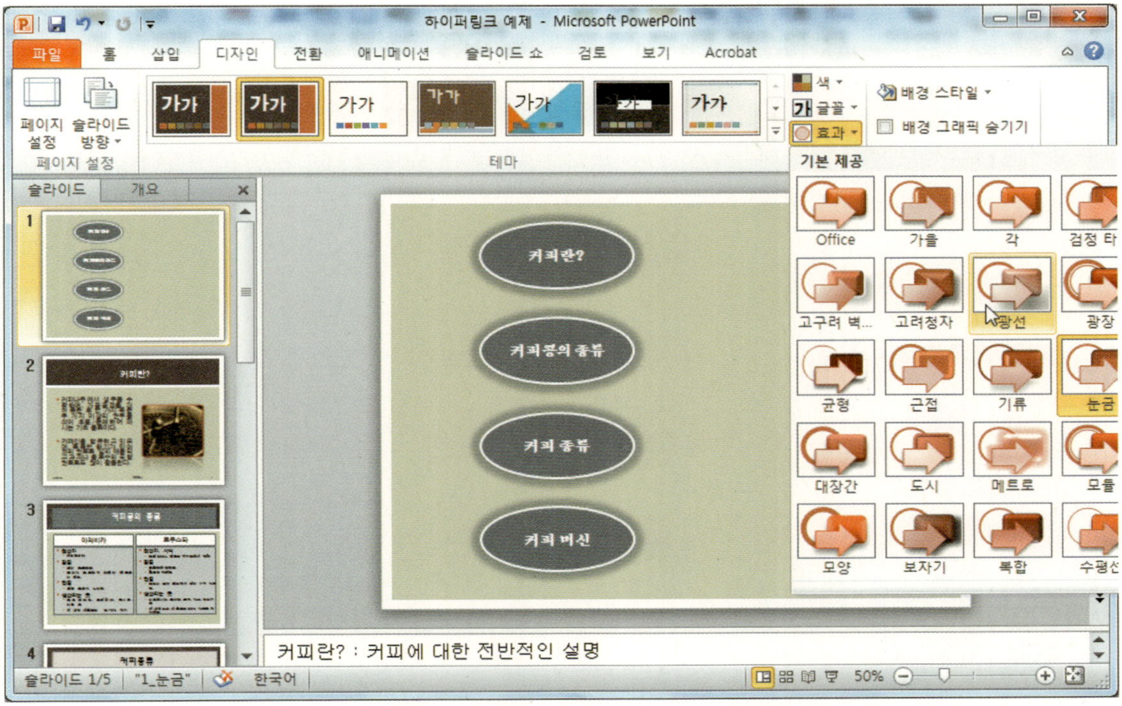

갤러리들은 리본메뉴 안에서 한 줄씩 넘겨가면서 볼 수도 있지만 확장해서 볼 수 있다.

갤러리 오른쪽에 있는 세 개의 화살표 중에서 가장 아래의 자세히( )를 클릭하면 갤러리 축소 모음을 한눈에 볼 수 있다.

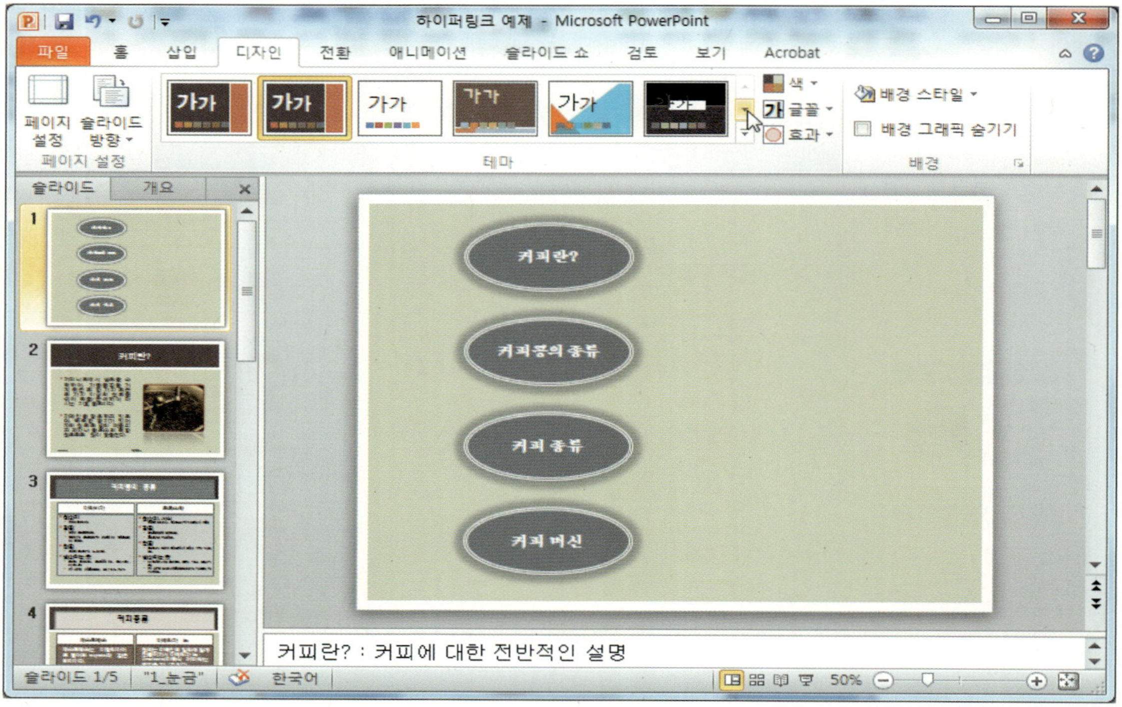
하이퍼링크 예제 - Microsoft PowerPoint
파일
홈
삽입
디자인
전환
애니메이션
슬라이드 쇼
검토
보기
Acrobat
페이지 설정
슬라이드 방향
페이지 설정
테마
색
글꼴
효과
배경 스타일
배경 그래픽 숨기기
배경
슬라이드
개요
커피란?
커피콩의 종류
커피 종류
커피 머신
커피란? : 커피에 대한 전반적인 설명
슬라이드 1/5
"1_눈금"
한국어
50%

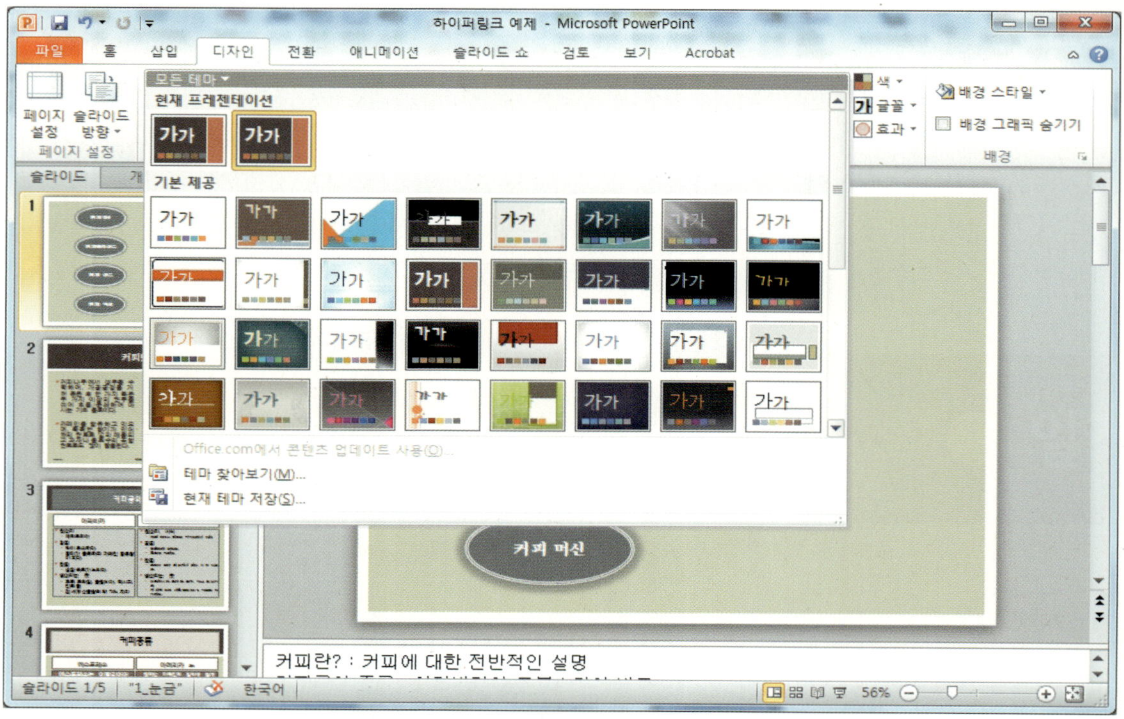
하이퍼링크 예제 - Microsoft PowerPoint
파일
홈
삽입
디자인
전환
애니메이션
슬라이드 쇼
검토
보기
Acrobat
모든 테마
현재 프레젠테이션
기본 제공
Office.com에서 콘텐츠 업데이트 사용(O)...
테마 찾아보기(M)...
현재 테마 저장(S)...
색
글꼴
효과
배경 스타일
배경 그래픽 숨기기
배경
커피 머신
커피란? : 커피에 대한 전반적인 설명
슬라이드 1/5
"1_눈금"
한국어
56%

리본 메뉴의 도구 외에 좀 더 자세히 옵션을 선택하고 싶다면, 리본메뉴에서 각 세부 작업을 그룹별로 나누어 관리하고 있는 그룹 이름 옆에 있는 대화상자 열기( )를 클릭하면 대화상자 열린다. 이때 원하는 옵션을 선택해서 작업하면 된다.

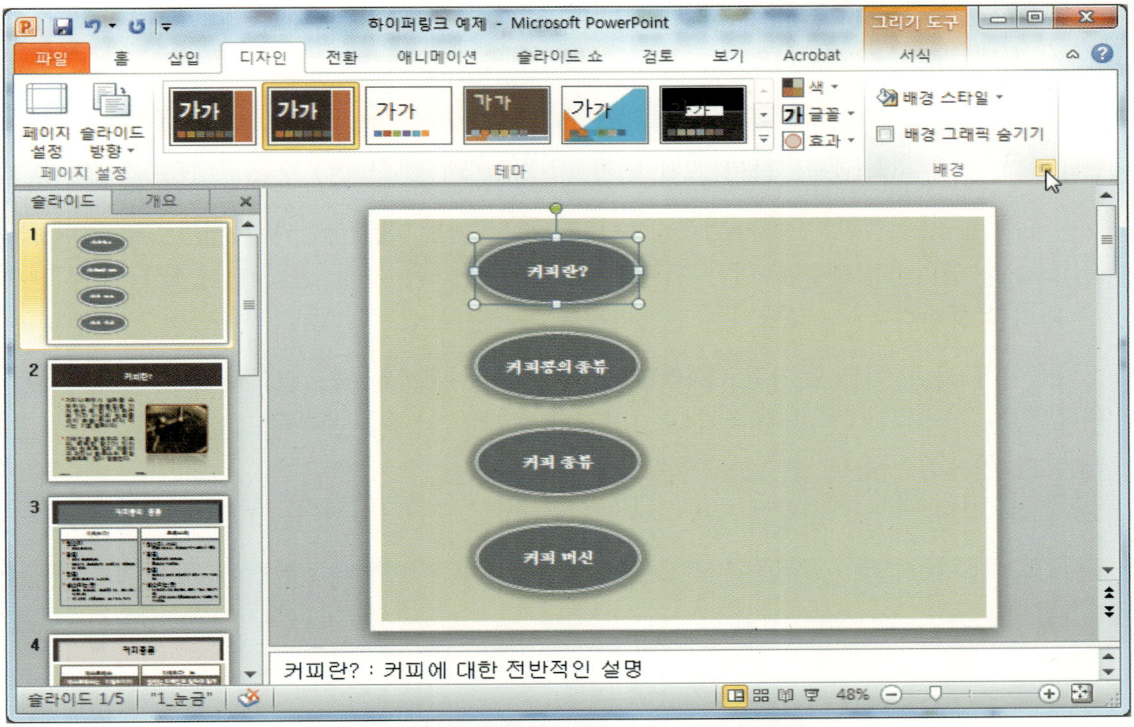

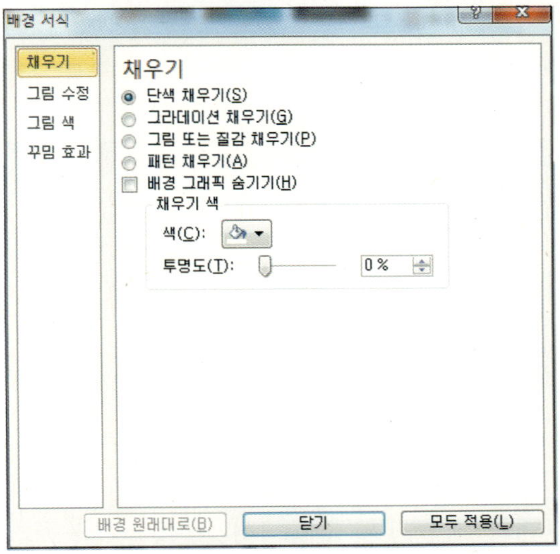

3) 리본 메뉴와 단축키

컴퓨터로 작업을 할 때 마우스와 키보드를 번갈아 사용하게 되는데, 보통은 키보드로 작업진행 중엔 계속해서 키로 작업하는 것이 편리하고 빠른 방법임을 알게 된다. 일반적으로 단축키를 이용하게 되면 키보드와 마우스를 번갈아 사용하지 않고 키보드로 작업할 수 있다.

리본 메뉴에서 단축키를 이용할 수 있는데, 모두 기억하기 힘들다면 키보드의 Alt키를 눌러본다. 리본위에 단축키들이 표시 된다.

원하는 탭을 선택한 후에 Alt키를 누르면 각 그룹에 해당하는 단축키가 표시된다. 또한 그룹을 열면 각 단추에 대한 단축키도 표시된다. 즉, 가장 상위 단계에서 하위 단계로 내려갈 때마다 계속 해당되는 단축키들이 표시된다.

다음에서 보여 지는 것처럼 [홈]타입 아래에 있는 H키를 넣으면 [홈]탭이 열리고, [홈]탭에 있는 단추나 옵션의 단축키가 표시된다. 여기에서 [새 슬라이드]인 I키를 누르면, 다시 그 안에서 사용할 수 있는 단축키들이 표시된다.

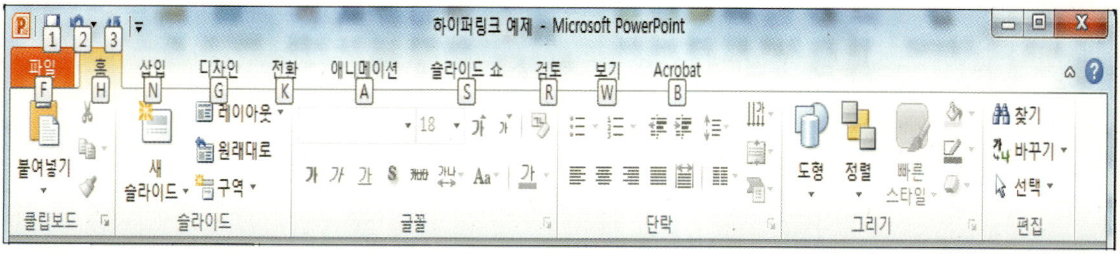

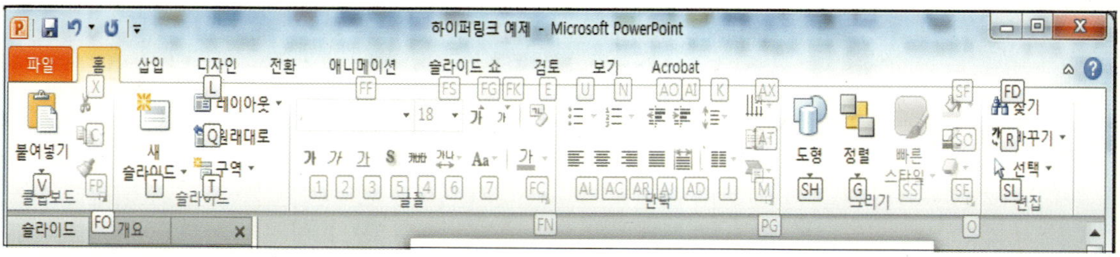

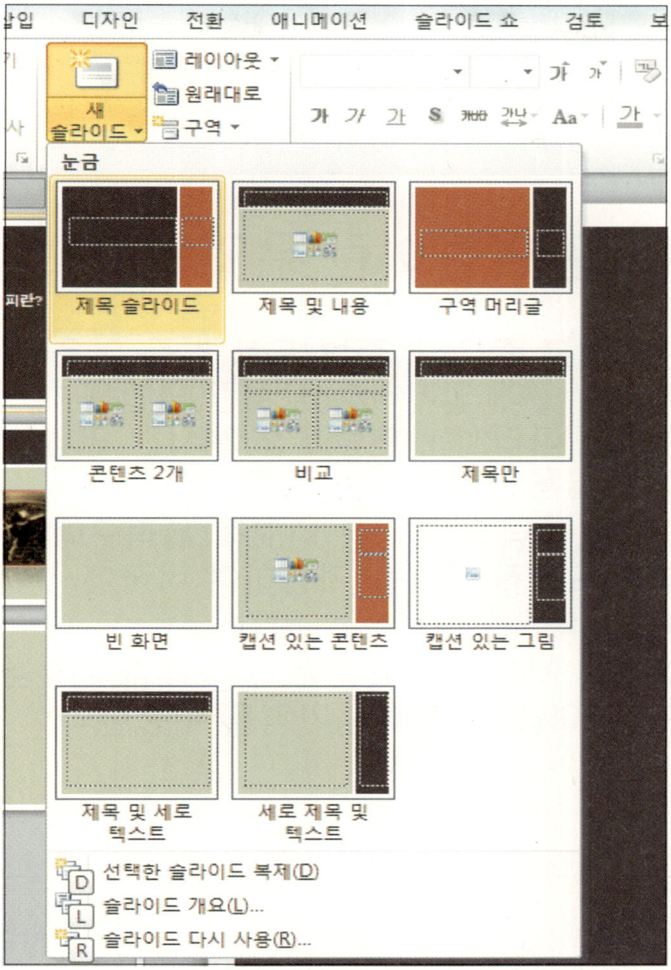
삽입
디자인
전환
애니메이션
슬라이드 쇼
검토
레이아웃
원래대로
새 슬라이드
구역
눈금
제목 슬라이드
제목 및 내용
구역 머리글
콘텐츠 2개
비교
제목만
빈 화면
캡션 있는 콘텐츠
캡션 있는 그림
제목 및 세로 텍스트
세로 제목 및 텍스트
선택한 슬라이드 복제(D)
슬라이드 개요(L)...
슬라이드 다시 사용(R)...

연습문제 1

다음의 슬라이드를 완성한다.

편의점이란 무엇인가?

- 편의점은 주로 역 주변/도로변 등 이용하기 편리한 곳에 입지하여 장시간 영업을 하며, 점포에 따라서는 연중무휴 24시간 영업체제로 생필품을 판매하는 점포도 있다.
- 맞벌이부부·독신자 등 비교적 목적구매 성향이 두드러진 고객을 겨냥하여 미국에서 시작되었다.
- 고객은 시간과 편의성에 대한 대한 기회보상으로 30%의 프리미엄가격을 수용한다.

처리조건

① 슬라이드 레이아웃 : 제목 및 내용
② 제목 : 맑은 고딕(제목), 44pt
③ 본문 : 굴림, 30pt

연습문제 2

[연습문제 1]의 슬라이드를 이용하여 다음을 완성한다.

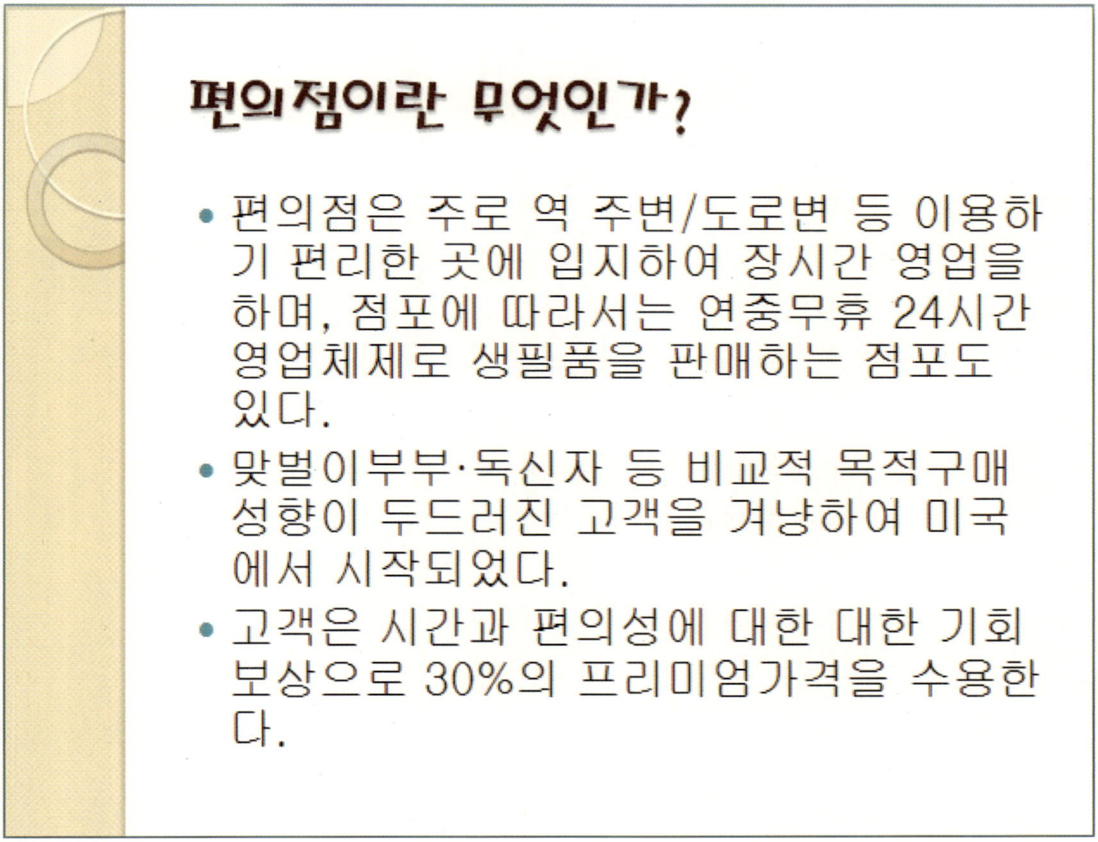

처리조건

① 디자인 테마 : 태양 이용

2
CHAPTER

서식 및 기본 활용하기

다음의 실습을 통해 서식의 입력과 글머리 및 슬라이드 레이아웃의 변경 등에 대해 실습하고자 한다.

2.1 슬라이드 다루기

1) 새 슬라이드 삽입하기

먼저 파워포인트를 실행한다.

1 기본적으로 제목을 입력하는 슬라이드가 나오게 된다. 이때 다음과 같이 입력한다.

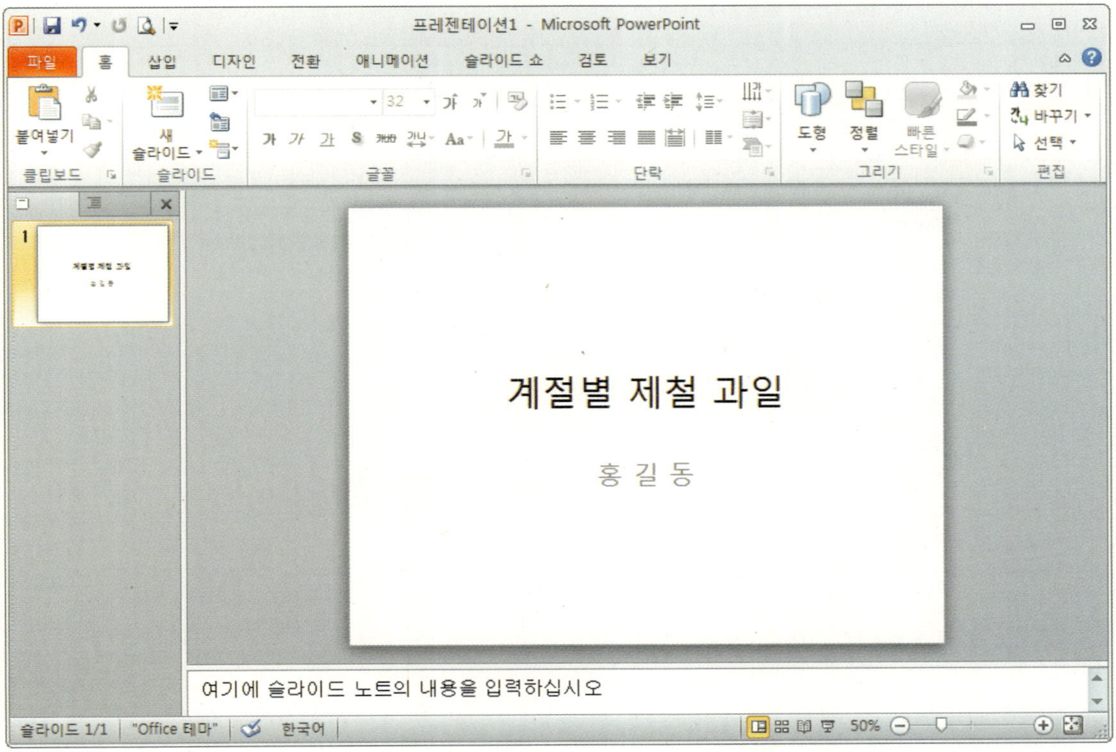

2 **[홈] 탭-[슬라이드]-[새 슬라이드]**를 클릭한다. 이때 새 슬라이드를 삽입하고자 하는 곳을 미리 선택한 후 슬라이드를 만들어야 한다. 기본적으로는 맨 마지막에 추가되도록 되어있다.

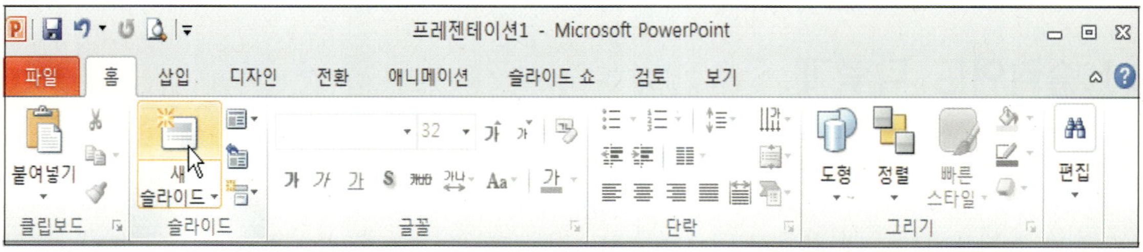

3 새 슬라이드 버튼을 클릭하면 아래와 같은 선택 창이 나온다. 이때 작성하고자 하는 형식의 슬라이드를 선택해서 클릭한다.

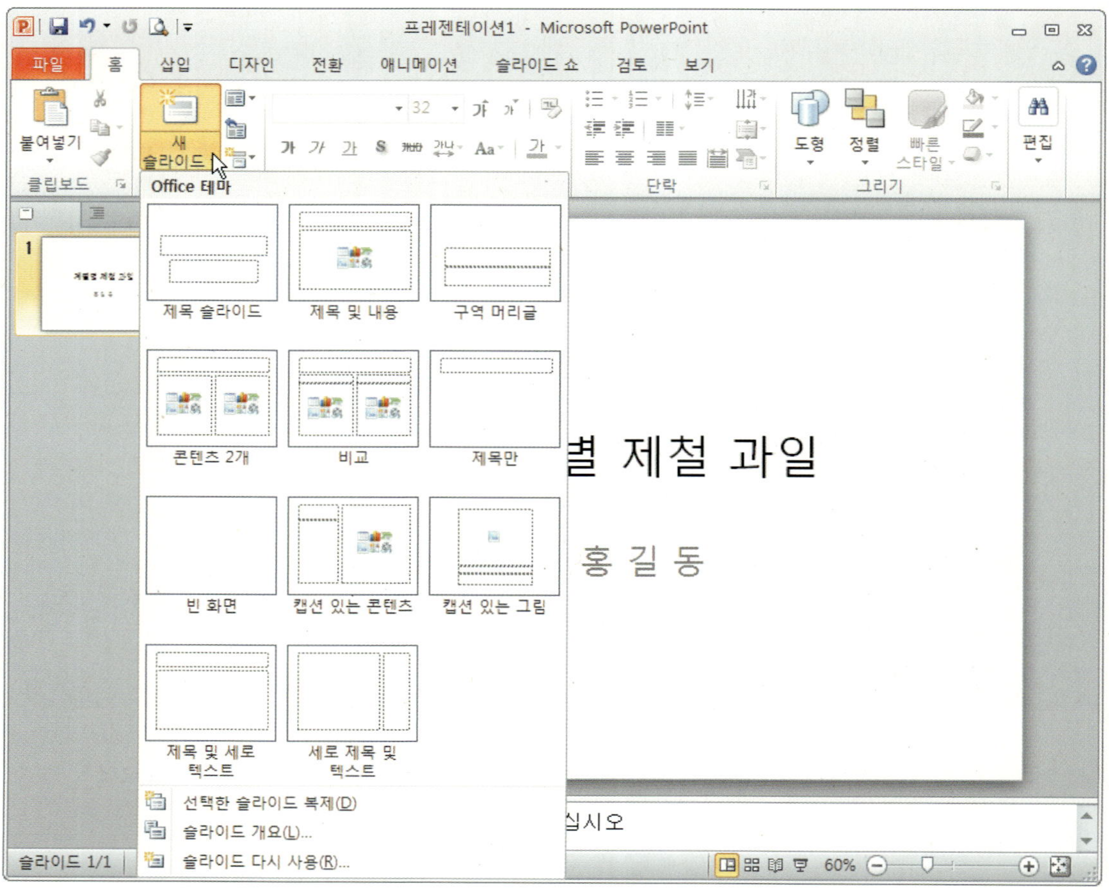

◈ 간단한 다른 방법도 있다. 화면 왼쪽의 슬라이드 창 공간에서 마우스 오른쪽 버튼을 누르면 단축메뉴가 나타난다. 이 메뉴들 중 새 슬라이드를 클릭하는 방법이다.

2) 슬라이드 삭제하기

먼저, 기본보기 상태 또는 여러 슬라이드보기 상태일 때 삭제하고자 하는 슬라이드를 선택한다.

1. [슬라이드] 탭에서 원하는 슬라이드를 선택한 후 키보드의 Delete 키를 누른다.
2. [슬라이드] 탭에서 원하는 슬라이드를 선택한 후 오른쪽 버튼을 누른 후 슬라이드 삭제 클릭한다.

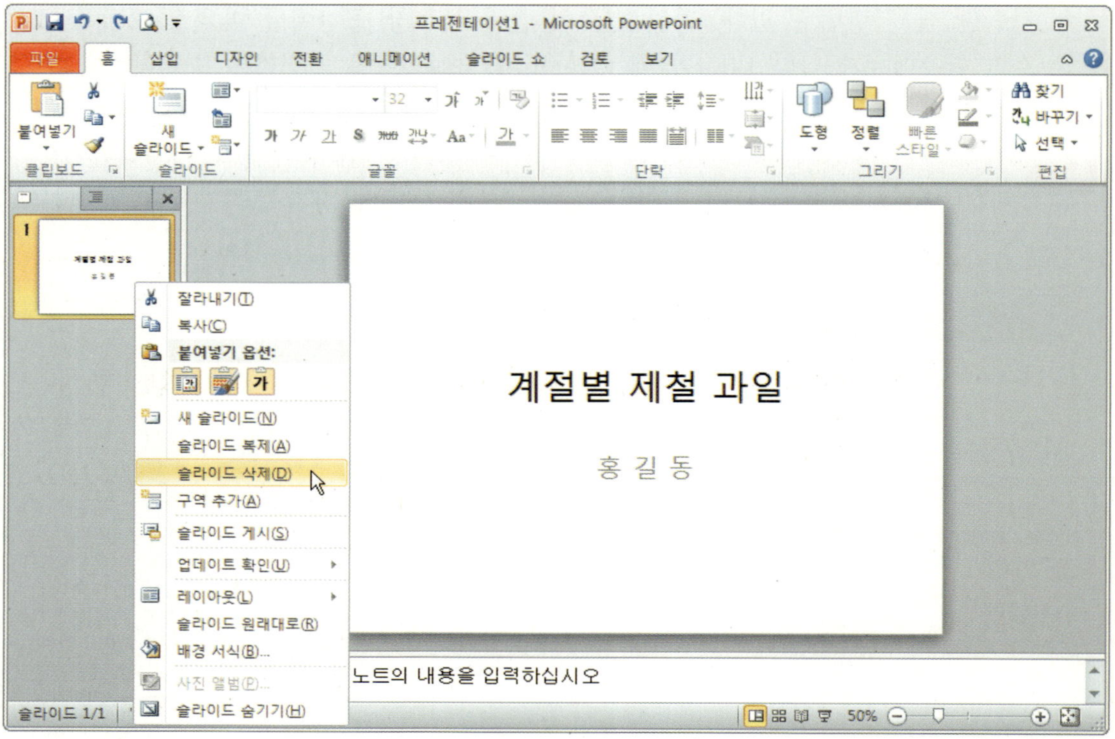

3) 슬라이드 복사하기(복제하기) 및 붙여하기

이전 버전과 달리 2010에는 슬라이드 복제 기능과, 붙여넣기 옵션이 있어 사용자가 상황에 맞게 원하는 것을 선택한다.

1 **[슬라이드]** 탭에서 복사할 슬라이드를 선택하고 마우스의 오른쪽 버튼을 클릭한다. 단축메뉴에서 **[슬라이드 복제]**를 선택한다.

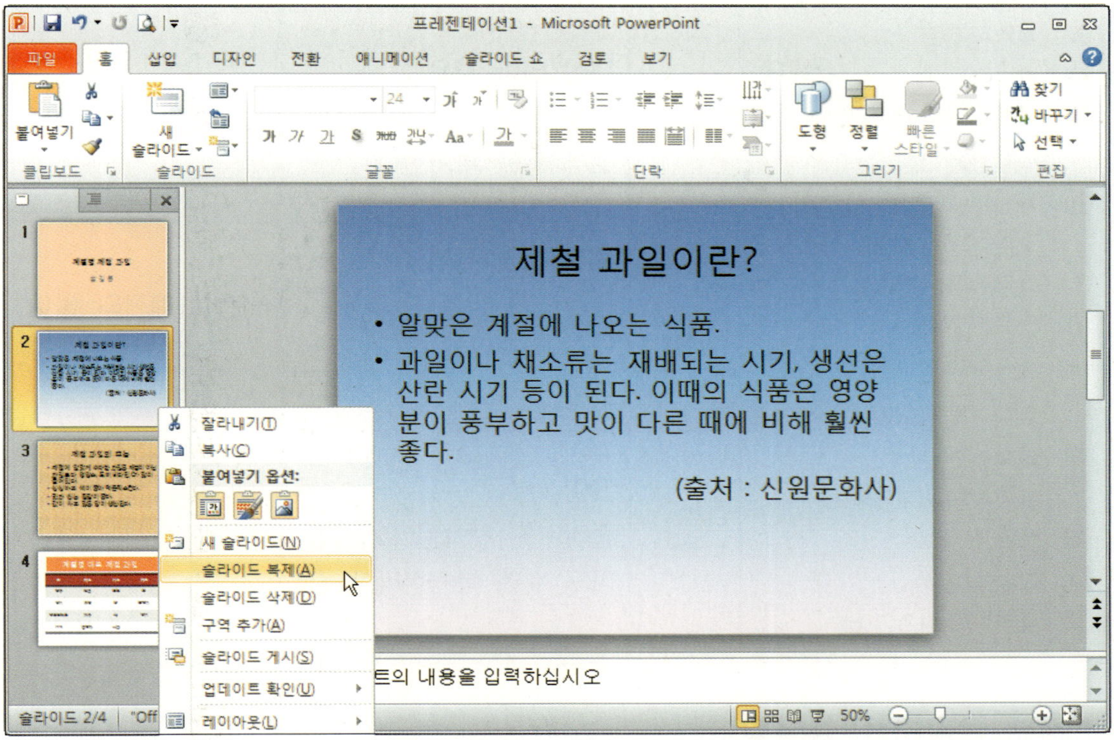

이렇게 선택하면 바로 아래에 원하는 슬라이드가 복제된다.

2 **[슬라이드]** 탭에서 복사할 슬라이드를 선택하고 마우스의 오른쪽 버튼을 클릭한다. 단축메뉴에서 **[복사]**를 선택한다.

3 **[슬라이드]** 탭에서 붙여놓고 싶은 위치에 마우스 포인트를 위치하고 마우스의 오른쪽 버튼을 클릭한 후, 단축메뉴에서 **[붙여넣기 옵션]**을 선택한다.

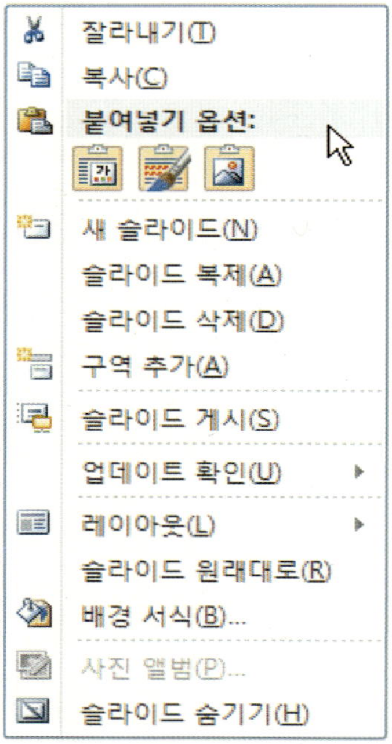

	**대상 테마 사용 :** 기본적으로 사용하던 테마가 있다면 기본 테마로 내용을 복사한다.
	**원본 서식 유지 :** 슬라이드 원본을 그대로 복사한다.(예전의 붙여넣기 명령어와 같다)
	**그림 :** 슬라이드 전체를 그림의 개체로 인식해서 슬라이드 위에 복사한다.

단축키 이용방법

이동하고자 하는 슬라이드를 복사한 후(Ctrl+C) 원하는 위치에 마우스 포인터를 클릭하고 붙여넣기(Ctrl+V)를 해도 된다.

4) 슬라이드 위치 이동

내용 전개에 따라 슬라이드의 위치를 옮길 수 있다. 슬라이드를 이동할 때에는 「기본보기」 상태에서도 가능하지만 한 번에 볼 수 있는 슬라이드 개수가 적기 때문에 여러 슬라이드를 한 눈에 볼 수 있는 「여러 슬라이드 보기」로 바꾸어 작업하면 쉬워진다.

이동하고 싶은 슬라이드를 클릭한 후 원하는 위치까지 끌어 옮기는데 슬라이드와 슬라이드 사이의 원하는 위치에 세로선이 나타나는 순간 마우스 버튼에서 손을 떼면 된다.

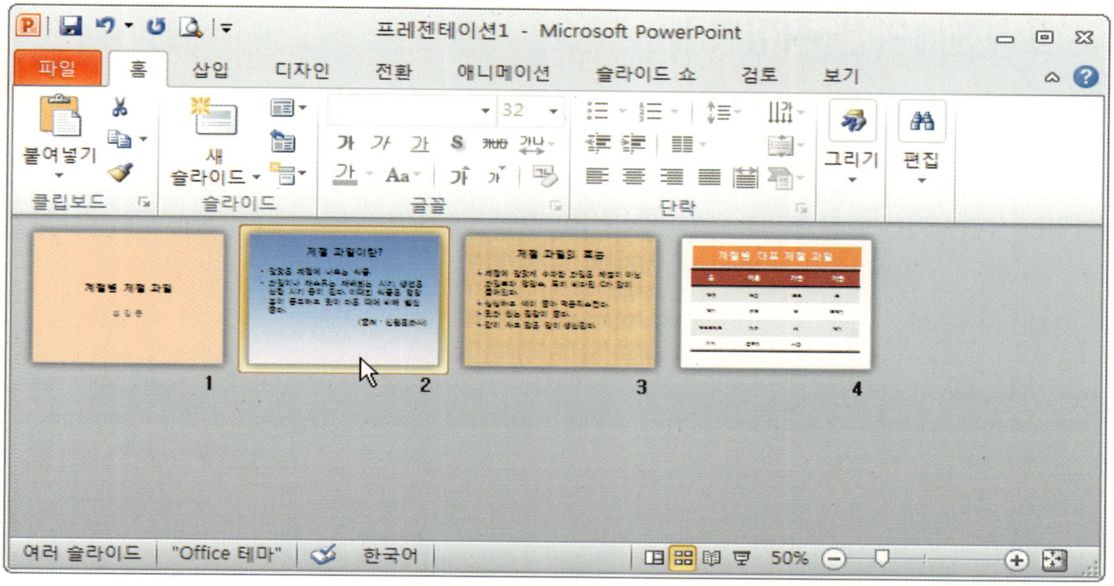
프레젠테이션1 - Microsoft PowerPoint
파일
홈
삽입
디자인
전환
애니메이션
슬라이드 쇼
검토
보기
붙여넣기
새 슬라이드
그리기
편집
클립보드
슬라이드
글꼴
단락
1
2
3
4
여러 슬라이드
"Office 테마"
한국어
50%

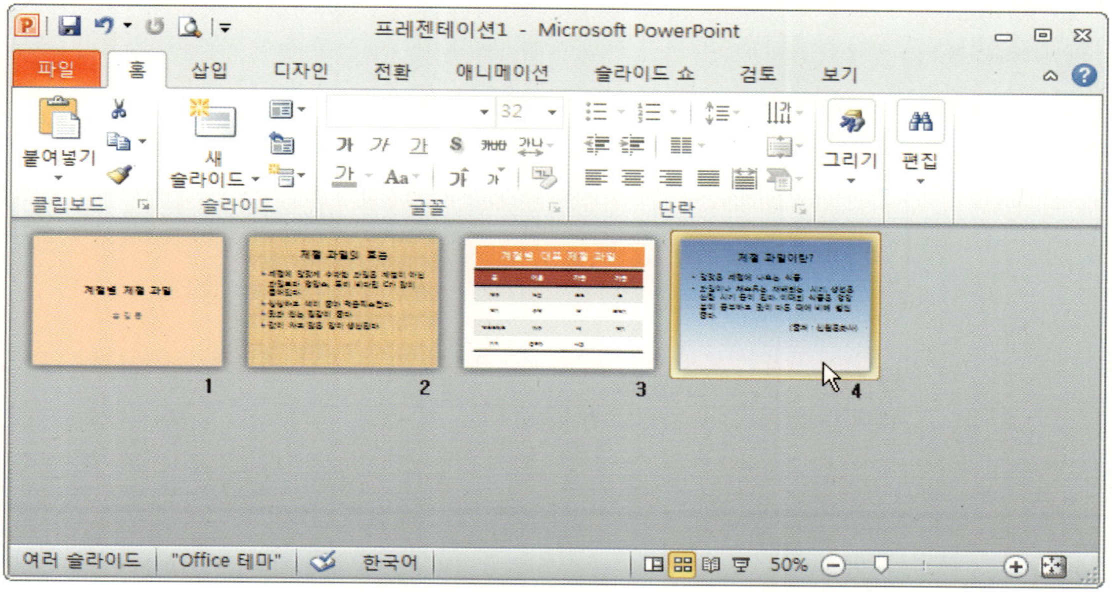
프레젠테이션1 - Microsoft PowerPoint
파일
홈
삽입
디자인
전환
애니메이션
슬라이드 쇼
검토
보기
붙여넣기
새 슬라이드
그리기
편집
클립보드
슬라이드
글꼴
단락
1
2
3
4
여러 슬라이드
"Office 테마"
한국어
50%

2.2 프레젠테이션 저장하기

새 프레젠테이션을 만들었다면 필요한 내용을 작성한 후 파일로 저장 할 수 있다

프레젠테이션을 작업한 후 한 번도 저장하지 않았다면 **[파일]**- **[저장]**을 선택하거나, **[파일]**- **[다른 이름으로 저장]** 또는 Ctrl+S 키를 누르면 현재 열려있는 프레젠테이션을 저장할 수 있다. 이때 저장되는 파일은 파워포인트 2010에서만 열 수 있다.

저장하고자 하는 폴더를 확인 후에 파일이름을 입력하고 **[저장]**을 누르면 저장된다.

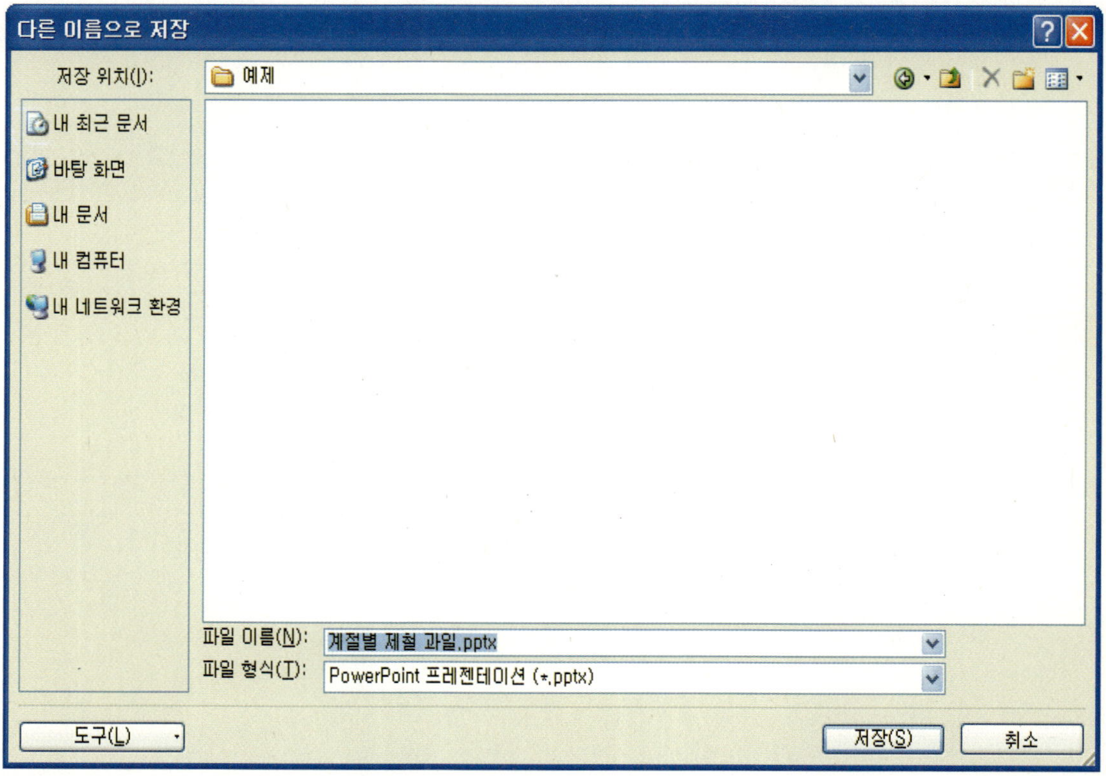

저장된 파일이름은 파워포인트 화면의 제목표시줄에 표시된다.

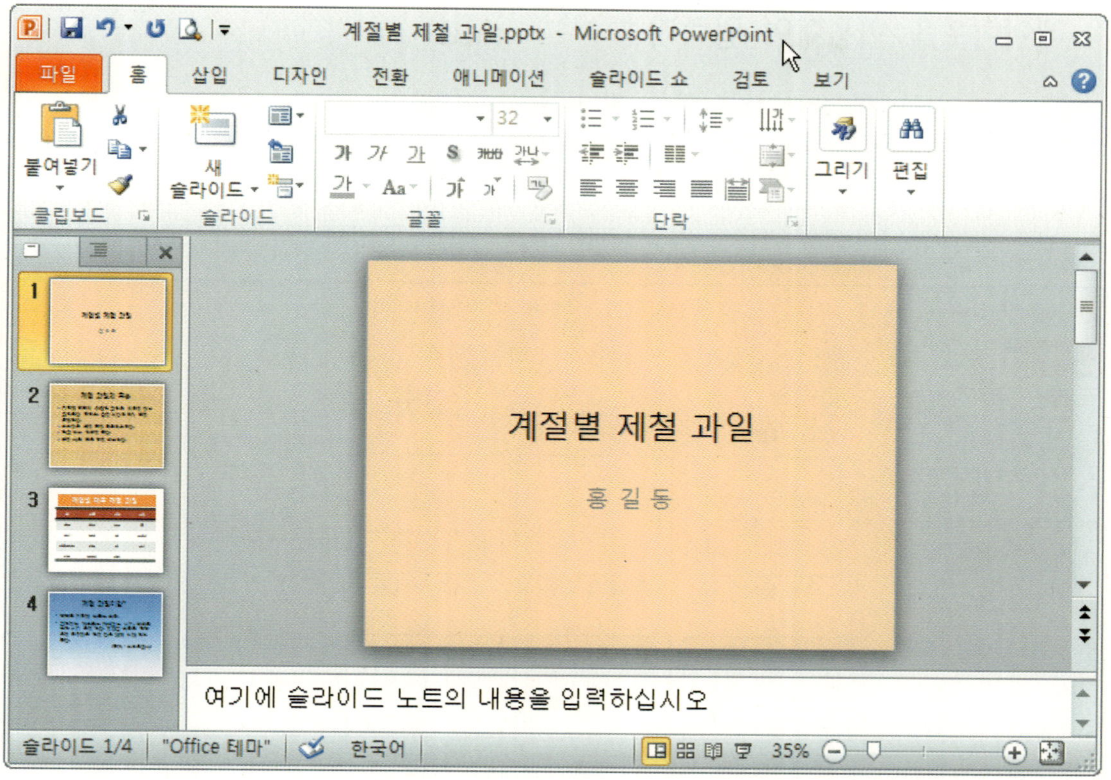

2.3 레이아웃 이용과 텍스트 상자

레이아웃은 파워포인트를 시작했을 때 보여 지는 기본 레이아웃으로 시작된다. 기본 레이아웃은 상단의 박스에 제목을, 하단의 박스에 부제목을 입력하는 것으로 시작된다.

이후에 새 슬라이드를 삽입하거나 다른 모양의 틀을 사용하고자 한다면 **[홈]-[슬라이드]-[레이아웃]**을 선택하면 바꿀 수 있는 형태의 레이아웃들이 나타난다. 이중 작성하고자 하는 형태의 레이아웃을 선택하여 작성한다.

1) 레이아웃을 이용하여 입력하기

[홈]-[슬라이드]-[새 슬라이드]-[제목 및 내용]을 선택하여 다음의 내용을 입력한다. 이처럼 레이아웃을 이용하여 슬라이드를 작성하는 것이 편하게 작업하는 방법 중의 하나이다.

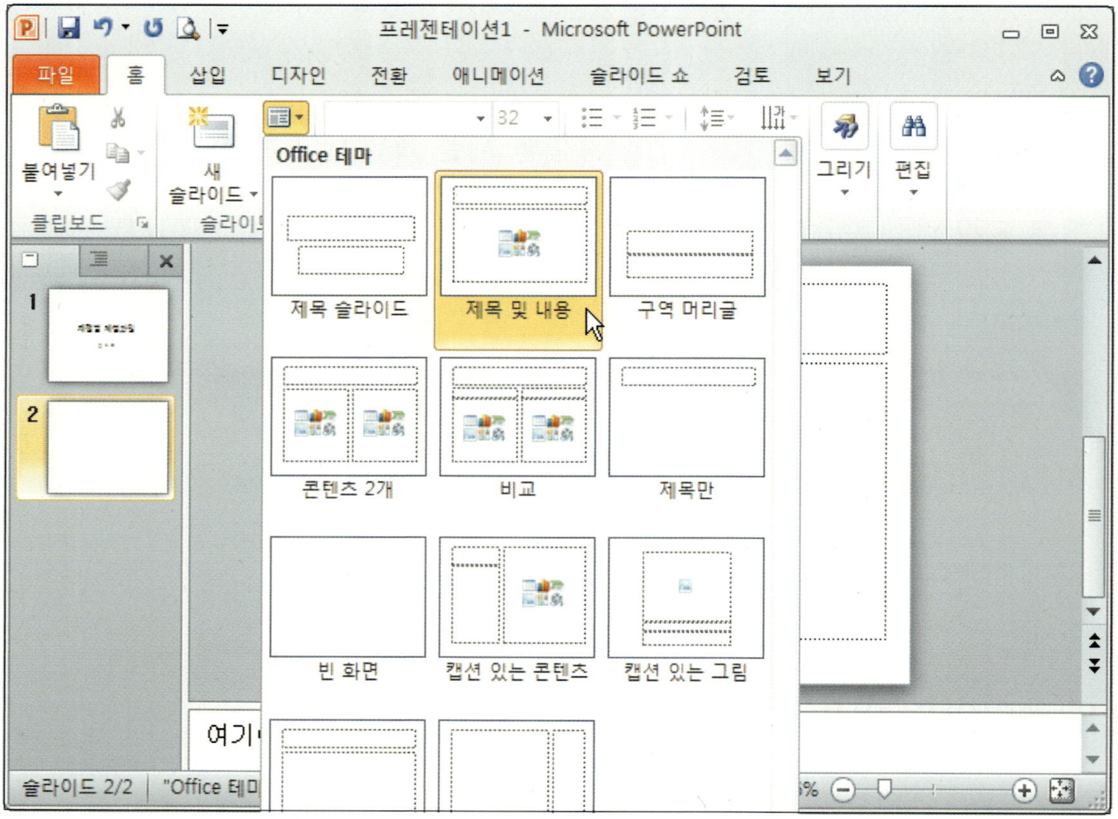

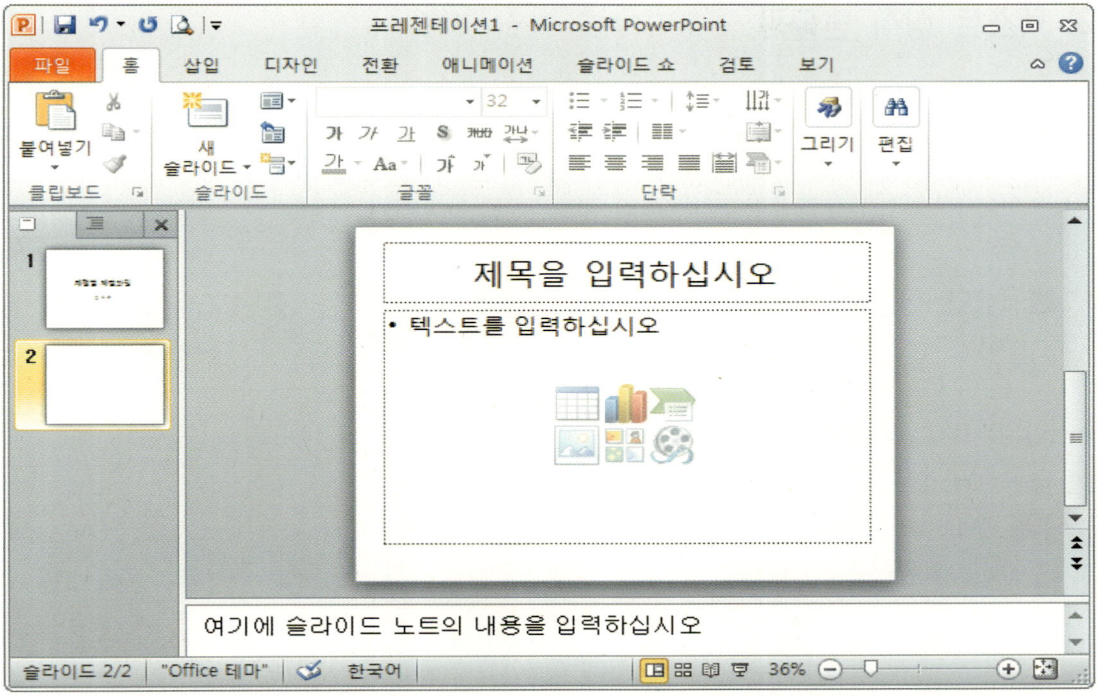
프레젠테이션1 - Microsoft PowerPoint
파일
홈
삽입
디자인
전환
애니메이션
슬라이드 쇼
검토
보기
제목을 입력하십시오
• 텍스트를 입력하십시오
여기에 슬라이드 노트의 내용을 입력하십시오
슬라이드 2/2
"Office 테마"
한국어
36%

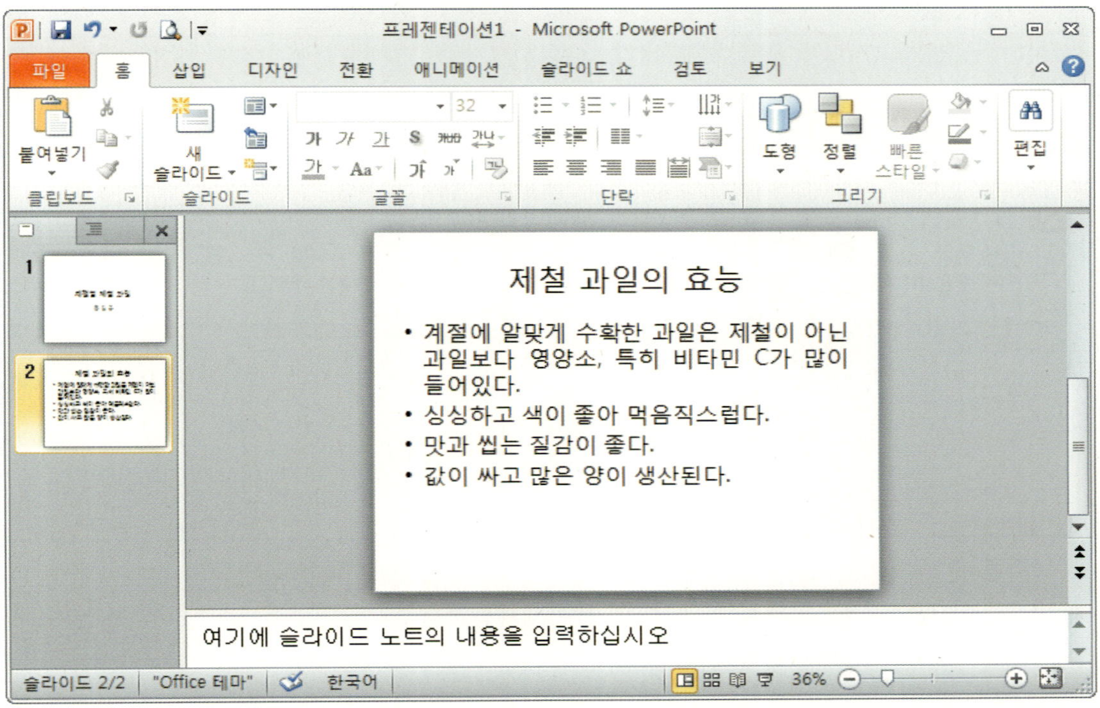
프레젠테이션1 - Microsoft PowerPoint
파일
홈
삽입
디자인
전환
애니메이션
슬라이드 쇼
검토
보기
제철 과일의 효능
• 계절에 알맞게 수확한 과일은 제철이 아닌 과일보다 영양소, 특히 비타민 C가 많이 들어있다.
• 싱싱하고 색이 좋아 먹음직스럽다.
• 맛과 씹는 질감이 좋다.
• 값이 싸고 많은 양이 생산된다.
여기에 슬라이드 노트의 내용을 입력하십시오
슬라이드 2/2
"Office 테마"
한국어
36%

2) 텍스트 상자 만들기

레이아웃을 이용하지 않고 텍스트를 입력하는 다른 방법으로 텍스트 상자를 이용하여 작업할 수 있다. 텍스트 상자는 파워포인트 내용을 구성하는 기본단위의 하나로 사용하고 있다.

1 **[삽입]-[텍스트 상자], [삽입]-[도형]-[텍스트 상자]** 또는 **[홈]-[그리기]-[텍스트 상자]**를 선택한다.

◈ [삽입]-[텍스트 상자]

◈ [삽입]-[도형]-[텍스트 상자]

◈ [홈]-[그리기]-[텍스트 상자]

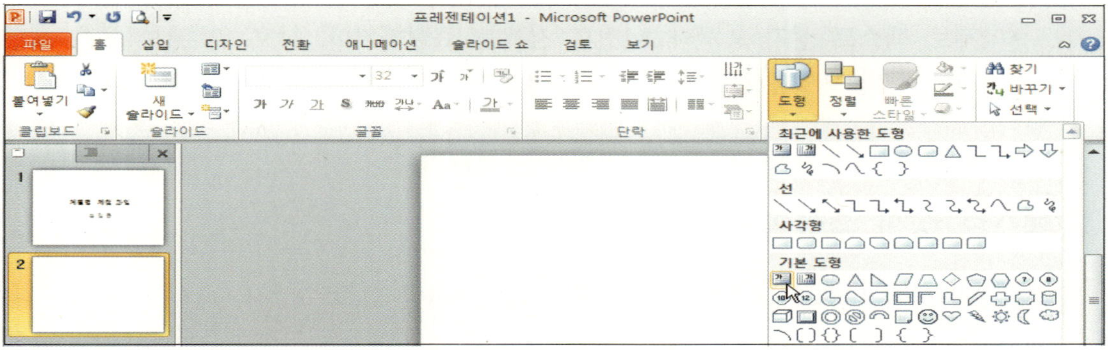

2 텍스트 상자를 원하는 위치에 마우스를 이동시키고 왼쪽 버튼을 클릭한 상태에서 원하는 크기만큼 드래그하면 텍스트 상자가 만들어진다.

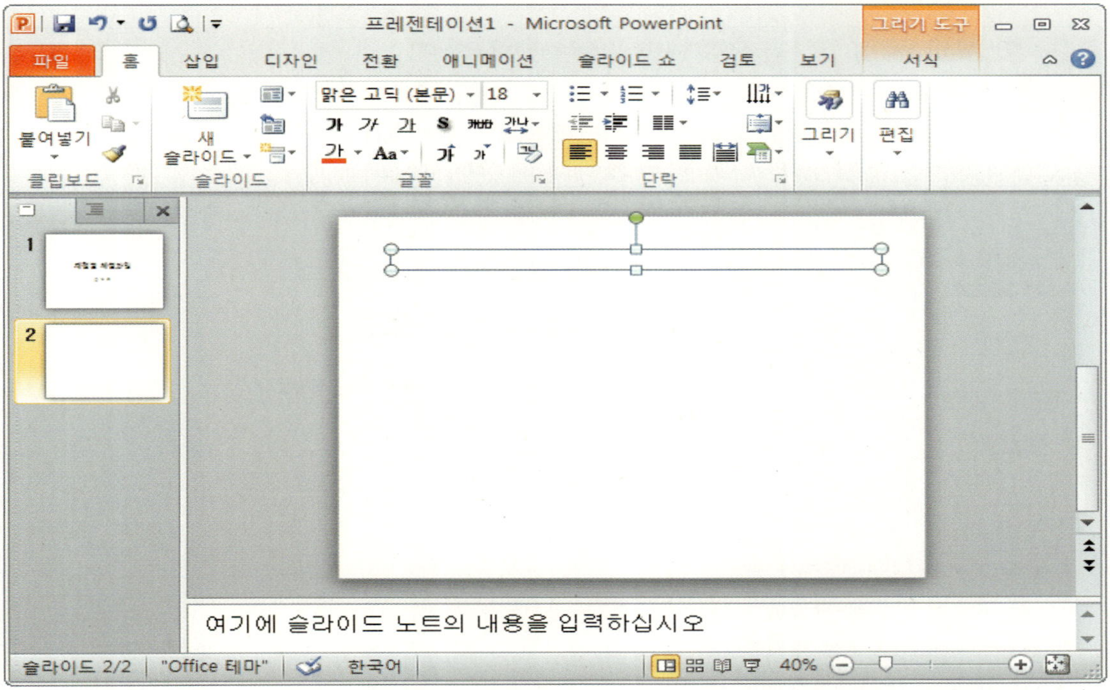

이때 텍스트 상자의 가로는 원하는 형태로 크기조절이 가능하지만, 세로는 한 줄 입력할 수 있도록 만들어진다.

- **가로 텍스트 상자** - 일반적으로 사용하는 형태로 텍스트가 좌에서 우로 입력된다.
- **세로 텍스트 상자** - 근대 이전의 서체를 표현하거나, 상호 및 제목 등을 표현하는 등의 특별용도로 사용하는 형태로 텍스트가 위에서 아래로 입력된다.

3) 텍스트 상자 수정하기

수정하고자 하는 텍스트 내용 부분에 마우스를 클릭하면 텍스트 상자의 테두리가 보인다.

이때 텍스트 상자 테두리에 8개의 점들이 나타나는데, 이들을 조절점이라 부른다. 이들 조절점이 보이는 것은 선택을 했다는 의미와 함께 이동, 수정, 삭제 등이 가능하다. 따라서 마우스 포인터를 조절점에 두면 상황에 맞게 크기를 재조정할 수 있다.

다음처럼 텍스트 상자를 만들어 입력하고 크기를 조정해 볼 수 있다.

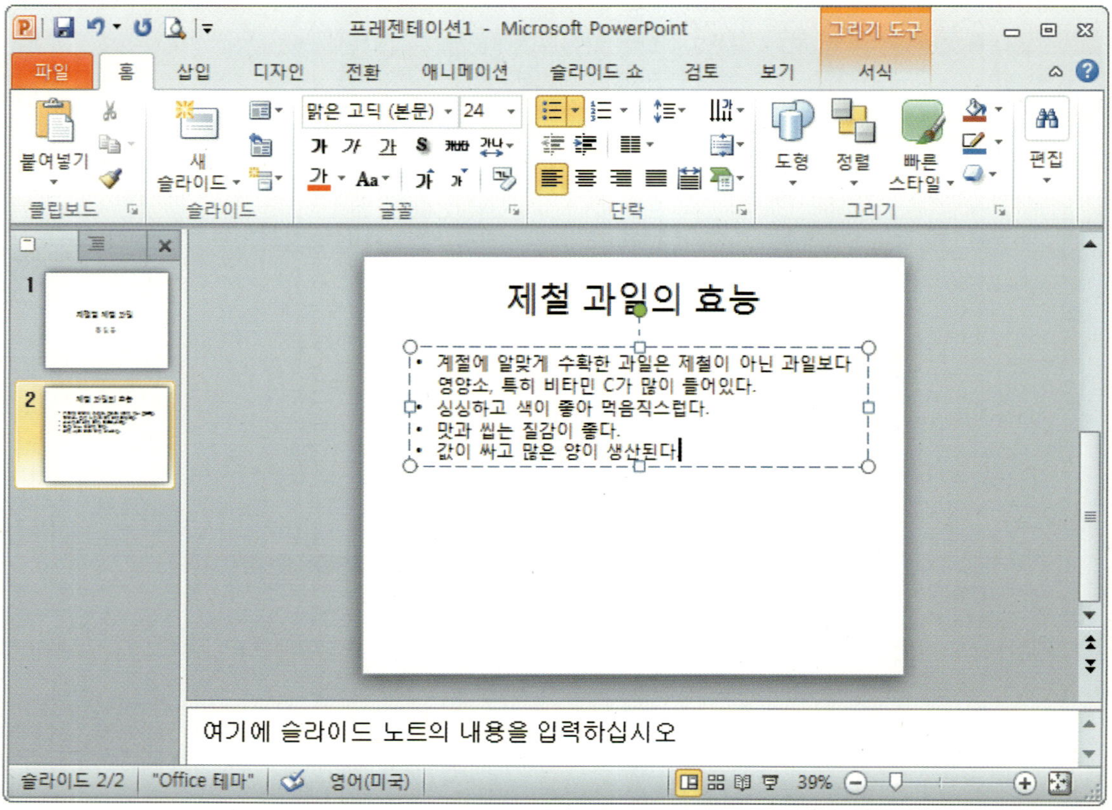

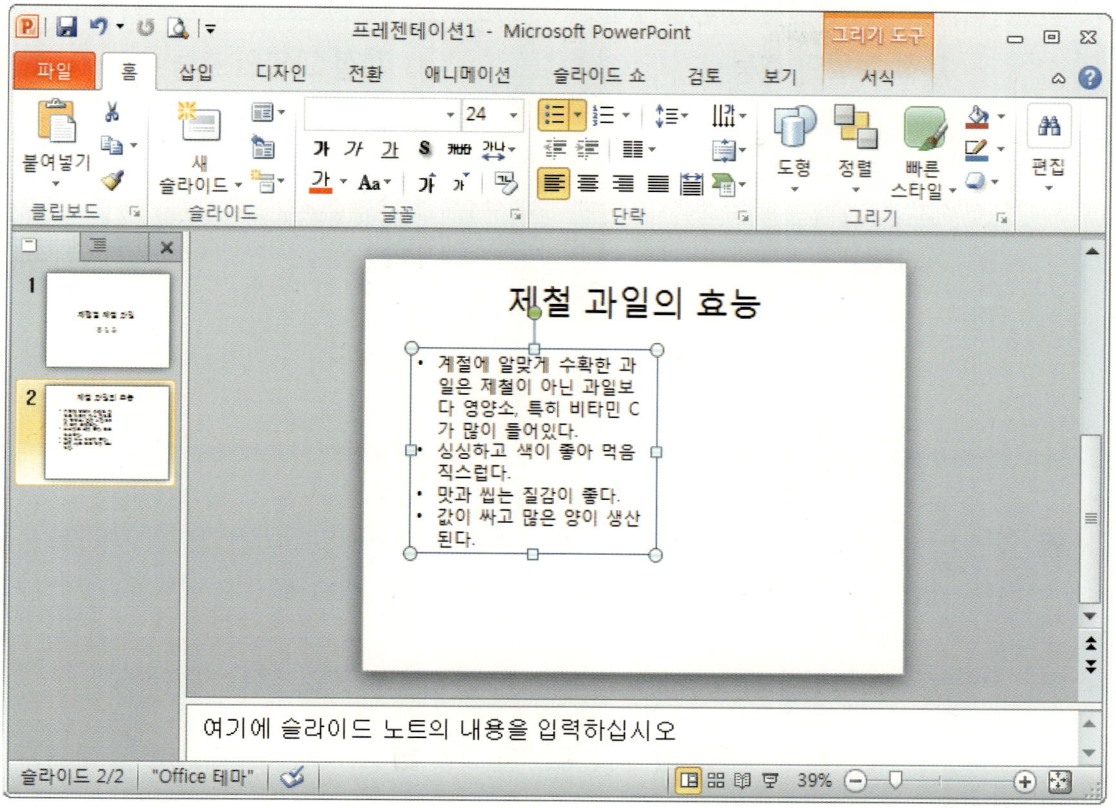

텍스트 상자를 원하는 방향으로 이동하고자 할 때에는 텍스트 상자 테두리의 선 부분에 마우스를 가져가면 십자모양의 화살표( )가 생긴다. 그 상태에서 왼쪽 버튼을 클릭하고 원하는 곳으로 이동하면 텍스트 상자가 이동된다. 혹시 텍스트 크기가 텍스트 상자를 벗어나면 글꼴 크기를 조정하면 된다.

4) 텍스트 상자 삭제하기

1 삭제하고자 하는 텍스트 상자를 선택한 후 Delete키를 누른다. 여기에서 텍스트 상자를 선택할 때에는 텍스트 상자의 점선 부분에 마우스를 클릭하거나, Esc키를 누르면 실선으로 변하면서 텍스트 상자 전체가 설정된 것과 같다.

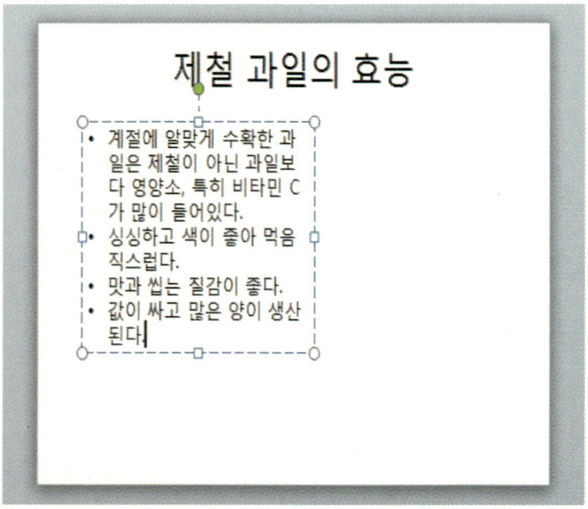

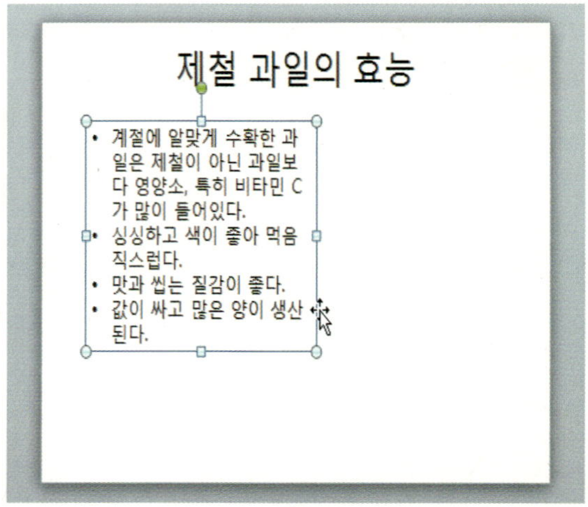

2 텍스트 상자의 테두리 부분에 마우스를 대고 오른쪽 버튼을 클릭하면 텍스트 상자와 관련하여 단축메뉴들이 나타난다. 그 상태에서 **[잘라내기]**를 선택하면 텍스트 상자를 삭제할 수 있다.

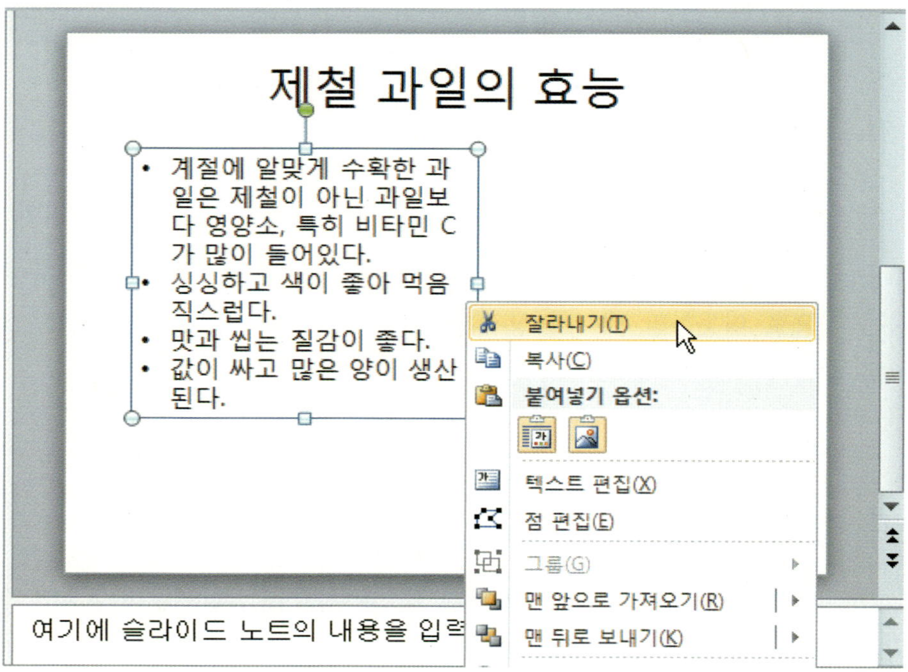

2.4 글꼴 변화

파워포인트 2010에서 기본적으로 주어지는 글꼴만으로 작성된 문서는 단조로울 수 있다. 그러나 단조로움을 피하기 위해 많은 글꼴을 이용하면 오히려 통일성이 없어 혼란스러워 보일 수도 있을 것이다. 따라서 상황에 맞게 변화를 주어 단조로움도 피하고 혼란스러움도 피하는 보기 좋은 문서를 작성해야 한다.

1) 글꼴 삽입 및 수정

글자모양을 바꾸는 방법은 기본적으로 다른 윈도우 프로그램들과 동일하다.

수정하고자 하는 부분이나 새로 글을 입력하고자하는 곳을 선택하면 **[홈]-[글꼴]** 부분이 활성화 된다.

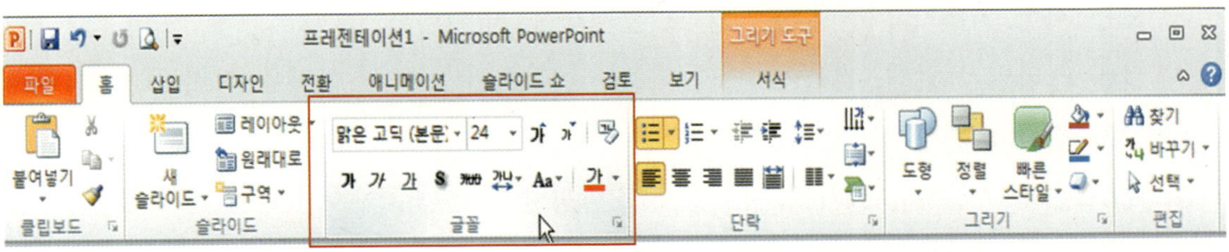

글꼴 삽입과 수정에서도 이전의 텍스트 상자 전체를 선택한 것과 동일한 방법으로, 전체선택 후에 작업을 하면 텍스트 상자 안의 모든 글꼴들이 한 번에 수정되거나 삭제된다.

그러나 부분적인 수정과 삭제를 원한다면 원하는 영역을 선택 후에 조절한다.

글꼴 그룹

[글꼴]그룹에 포함되어있는 메뉴를 통해 글꼴, 크기, 색상 및 스타일 등을 수정할 수 있다.

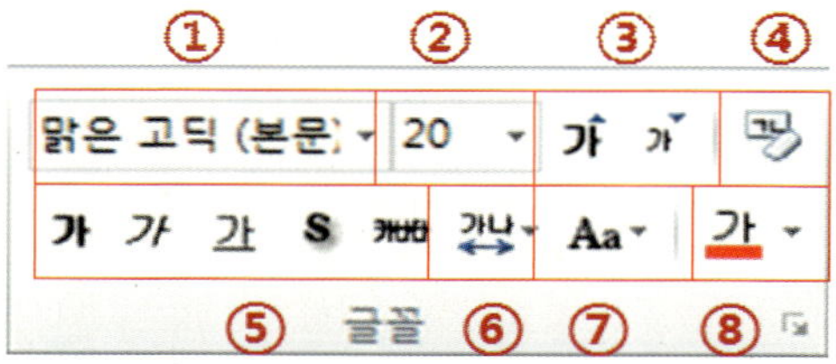

① 글꼴 : 글자의 글꼴을 설정한다.

② 크기 : 글자의 크기를 설정한다.

③ 글꼴 크기 크게, 작게

④ 모든 서식 지우기 : 선택 영역의 모든 서식을 지운다.

⑤ 글꼴 스타일 : 굵게, 기울기, 밑줄, 그림자, 취소선 등의 스타일을 설정한다.

⑥ 문자 간격 : 문자 간격을 조절한다.

⑦ 대/소문자 바꾸기 : 글자의 대소문자를 변경한다.

⑧ 글꼴 색 : 글자의 색을 변경한다.

2) 글꼴 대화상자

글꼴 그룹의 오른쪽 아래 화살표를 클릭하면 글꼴 대화상자가 나타난다. 이 글꼴 대화상자에서 영어 및 한글의 글꼴, 글꼴 스타일, 크기, 글꼴 색 및 취소선, 이중 취소선, 첨자 등의 효과를 지정할 수 있다.

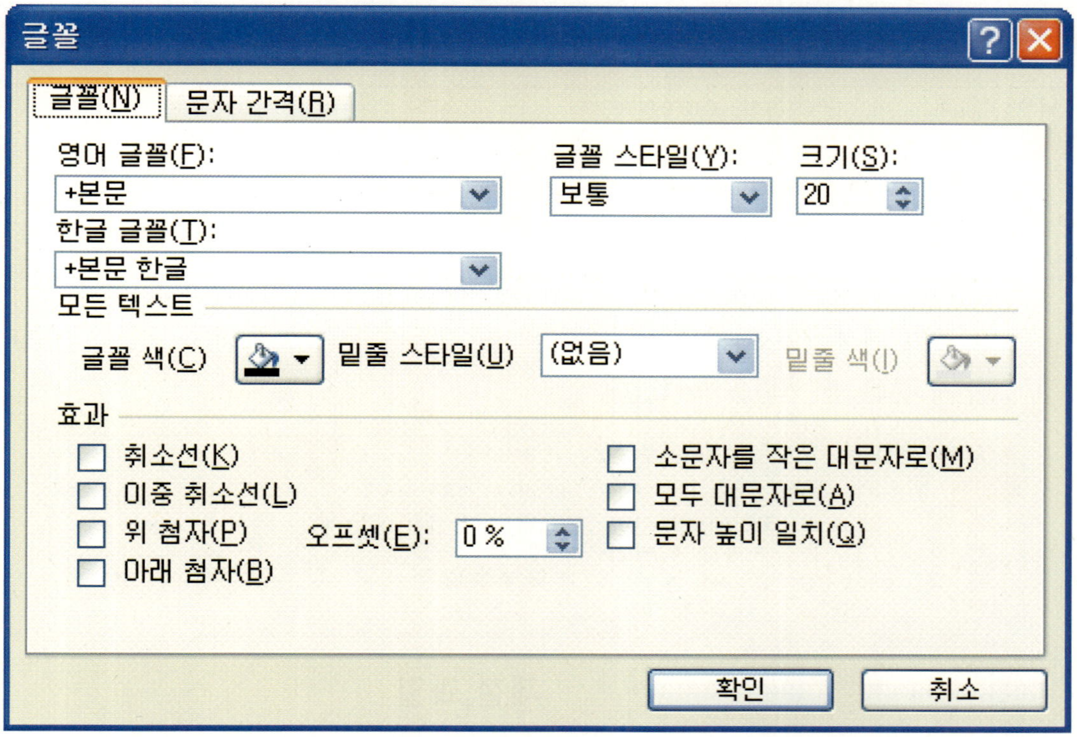

2.5 문단 서식 설정

1) 문단 서식 변경

1. 변경하고자 하는 문단을 마우스로 드래그하여 선택하거나, 글을 적기 전에 해당하는 위치를 마우스로 클릭한다.
2. **[홈]-[단락]** 메뉴를 통해 원하는 대로 문단의 모양을 조절한다.

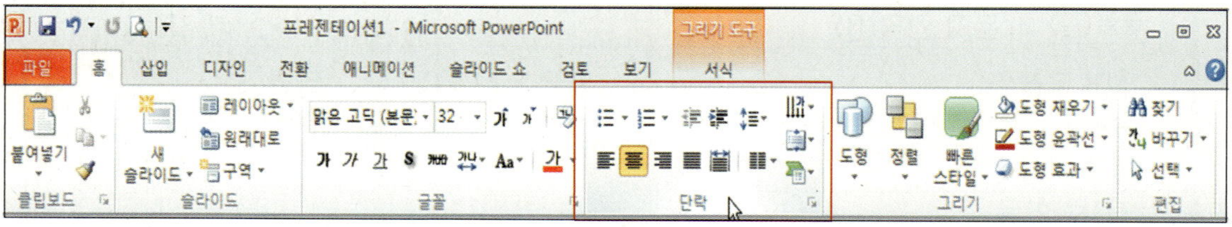

다음의 예제는 본문 글의 글꼴 크기와 줄 간격의 조절 전과 조절 후를 보여준다. 먼저 본문 글 입력을 입력한다.

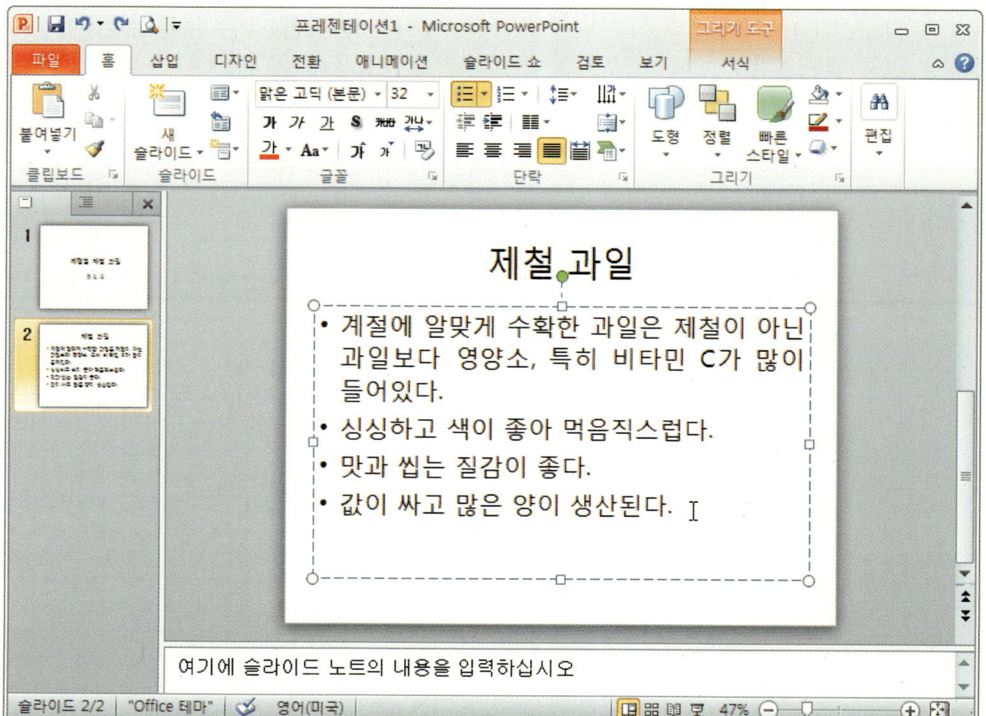

제목을 선택한 후 글꼴에서 궁서체를 선택한다.

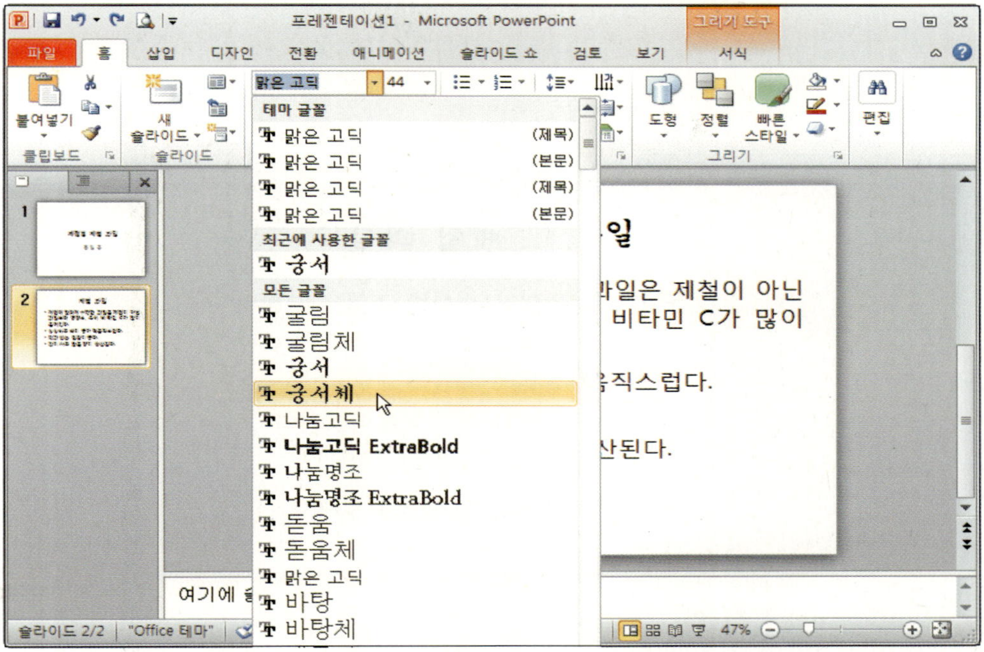

본문의 텍스트 상자를 선택한 후 줄 간격 설정한다.

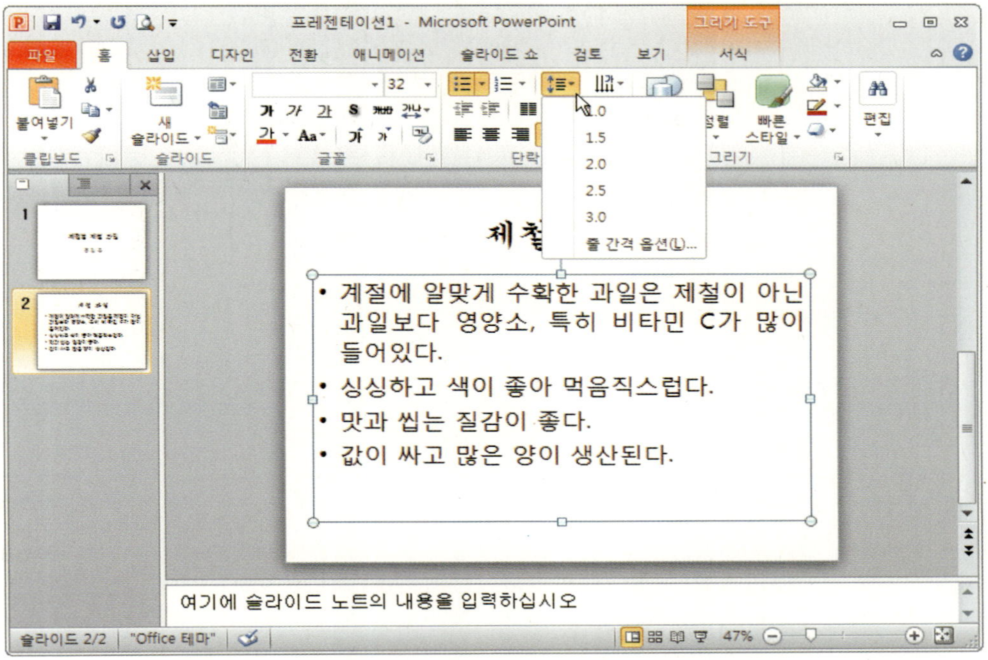

본문 글의 줄 간격 조절 후 완성된 문서이다.

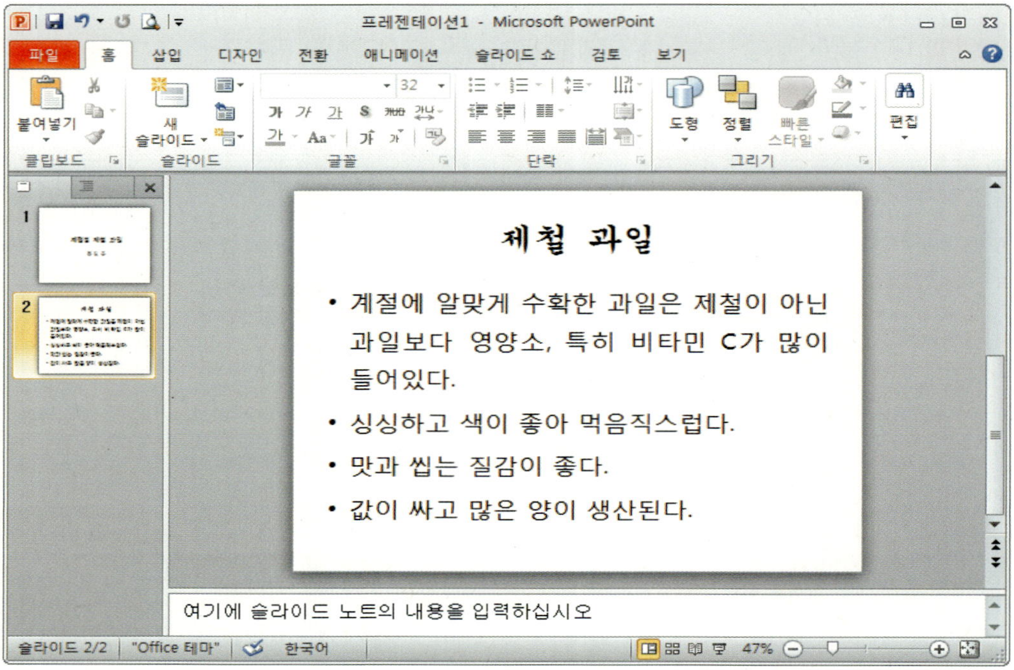

단락 그룹

[글꼴]그룹에 포함되어있는 메뉴를 통해 글꼴, 크기, 색상 및 스타일 등을 수정할 수 있다.

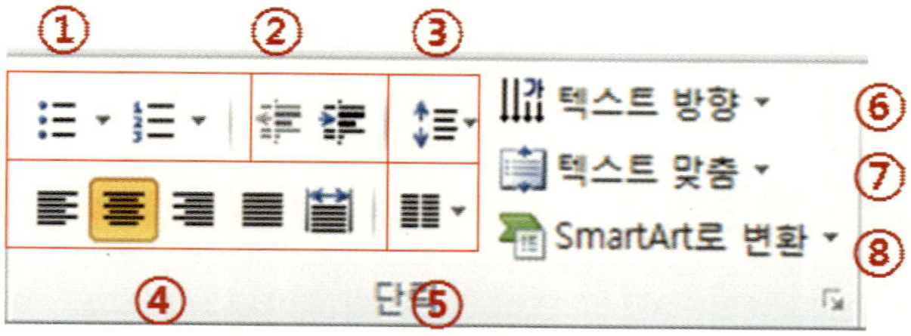

① 글머리기호 : 단락 앞에 글머리를 삽입하여 꾸며주는 역할을 한다. 앞에 있는 메뉴를 통해 글머리기호나 도형을 집어넣고, 뒤에 있는 메뉴를 통해서는 순서가 있는 숫자(1,2,3 등)나 글자(가,나,다 등)를 넣을 수 있다.
② 목록수준 줄임/늘임 : 들여쓰기 수준을 낮춘거나 높인다.
③ 줄 간격 : 사용할 줄 간격을 지정한다.
④ 텍스트 맞춤 : 텍스트를 왼쪽, 가운데, 오른쪽, 양쪽맞춤 및 균등 분할로 단락을 맞춘다.
⑤ 단 : 텍스트를 둘 이상의 열로 나눈다.
⑥ 텍스트 방향 : 텍스트를 원하는 방향으로 회전한다.
⑦ 텍스트 맞춤 : 텍스트 상자 내에서 텍스트가 정렬되는 방법을 변경한다.
⑧ SmartArt로 변환 : 텍스트를 SmartArt로 변환한다.

2.6 글머리 기호 항목 체계 구성

글머리 기호는 동등한 역할을 하는 글들을 보기 좋게 정렬할 때, 번호매기기는 중요도에 따른 글들을 질서 정연하게 나열할 때 사용한다.

글머리 기호나 번호 매기기는 주어진 기본적인 모양이 있으며, 사용자가 추가적으로 새로운 기호나 번호를 만들어 삽입할 수도 있다.

1) 글머리 기호 항목 변경하기

1 글머리 기호로 바꾸고자 하는 문단을 선택하거나, 본문을 입력하기 전에 글머리 기호를 넣을 곳에 마우스를 클릭한다.

2 **[홈]-[단락]-[글머리 기호]** 메뉴를 선택한다.

3 원하는 모양을 골라 클릭한다.

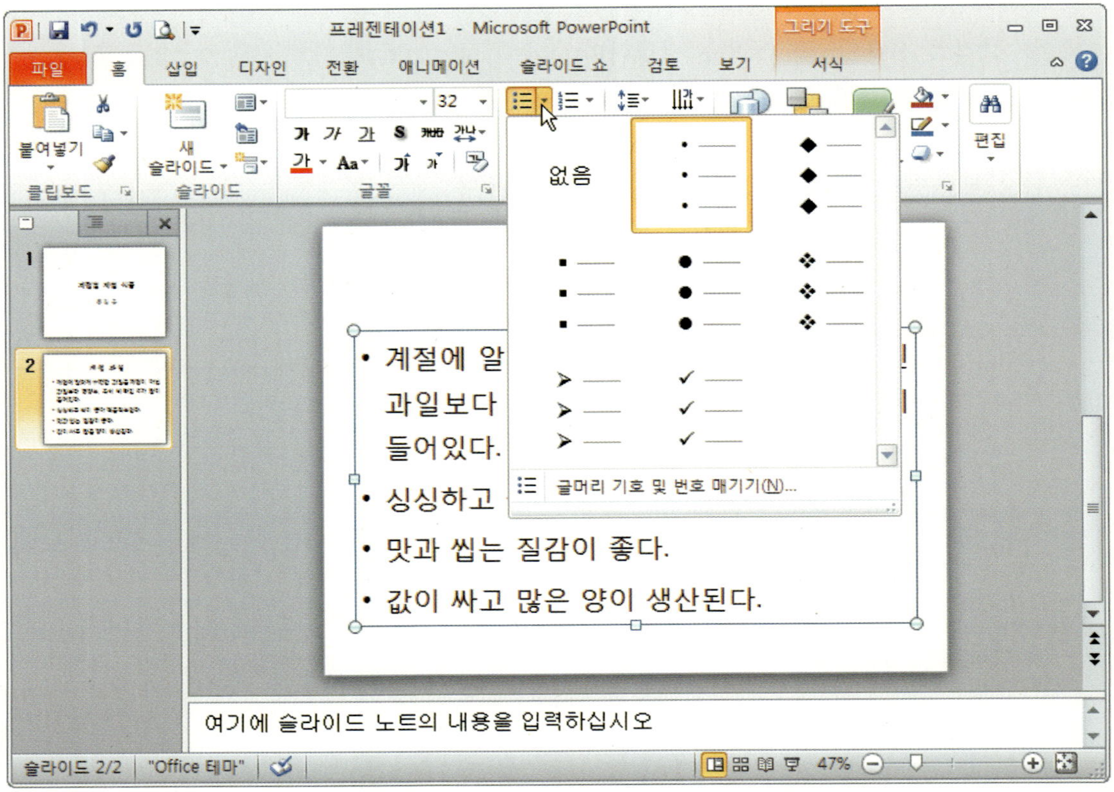

4 글머리 기호의 가장 아래에 있는 **[글머리 기호 및 번호 매기기]**를 클릭하면 기본적으로 주어지는 것은 물론, 글머리 기호의 색깔과 크기와 함께 그림이나 사용자가 직접 지정할 수 있다.

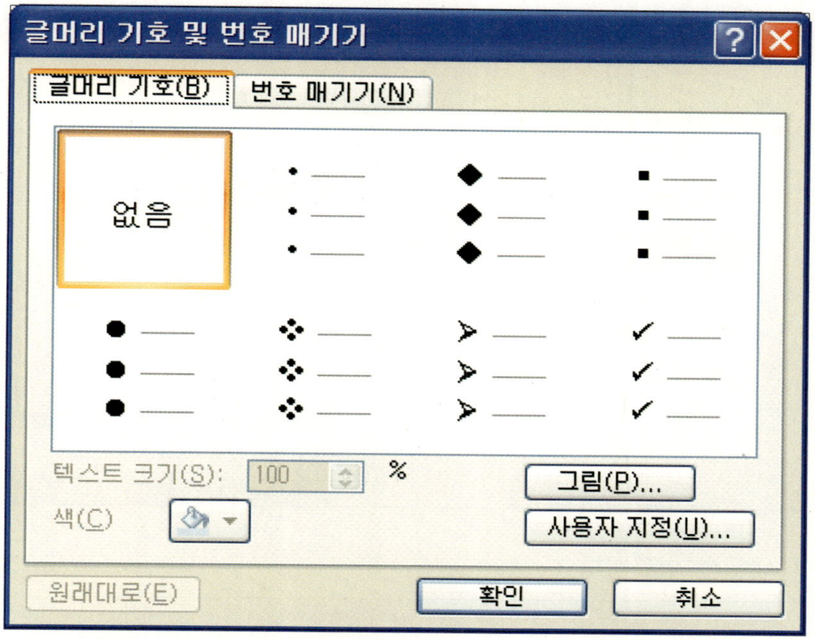

5 작성하는 문서에 따라 글머리 기호의 목록수준을 조절해야 한다. **[홈]-[단락]-[글머리 기호]-[목록수준 늘림]**으로 글머리 기호의 목록수준을 조절하여 결과를 보여준다.

다음 슬라이드는 목록수준을 조절해야 하는 부분을 드래그로 영역 설정하여 **[목록수준 늘림]**으로 글머리기호의 목록수준을 조절하여 완성한다.

먼저 새 슬라이드의 레이아웃을 콘텐츠 2개를 선택하여 추가한다.

파워포인트 2010

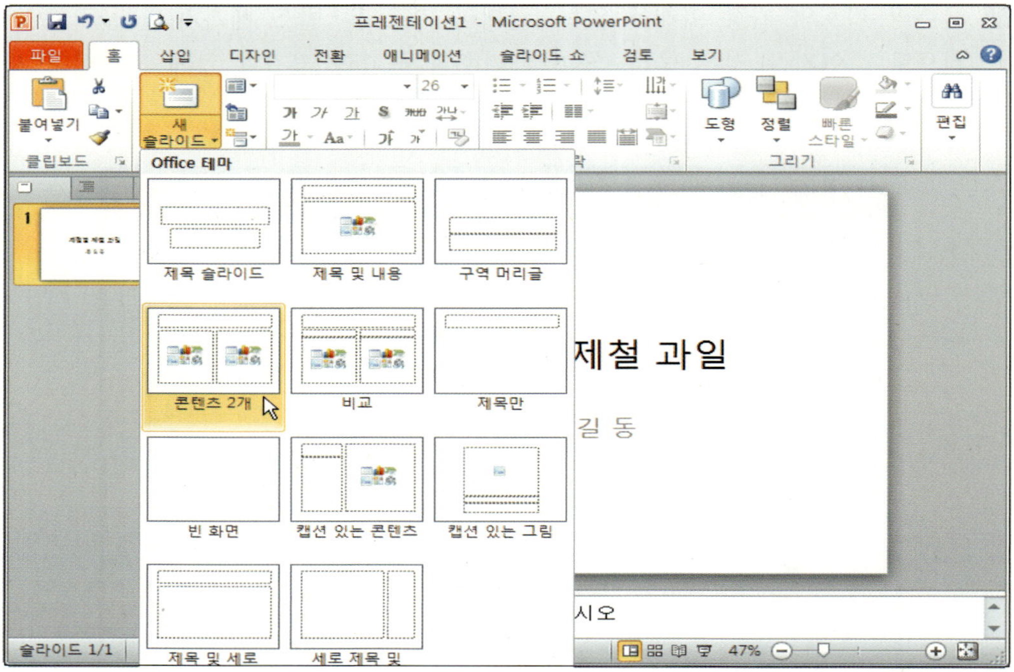
프레젠테이션1 - Microsoft PowerPoint
파일
홈
삽입
디자인
전환
애니메이션
슬라이드 쇼
검토
보기
Office 테마
제목 슬라이드
제목 및 내용
구역 머리글
콘텐츠 2개
비교
제목만
빈 화면
캡션 있는 콘텐츠
캡션 있는 그림
제철 과일
슬라이드 1/1

다음의 내용을 입력한다.

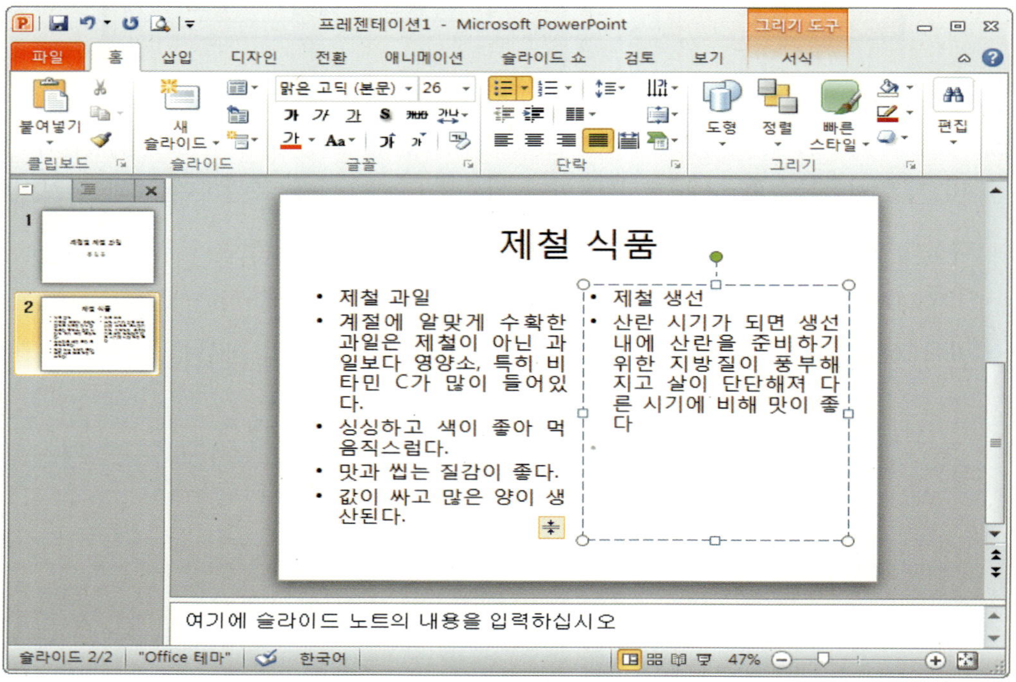
프레젠테이션1 - Microsoft PowerPoint
그리기 도구
서식
제철 식품
• 제철 과일
• 계절에 알맞게 수확한 과일은 제철이 아닌 과일보다 영양소, 특히 비타민 C가 많이 들어있다.
• 싱싱하고 색이 좋아 먹음직스럽다.
• 맛과 씹는 질감이 좋다.
• 값이 싸고 많은 양이 생산된다.
• 제철 생선
• 산란 시기가 되면 생선 내에 산란을 준비하기 위한 지방질이 풍부해지고 살이 단단해져 다른 시기에 비해 맛이 좋다
여기에 슬라이드 노트의 내용을 입력하십시오
슬라이드 2/2
"Office 테마"
한국어

슬라이드 제목인 제철식품과 부 제목이 제철과일, 제철 생선 그리고 각 내용으로 입력하고자 하는 내용이지만, 현재 문서는 모두 본문으로 입력되어 있는 문서이다.

따라서 부 제목과 내용을 분리하기 위한 방법으로 목록 수준 늘림을 활용할 수 있다.

내용을 영역설정을 한 후 목록 수준 늘림을 선택한다.

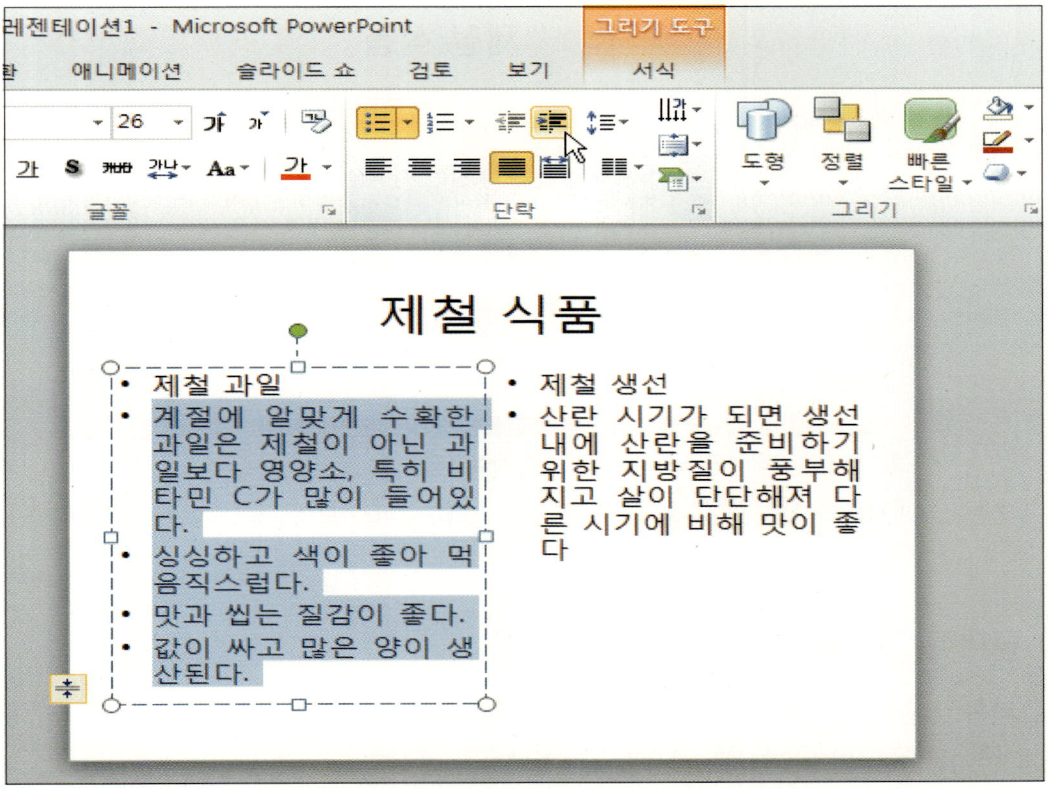

2개의 콘텐츠를 모두 정리하면 다음과 같다.

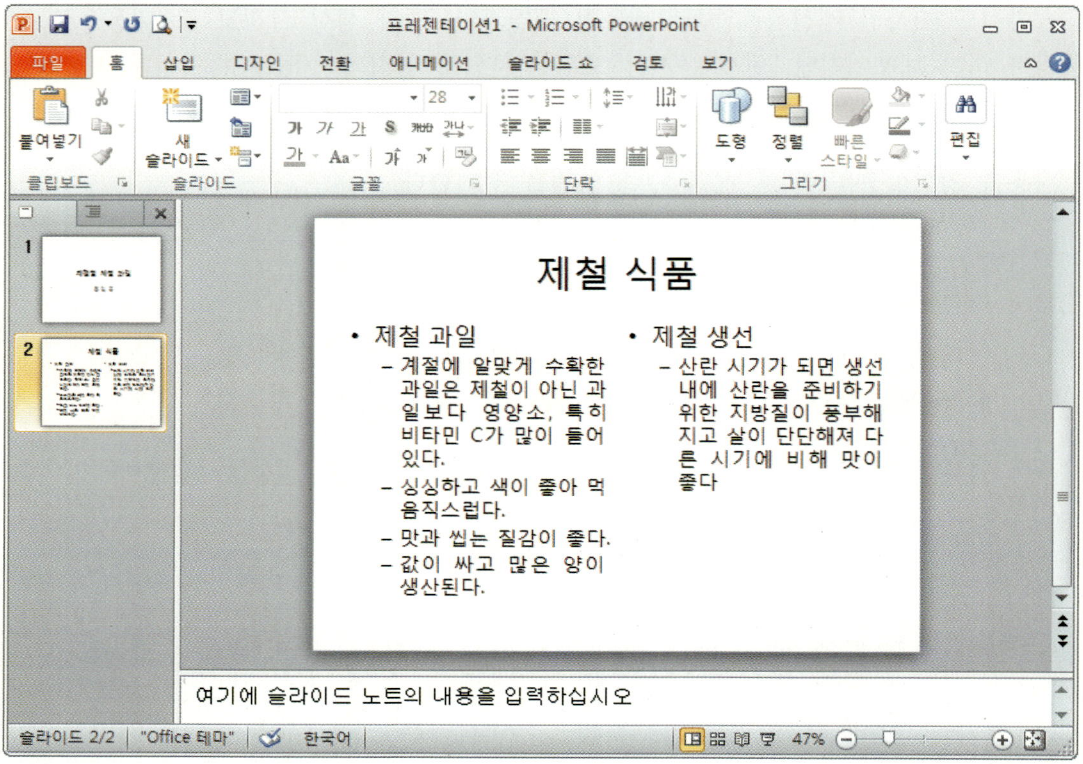

2) 글머리 기호를 그림으로 표시하기

글머리 기호로 사용하기 위해 만들어 둔 그림이 있거나, 기본으로 주어진 그림이 아닌 다른 아이콘을 글머리 기호로 사용할 수 있다.

1. 글머리 기호로 바꾸고자 하는 문단을 선택하거나, 글을 일력하기 전에 글머리 기호를 적을 곳에 마우스를 클릭한다.
2. [홈]-[단락]-[글머리 기호] 메뉴를 선택한다.

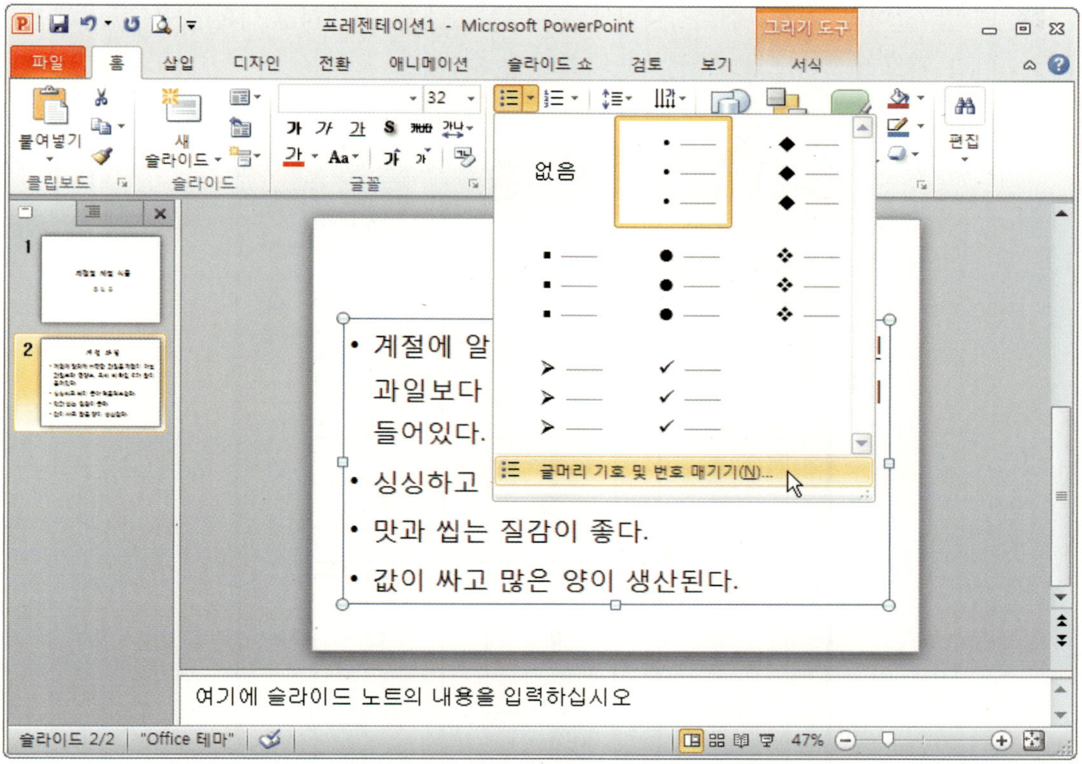

3 [글머리 기호 및 번호 매기기]를 선택하고 [그림]을 선택한다.

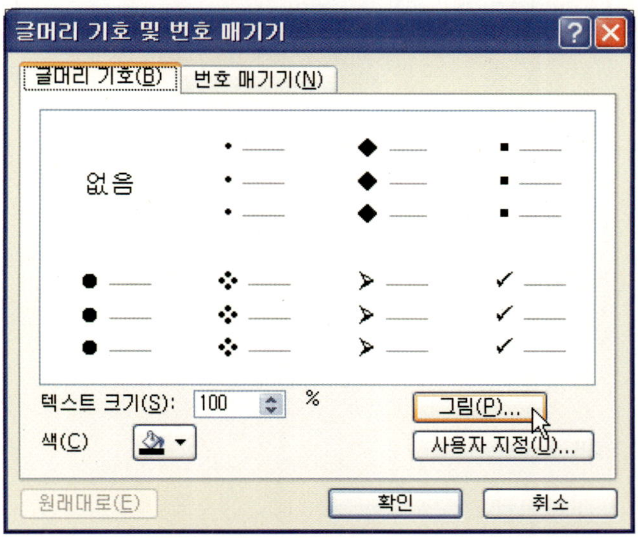

4 **[그림 글머리 기호]** 대화상자에서 원하는 그림을 선택하고, **[확인]**을 클릭하면 글머리 기호가 그림으로 바뀐 것을 확인할 수 있다.

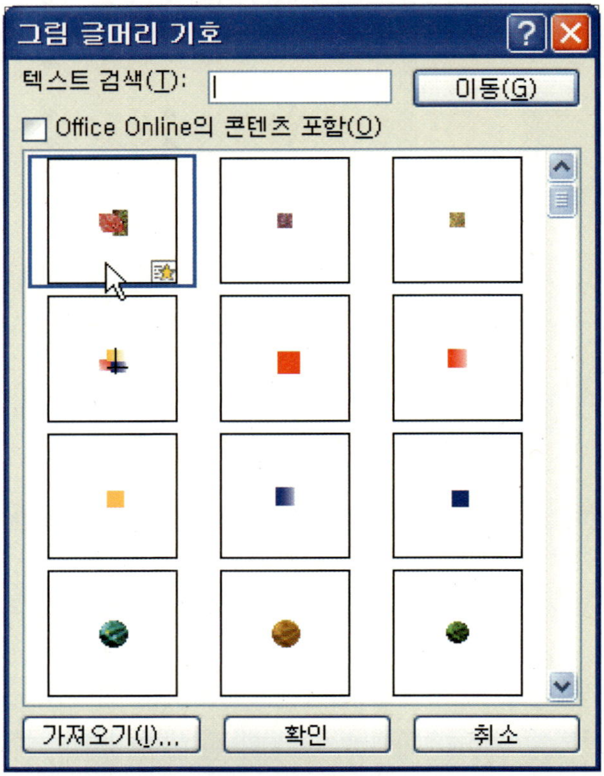

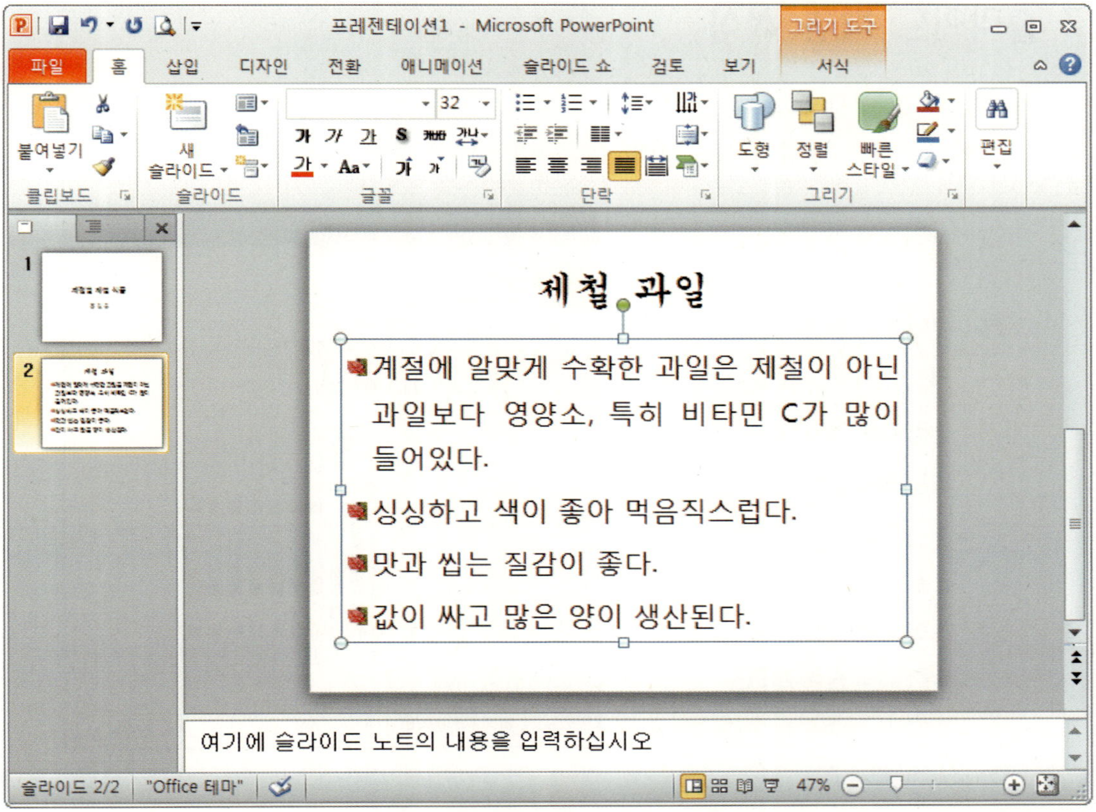
프레젠테이션1 - Microsoft PowerPoint
그리기 도구
파일
홈
삽입
디자인
전환
애니메이션
슬라이드 쇼
검토
보기
서식
붙여넣기
새 슬라이드
클립보드
슬라이드
글꼴
단락
도형
정렬
빠른 스타일
그리기
편집
제철 과일
계절에 알맞게 수확한 과일은 제철이 아닌 과일보다 영양소, 특히 비타민 C가 많이 들어있다.
싱싱하고 색이 좋아 먹음직스럽다.
맛과 씹는 질감이 좋다.
값이 싸고 많은 양이 생산된다.
여기에 슬라이드 노트의 내용을 입력하십시오
슬라이드 2/2
"Office 테마"
47%

2.7 슬라이드 배경 서식

슬라이드 배경 서식을 바꾸기 위해 변경하고자 하는 슬라이드에서 마우스 오른쪽 버튼을 클릭한다. 그리고 배경서식을 선택하게 되면 배경서식의 옵션이 나오게 된다.

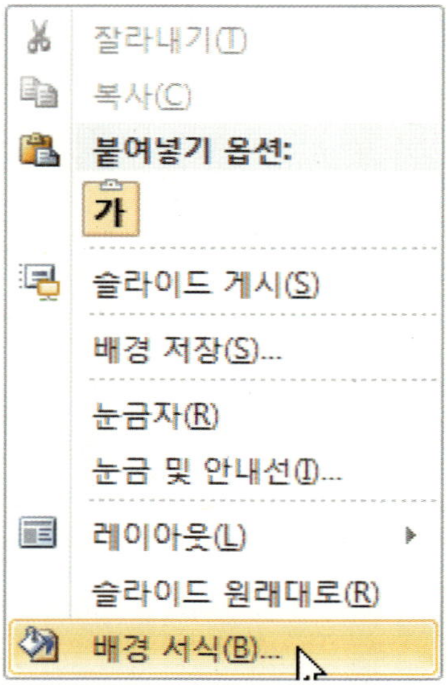

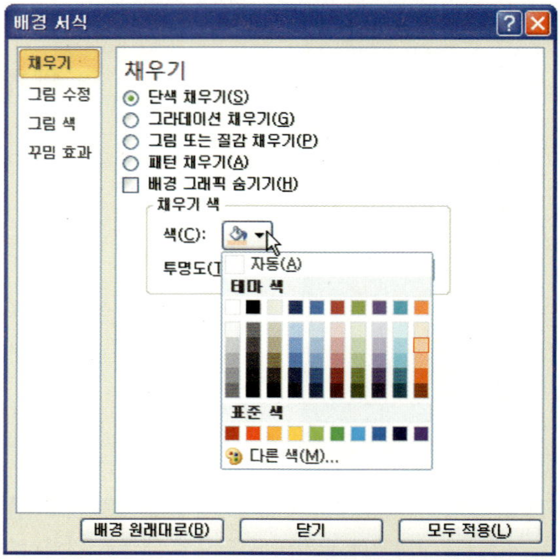

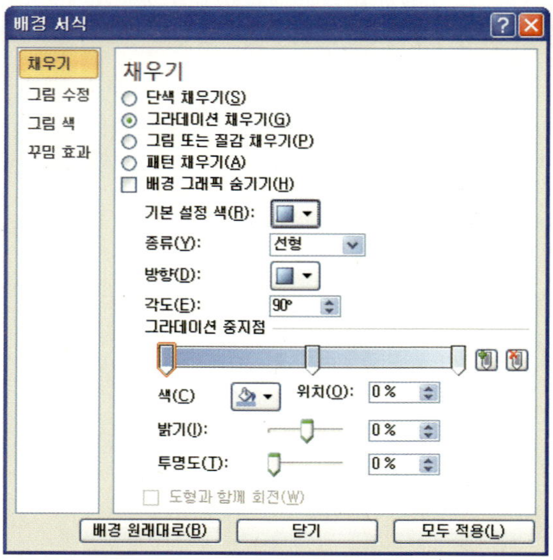

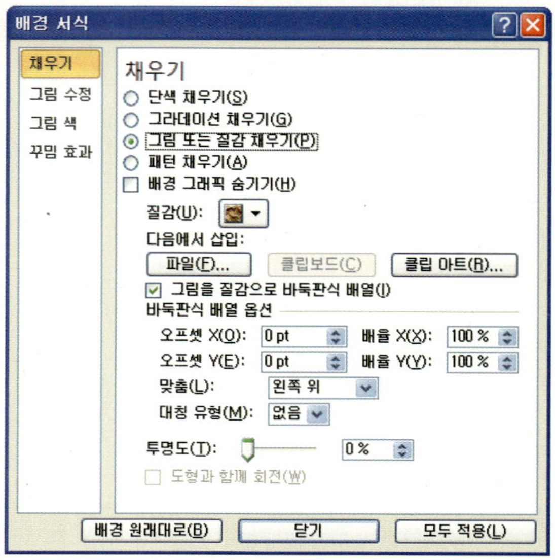

사용자가 원하는 옵션을 통해 슬라이드를 완성한다.

✎ [실습 2-1] 텍스트 입력 및 서식 조절하기

다음의 예제를 완성하기 위해, 새 슬라이드를 추가하고, 텍스트를 입력하는 방법을 알아본다. 이후에 글자 크기나 글자간격, 글머리 기호 등의 서식을 적용해보고 배경서식도 적용해본다.

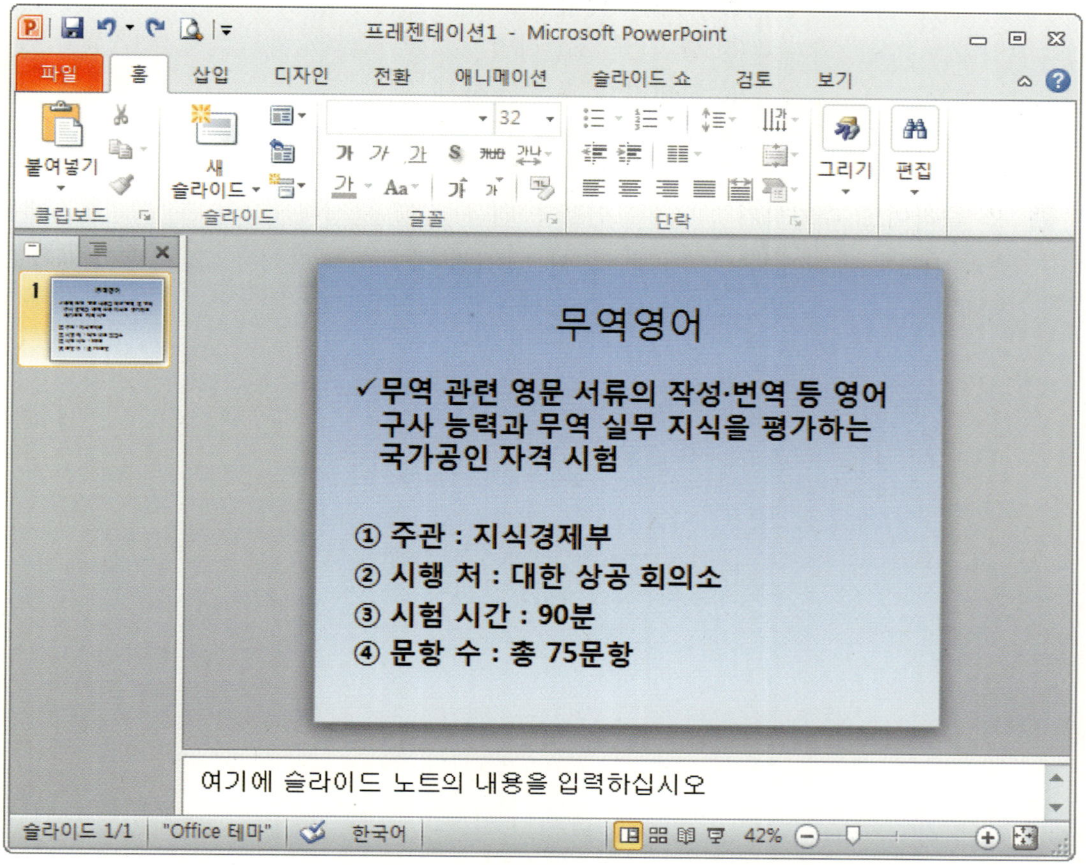

작업할 내용

① 새 슬라이드 추가하기
② 개체 틀에 텍스트 입력하기
③ 글자 크기 조절하기
④ 진하게 바꾸기
⑤ 줄 간격 조절하기
⑥ 글머리 기호 수정하기
⑦ 배경서식 적용하기

1 새 슬라이드 추가하기 : 파워포인트를 처음 실행한 상태에서의 첫 화면은 **[제목 슬라이드]**의 레이아웃이 적용될 것 이고, 작업 중인 상태에서는 **[홈]-[새 슬라이드]** 선택한다.

3 개체 틀에 텍스트 입력하기 : 「제목을 입력하십시오」 라는 텍스트 부문에는 「무역 영어」 를 입력한다.

> 무역 관련 영문 서류의 작성·번역 등 영어구사 능력과 무역 실무 지식을 평가하는 국가공인 자격 시험
>
> 주관 : 지식경제부
> 시행 처 : 대한 상공 회의소
> 시험 시간 : 90분
> 문항 수 : 총 75문항

4 글자 크기 조절하기 : 주관 ~ 문항수 까지의 텍스트 크기를 선택한 후, 글꼴 크기 작게()를 클릭하면 선택한 부분이 한 단계 글꼴 크기가 작아진다.

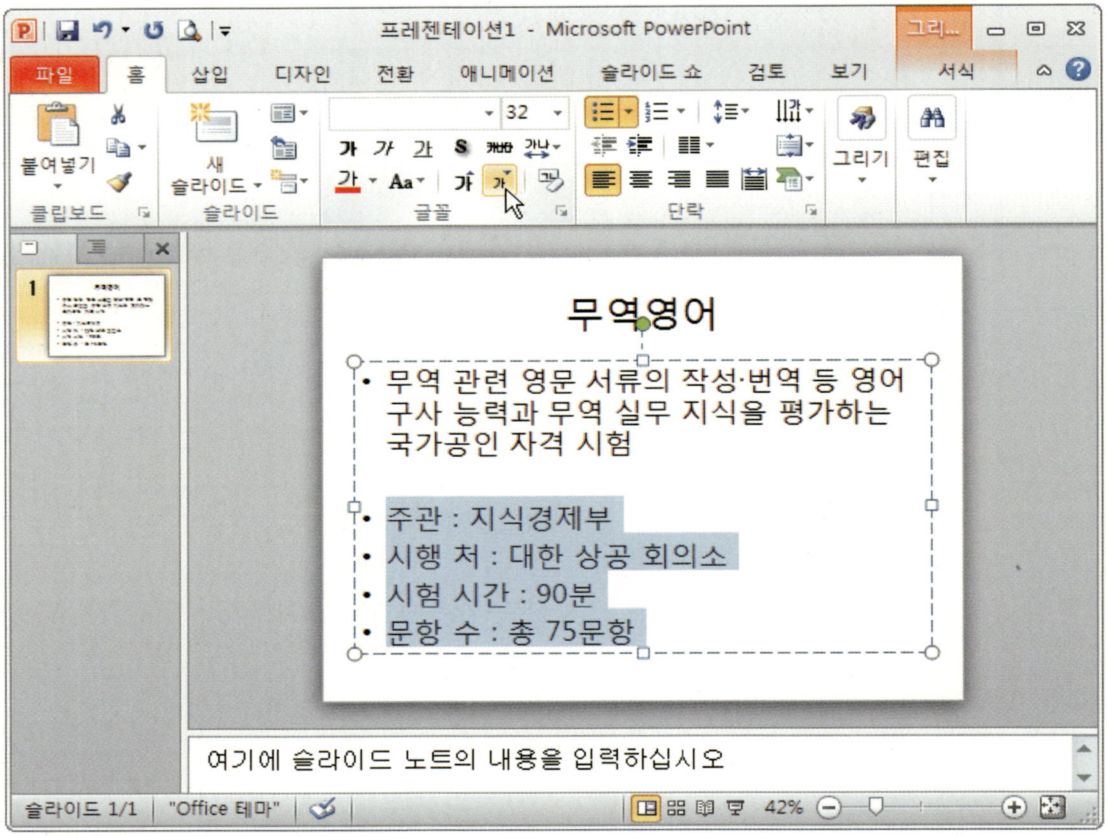

5 진하게 바꾸기 : 텍스트 개체 틀 내부에 마우스 포인터를 갖다놓고 Esc키를 누르면 개체 틀 전체가 선택된다. 이때 [홈]탭에서 진하게(가)를 눌러 글자를 진하게 바꾼다.

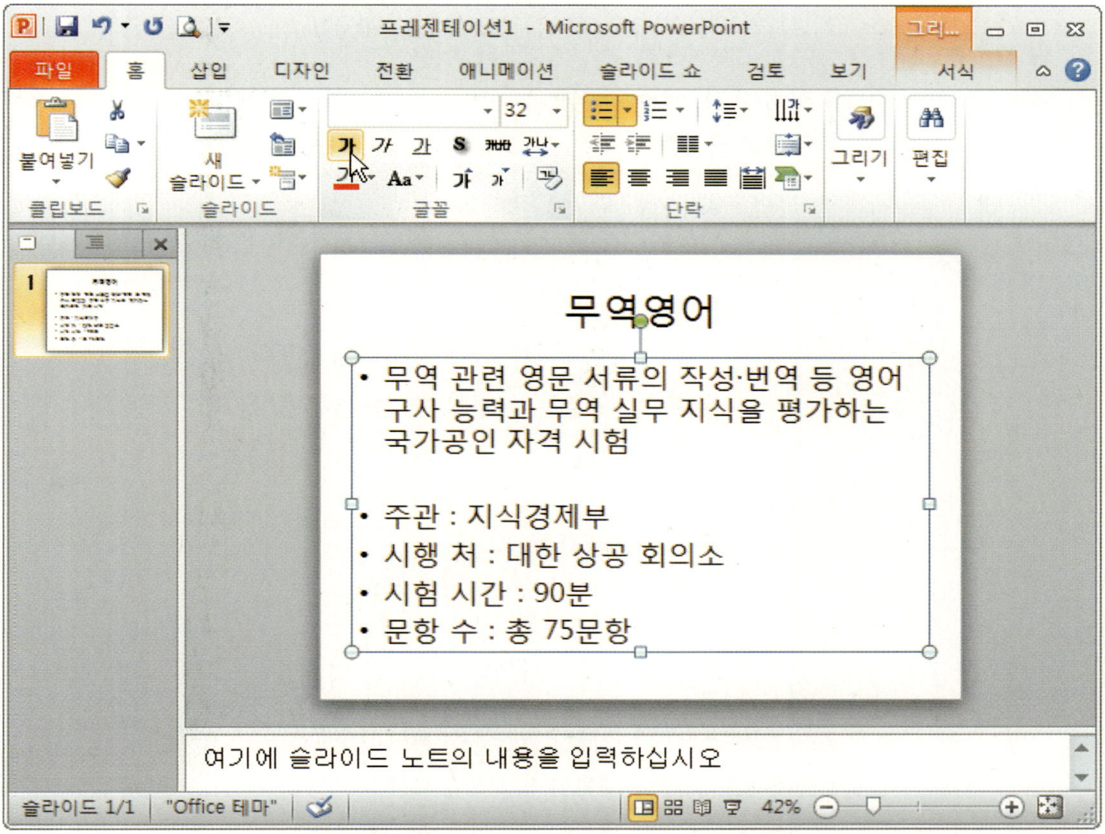

6 줄 간격 조절하기 : 텍스트 개체 틀이 선택된 상태에서 줄 간격( )을 클릭한 후 1.5를 선택해서 내용을 좀 더 보기 편하게 정리한다.

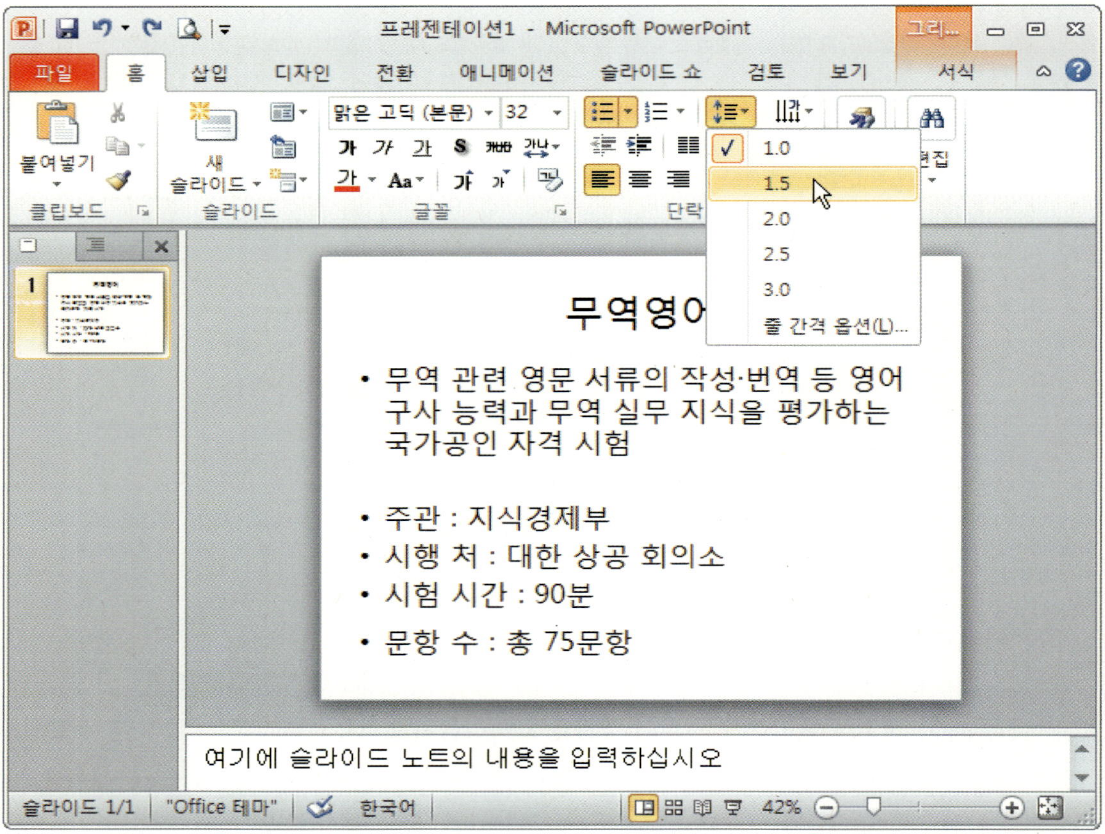

7 목록 만들기 : 내용 설명과 주관 ~ 문항 수를 다는 목록으로 정리한다. 내용부분에 마우스 포인터를 두고 글머리에서 변환하고, 밑에 있는 내용을 설정하여 번호 매기기를 선택한다.

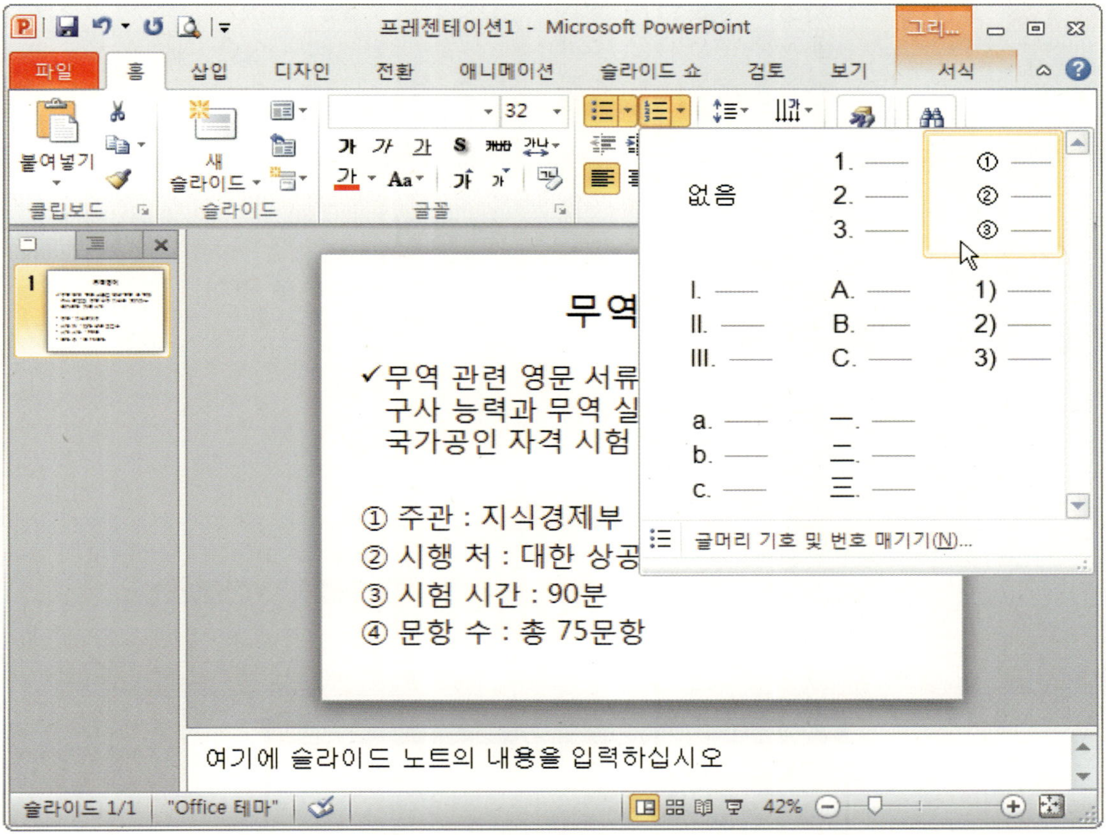

8 배경 서식 설정하기 : 슬라이드 위에서 오른쪽 버튼을 클릭한수 배경서식을 선택한다. 배경서식 대화상자가 나오면 그라데이션을 선택한 후 원하는 배경을 선택하여 편집한다.

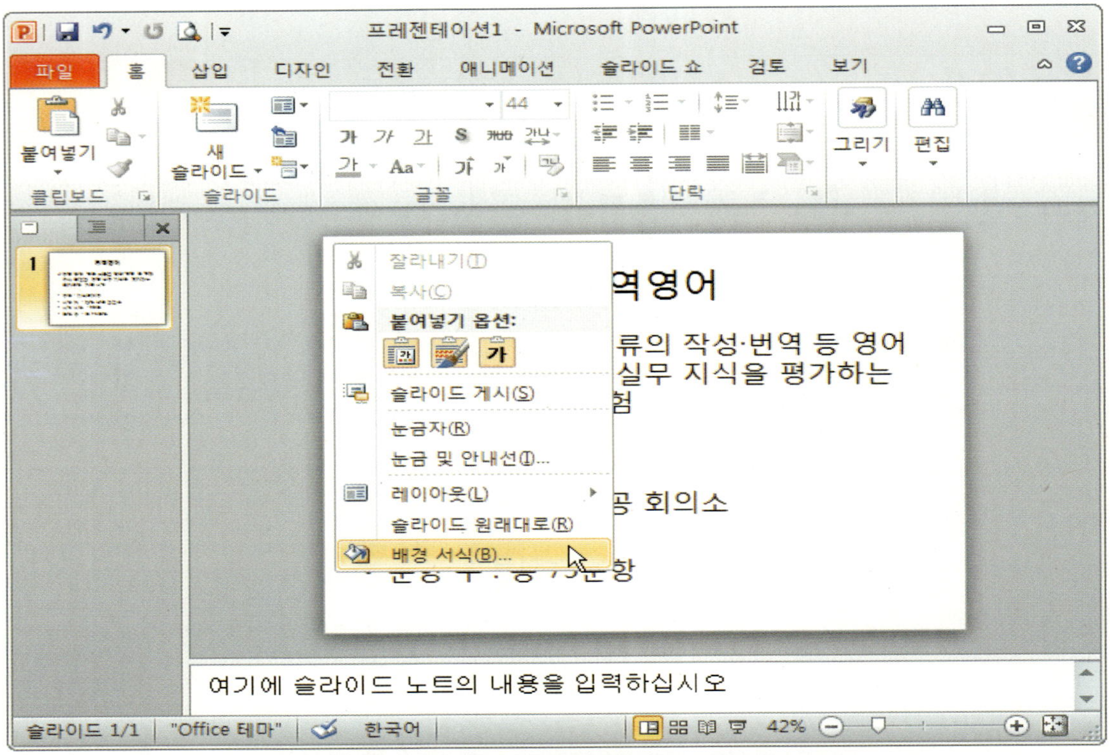

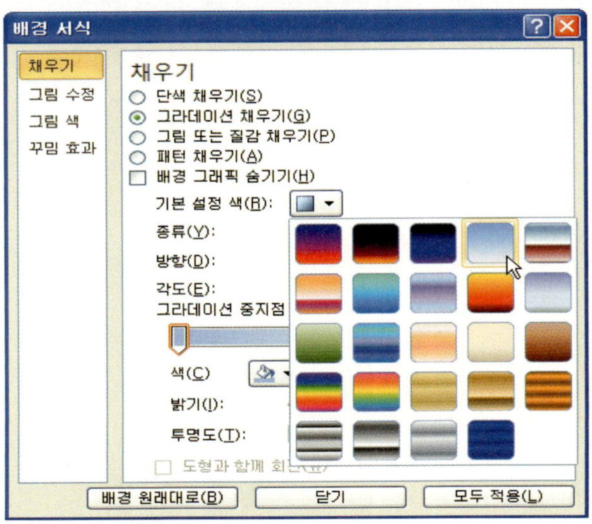

9 슬라이드를 완성한다.

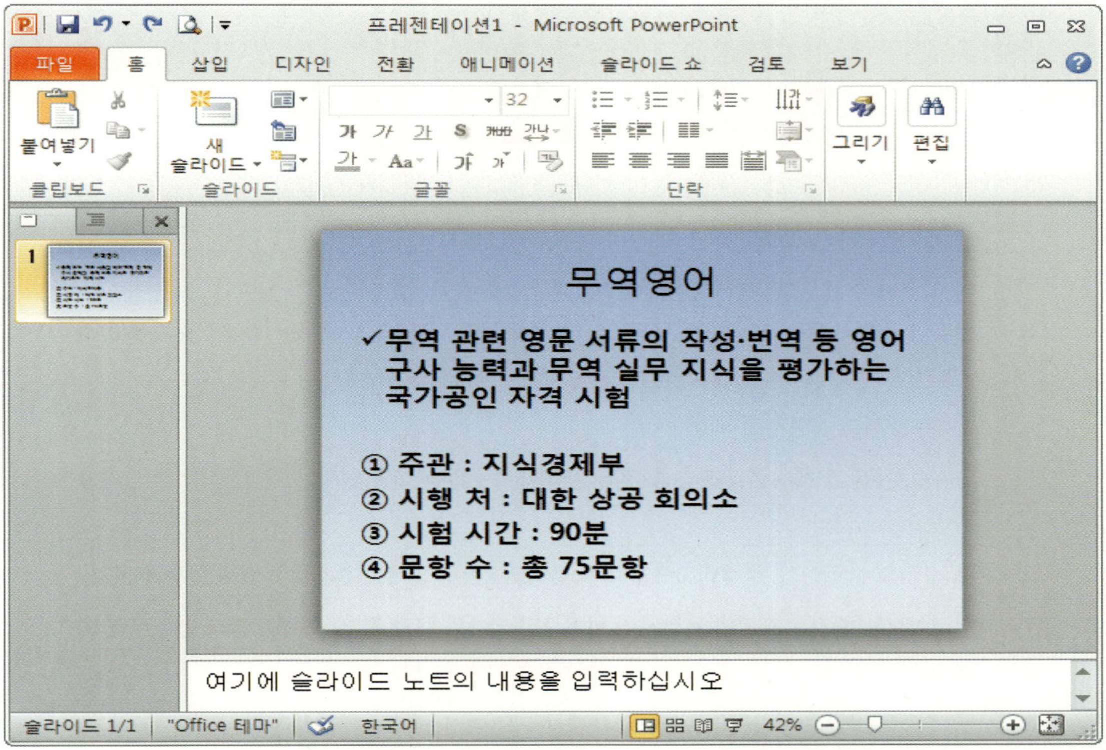
프레젠테이션1 - Microsoft PowerPoint
파일
홈
삽입
디자인
전환
애니메이션
슬라이드 쇼
검토
보기
붙여넣기
새 슬라이드
클립보드
슬라이드
글꼴
단락
그리기
편집
무역영어
✓무역 관련 영문 서류의 작성·번역 등 영어 구사 능력과 무역 실무 지식을 평가하는 국가공인 자격 시험
① 주관 : 지식경제부
② 시행 처 : 대한 상공 회의소
③ 시험 시간 : 90분
④ 문항 수 : 총 75문항
여기에 슬라이드 노트의 내용을 입력하십시오
슬라이드 1/1
"Office 테마"
한국어
42%

연습문제 1

다음의 슬라이드를 텍스트와 배경 서식 등을 활용하여 완성한다.

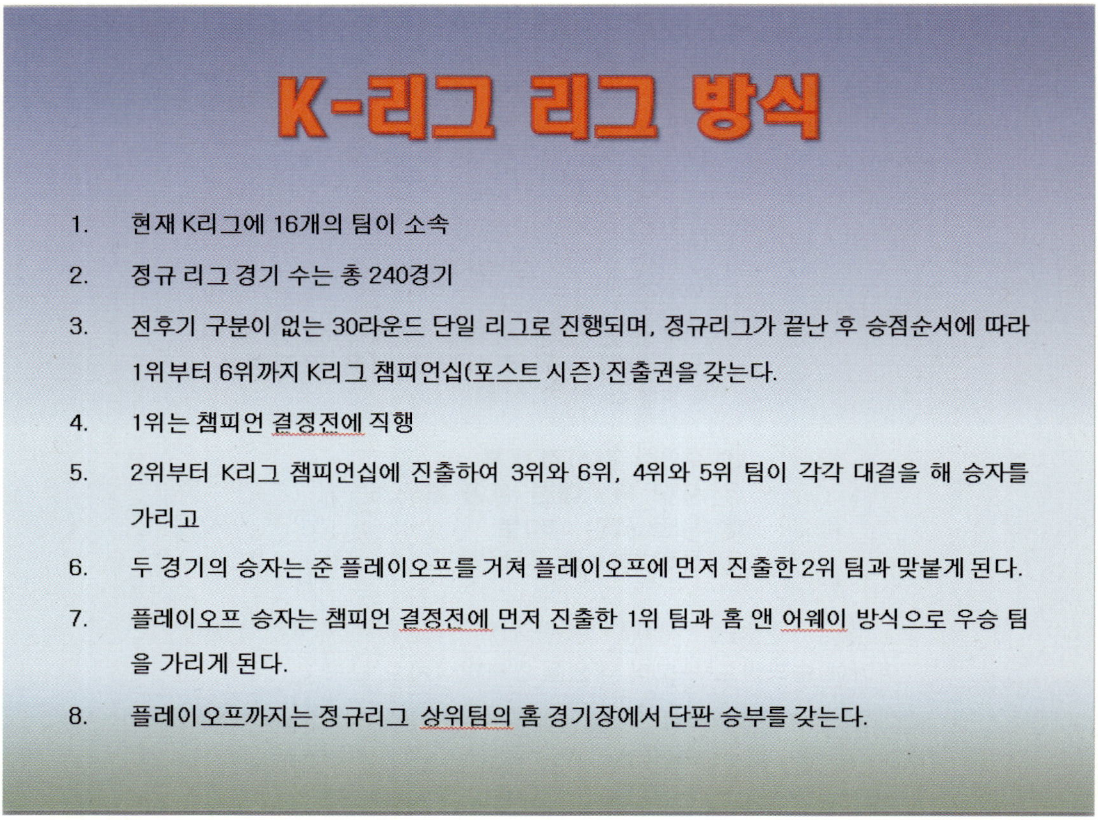

처리조건

① 슬라이드 레이아웃 : 제목 및 내용
② 제목 : 휴먼둥근헤드라인, 44pt, 주황, 강조 6, 25% 더 어둡게, 굵게, 텍스트그림자
③ 본문 : 돋움, 15pt, 굵게
④ 번호매기기 이용
⑤ 배경 서식 : 그라데이션 채우기[안개] 이용

연습문제 2

글머리 기호와 목록 수준을 활용하여 다음의 슬라이드를 완성한다.

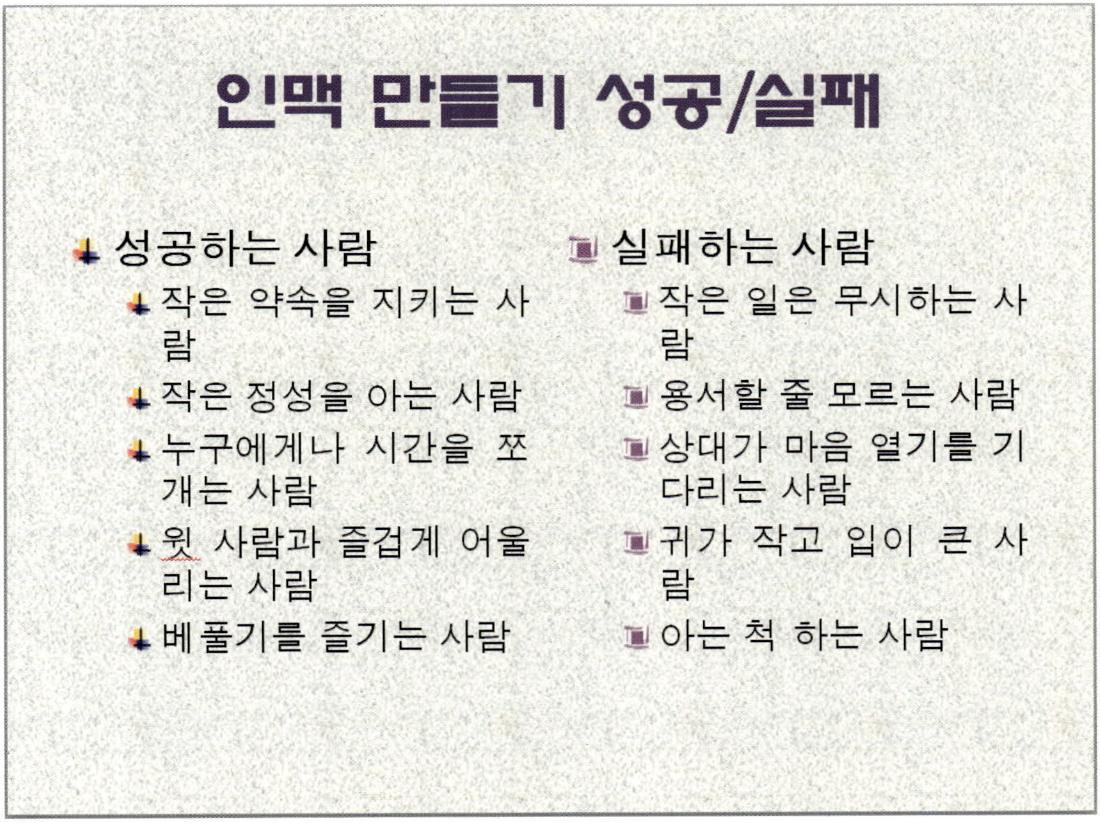

처리조건

① 슬라이드 레이아웃 : 콘텐츠 2개
② 제목 : 휴먼엑스포, 44pt, 굵게, 자주, 강조 4, 25% 더 어둡게
③ 본문 : 돋움, 24pt
④ 글머리 기호 이용
⑤ 목록 수준 조절
⑥ 배경 서식 : 그림 또는 질감 채우기 이용, 신문용지

연습문제 3

다음의 슬라이드를 완성한다.

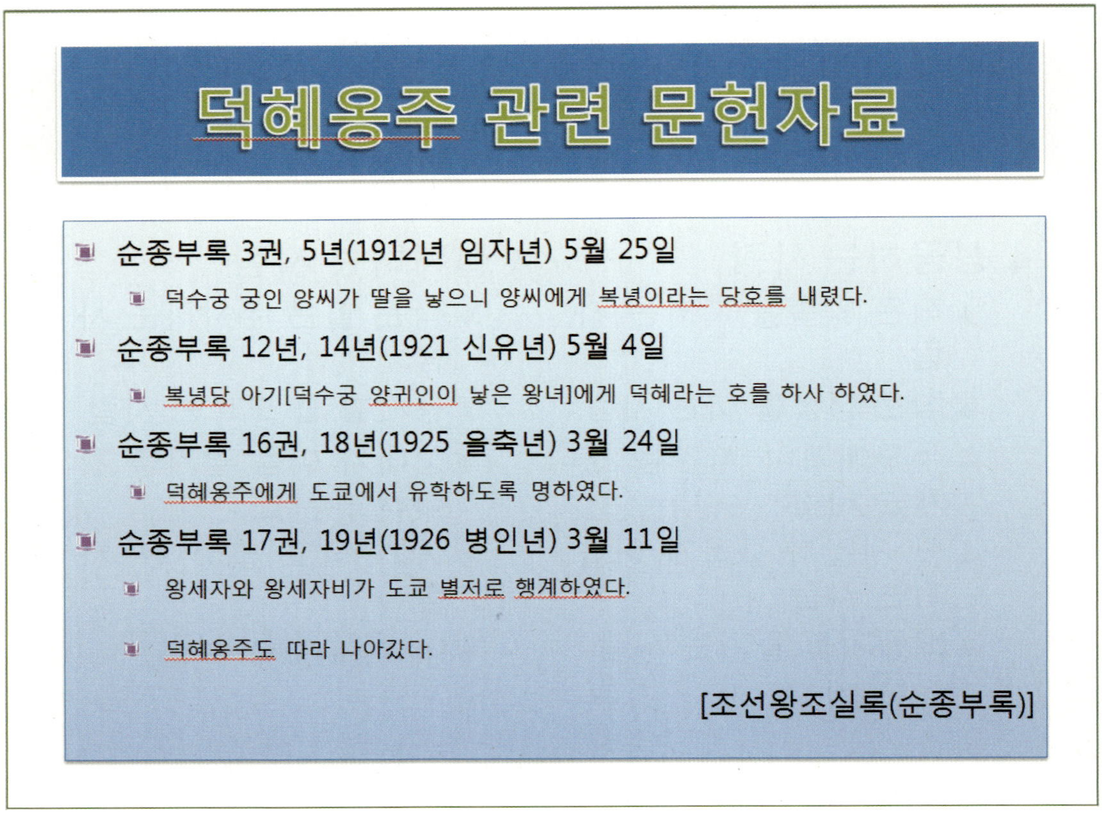

처리조건

① 슬라이드 레이아웃 : 제목 및 내용
② 제목 : 워드아트 채우기-황록색, 강조 3, 윤곽선-텍스트2
③ 본문 : 맑은고딕, 19pt, 15pt
④ 본문 : [도형스타일] 미세효과-파랑 강조1
⑤ 글머리기호 이용

연습문제 4

다음의 슬라이드를 완성한다.

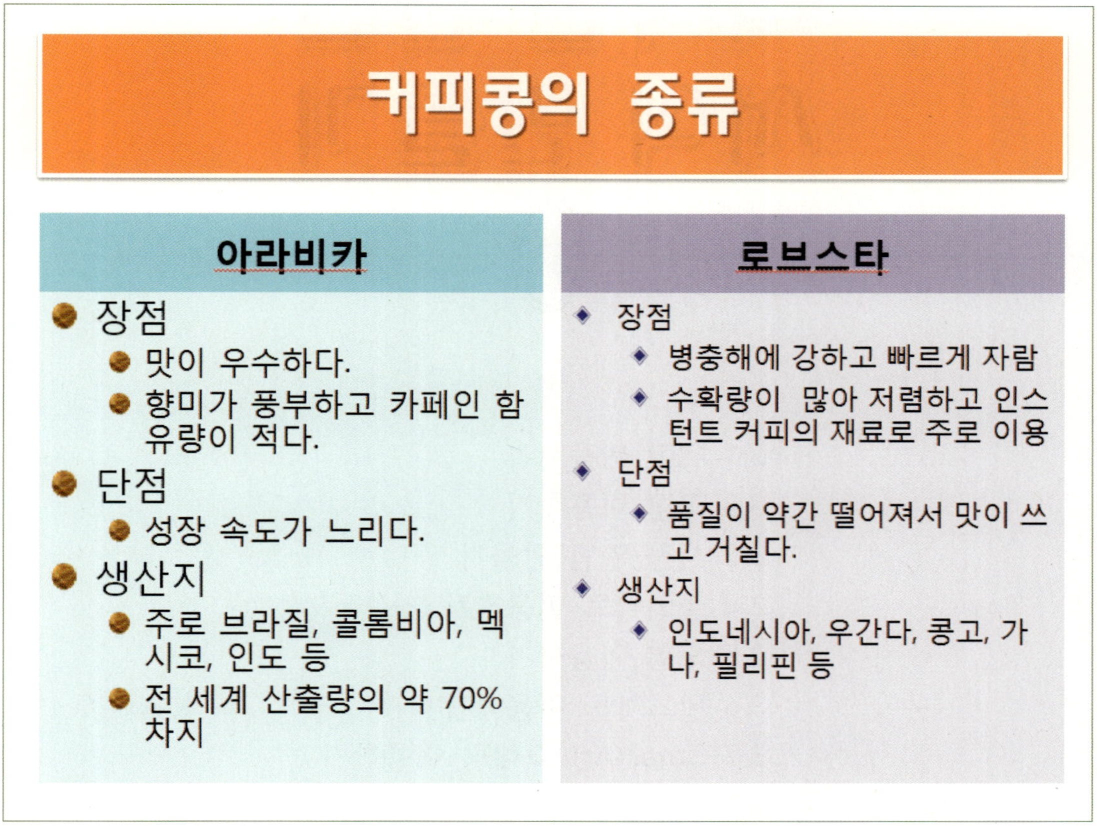

처리조건

① 슬라이드 레이아웃 : 비교
② 제목 및 텍스트 도형 채우기
③ 글머리 기호 이용 : 그림 이용
④ 목록 수준 조절

3
CHAPTER

디자인 관련 서식 만들기

3.1 테마 이용하기

테마는 프레젠테이션 디자인의 모양과 느낌을 결정하는 요소이다. 처음 만들 때부터 테마를 선택하면 슬라이드의 모든 내용이 어떻게 나타날 것인지 미리 볼 수 있으므로 편리하다.

1) 테마 선택하기

1 [디자인] 탭을 클릭한다.

2 테마 축소판 그림 위에 포인터를 놓는다. 그림에 표시된 테마는 흐름이라고 한다. 이 탭의 테마 그룹에는 갤러리가 표시되고, 각 테마의 스크린 팁에는 테마 이름이 표시된다.

테마를 통해 슬라이드와 슬라이드 요소에 배경 디자인, 개체 틀 레이아웃, 색 및 글꼴 스타일을 적용할 수 있다.

3 슬라이드에 임시 미리 보기가 나타난다.

처음부터 테마를 선택하면 나중에 추가할 차트나 표 등의 항목에 어떤 테마 색이 적용되는지 바로 알 수 있다.

테마를 적용하기 전에 효과를 미리 보면 마음에 들지 않는 경우 실행을 취소하는 단계를 거치지 않아도 된다.

4 원하는 테마가 나오면 클릭하는 것으로 테마를 적용시킬 수 있다.

테마가 적용되었을 때에는 테마 내에 내장되어있는 글꼴이 테마를 등록함과 동시에 자동 적용되므로 글꼴도 함께 참고 하는 것이 좋다.

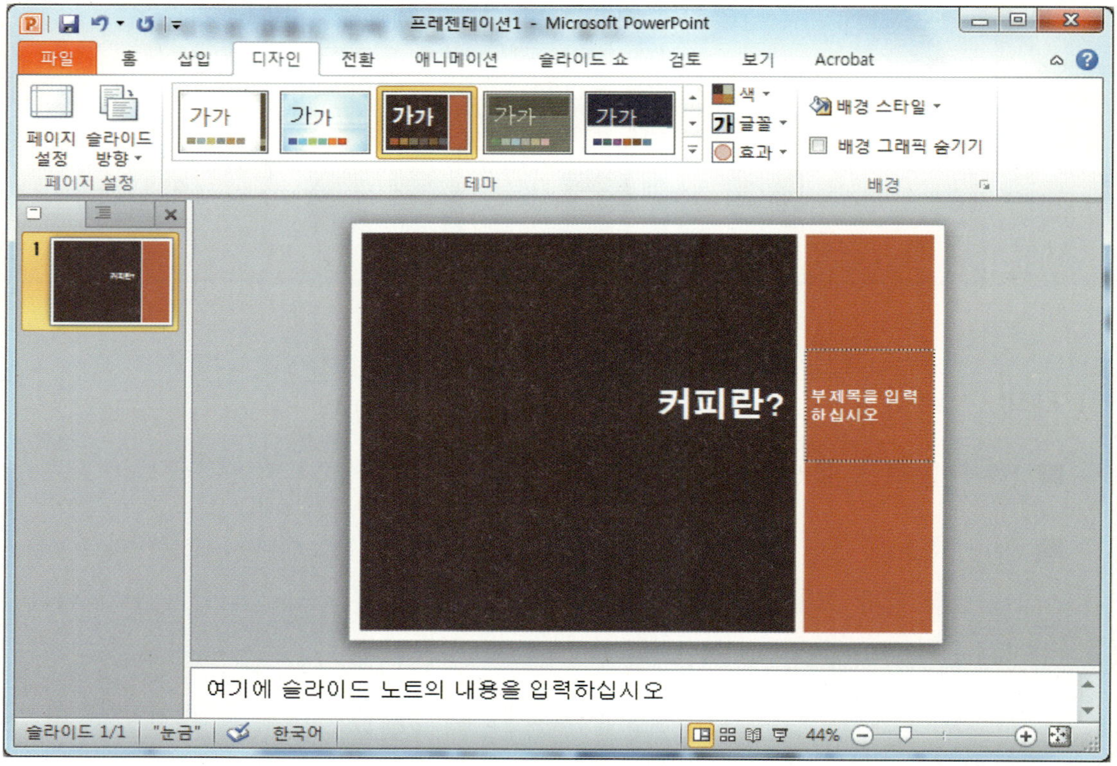

만약에 모든 슬라이드에 적용하지 않고 원하는 슬라이드만을 적용하기를 원한다면 원하는 테마위에서 오른쪽 버튼을 눌러 **[선택한 슬라이드에 적용]**을 클릭한다.

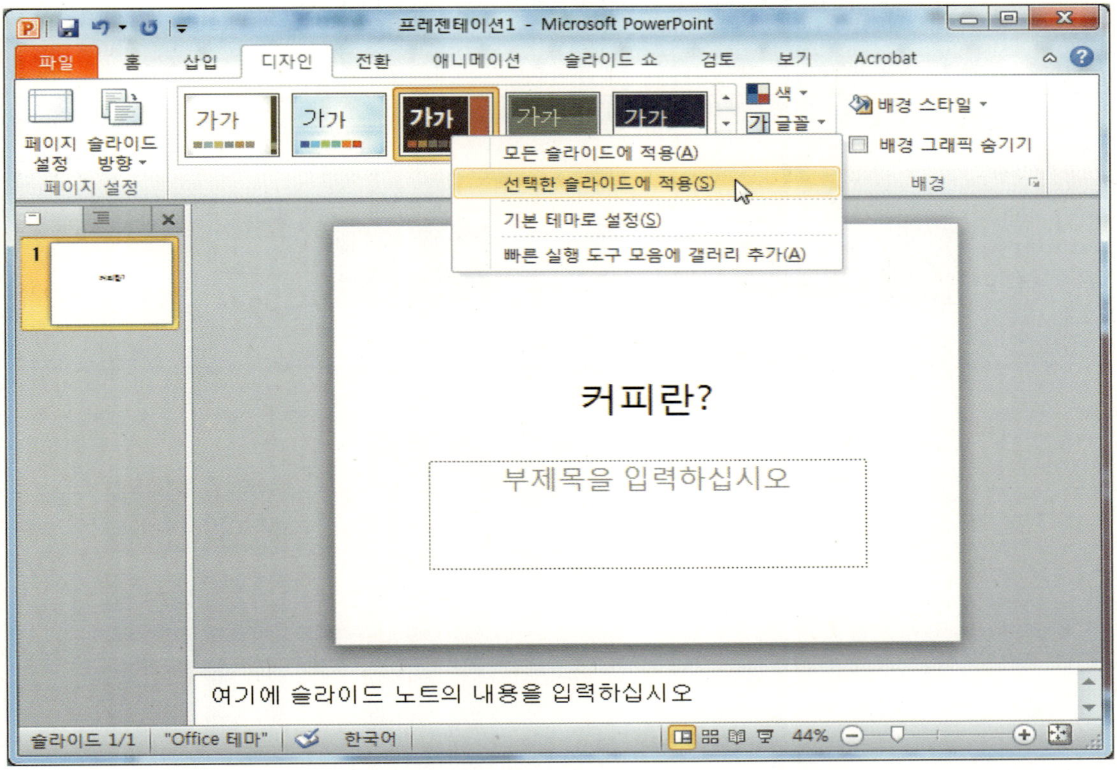

2) 테마 수정하기

테마를 약간 수정해 보면 더 흥미로울 것이다.

디자인 탭에는 테마를 수정하려는 경우에 사용할 수 있는 다른 갤러리도 있다. 갤러리의 선택 항목 위에 마우스 포인터를 놓으면 슬라이드에서 해당 항목이 적용된 모양을 미리 볼 수 있다.

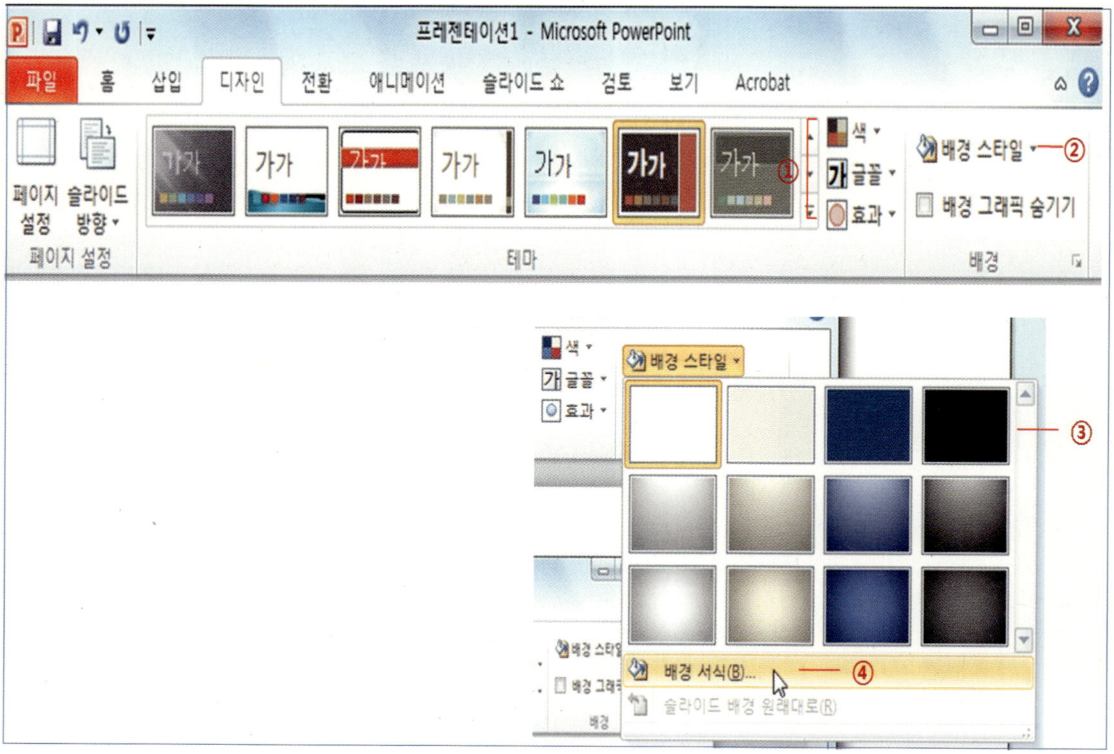

① 디자인 탭의 **색, 글꼴 및 효과 갤러리**를 사용한다.

② 다른 **배경 스타일**을 표시한다. 이때 선택 항목에는 현재의 테마 색이 적용되어 있다.

③ 축소판 그림을 가리켜서 다른 배경을 미리 본다.

④ 사진과 같이 고유한 배경을 적용하려면 배경 서식을 클릭한다.

테마수정하기

- **색** : 사용할 수 있는 각 테마에는 일련의 색이 사용되어 있다. 하지만 원하는 테마 색을 선택하거나 기존 색을 수정할 수도 있다.
- **글꼴** : 슬라이드에 적용할 글꼴을 선택한다. 각 글꼴에는 제목 텍스트용 글꼴과 본문 텍스트용 글꼴이 포함되어 있다.
- **효과** : 네온, 부드러운 가장자리, 3차원 모양 등 도형에 사용할 수 있는 다양한 시각적 효과이다.
- **배경 스타일** : 현재 테마 색의 범위 내에서 테마 배경을 미묘하게 변경한다. 그림에는 배경 스타일의 샘플이 나와 있다.

3) 슬라이드 레이아웃 결정하기

슬라이드를 삽입할 때 자동으로 레이아웃이 적용되는 슬라이드를 삽입할 수 있다. 또한 슬라이드를 삽입하기 전에 레이아웃을 선택할 수 있다.

1 [홈]-[슬라이드]-[새 슬라이드] 선택한다.

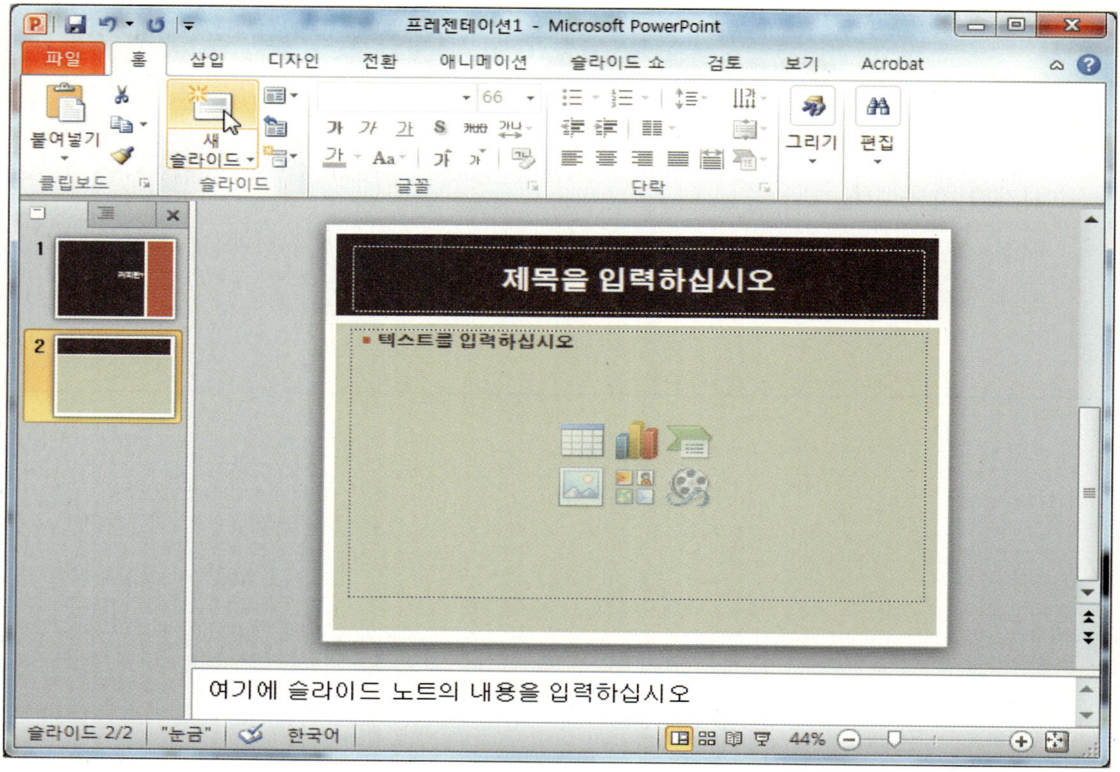

2 기본 레이아웃 슬라이드가 추가된다.

3 새 슬라이드를 누르기 전에 아래로 화살표를 누르면, 원하는 레이아웃의 슬라이드를 삽입할 수 있다.

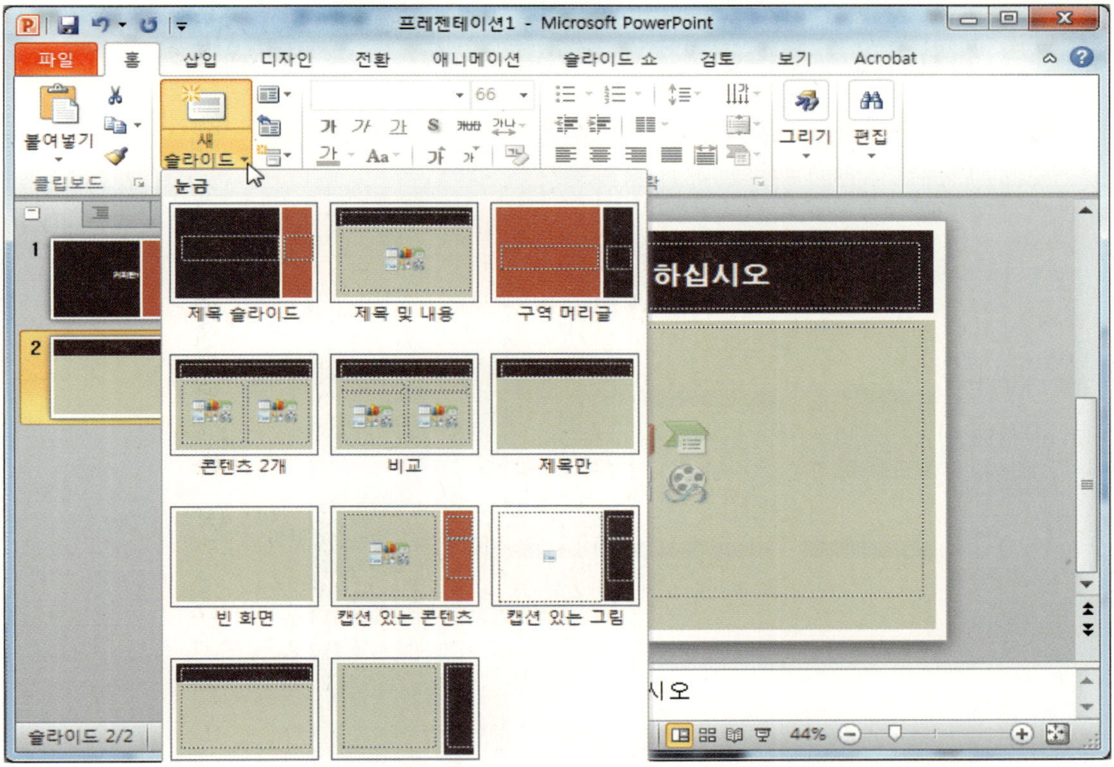

3.2 그림 이용하기

시청각 효과를 통한 정보 전달을 목적으로 하는 것이 프레젠테이션이다. 따라서 눈에 보이는 사진이나 클립아트 등의 그림을 삽입함으로써 집중도를 높일 수 있다.

두 번째 슬라이드에 그림이나 사진을 그림 개체로서 삽입하고 편집해 본다.

1) 그림 삽입하기

1 **[홈]-[새 슬라이드]-[레이아웃]**에서 콘텐츠 2개를 선택한다.

2 제목에 「커피란?」이라고 입력한다.

3 왼쪽의 콘텐츠 박스에 다음과 같이 입력한다.

커피나무에서 생두를 수확하여, 가공공정을 거쳐 볶은 후 한 가지 혹은 두 가지 이상의 원두를 섞어 추출/분쇄하여 마시는 기호음료 이다.

카페인을 함유하고 있으며, 독특한 향기가 있어 차의 원료로 널리 애용되고 과자나 음료수의 복합 원료로도 많이 활용된다.

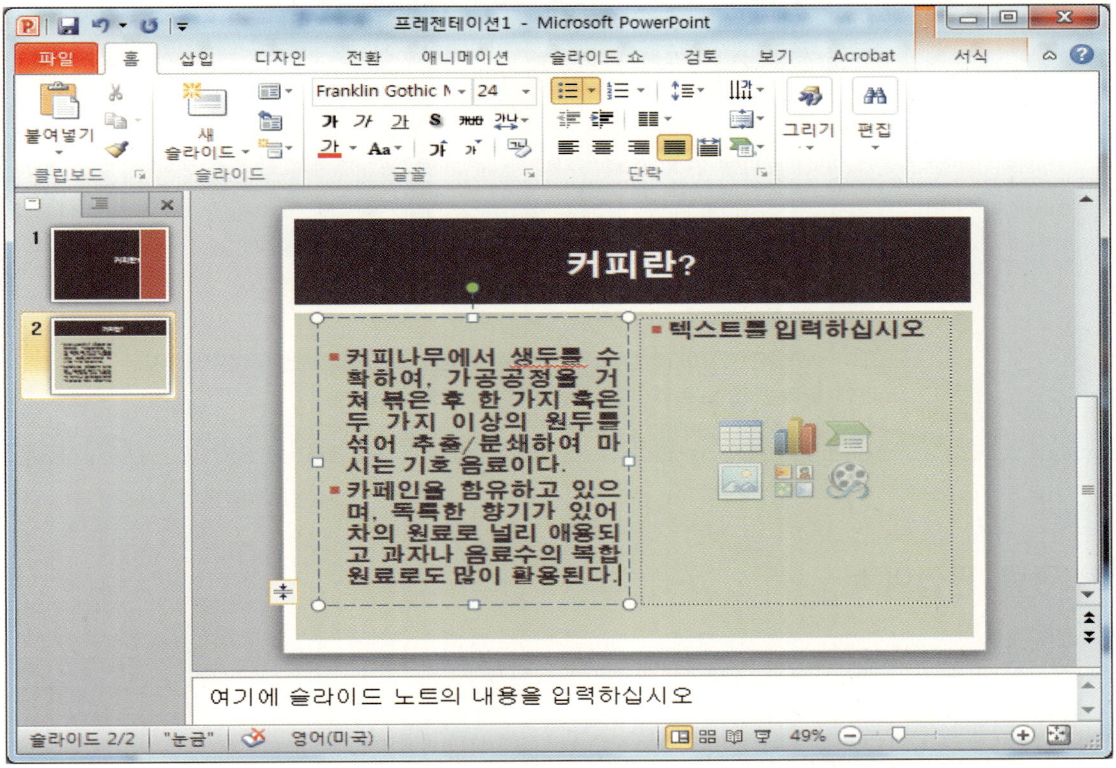

4 **[삽입]-[그림]**을 선택하거나, 오른쪽 콘텐츠에서 그림( )을 선택한다.

5 원하는 그림을 선택한 후 [삽입]을 누른다.

6 그림 크기 조절 핸들을 이용하여 알맞은 크기로 그림을 조절한다.

2) 그림 편집하기

그림도구 추가메뉴에는 그림 개체를 편집할 수 있는 기능이 있다.

추가메뉴인 **[그림도구]-[서식]**에는 그림에 맞는 메뉴가 나타난다.

또한 **[조정]**, **[그림 스타일]**의 메뉴와 함께 **[정렬]**, **[크기]**의 메뉴가 나타난다.

1 삽입한 사진을 선택한 후, **[그림 도구]-[서식]-[그림 스타일]-[반사형 입체, 흰색]**을 선택한다.

2 **[그림 스타일]-[그림 테두리]-[황갈색, 강조1, 25% 더 어둡게]**을 선택하여 그림 테두리를 편집한다.

3 테마가 적용된 그림에 **[조정]-[색]-[다시 칠하기]**에서 원하는 것을 선택하여 그림에 효과를 준다.

추가메뉴

[추가메뉴]-[그리기 도구]-[그림 스타일 옵션]과 [추가메뉴]-[그리기 도구]-[조정]의 메뉴

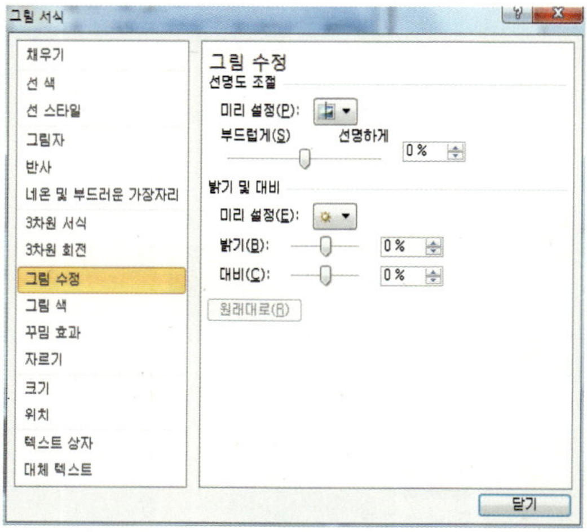

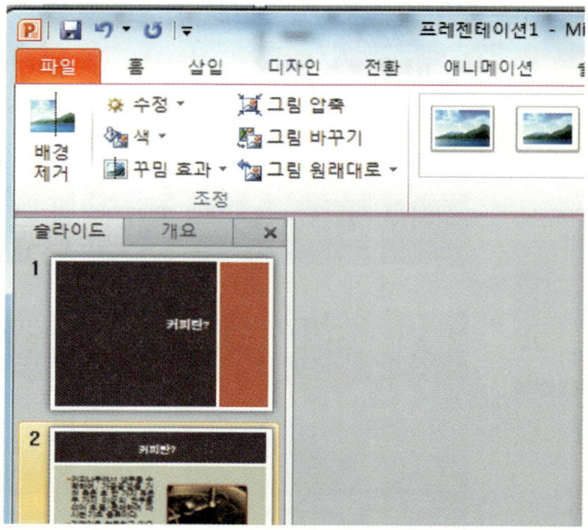

① 그림 서식의 대화상자는 그림에 할 수 있는 모든 옵션이 지정되어있어 한 번에 편집하기가 편리하다.

② [추가메뉴]-[그리기 도구]-[조정]

- **수정** : 그림의 밝기, 대비 및 선명도를 높인다.
- **색** : 품질을 향상시키거나 문서 내용에 맞추기 위해 그림색을 변경한다.
- **꾸밈효과** : 그림에 꾸밈효과를 추가하여 좀 더 스케치 또는 회화처럼 보이도록 만든다.
- **그림 압축** : 문서에서 그림을 축소하여 크기를 줄인다.
- **그림 바꾸기** : 현재 그림의 서식과 모양을 유지하면서 다른 그림으로 변경한다.
- **그림 원래대로** : 이 그림에 대해 변경한 서식을 모두 최소 한다.

3.3 사진 앨범 만들기

사진 앨범 기능을 이용하여 개인용 사진이나 업무용 사진을 쉽게 정리하고 보여줄 수 있다. 단순하게 사진만 나열하는 것이 아니라 편집에 따라 시선을 끌 수 있는 슬라이드 전환, 다양한 테마를 적용할 수 있고, 사진마다 캡션을 넣을 수 있다.

1) 새 사진 앨범 만들기

앨범으로 만들 사진이 준비되면 언제든지 만들 수 있다. 사진의 크기는 일정하게 하는 것이 좋다.

[삽입]탭의 **[이미지]** 그룹에 있는 **사진앨범**( )에서 **[새 사진 앨범]**을 선택하면 사진을 삽입하고 간단한 편집을 할 수 있는 사진 앨범 대화상자가 나타난다.

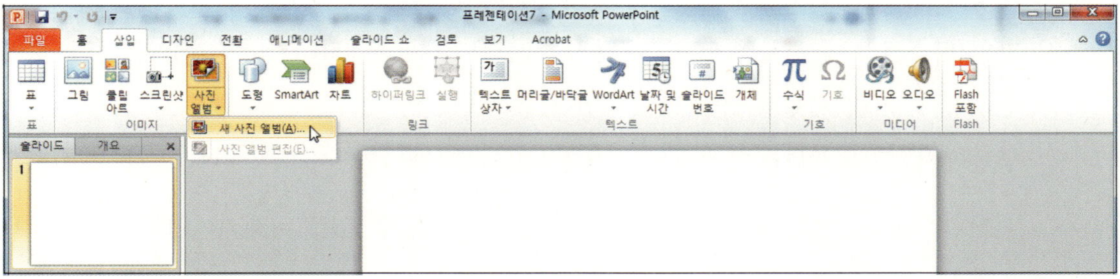

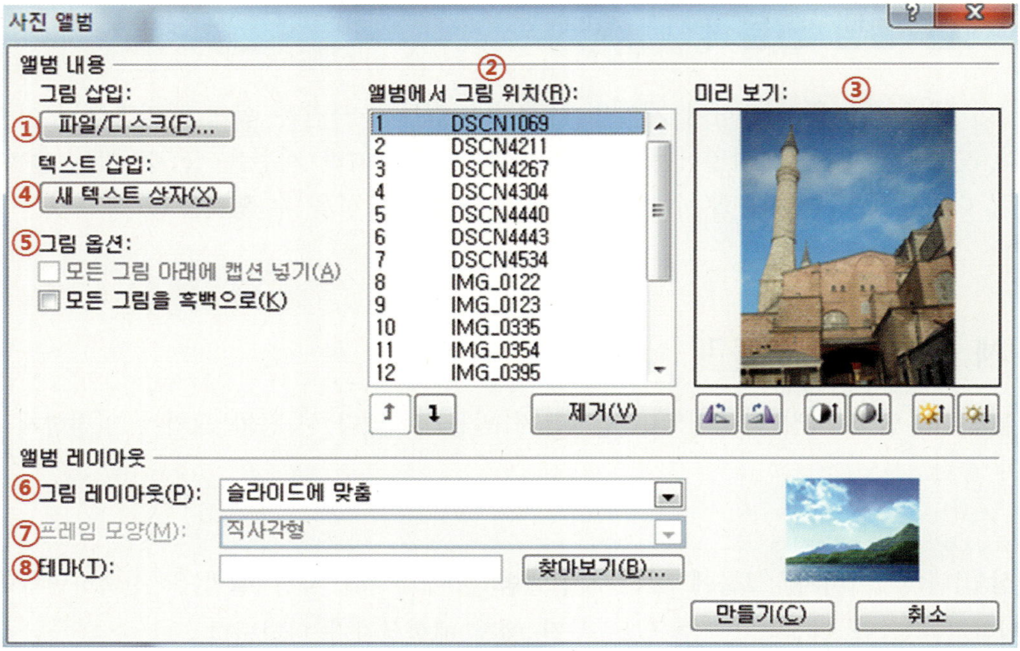

① **파일/디스크 :** 클릭하여 추가할 사진을 선택 한다. Shift 키나 Ctrl 키를 이용하여 한꺼번에 여러 파일을 선택할 수 있다.

② **앨범에서 그림 위치 :** 앨범에 삽입될 사진들이 나열된다. 목록에서 사진 이름을 선택한 후 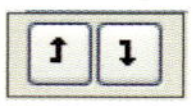 를 눌러 사진의 위치를 바꿀 수 있고, **[제거]** 단추를 눌러 목록에서 제거할 수도 있다.

③ **미리보기 : ②앨범에서 그림 위치**에서 사진이름을 클릭하면 이곳에 표시된다. 미리보기 창 아래의 도구들을 이용하여 간단하게 사진을 편집할 수 있다.

 : 사진을 회전 시킨다.

 : 사진의 대비를 조절한다.

 : 사진의 밝기를 조절한다.

④ **텍스트 삽입 :** 슬라이드에 텍스트를 넣으려고 할 때 **[새 텍스트 상자]**를 클릭한다.

⑤ **그림 옵션 :**

- 모든 그림 아래에 캡션 넣기 : 그림마다 바로 아래에 간단한 캡션을 넣는다.
- 모든 그림을 흑백으로 : 앨범안의 모든 사진을 흑백으로 표시한다.

⑥ **그림 레이아웃 :** 슬라이드에 표시할 사진개수를 표시한다.

「슬라이드 맞춤」과 「그림 1개」는 모두 슬라이드 한 장에 한 장의 그림을 표시하지만, 「그림 1개」를 선택하면 슬라이드에 여백을 두고 그림을 표시한다.

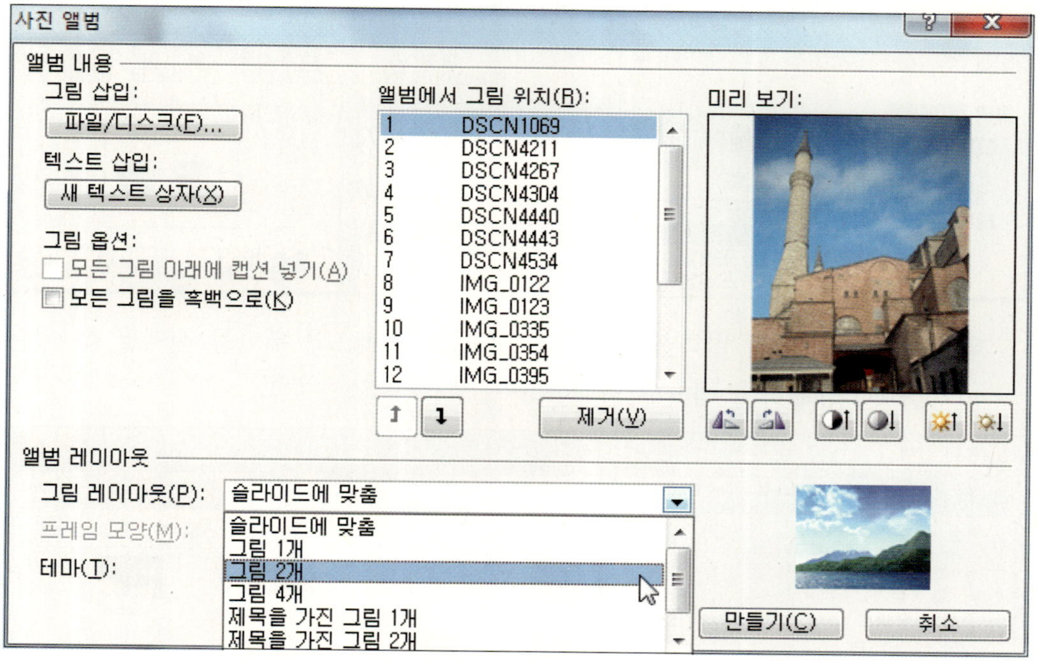

⑦ **프레임 모양 :** 사진의 프레임 모양을 선택할 수 있다. 목록을 펼친 후 항목을 선택하면 오른쪽에 작은 그림으로 표시되므로 작은 그림을 확인하면서 원하는 프레임을 선택한다.

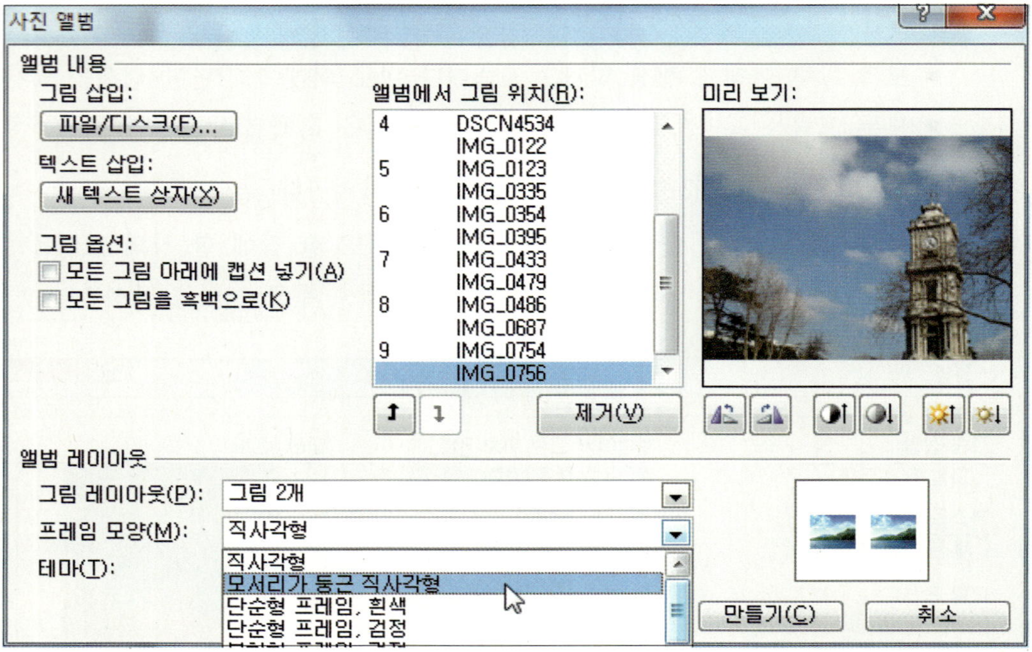

⑧ **테마 : [찾아보기]**를 클릭하면 마이크로소프트 오피스의 테마를 선택할 수 있는 폴더가 열린다. 원하는 테마를 선택한다.

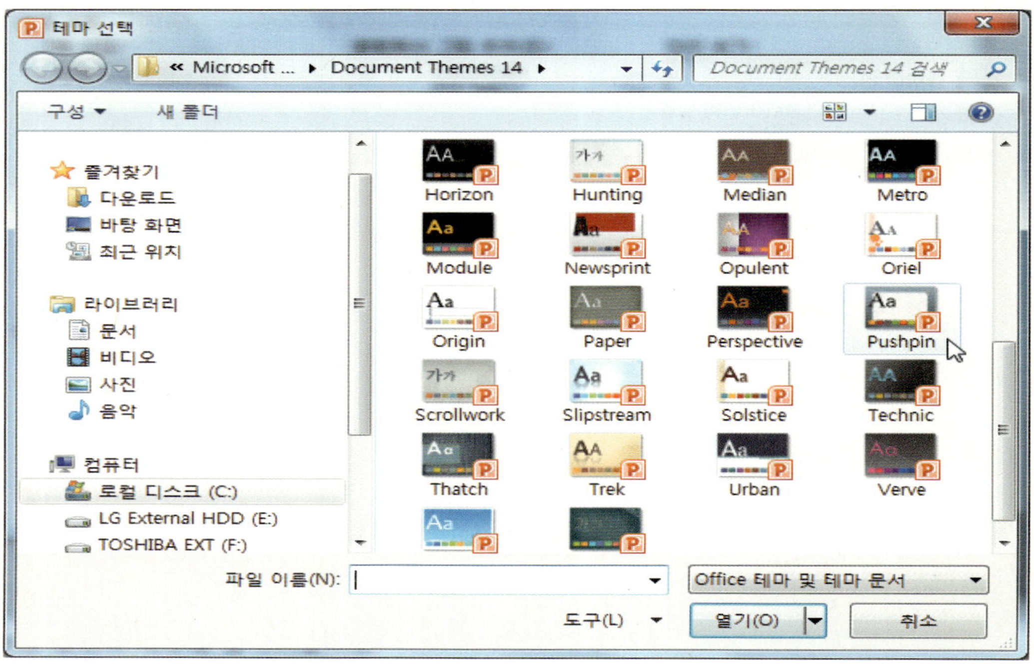

다음은 슬라이드당 2개의 그림이 표시 되도록 하고 프레임이 모서리가 둥근 직사각형, 테마가 Pushpin을 선택하여 완성된 사진 앨범이다.

2) 사진 앨범 편집하기

1 현재 사진 앨범이 열려있을 경우 **[삽입]-[일러스트레이션]** 그룹에 있는 사진앨범()에서 **[사진 앨범 편집]**을 선택하면 사진 앨범 편집 대화상자가 나타난다.

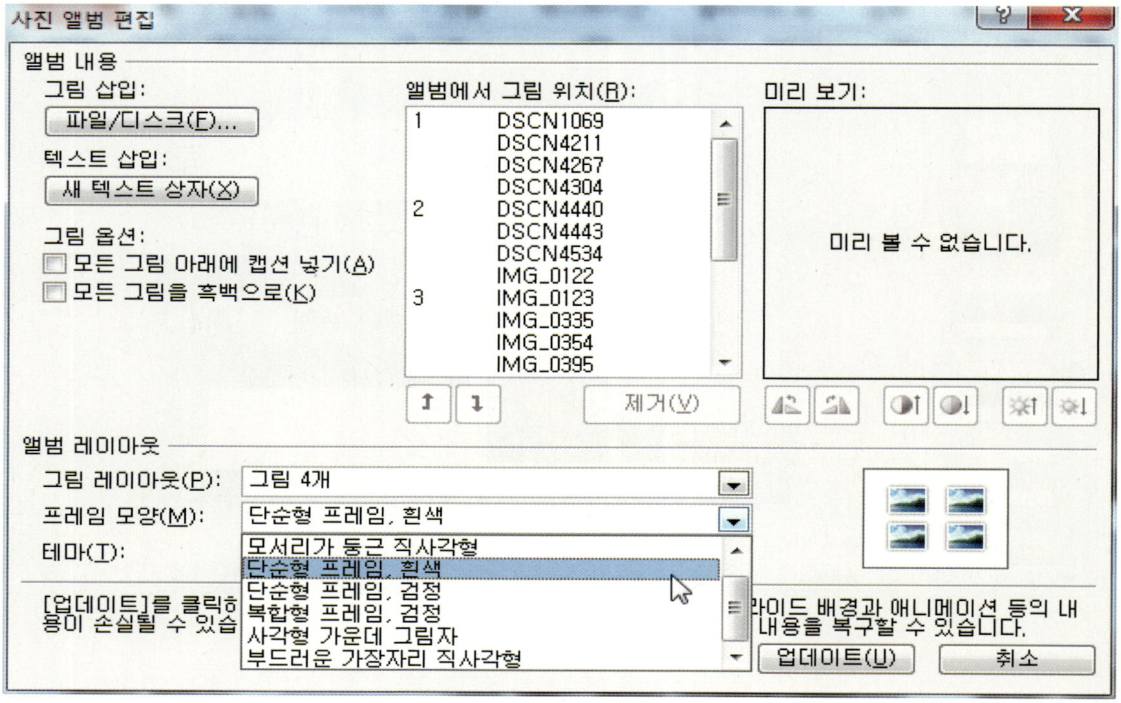

2 필요한 항목을 수정한 후 **[업데이트]**를 클릭하면 사진 앨범을 수정할 수 있다.

3.4 클립아트 이용하기

클립아트는 파워포인트에서 제공하는 대량의 기본적인 사진 및 그림 이미지, 동영상, 사운드 등을 말한다. 프레젠테이션 할 때 적절한 클립아트의 삽입은 전달하고자하는 내용을 좀 더 효과적이고 간결하게 표현 할 수 있다.

1) 클립아트 삽입

1 **[삽입]-[클립아트]**를 클릭하거나, 슬라이드 추가할 때 보이는 레이아웃화면에서 클립아트( )를 클릭한다.

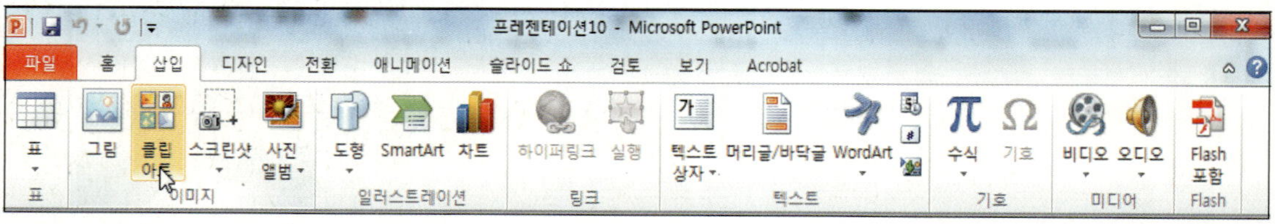

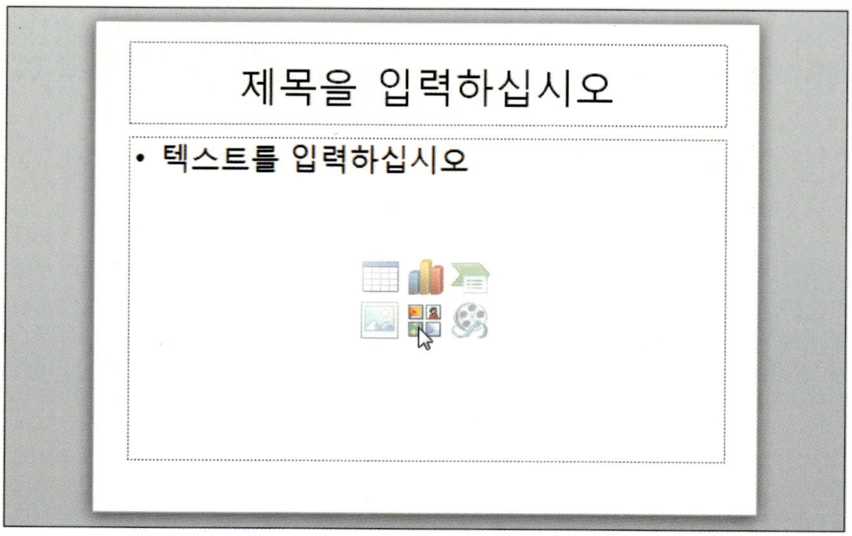

2 클립아트 도구 상자가 나타나면 검색 대상에 과일을 입력하고 이동을 클릭한다. 또는 검색대상 없이 이동을 클릭하면 클립아트가 나타난다.

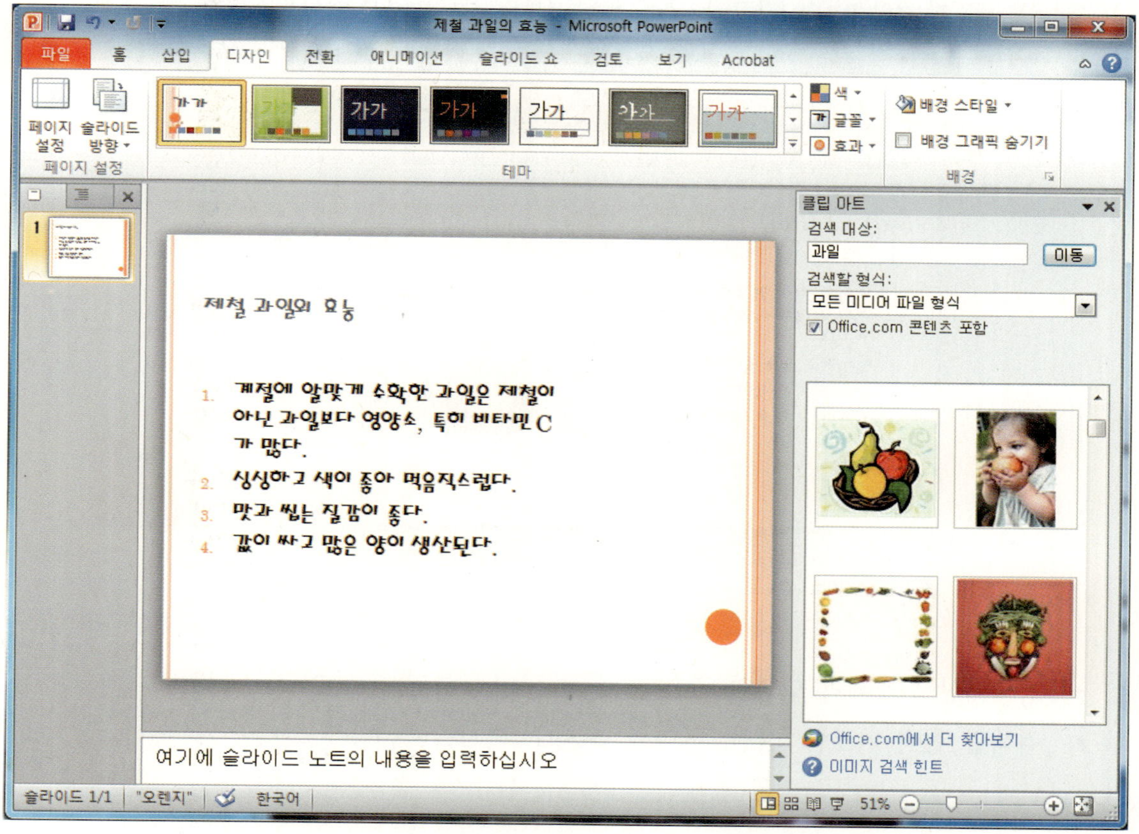

3 원하는 클립아트를 선택하여 슬라이드에서 클릭한다.

4 입력한 클립아트의 크기조절 핸들을 이용하여 적당한 크기로 조절한다.

5 클립아트 또한 그림속성을 지니고 있기 때문에, **[그림도구]-[서식]**의 추가 메뉴가 생성된다. 원하는 대로 효과를 준다.

클립아트 검색

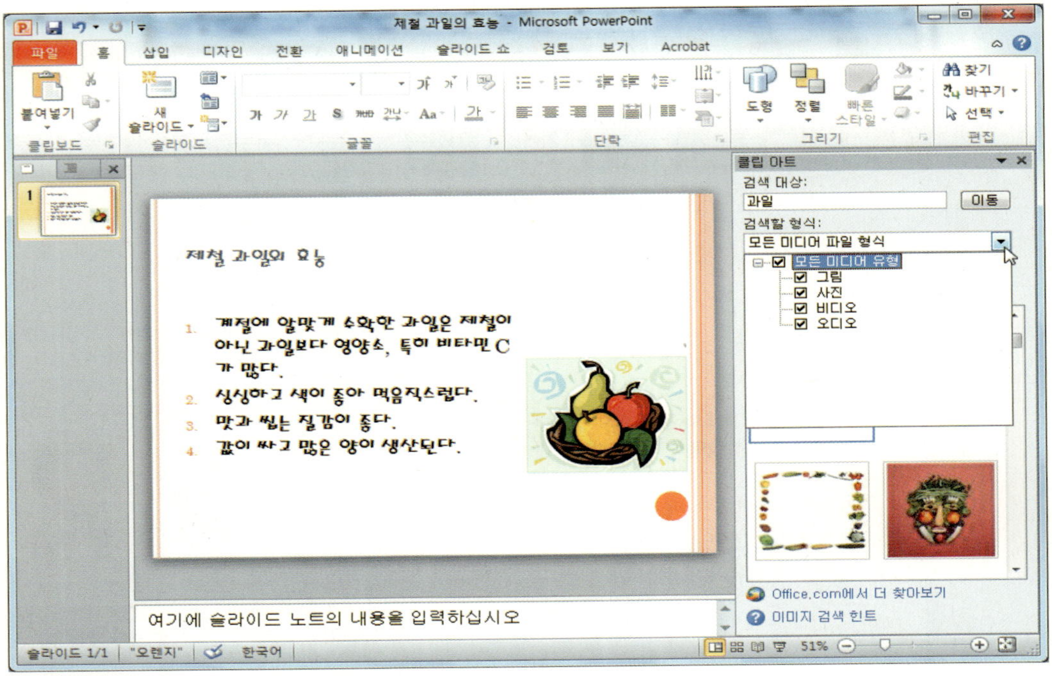

- **검색대상** : 검색어 입력란
- **검색할 형식** : 그림, 사진, 비디오, 오디오 및 모든 유형을 선택할 수 있다.

2) 클립아트 변형하여 사용하기

1 클립아트를 선택한다.

2 [그림 도구]-[서식]탭에서 [정렬]-[그룹]을 클릭한 후 [그룹해제]를 선택한다.

파워포인트 2010

3 클립아트를 그리기 개체로 변환할지를 묻는 메시지 창이 나타나면 **[예]**를 클릭한다.

4 Ctrl+Shift+G를 눌러 한 번 더 그룹을 해제하여 클립아트를 세세한 여러 개의 개체로 만든다.

여기서 그룹 단축키는 Ctrl+G 이고, 그룹 해제 단축키는 Ctrl+Shift+G 이다.

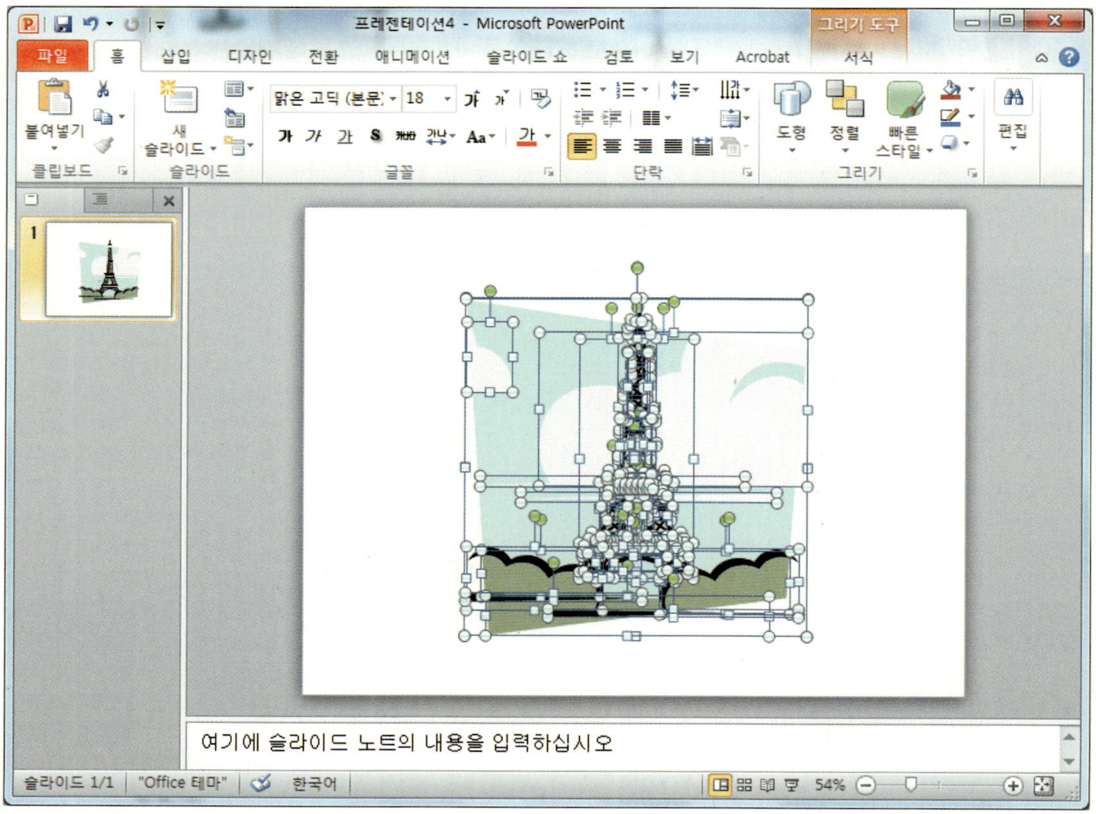

5 그룹 해제한 개체 중에서 원하는 불필요한 개체를 선택한다. 여기서는 3개를 선택한다. 선택한 후 Delete를 눌러 삭제한다.

6 나머지 개체를 선택한 후 그룹화 한다.

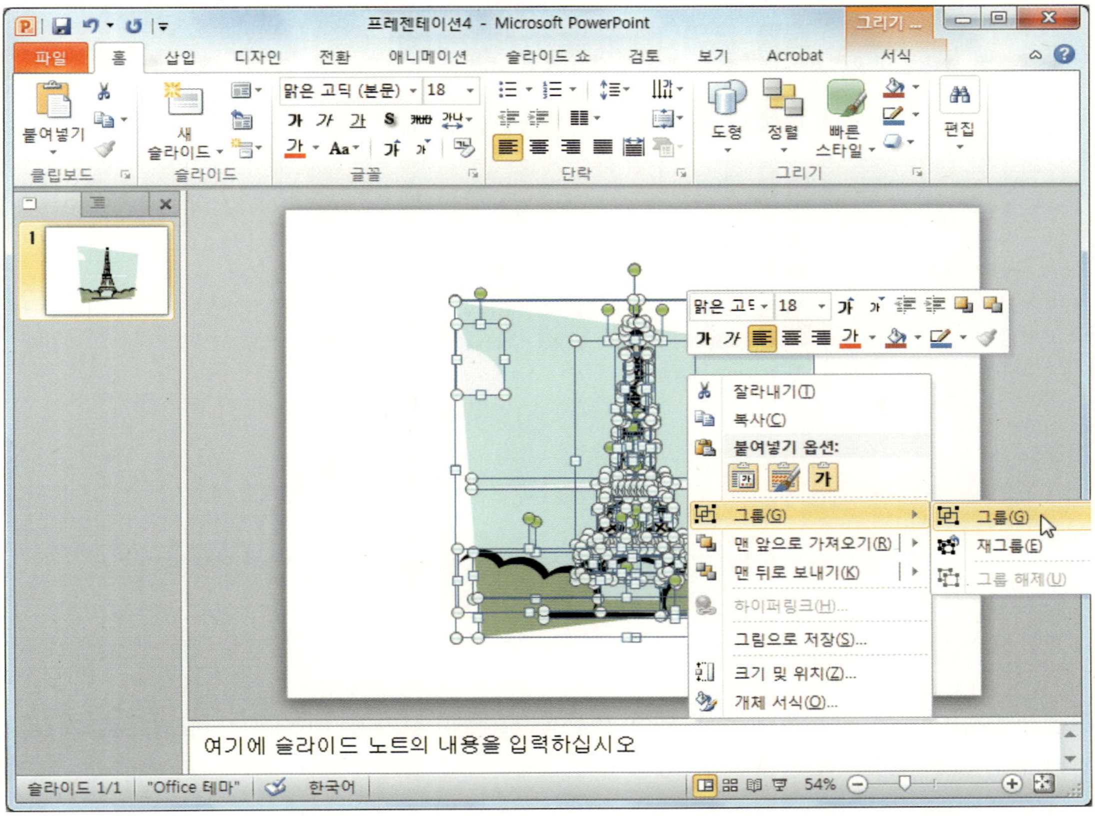

7 클립아트나 그림 등의 개체 꾸미기는 방법이 동일하다. **[그리기 도구]-[서식]**탭의 **[도형 스타일]** 그룹에서 **[미세효과 - 자주 강조 4]**를 선택하여 꾸민다.

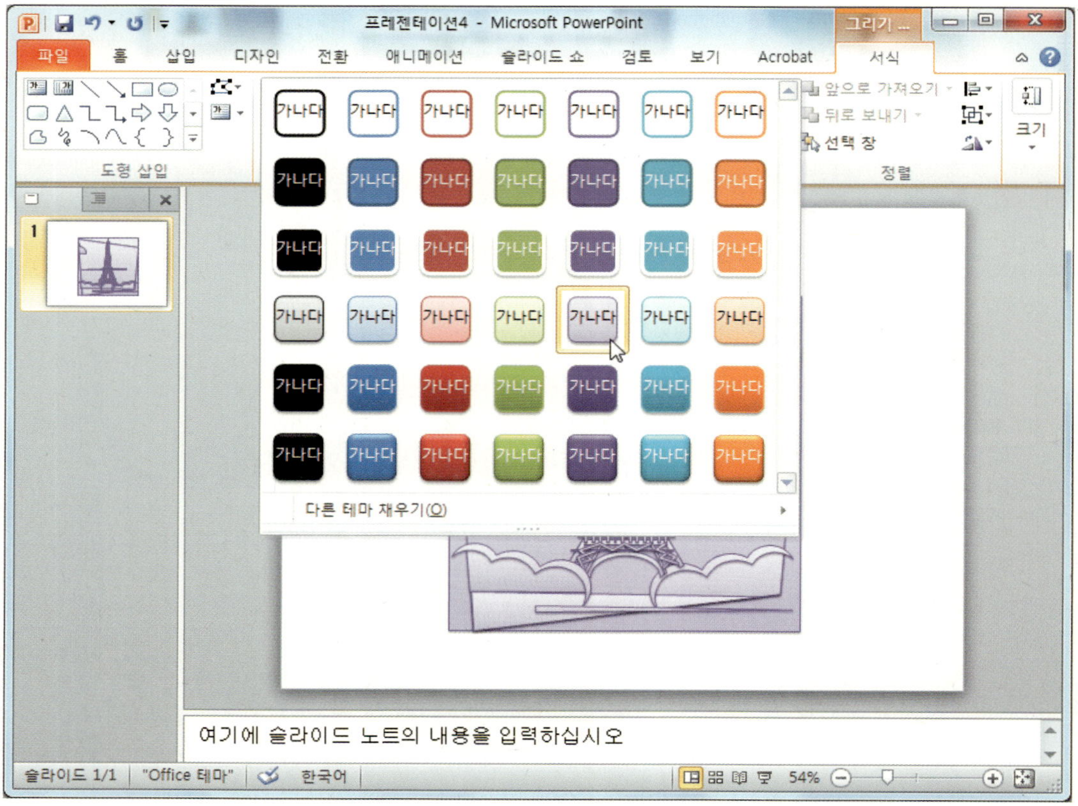

수정한 클립아트는 개체위에서 오른쪽 버튼을 눌러 바로가기 메뉴에서 **[그림으로 저장]**을 선택하여 저장한다.

3.5 도형 이용하기

도형을 이용하여 프레젠테이션을 만들어 본다.

도형을 삽입하는 방법은 **[홈]-[그리기]-[도형]**을 클릭하거나, **[삽입]-[일러스트레이션]-[도형]**을 클릭하면 된다.

도형에는 선, 사각형, 기본도형, 블록 화살표, 수식도형, 순서도, 별 및 현수막, 설명선 및 실행단추를 제공한다.

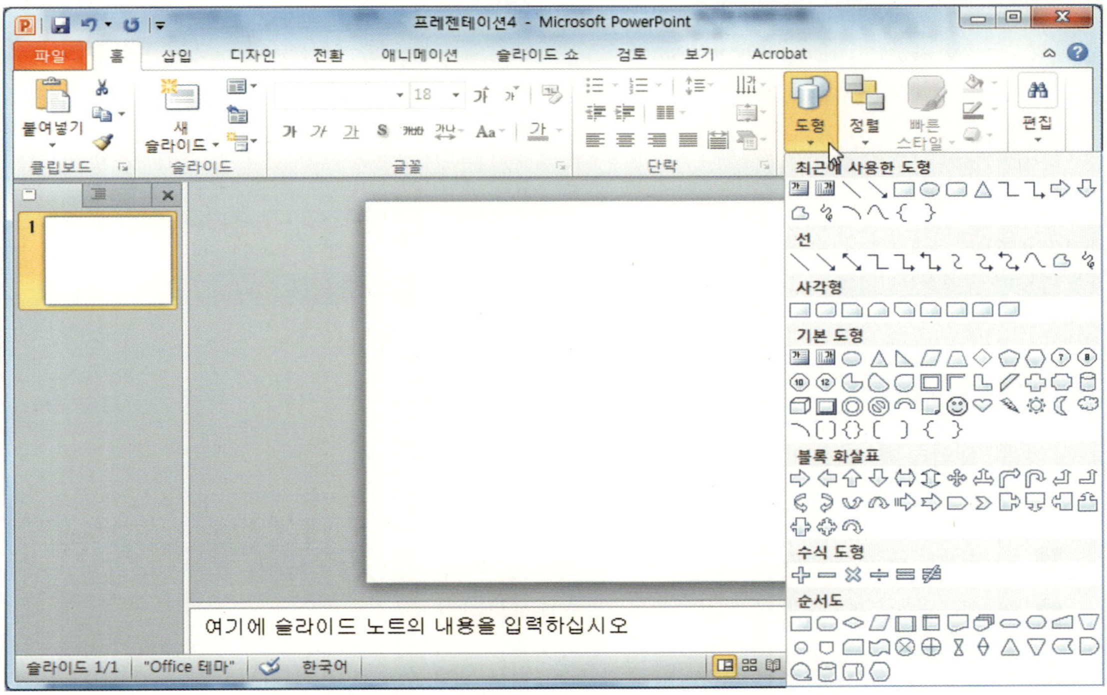

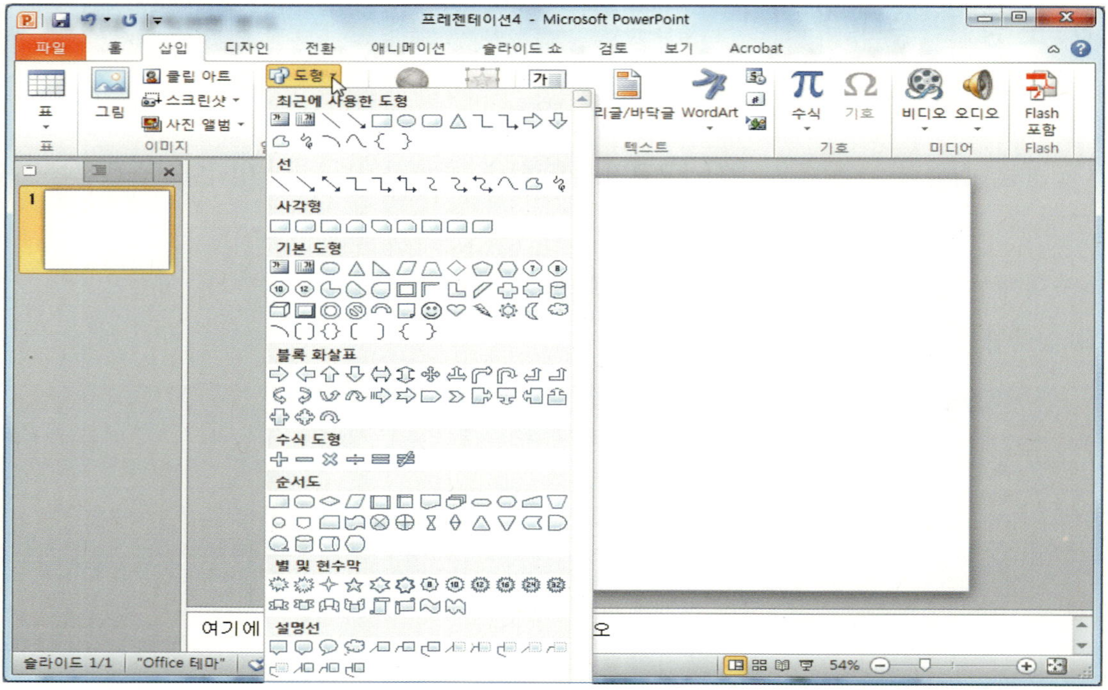

1) 도형 삽입하기

도형을 삽입하여 다음의 슬라이드를 완성한다.

1 슬라이드를 삽입한다.

2 슬라이드의 레이아웃을 빈 화면으로 선택한다.

3 **[홈]-[그리기]-[도형]**을 클릭하거나, **[삽입]-[일러스트레이션]-[도형]**을 클릭하여 원하는 도형을 선택한다.

4 원형을 선택하여 그린다.

5 도형에 글을 삽입하기 위해 선택된 도형에서 글을 입력하거나, 오른쪽 버튼을 누르고 **[텍스트 편집]**을 선택하여 글을 입력한다.

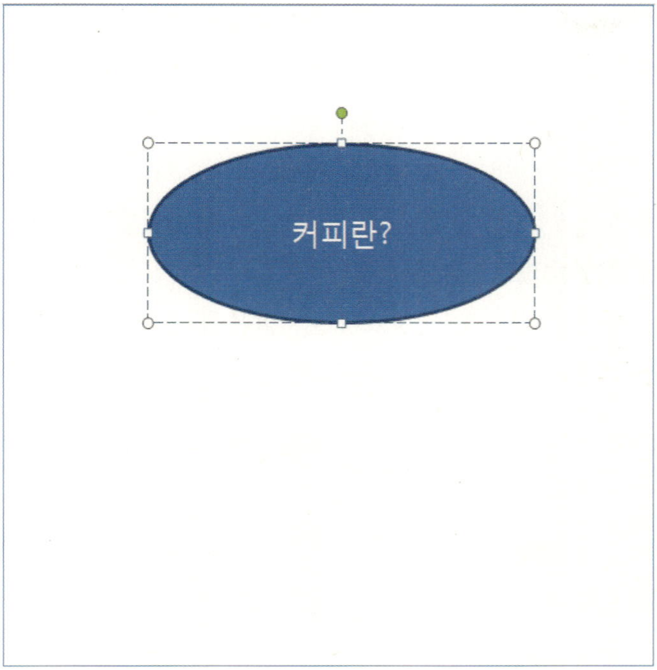
커피란?

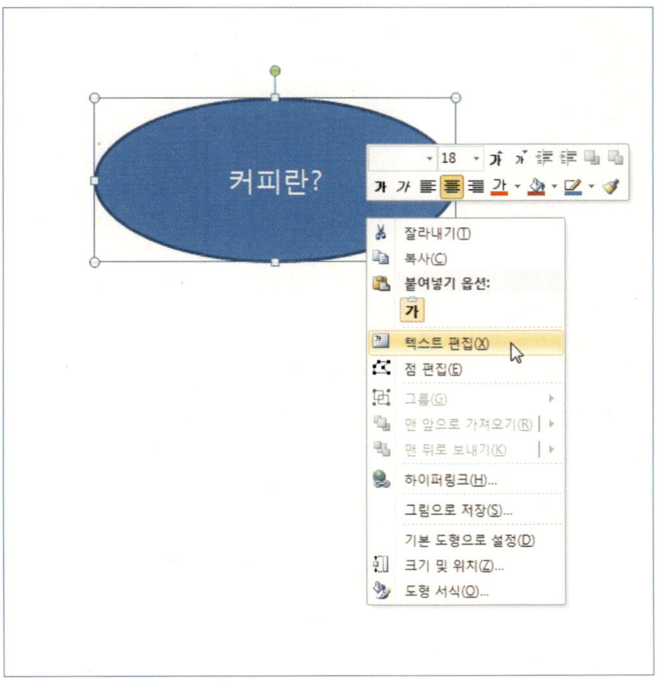
커피란?
18
잘라내기(T)
복사(C)
붙여넣기 옵션:
가
텍스트 편집(X)
점 편집(E)
그룹(G)
맨 앞으로 가져오기(R)
맨 뒤로 보내기(K)
하이퍼링크(H)...
그림으로 저장(S)...
기본 도형으로 설정(D)
크기 및 위치(Z)...
도형 서식(O)...

6 첫 번째 도형에 커피란?, 커피콩의 종류, 커피 종류 및 커피 머신 4개의 도형을 완성한다. 동일한 형식의 도형을 작업하기 위해서는 첫 번째 도형에서 텍스트(크기, 글자체, 색 등) 및 도형의 편집을 완성하여 복사하면 빠르게 완성할 수 있다.

첫 번째 도형에

- [홈]-[글꼴]-[HY견명조, 18pt],
- [그리기 도구]-[서식]탭의 [도형스타일]-[밝은색, 윤곽선, 색채우기-주황, 강조6],
- [도형효과]-[네온]-[주황, 18pt 네온, 강조색6]으로 편집한다.

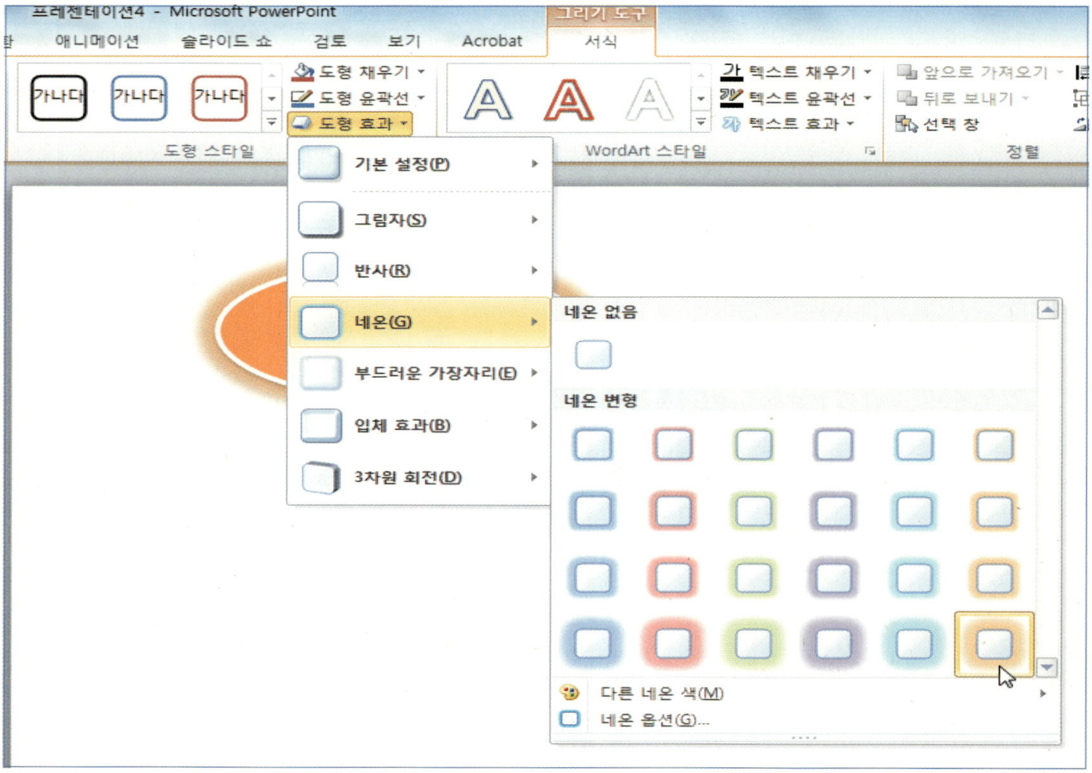

7 도형을 3개 복사해서 일렬로 나열한다.

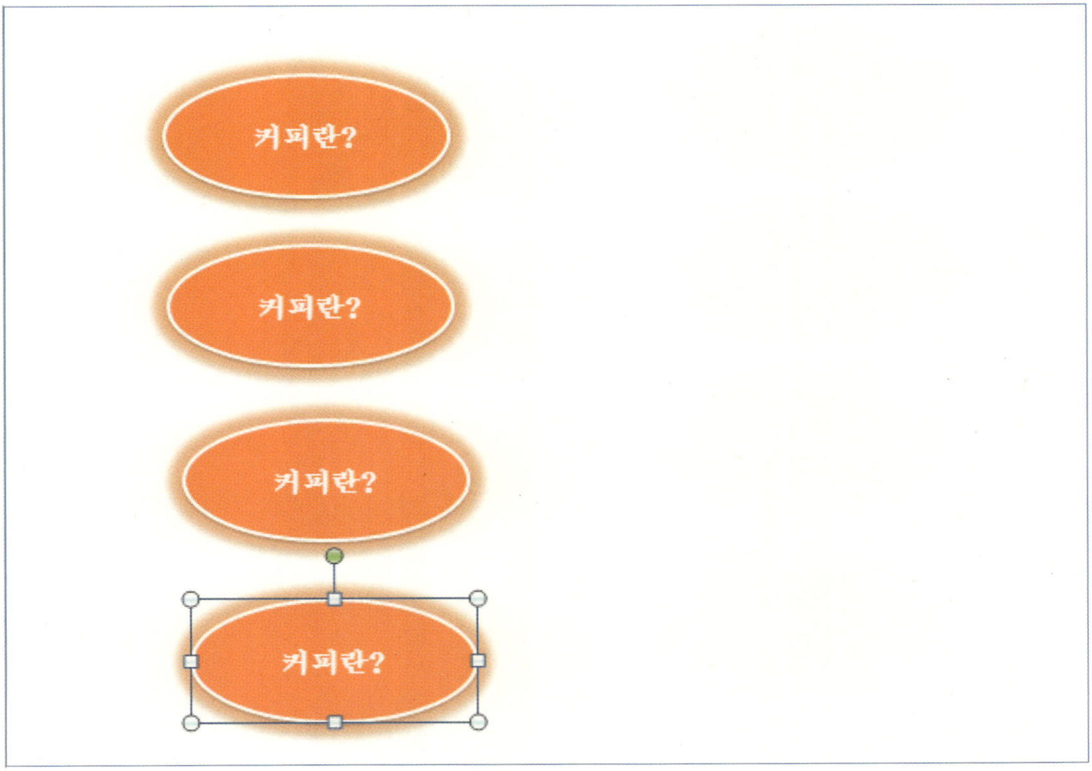

8 이어서 커피콩의 종류, 커피 종류 및 커피 머신 4개의 도형을 완성한다.

9 지금처럼 작업을 시행하면 복사한 각각의 도형에 편집을 하지 않아도 기본적인 편집이 완성된다.

2) 도형 편집하기

단순하게 원형으로 완성된 슬라이드를 사용자가 편리하게 편집할 수 있도록 해본다.

복사를 통해 간단히 만들긴 하였으나 완전한 정렬이 되어있지 않다. 따라서 보다 편리하게 정렬하기 위해서는 마치 하나의 도형인 것처럼 선택한 후에 작업해야 한다.

1 도형 4개를 모두 선택한다. 방법은 첫 번째 도형을 클릭한 후 나머지 도형들은 키보드 왼쪽의 Shift 또는 Ctrl을 누른 상태에서 클릭하면 모두 선택된다.

또 다른 방법은 도형 근처에서 박스를 그리듯이 드래그하면 모두 선택되어진다.

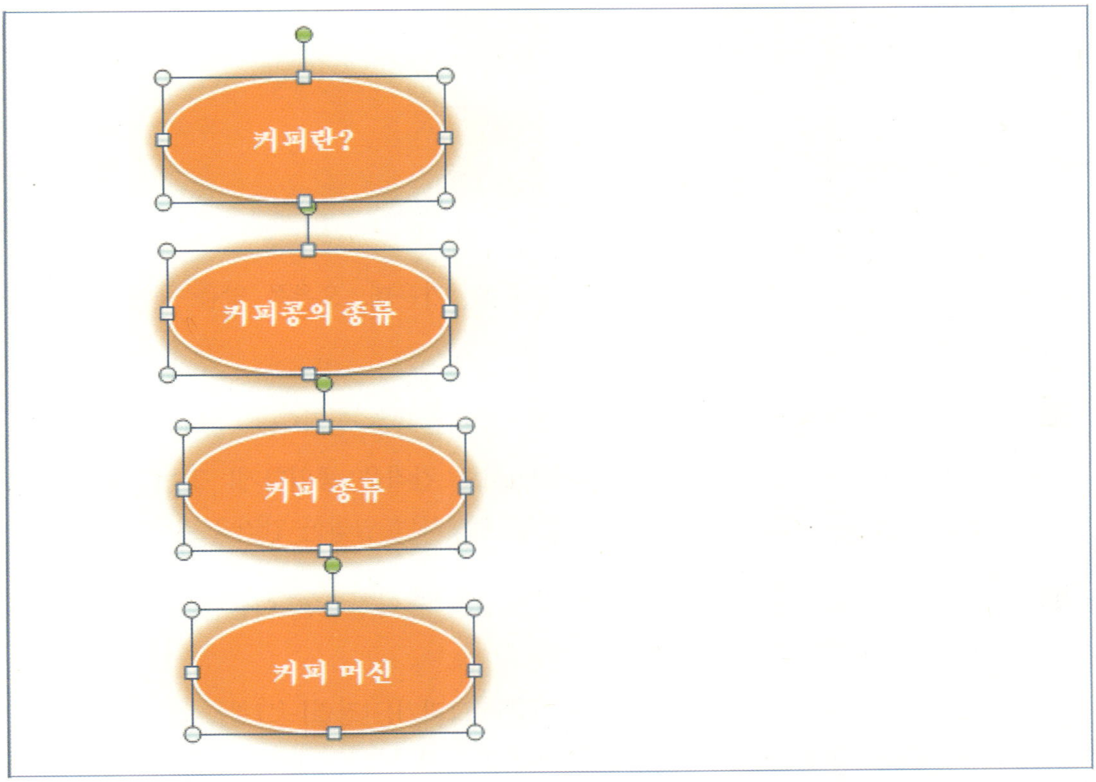

2 모두 선택한 다음에는 **[홈]-[정렬]-[개체 위치]-[맞춤]**, **[그리기 도구]-[서식]-[맞춤]**을 이용하여 도형을 일정하게 정렬한다.

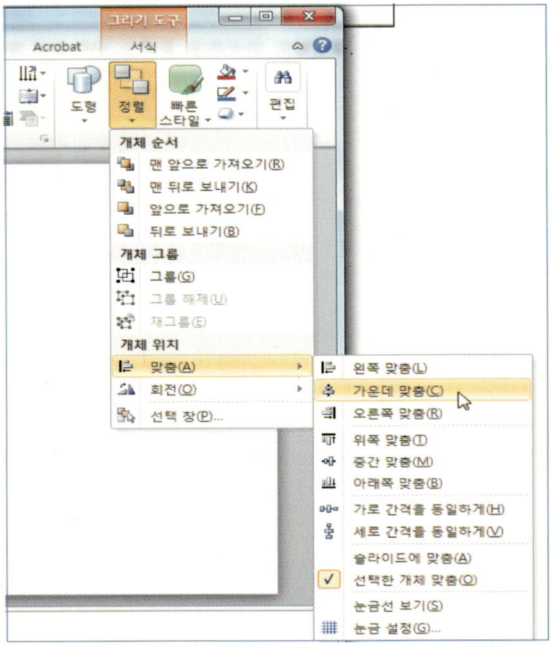

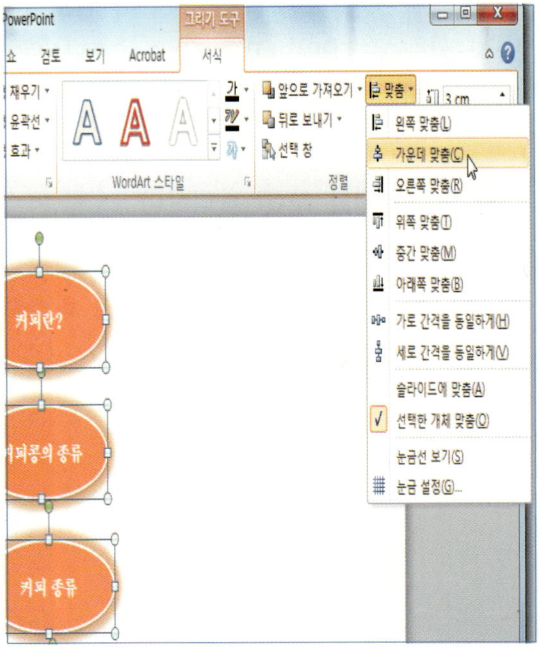

예제의 도형은 세로로 놓여있기 때문에 **왼쪽, 가운데, 오른쪽 맞춤** 중에 선택하게 되면 시작점이 일정하게 정렬된다.

3 시작점은 일정하게 정리되었으나 도형들 간의 간격은 일정하게 정리되지 않았다.

이를 정리하는 방법은 **[홈]-[정렬]-[맞춤]-[세로 간격을 동일하게]** 또는 **[그리기 도구]-[서식]-[맞춤]-[세로 간격을 동일하게]**를 선택하면 일정한 간격을 유지하게 된다.

4 이후에 이들 도형을 함께 작업해야 할 일들이 많아진다면 이들을 하나로 묶어서 작업하면 쉬워진다. 이를 그룹 이라한다.

그룹은 묶고자하는 도형을 선택한 후 **[홈]-[그리기]-[정렬]-[그룹]**, **[그리기 도구]-[서식]-[정렬]-[그룹]** 또는 선택된 도형에서 오른쪽 버튼을 눌러 **[그룹]**을 선택한다. 그룹이 형성되면 도형 각각의 조절점들이 커다란 도형처럼 하나의 조절점으로 묶여지게 된다.

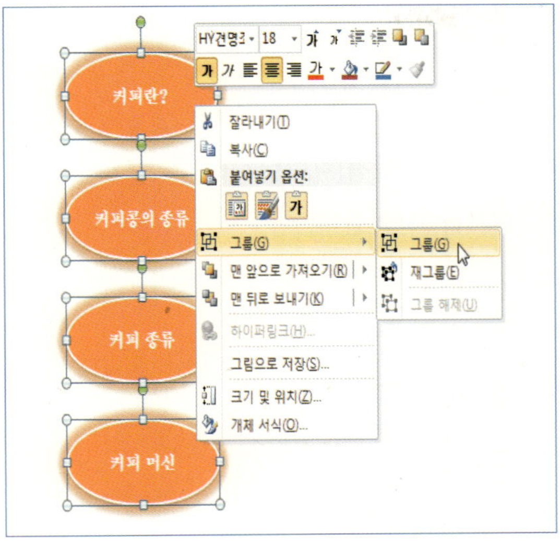

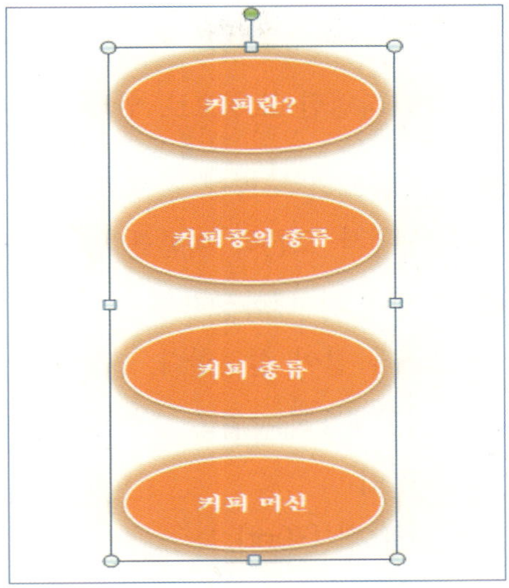

5 도형을 조금 더 편집하고자 한다면 **[그리기 도구]-[서식]-[도형서식]**을 클릭하거나, 선택한 도형에서 오른쪽 버튼을 눌러 **[도형서식]**을 선택하여 각각의 스타일을 편집할 수 있다.

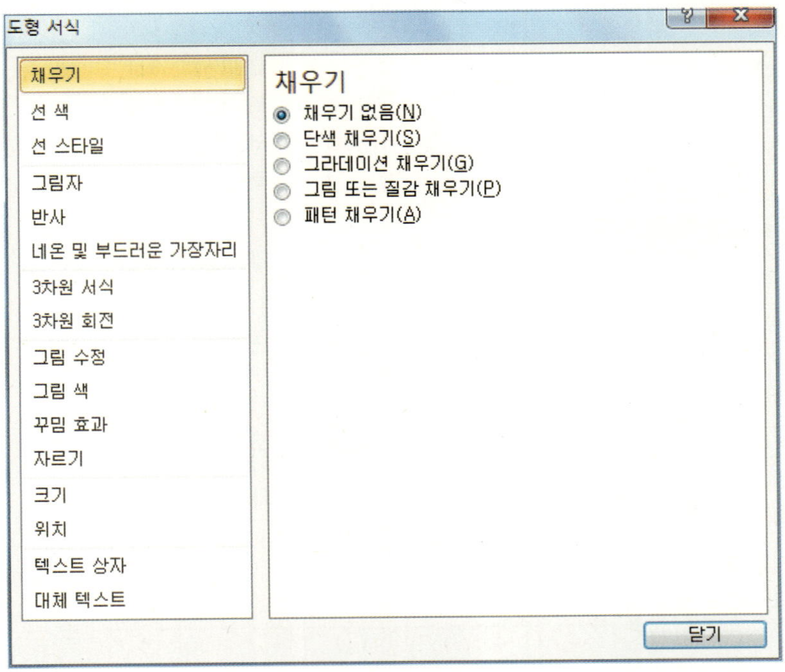

파워포인트 2010

2) 평면도형을 3차원 입체도형으로 편집하기

지금까지 작업한 도형으로 입체적인 도형으로 편집한다.

1. 슬라이드의 도형을 선택한 후 **[그리기 도구]-[서식]-[도형서식]**을 클릭 또는 선택한 도형에서 오른쪽 버튼을 눌러 **[도형서식]**을 선택한다.
2. [도형서식] 대화상자에서 [3차원 서식]항목을 선택한 후 입체효과, 깊이 및 표면을 다음과 같이 설정한다.
   - [입체효과]-[위쪽 - 너비 : 6pt, 높이 : 6pt] [아래쪽 - 너비 : 6pt, 높이 : 6pt]
   - [깊이]-[30pt]
   - [재질]-[부드러운 가장자리]
   - [조명]-[아침], [각도]-[40도]

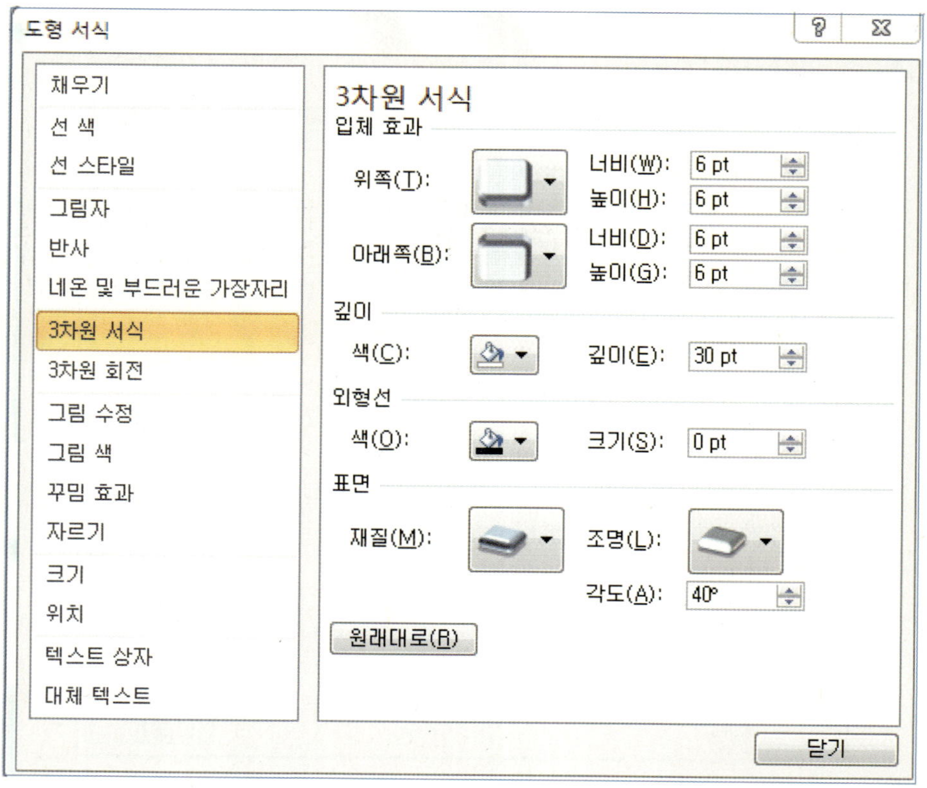

3 이어서 **[도형서식]** 대화상자에서 **[3차원 회전]**항목을 선택한다.
[미리설정]에서 **[축 분리 1 오른쪽으로]**를 선택하고 **[닫기]**를 눌러 대화상자를 닫는다.

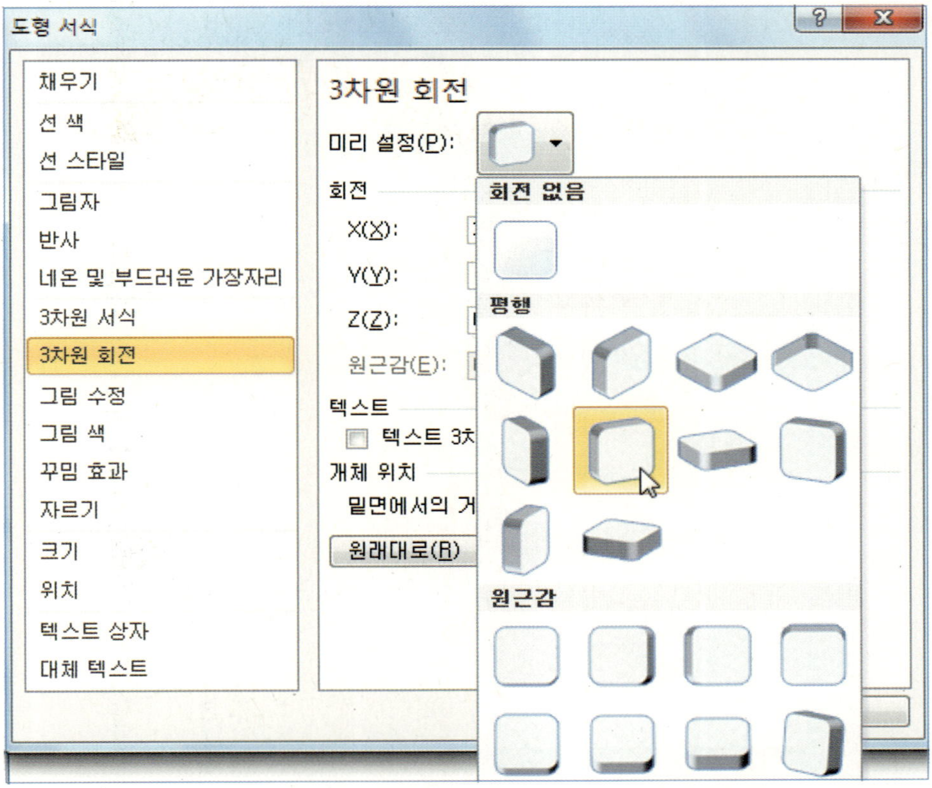

4 아래와 같이 도형이 완성된다.

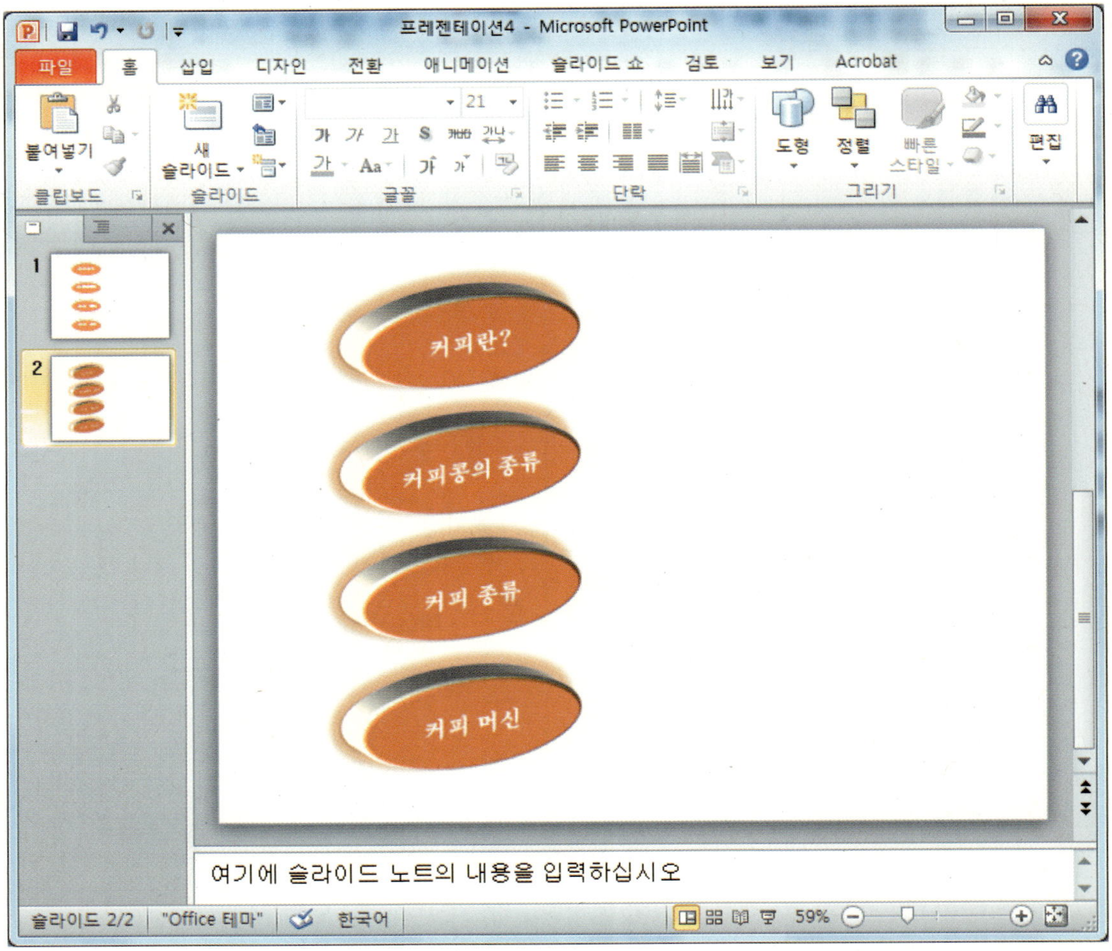

3.6 워드아트 이용하기

일반적인 텍스트는 도형처럼 채우기 효과, 그림자 스타일, 3차원 스타일 등과 같은 화려한 효과를 적용하기는 어렵다. 내용으로 채워지는 부분에서는 화려한 효과를 필요로 하지 않는다. 그러나 제목 텍스트만큼은 화려하고 멋지게 편집할 수 있다면 더 좋은 효과를 볼 수 있을 것이다.

이때 이용되는 것이 워드아트라 할 수 있다. 워드아트는 텍스트를 도형처럼 편집하고 디자인할 수 있다.

1) 워드아트 삽입

1 [삽입]-[텍스트]-[WordArt]를 선택한다.

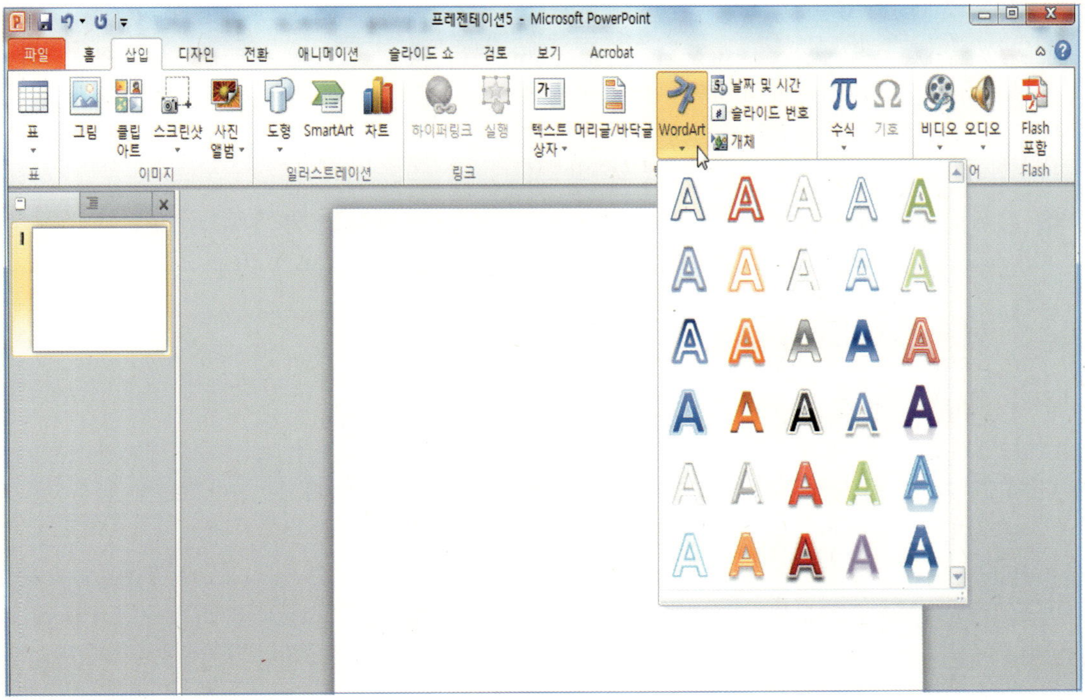

2 원하는 워드아트를 선택하면 기본적으로 슬라이드 중앙에 **[필요한 내용을 적으십시오.]**라고 표시된다.

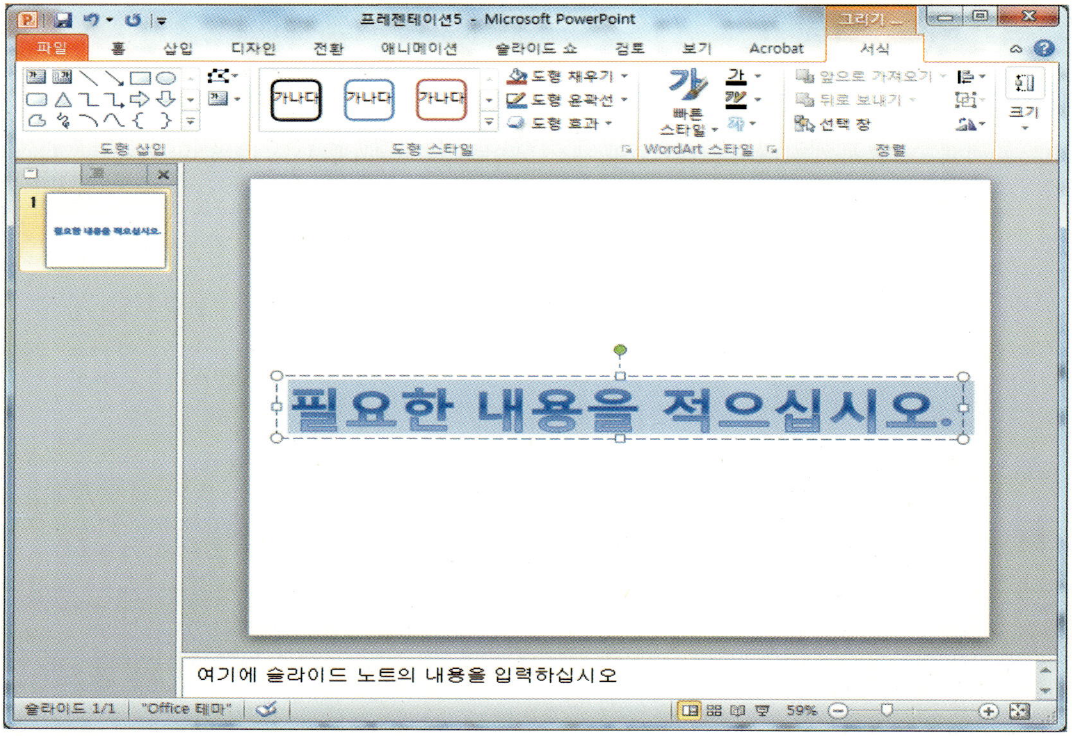

3 입력된 워드아트는 도형과 같이 인식되며 **[그리기 도구]**추가 메뉴가 생긴다.

단축키 이용방법

[추가 메뉴]-[그리기 도구]

삽입한 개체에 그림, 도형 등 그리기에 관한 속성이 존재하면 그리기 도구 추가메뉴가 생성된다. **[그리기 도구]-[서식]**에는 도형삽입, 도형스타일, WordArt 스타일, 정렬, 크기 설정 탭이 존재하며, 각 탭마다 추가적인 옵션을 지정하고자 할 때에는 오른쪽 아래의 화살 버튼을 클릭한다.

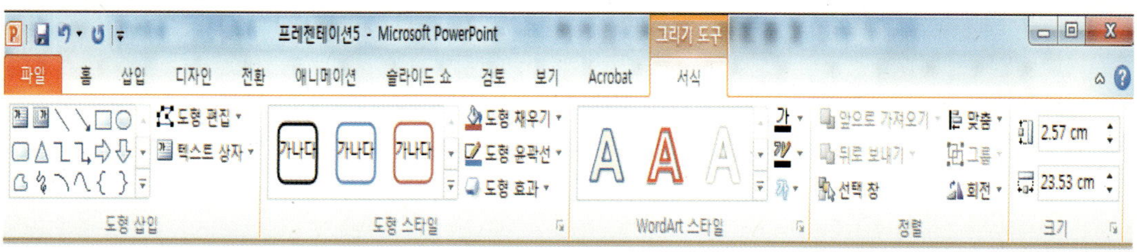

2) 워드아트 속성 변경

삽입된 워드아트에 새로운 속성을 추가하거나 변경 또는 삭제할 수 있다.

다음의 예제처럼 워드아트의 입력과 함께 속성을 변경하여 완성하여본다.

1. 슬라이드에 워드아트를 삽입한 후, **「파워포인트 따라 하기」**를 입력한다.
2. **[도형스타일]-[미세효과-빨강, 강조 2]**를 선택한다.

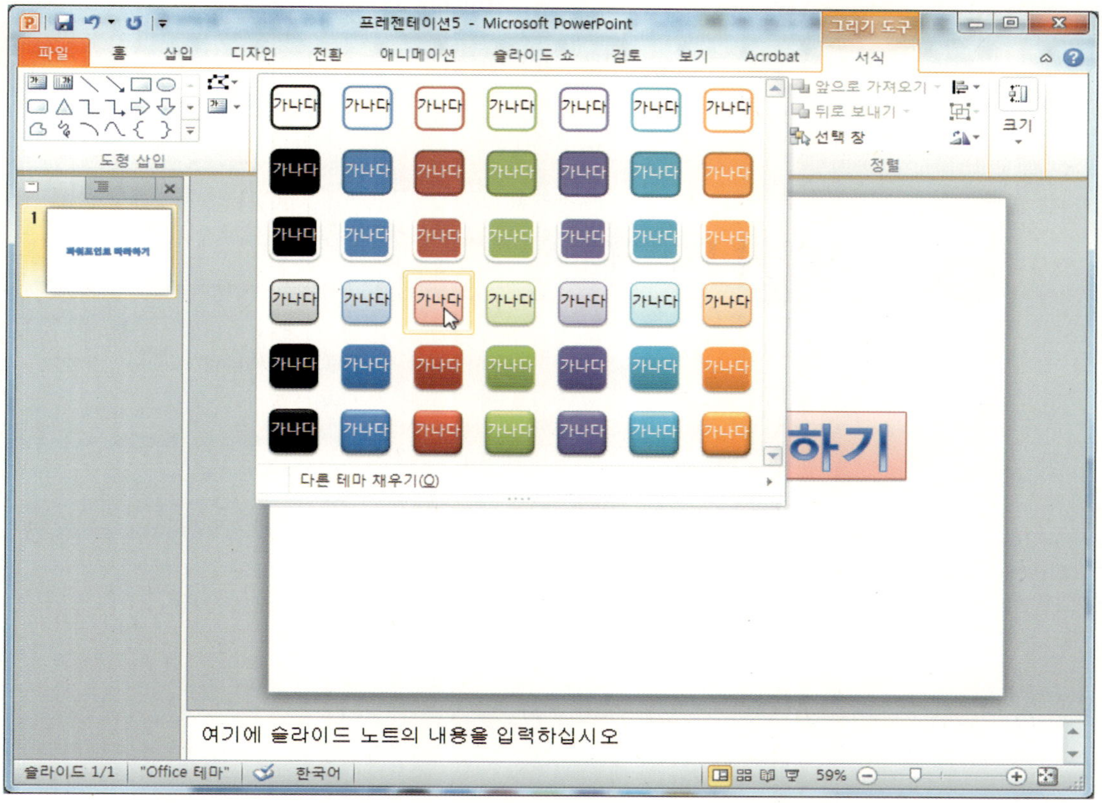

3 [WordArt 스타일]-[텍스트효과]-[입체효과]-[각지게]를 선택한다.

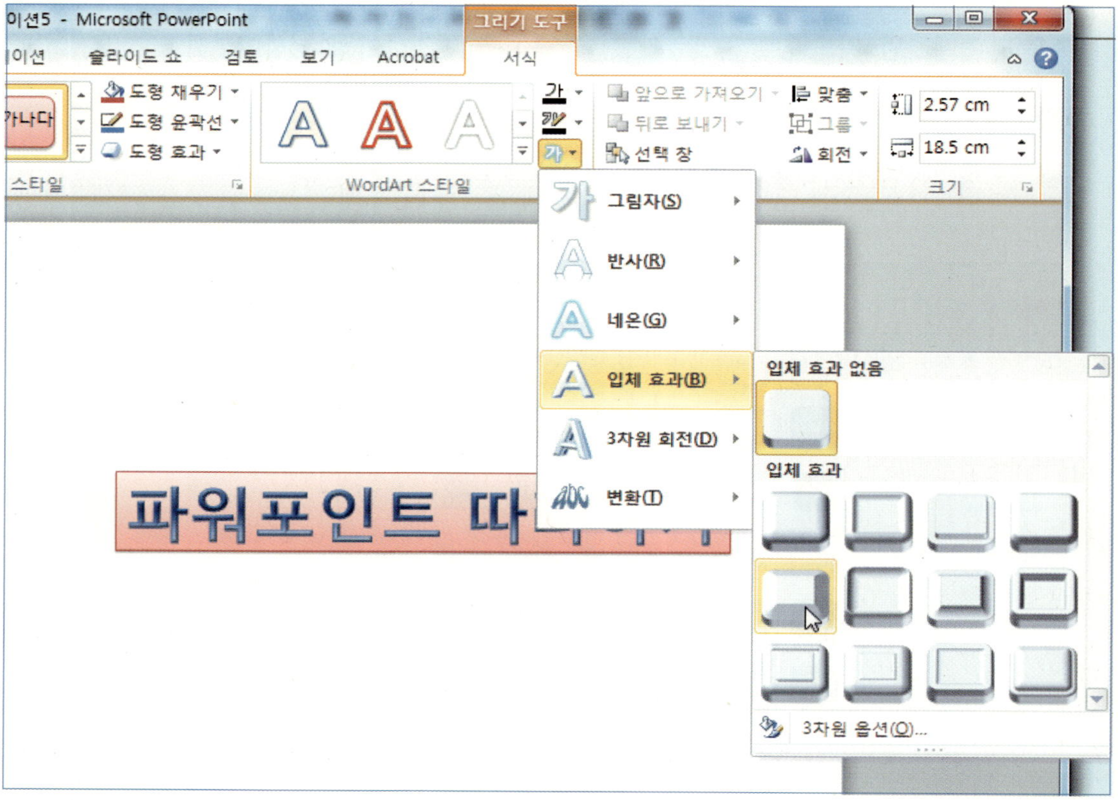

4 조금 더 변화를 주고 싶다면 [WordArt 스타일]-[텍스트효과]-[변환]-[이중물결 1]을 선택하여 굴곡 있는 워드아트로 편집한다.

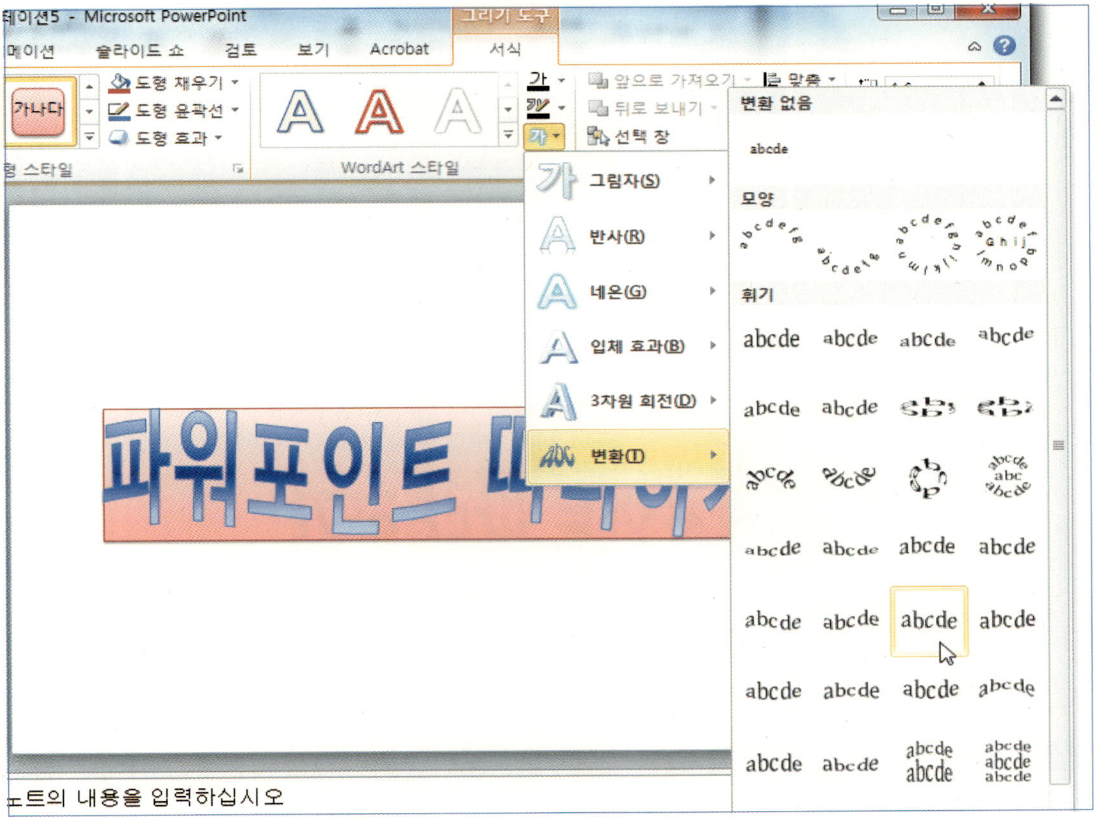

5 다음의 완성된 워드아트를 선택하면 녹색의 원형과 핑크색의 다이아몬드 모형이 생성된다. 이때 모든 개체에 있는 녹색 원형위에 마우스 포인트를 맞추면 회전이 가능하게 된다. 핑크 다이아몬드에 마우스 포인트를 맞추면 각도를 조절할 수 있다. 선택된 메뉴에 따라서 생성되는 숫자가 달라진다.

[회전]

[각도 조정]

[완성]

3.7 SmartArt 그래픽 이용하기

다이어그램이란 텍스트를 포함한 간단한 도형이나 기호들을 이용하여 대상들 간의 관계를 간략히 표현한 것이다.

파워포인트 2010에서 SmartArt 그래픽은 여러 레이아웃에서 원하는 옵션을 선택하여 빠르고 쉽게 만들 수 있는 정보의 시각적 표현으로, 메시지나 아이디어를 효과적으로 전달할 수 있다.

SmartArt는 그래픽 목록과 프로세스 다이어그램, 벤 다이어그램, 조직도와 같은 좀 더 복잡한 그래픽을 지원해준다.

1) 프로세스형 다이어그램 만들기

1 [삽입]-[SmartArt]를 클릭하거나, 슬라이드 추가시 보이는 레이아웃화면에서 SmartArt( )를 클릭한다.

2 SmartArt 그래픽 선택 대화상자에서 **[프로세스형]-[기본 갈매기형 수장 프로세스형]**을 선택한다.

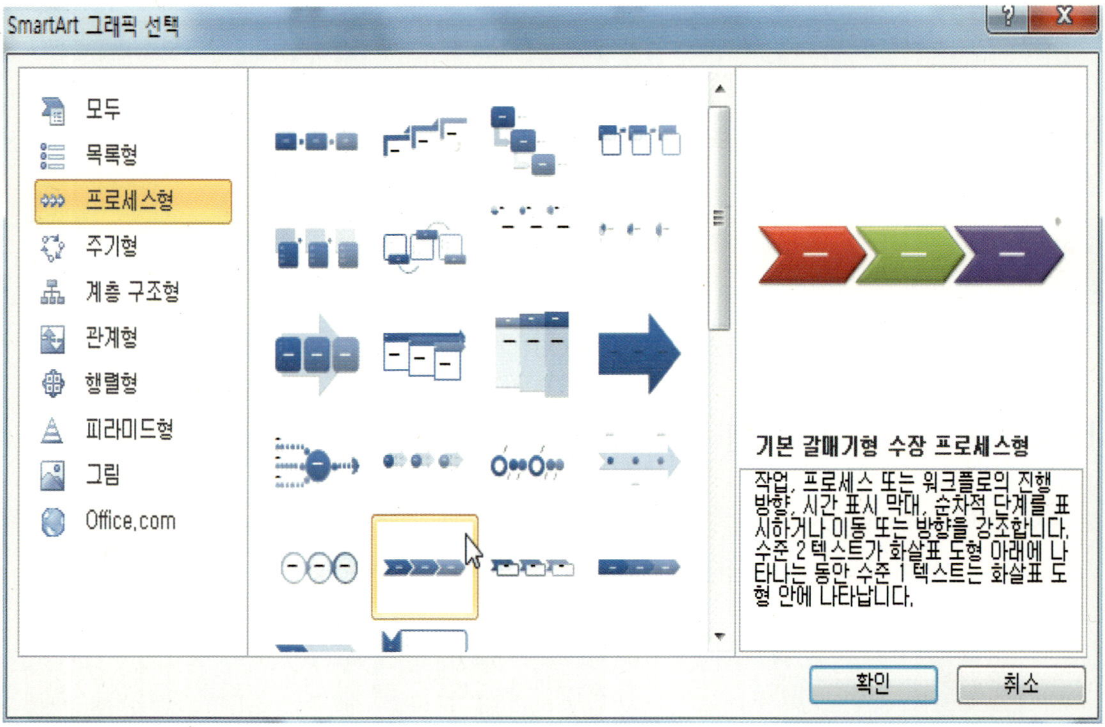

3 추가메뉴로 SmartArt 도구상자가 나오며, **[디자인]**과 **[서식]**탭으로 나누어진다.

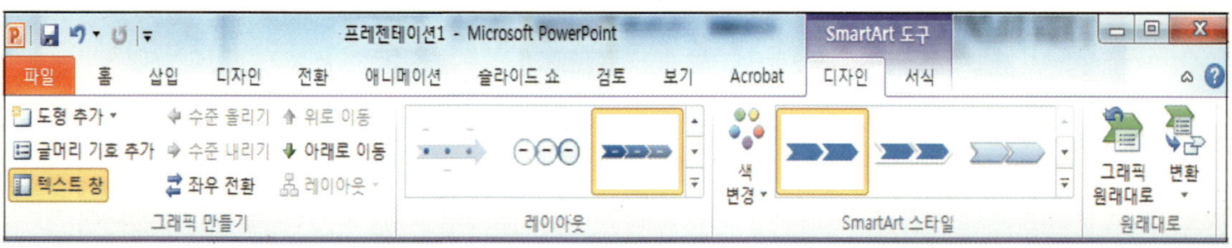

2) 프로세스형 다이어그램 편집

1 제목에 상담서비스 절차를 입력한다.

2 [SmartArt 도구]-[디자인] 탭에서 **[그래픽 만들기]-[도형 추가]**에서 도형 2개를 추가 하여 상담서비스 절차를 완료한다.

도형 추가/삭제로 디자인을 먼저 정하고 내용 입력을 추천한다.

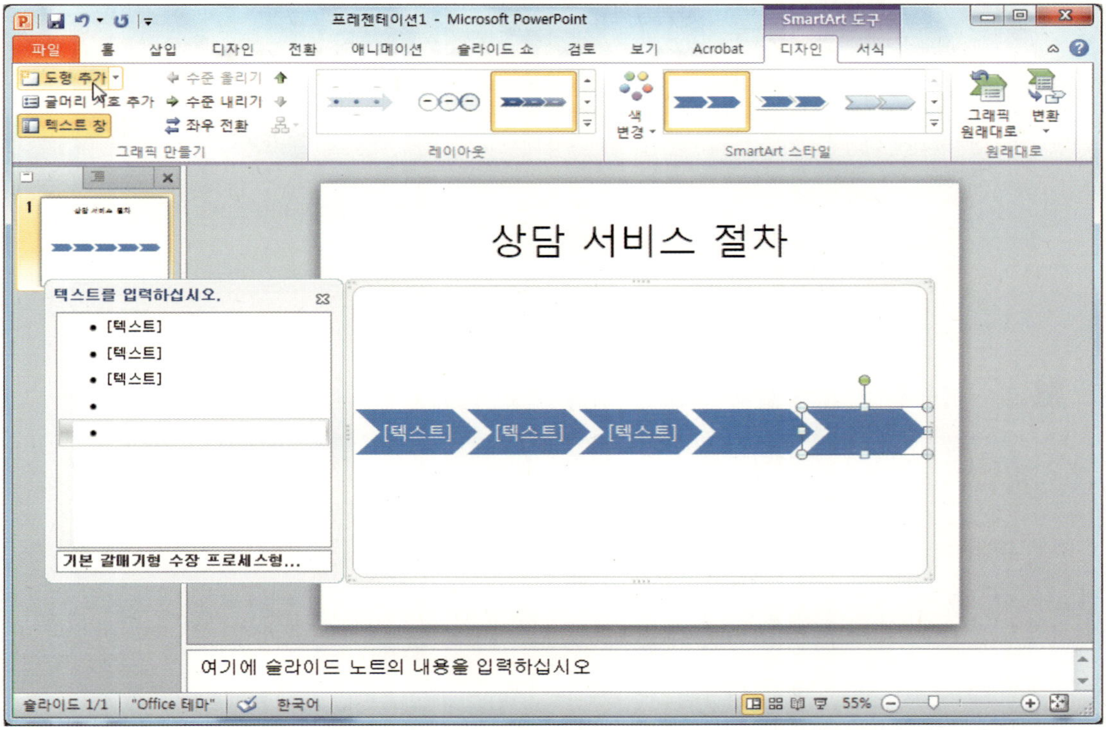

각 도형에 상담 대상자 신청/선정, 1차 상담 진단, 2차 상담 솔루션 제공, 3차 상담 모니터링, 상담 완료를 입력한다. 또는 텍스트 창에 입력해도 가능하다.

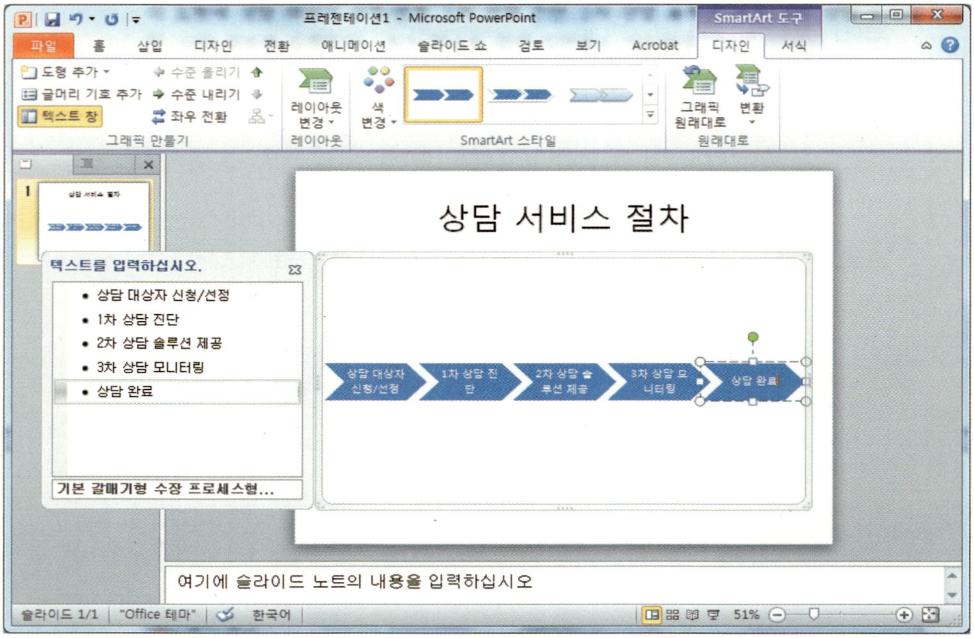

3 레이아웃을 **「연속 블록 프로세스형」**으로 변경한다.

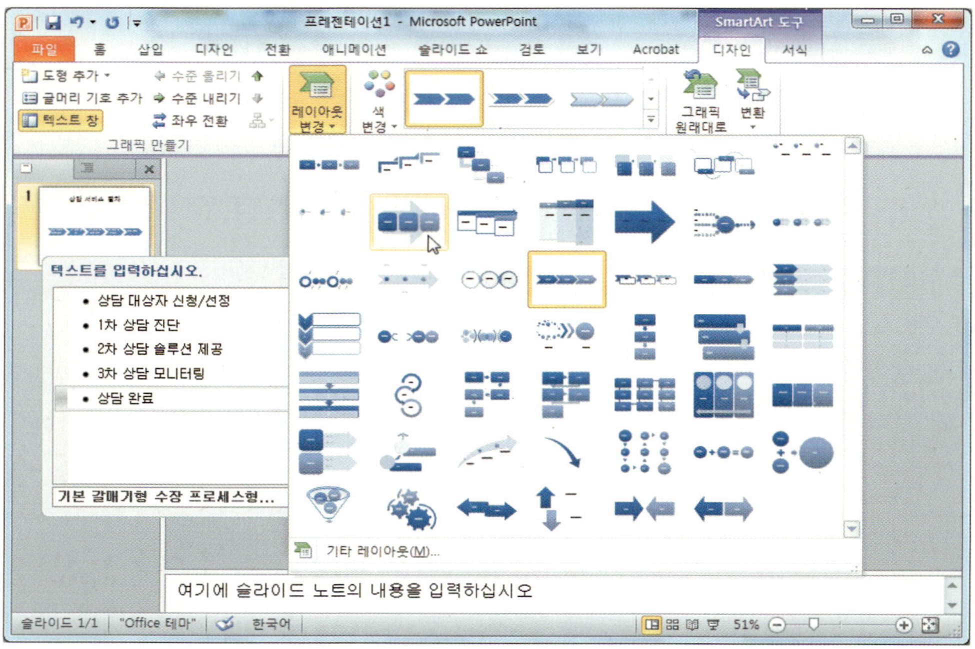

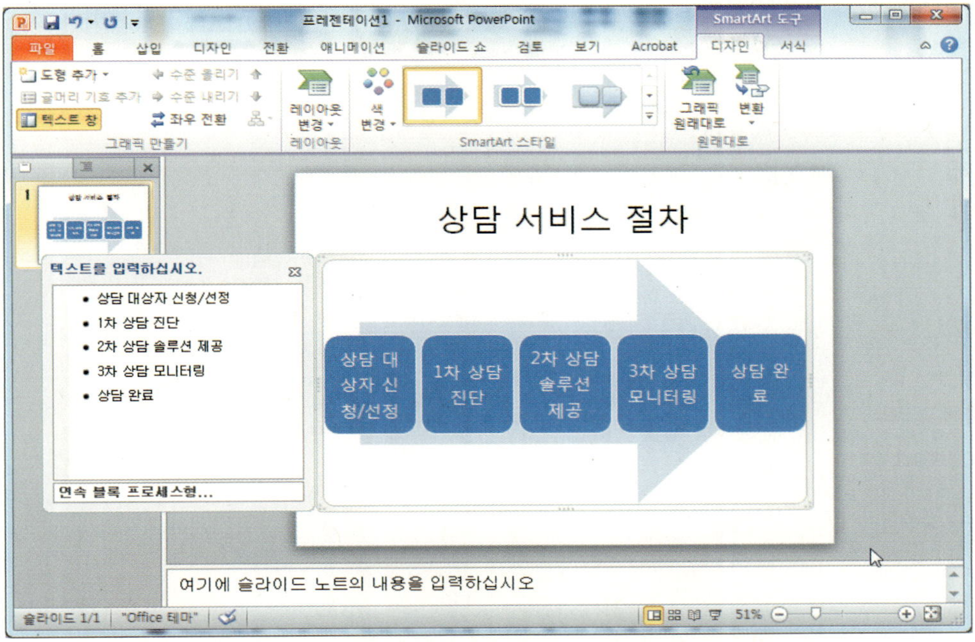

4 [SmartArt 도구]-[디자인]탭에서 [SmartArt 스타일]-[색 변경]-[색상형-강조색]으로 색을 변경시킨다.

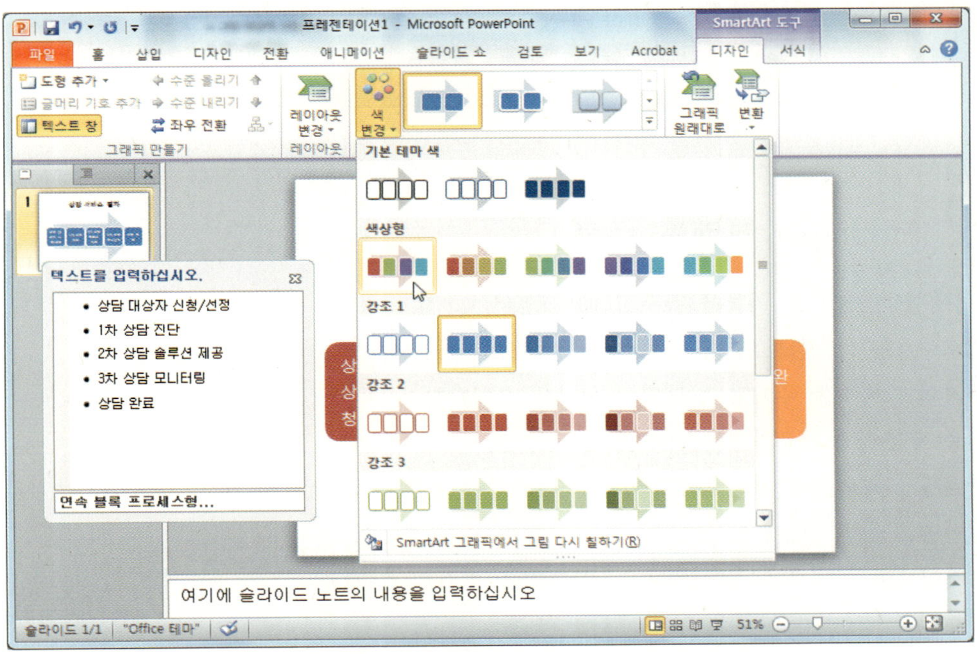

5 스타일을 적용시켜 [SmartArt 도구]-[디자인]탭에서 [SmartArt 스타일]-[3차원]-[경사]를 선택하여 입체감을 준다.

6 워드아트를 이용하여 제목 「상담서비스 절차」를 편집한다.

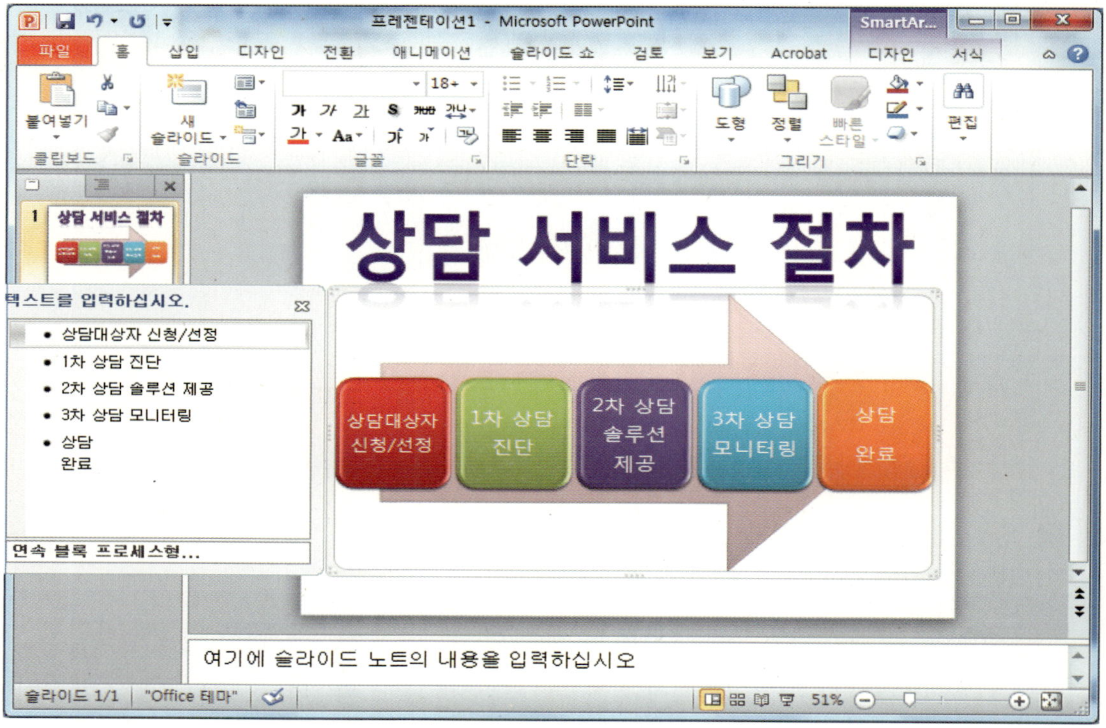

SmartArt 그래픽 종류

- **목록형** : 차례 및 목록을 표시할 때 쓰인다.
- **프로세스형** : 흐름도 및 프로세스 순서를 그릴 때 쓰인다.
- **주기형** : 일정한 주기로 반복되는 형상을 표현한다.
- **계층 구조형** : 계층관계를 나타낼 때 쓰인다.
- **관계형** : 과녁이나 결과, 서로 인과관계를 지닌 경우에 쓰인다.
- **행렬형** : 개별 구성원들이 모두 같은 위치에 속할 때 행렬을 쓴다.
- **피라미드형** : 단계적으로 진행되는 구조적인 모습을 나타낸다.

SmartArt 도구상자

SmartArt를 사용하여 다이어그램을 삽입하면 추가메뉴로 SmartArt 도구가 생긴다. 해당메뉴에는 「그래픽 만들기」, 「레이아웃」, 「SmartArt 스타일」, 「원래대로」 탭이 나타난다.

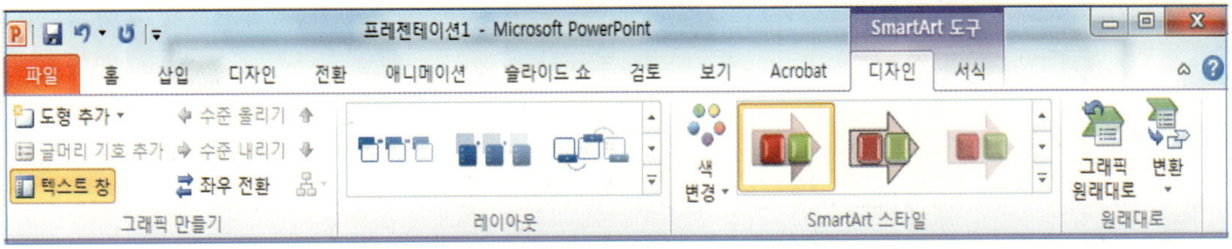

① **그래픽 만들기**

- **도형추가** : 다이어그램 앞/뒤/옆 등에 도형을 추가한다.
- **글머리 기호 추가** : 해당 다이어그램이 글머리 기호 추가 기능을 지원해야 활성화됨
- **텍스트 창** : 계층구조로 된 텍스트 창을 보여주거나 감춘다.
- **수준 올리기/내리기** : 선택한 글머리 기호 또는 도형의 수준을 올리기/내리기. 텍스트 창을 사용할 때 가장 유용하다.
- **좌우 전환** : 다이어그램의 위치를 좌/우 전환시킨다.
- **선택 영역 위/아래로 이동** : 현재 선택한 항목을 위/아래로 이동
- **조직도 레이아웃** : 선택한 도형의 분기 레이아웃을 변경한다. 조직도 레이아웃을 사용하는 경우에만 사용할 수 있다.

② **레이아웃**

기본 레이아웃을 바꾸는 기능이다.

③ **SmartArt 스타일**

- **색 변경** : 다이어그램의 색을 변경한다.
- **SmartArt 스타일** : 다이어그램 전반적인 효과 테마를 입힌다.

④ **원래대로**

- **그래픽 원래대로** : 적용된 그래픽 효과를 삭제하고 원래대로 돌린다.
- **변환** : SmartArt를 도형 또는 텍스트로 변환한다.

연습문제 1

다음과 같이 도형과 클립아트를 이용하여 완성한다.

처리조건

① 제목: [기본 도형-빗면] 이용, 워드아트

① 도형 이용하여 본문 완성

② 클립아트 삽입

연습문제 2

다음의 재래시장의 장점을 SmartArt를 활용하여 완성한다.

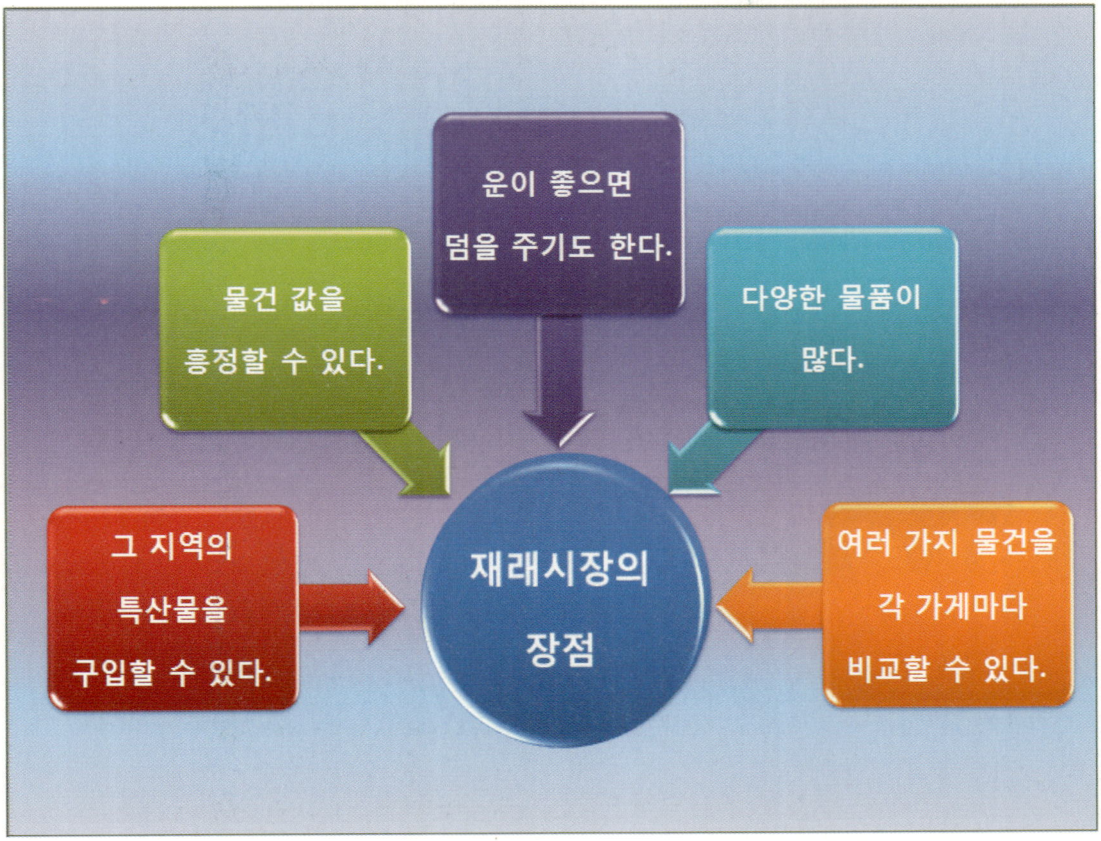

처리조건

① SmartArt 수렴 방사형 이용
② SmartArt 색변경, 스타일 활용
③ 배경 서식 이용 [그라데이션 채우기]

연습문제 3

SmartArt와 도형을 이용하여 마케팅 전략을 완성한다.

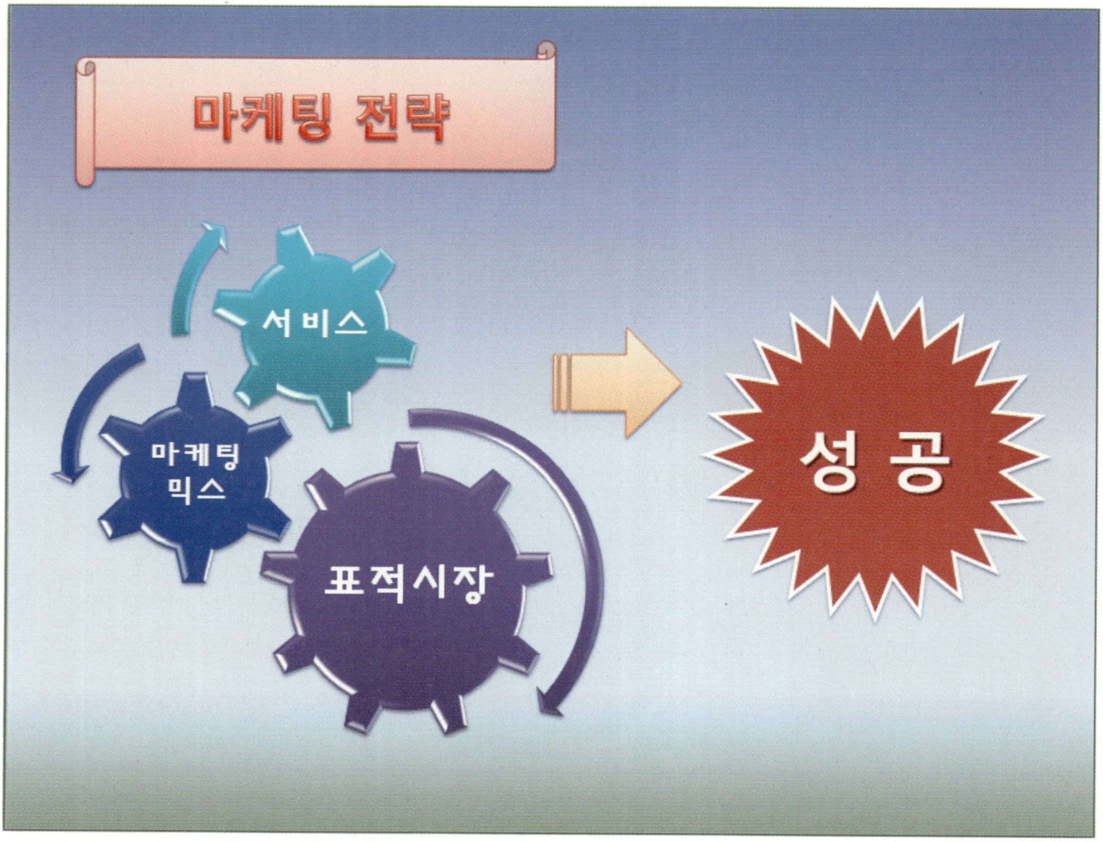

처리조건

① 제목 : 워드아트
① SmartArt 프로세스형의 톱니바퀴형 이용
② SmartArt 스타일 활용
③ 화살표와 「성공」 도형 이용
④ 배경 서식 이용

연습문제 4

다음의 고객서비스 조직도를 완성한다.

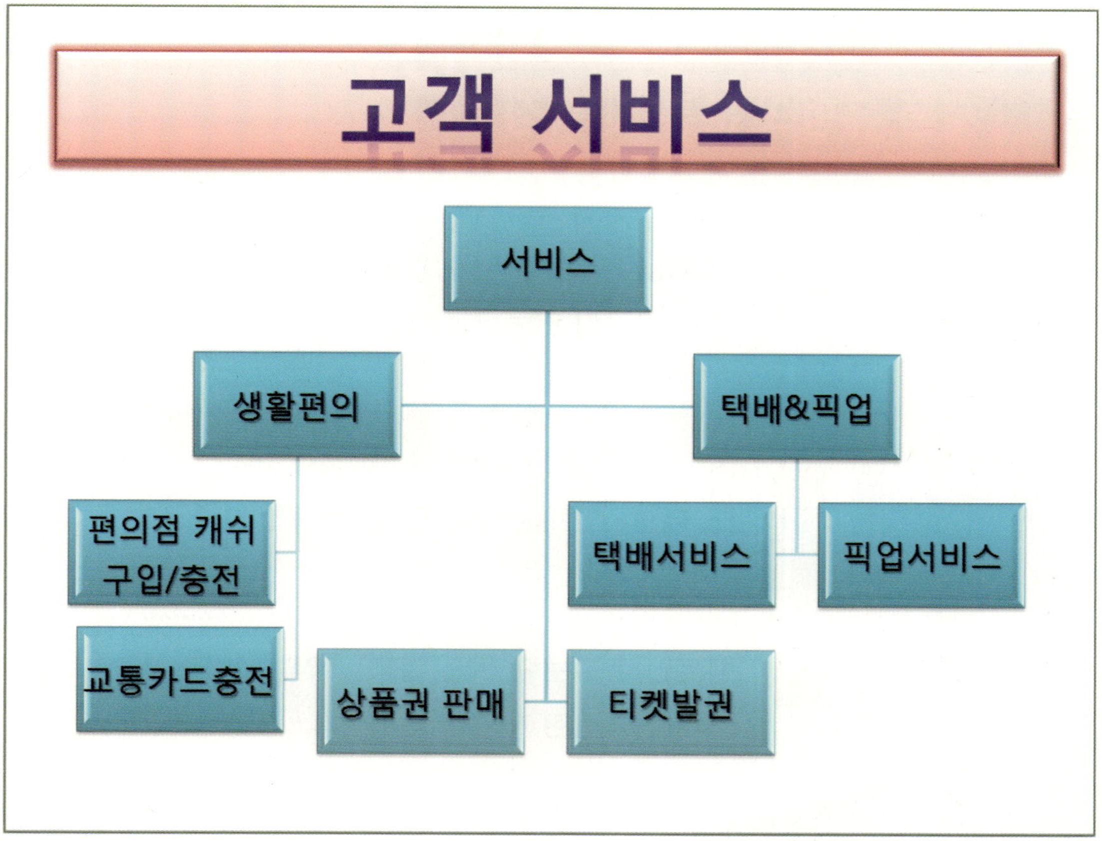

처리조건

① 제목 : 워드아트
① SmartArt 계층구조형의 조직도 이용
② SmartArt 색변경[투명 그라데이션범위- 강조5]
③ SmartArt 스타일 활용[경사]

연습문제 5

도형과 디자인 테마를 활용하여 제품 유형의 분류 및 특징을 완성 한다.

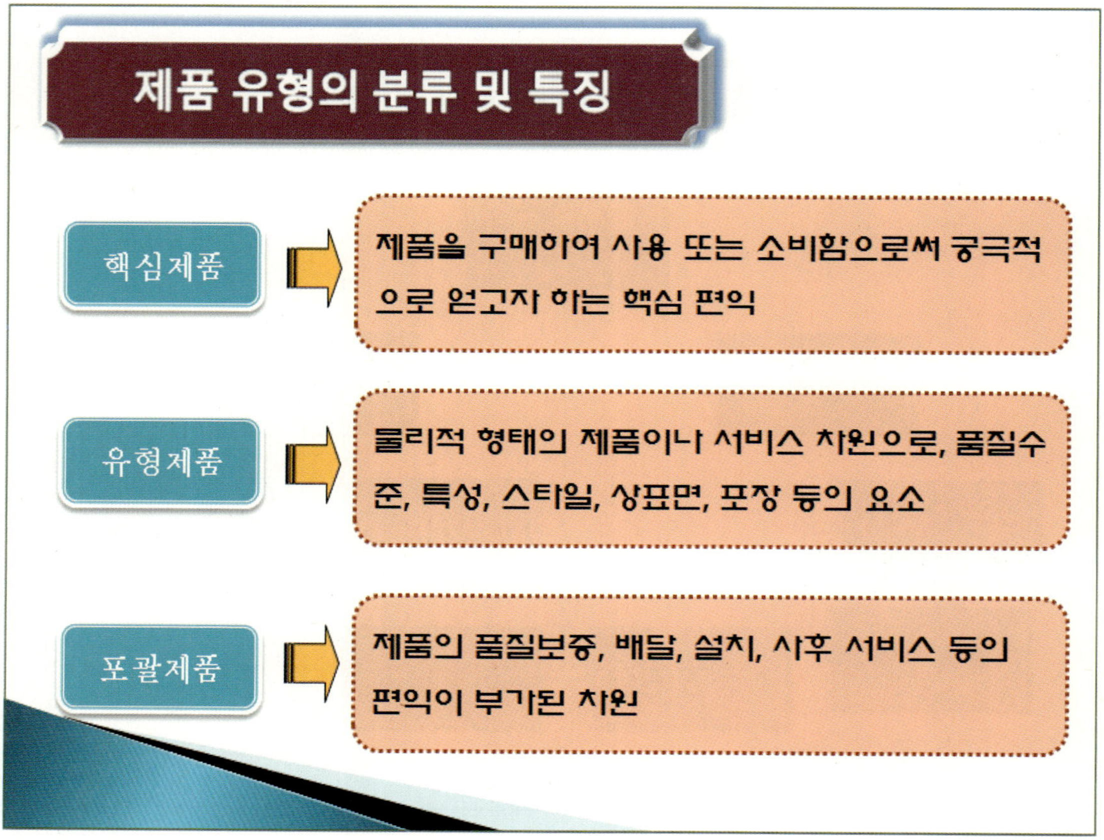

처리조건

① 제목 : [기본도형-배지] 이용, [도형서식-3차원 서식, 3차원 회전] 활용, 워드아트
① 도형 이용
② 디자인 테마 광장 활용
③ 그리기도구 서식 활용

4
CHAPTER

표와 차트활용 문서 만들기

4.1 표 활용하기

프레젠테이션 하는데 있어 표를 이용하면 해당 내용을 한눈에 알아 볼 수 있기 때문에 더욱 효과적인 전달이라 할 수 있다.

1) 표 삽입하기

1 표를 삽입하기 위해 **[삽입]-[표]**를 클릭하거나, 슬라이드 삽입 시 보이는 레이아웃 화면에서 표( )를 클릭한다.

2 먼저 **[삽입]-[표]**를 클릭하게 되면 원하는 표의 행과 열을 드래그로 지정하여 표를 삽입하게 된다.

다른 방법으로 슬라이드내의 **[표]** 아이콘을 클릭하거나, **[삽입]-[표]-[표 삽입]**을 클릭하게 되면 표 삽입 대화상자가 나타난다. 이때 원하는 행과 열의 개수를 지정하면 표가 삽입된다.

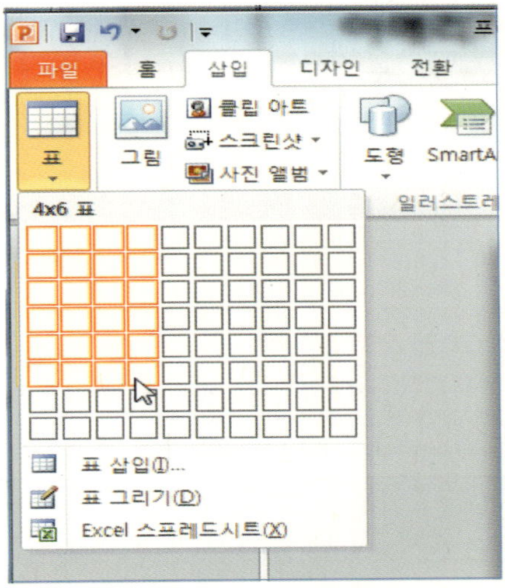

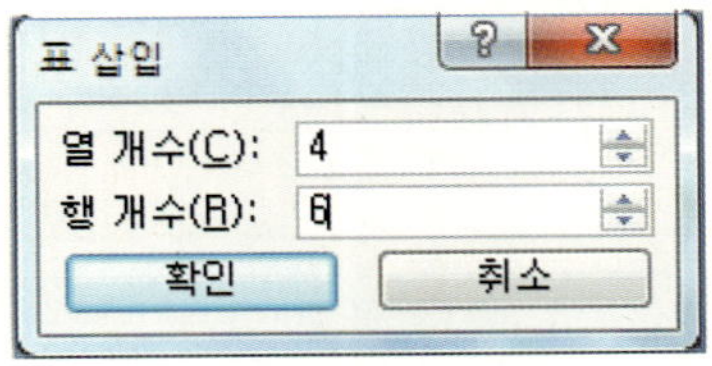

3 4열 6행의 표를 설정하면 다음과 같이 표가 삽입된다. 아래와 같이 데이터를 입력한다.

종류	원산지	가격	칼로리
아메리카노	미국	2,800	15 kcal
에스프레소	이탈리아	2,200	5 kcal
카푸치노	이탈리아	3,300	77 kcal
카페모카	이탈리아	3,800	246 kcal
카라멜 마키아토	이탈리아	4,300	159 kcal

2) 표 편집하기

삽입한 표를 선택하면 **[표 도구]** 메뉴가 생성 된다. **[표 도구]**메뉴는 **[디자인]**탭과 **[레이아웃]** 탭으로 나누어진다.

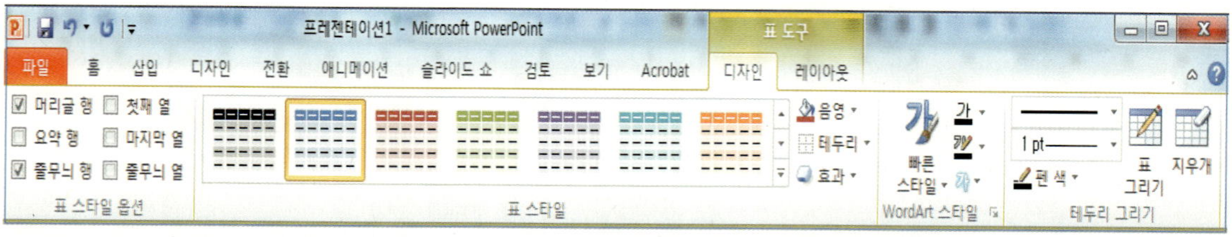

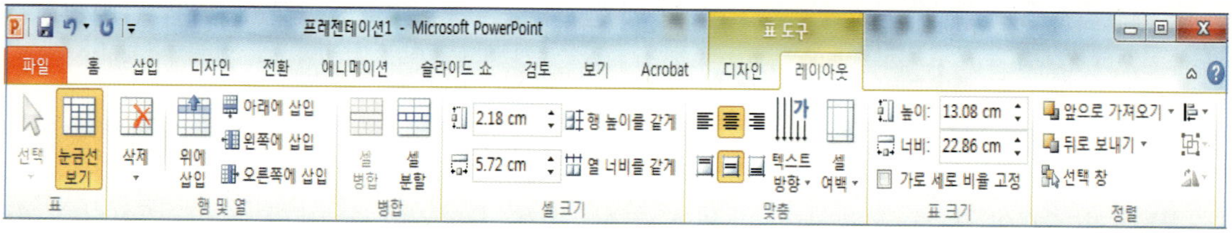

■1 표의 조절점에 맞추어 원하는 크기를 조절 한다.

■2 **[레이아웃]-[맞춤]**에서 표 안의 글들을 정렬한다.

커피의 종류

종류	원산지	가격	칼로리
아메리카노	미국	2,800	15 kcal
에스프레소	이탈리아	2,200	5 kcal
카푸치노	이탈리아	3,300	77 kcal
카페모카	이탈리아	3,800	246 kcal
카라멜 마키야토	이탈리아	4,300	159 kcal

3 행이나 열을 합하고자 할 경우엔 **[레이아웃]-[병합]-[셀 병합]**의 메뉴를 클릭한다. 본 예제에서는 병합 후에 이탈리아가 4개가 모여지게 되면 3개는 삭제한다.

또한 행이나 열을 삽입하고자 할 경우엔 **[레이아웃]-[행 및 열]**의 메뉴에서 원하는 셀의 삽입 삭제를 정한다.

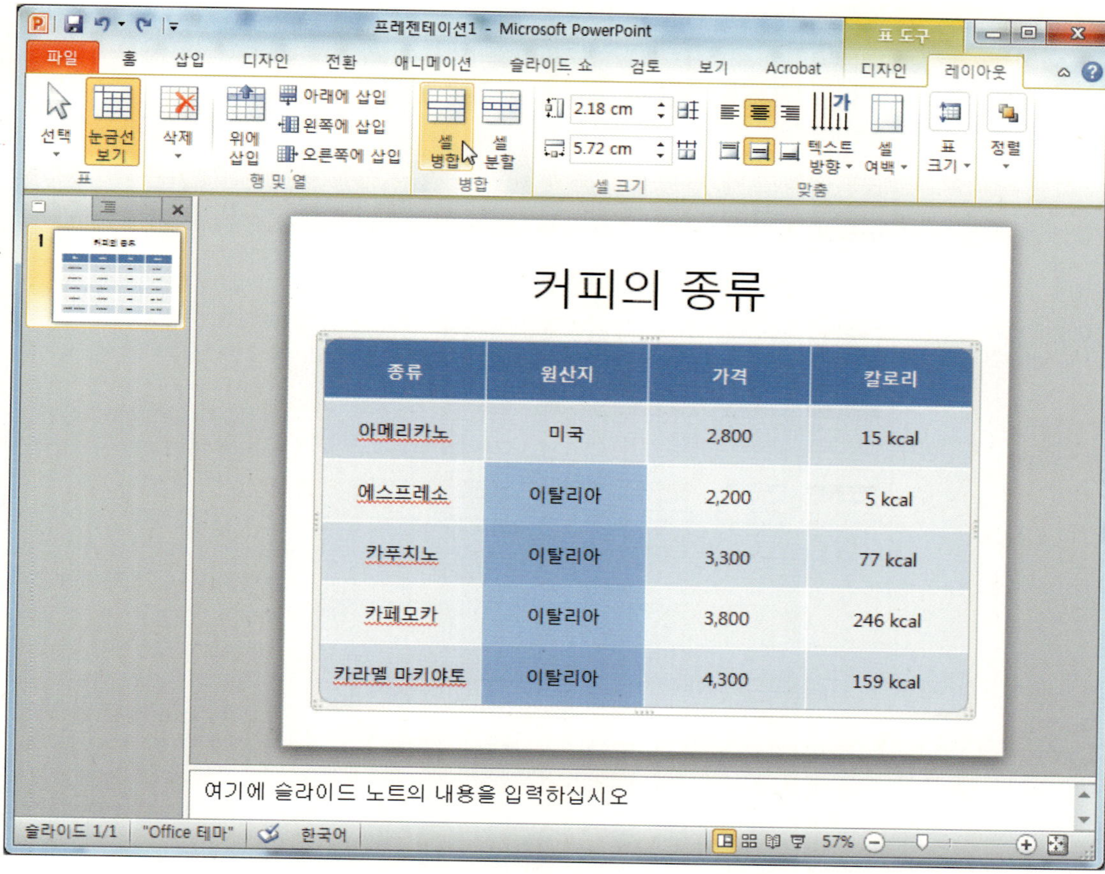

4 [표 도구]-[디자인]-[표 스타일]에서 **[밝은 스타일 3 - 강조 6]** 을 선택하고, **[효과]-[셀 입체 효과-둥글게]** 등을 지정하여 입체감 있는 표로 완성한다.

5 제목은 워드아트를 적용하여 다음의 표가 완성된다.

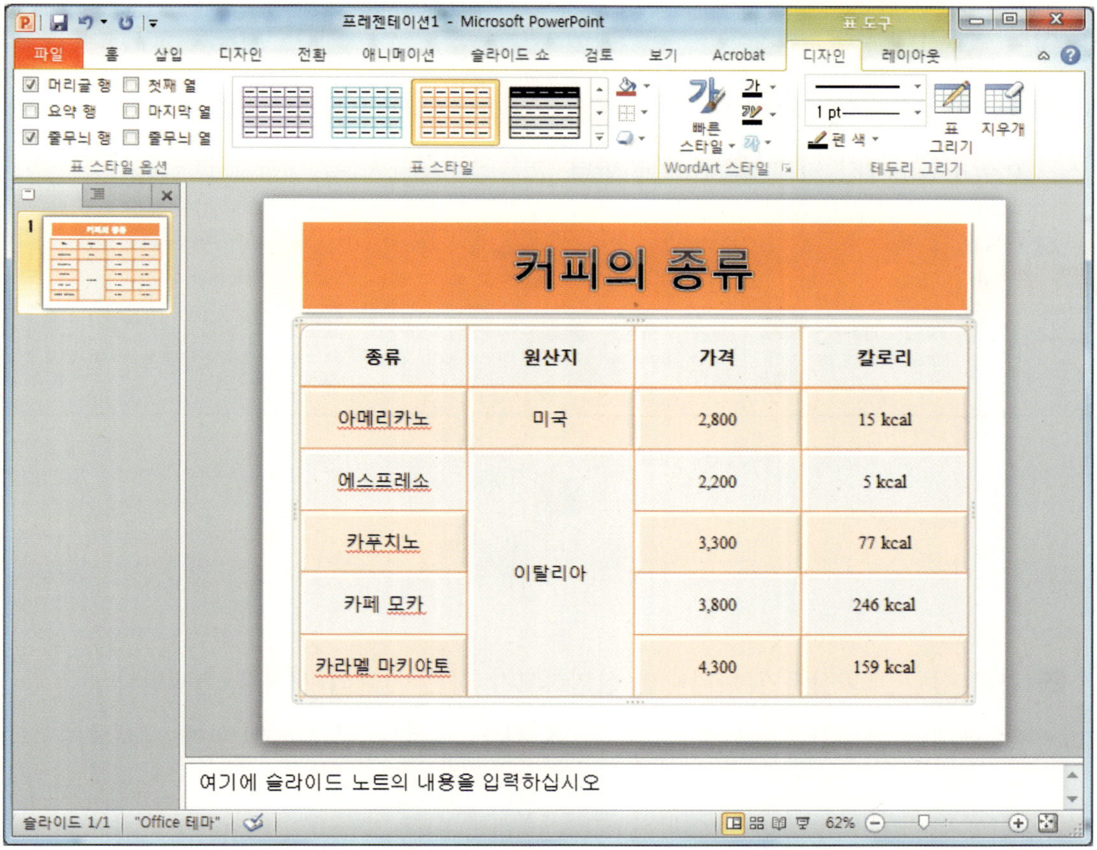

4.2 차트 활용하기

1) 차트 삽입하기

1 차트를 삽입하기 위해 **[삽입]-[차트]**를 클릭하거나, 슬라이드 추가시에 보이는 레이아웃화면에서 차트( )를 클릭한다.

2 차트 삽입 대화상자가 나타나면 삽입하고자 하는 차트의 모양을 결정한다.

본 예제인 「남산 타워 방문객 수」에 대한 차트를 완성하기 위해 세로막대형의 첫 번째인 **[묶은 세로 막대형]**을 선택한다.

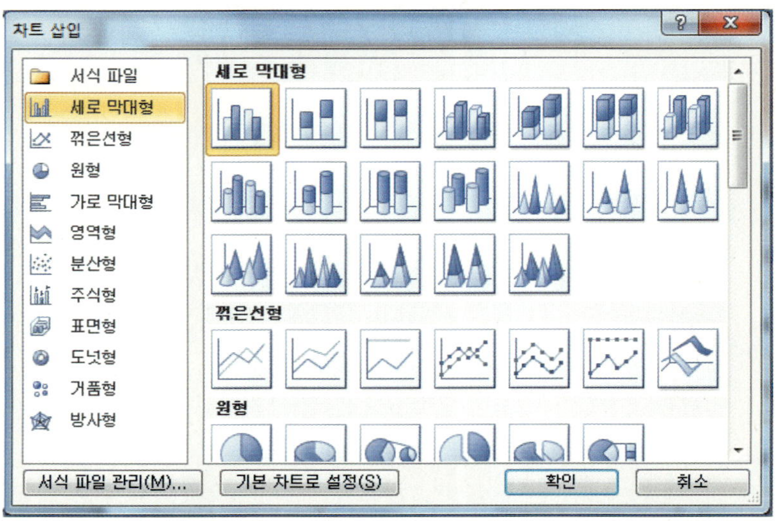

3 차트 삽입 대화상자에서 **[확인]**을 클릭하면 다음과 같은 엑셀창이 함께 나온다. 이렇게 생성된 테이블에 값을 입력하고 행과 열을 설정하면, 바로 파워포인트에 삽입되는 차트의 데이터를 적용시킬 수 있다.

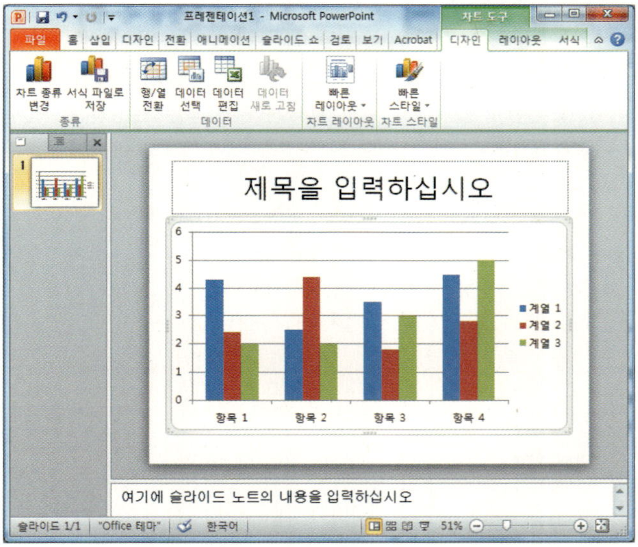

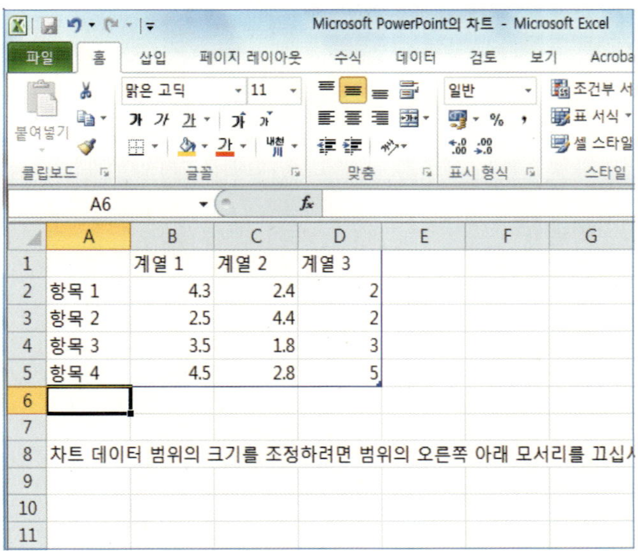

4 생성된 엑셀에는 임의의 데이터가 입력되어 있다. 이미 입력되어 있는 데이터는 신경 쓰지 않아도 된다. 표시 되어 있는 대로, **「차트 데이터 범위의 크기를 조정하려면 범위의 오른쪽 아래 모서리를 끄십시오.」** 라고 표시되어 있으니 임의로 설정하여 다음의 데이터를 입력한다. 데이터 범위 크기 조정의 또 다른 방법은 셀의 행이나 열전체를 삭제하는 방법이다. 여기에서 입력데이터가 적으면 크기를 조정해야 하지만, 입력데이터가 많으면 데이터를 그냥 입력하면 된다.

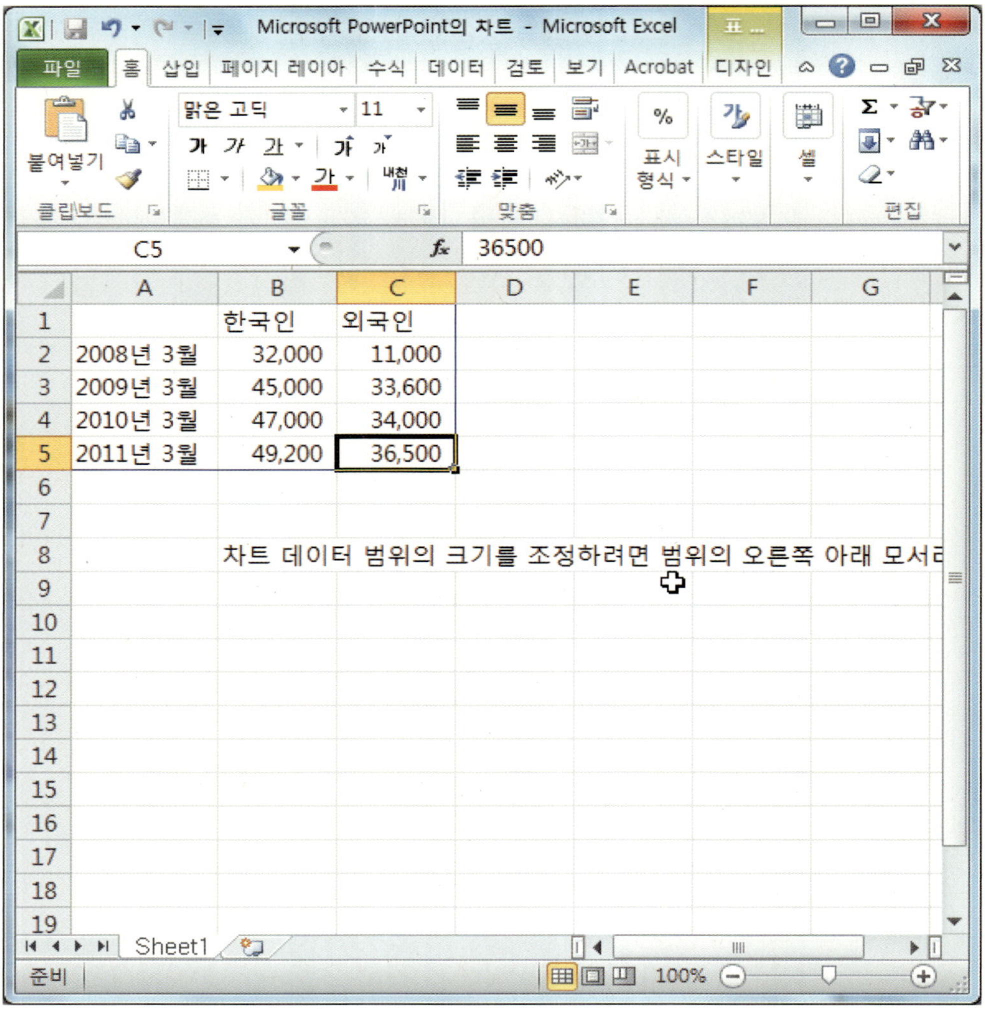

5 입력된 데이터는 바로 차트에 적용되어 파워포인트에 삽입 된다.

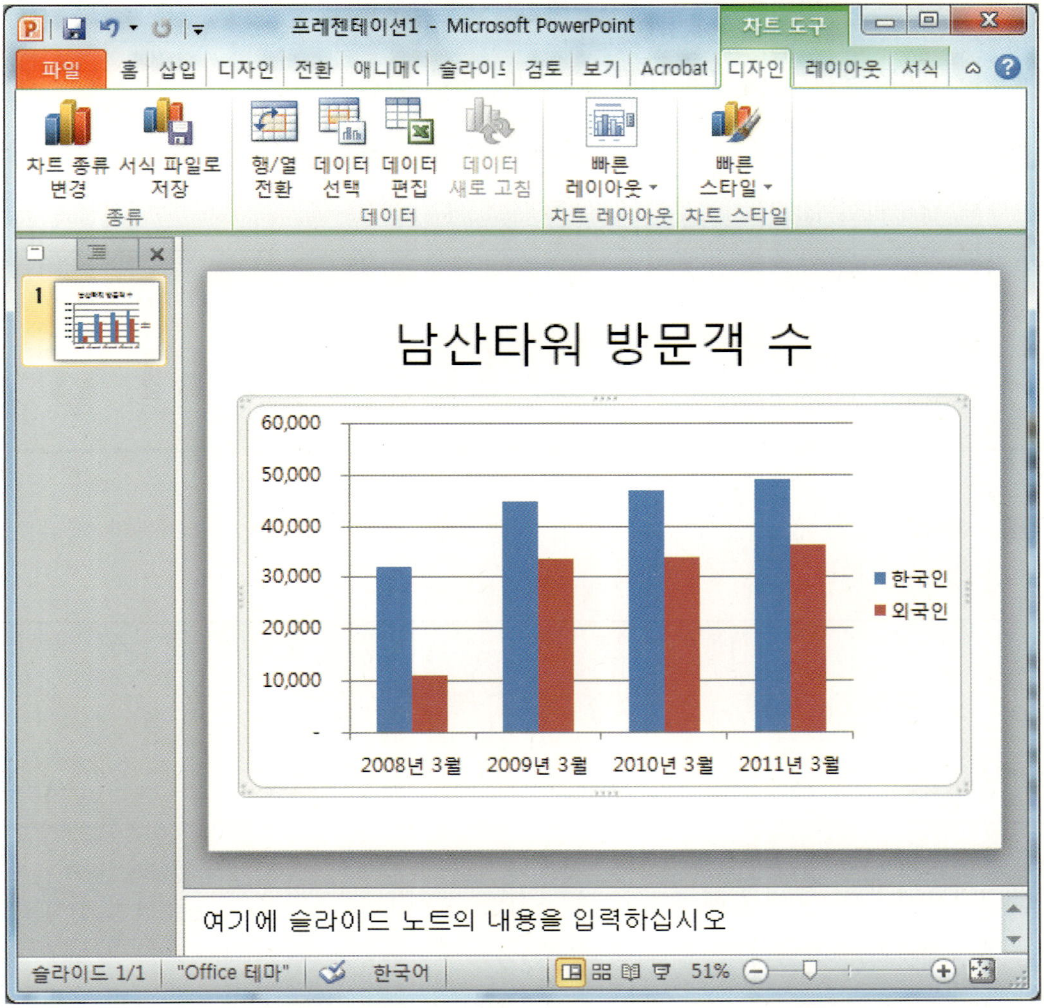

2) 차트 편집하기

차트를 삽입한 후 **[차트]**를 선택하면 **[차트 도구]**메뉴가 생긴다. **[차트 도구]** 메뉴는 **[디자인]**, **[레이아웃]** 그리고 **[서식]**탭으로 나누어져 있다.

1 먼저 **[디자인]** 탭에는 차트 종류, 데이터, 차트 레이아웃, 차트 스타일 등의 메뉴로 나누어진다.

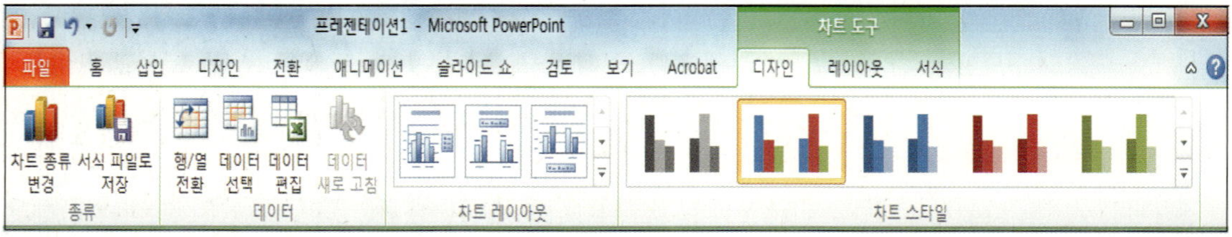

2 **[레이아웃]** 탭에는 현재 선택 영역, 삽입, 레이블, 축, 배경, 분석 등의 메뉴로 세분화되어 있다.

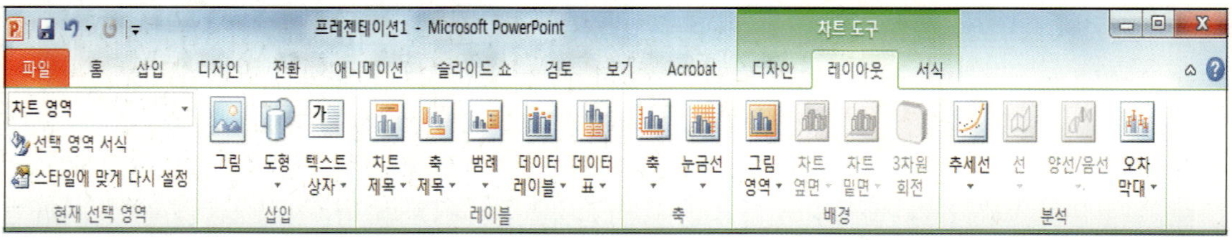

3 **[서식]**탭에는 현재 선택영역, 도형 스타일, WordArt 스타일, 정렬, 크기 등의 메뉴로 세분화되어 있다.

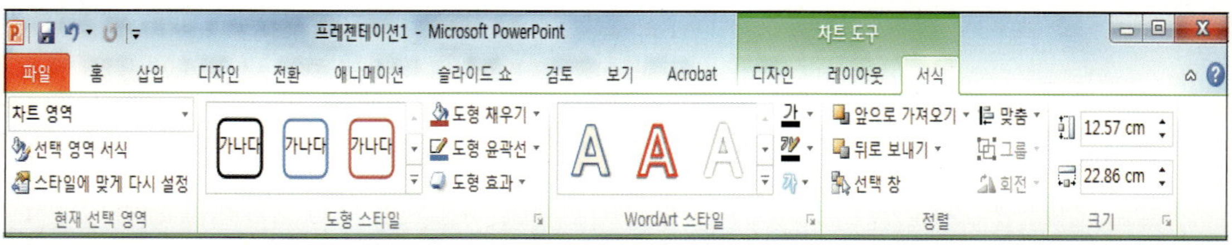

4 예제의 차트 편집은 **[디자인]-[차트레이아웃]-[레이아웃 5]**, **[서식]-[도형스타일]-[미세효과-주황, 강조 6]** 등의 편집을 거쳐 다음의 결과를 보여준다.

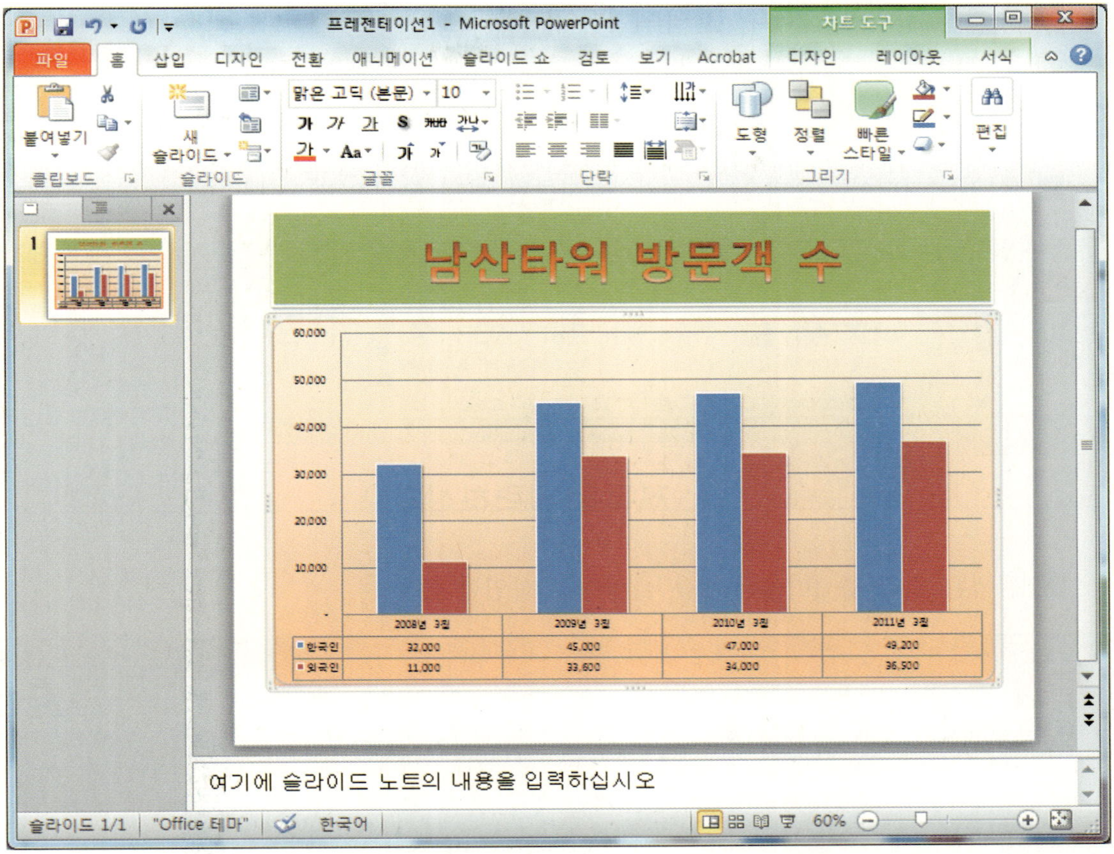

4.3 소리 삽입하기

그림뿐만이 아니라 멀티미디어의 기본인 사운드도 파워포인트에서 응용하여 사용할 수 있다.

1) 오디오 파일 입력

프레젠테이션 중에 청중의 이목을 집중시키고자 할 때에 소리를 삽입하여 슬라이드에 오디오 파일이나 특수한 소리 효과를 직접 삽입할 수 있다.

1 소리를 삽입하기 위해 **[삽입]-[미디어]-[오디오]**를 클릭하거나, 슬라이드 추가시에 보이는 레이아웃화면에서 미디어클립( )을 클릭한다.

2 **[삽입]-[미디어]-[오디오]**를 클릭하여 **[클립 아트 오디오]**를 선택한다.

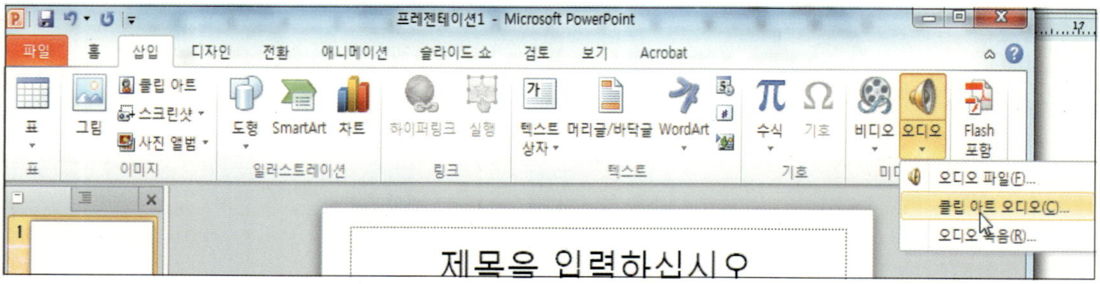

3 검색된 소리 중 **[마을테마]**를 클릭해서 삽입한다.

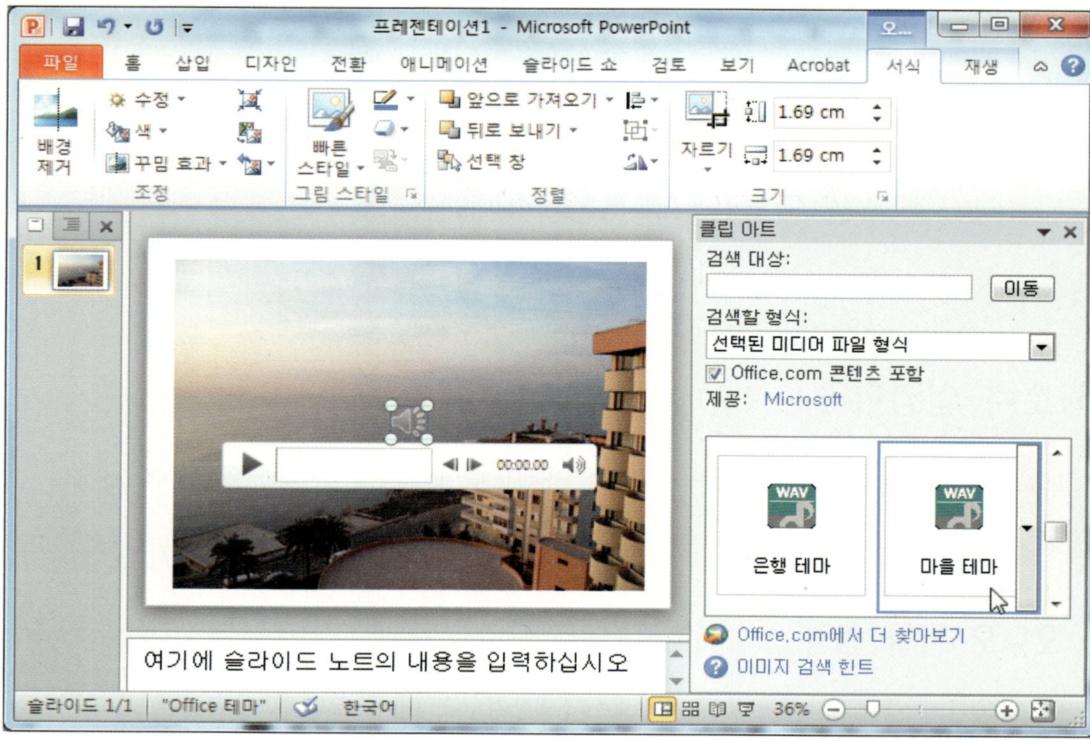

4 편집 작업 중인 슬라이드나 슬라이드 쇼에서 **[재생/일시중지]** 버튼을 클릭하면 소리가 재생된다.

소리 개체 도구

소리를 삽입하면 나타나는 소리 개체 도구를 이용하여 소리를 재생하거나 볼륨 등을 조절할 수 있다.

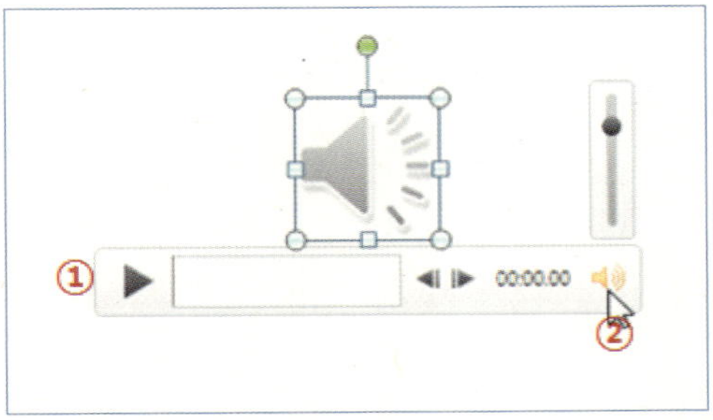

① **재생/일시중지(Alt+P)** : 소리를 재생하거나 일시 정지한다. 임의의 구간을 클릭하고 [재생/일시중지]를 클릭하면 구간별 재생이 가능하다.

② **음소거/음소거 해제(Alt+U)** : 일시적으로 소리를 없앨 수 있으며, 볼륨을 조정할 수 있다.

2) 슬라이드 쇼 소리 재생

슬라이드에 소리개체가 보이지 않고 소리를 재생하는 방법이다.

1 슬라이드 화면 밖으로 스피커모양의 소리개체를 드래그 한다.

F5를 누르거나 슬라이드 쇼 메뉴 등을 클릭하여 실행하면 소리가 재생되지 않는다.

2 슬라이드 쇼를 실행했을 때 동시에 소리를 재생하기 위해서는 **[오디오 도구]-[재생]** 그룹에서 **[오디오 옵션]-[시작 : 자동재생]**을 클릭한다. 슬라이드 위에는 스피커모양의 소리개체는 보이지 않는다.

3 슬라이드 쇼를 실행하면 소리가 재생된다.

3) 소리개체 그림 바꾸기

소리를 입력하였을 경우 기본적으로 나오는 소리개체를 다른 그림으로 변경하여 자연스럽게 하고 싶을 때 하는 과정이다.

1. 소리개체를 선택한 후 오른쪽 버튼을 클릭하여 **[그림 바꾸기]**를 선택한다.

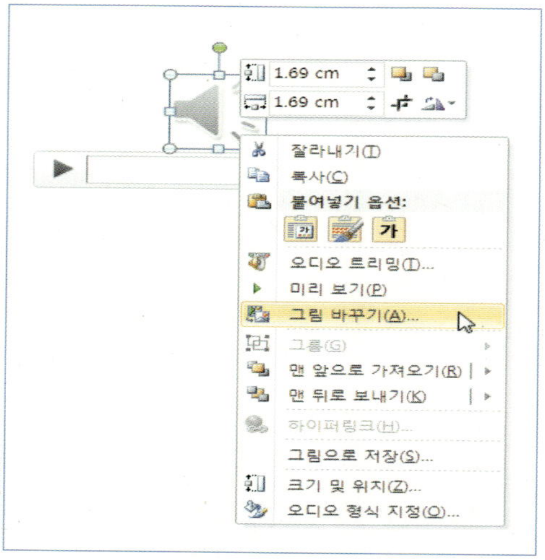

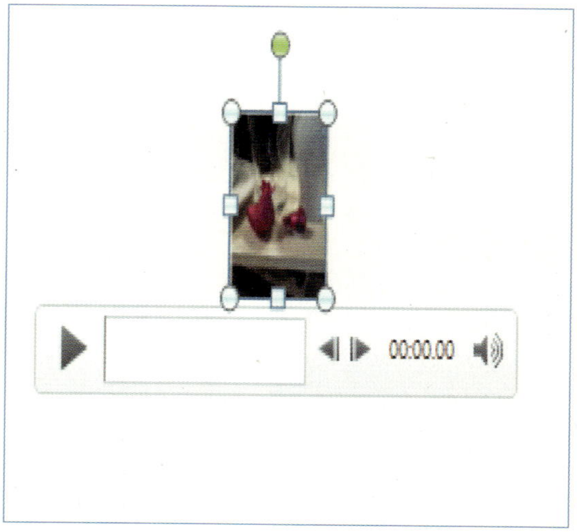

2. 원하는 그림을 선택하면 개체 그림이 변경 된다.
3. 크기와 위치 등을 원하는 대로 변경 한다. 이때 이전에 선택한 사양 그대로 실행 된다.

4.4 동영상 삽입하기

오디오파일과 비슷하게 비디오파일도 삽입할 수 있다.

1) 비디오 파일 삽입

1. 비디오를 삽입하기 위해 **[삽입]-[비디오]**을 클릭하거나, 슬라이드 삽입 시 보이는 레이아웃화면에서 미디어클립( )을 클릭한다.

2 [삽입]-[비디오]을 클릭하여 [비디오 파일]을 선택한다.

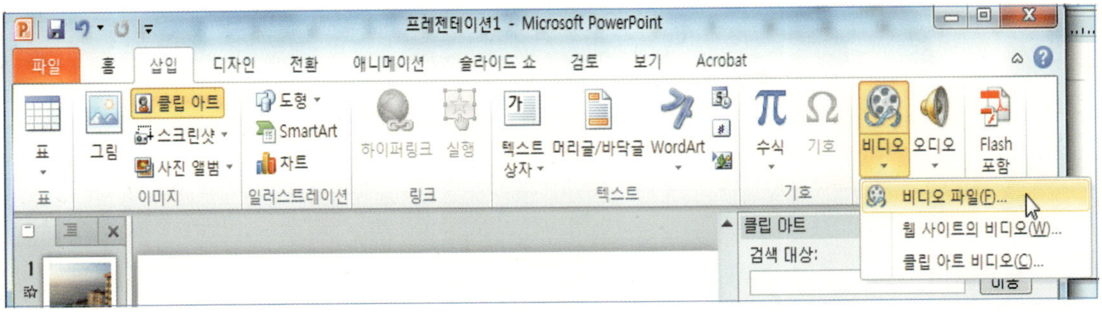

3 사용자의 폴더에서 원하는 동영상을 선택하고, 삽입버튼을 클릭한다.

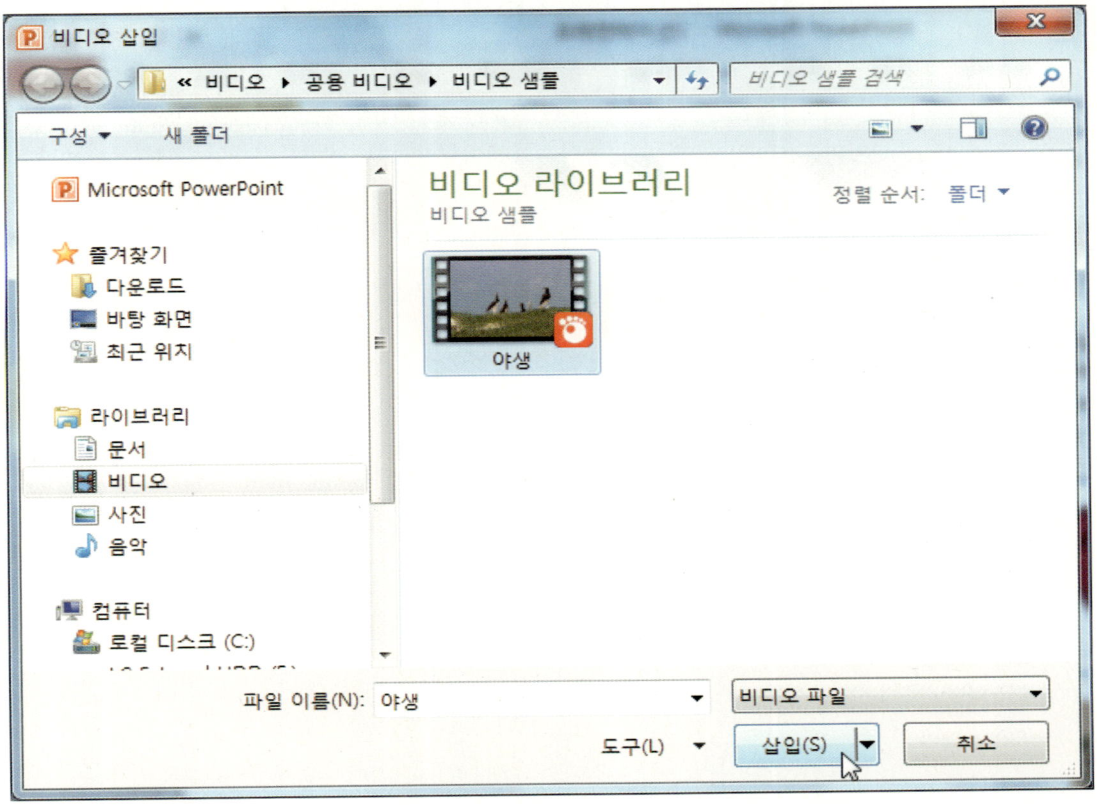

4 슬라이드에서 비디오 크기를 상황에 맞게 조절한다.

5 오디오와 마찬가지로 슬라이드 쇼를 실행했을 때 동시에 비디오를 재생하기 위해서는 **[오디오 도구]-[재생]** 그룹에서 **[오디오 옵션]-[시작 : 자동재생]**을 클릭한다.

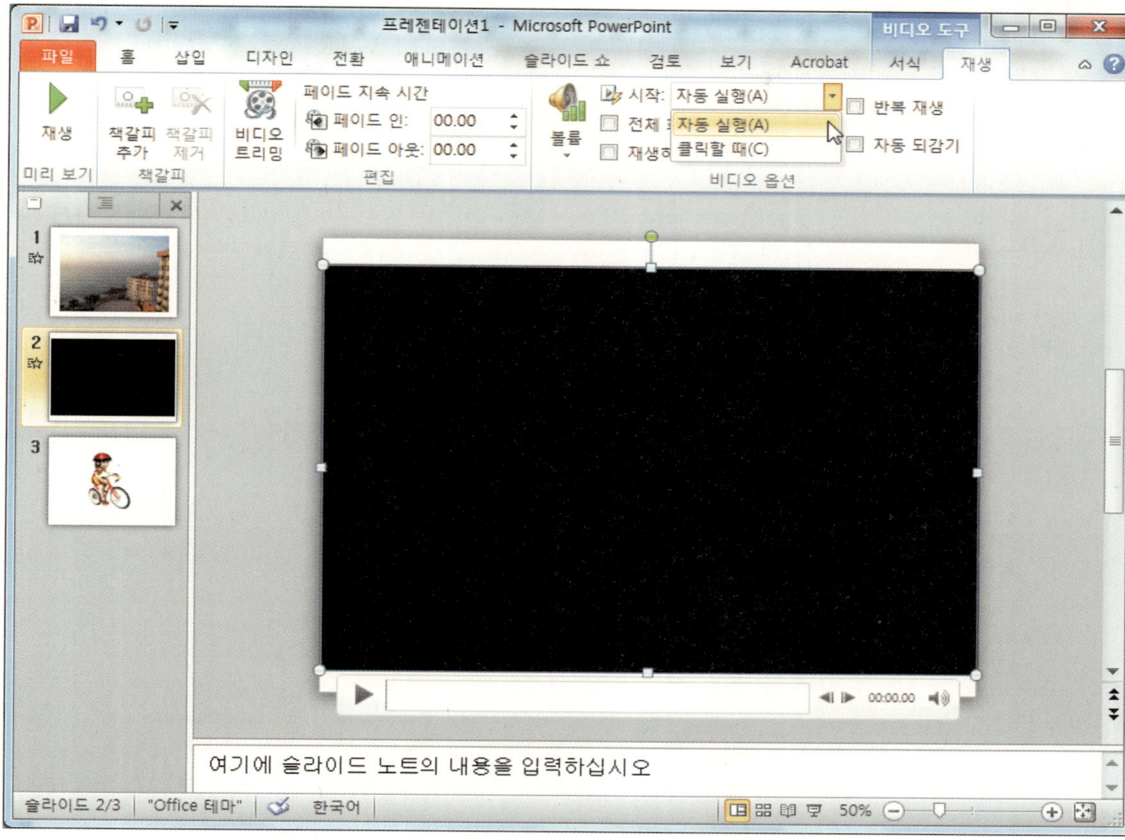

2) 클립아트 비디오 삽입

프레젠테이션 중에 동영상이라 하기는 조금 부족하지만 클립아트의 가벼운 동영상을 삽입하여 이용할 수 있다.

1 비디오를 삽입하기 위해 **[삽입]-[비디오]**을 클릭하거나, 슬라이드 삽입 시 보이는 레이아웃화면에서 미디어클립( )을 클릭한다.

2 **[삽입]-[비디오]**을 클릭하여 **[클립 아트 비디오]**을 선택한다.

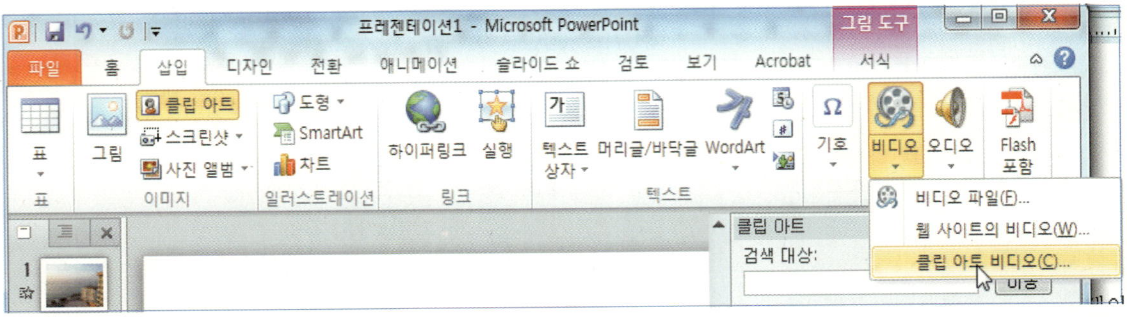

3 원하는 동영상 클릭하면 슬라이드에 클립아트와 같이 입력된다. 검색된 클립아트에서 원하는 비디오를 선택한다.

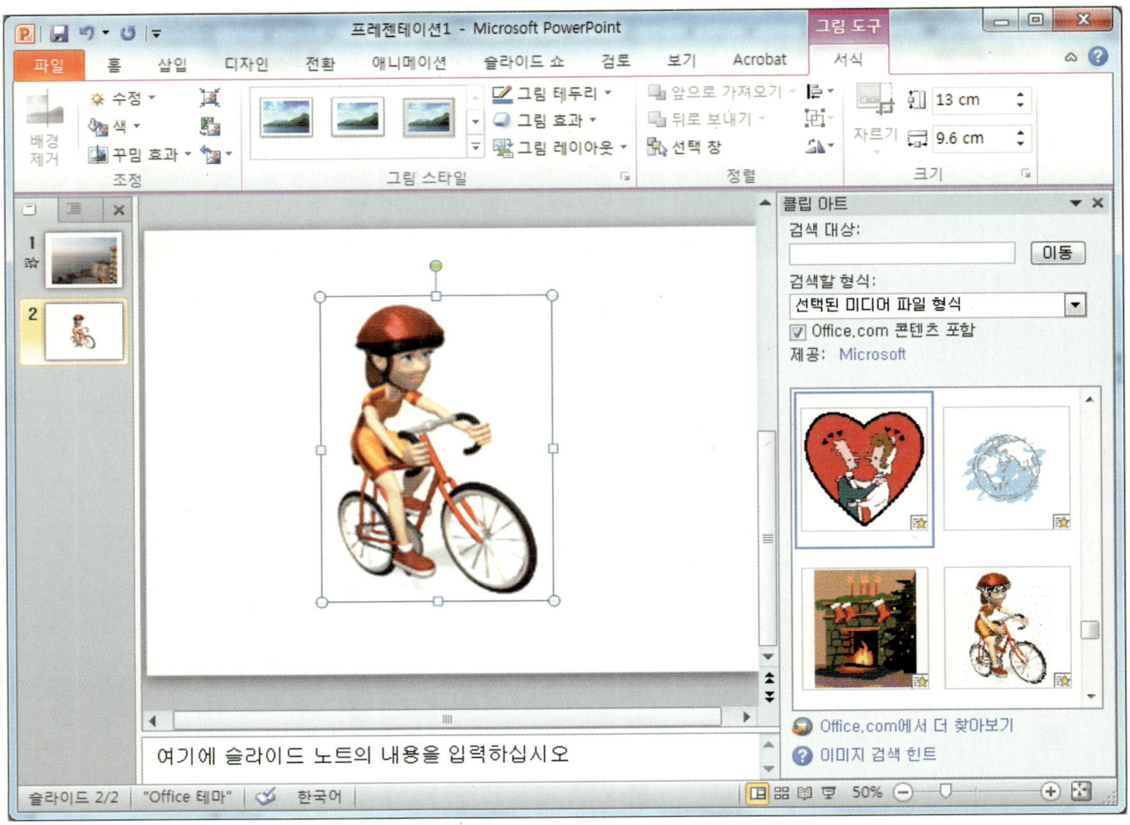

4 슬라이드 쇼 실행 시 동영상이 자동실행 된다.

연습문제 1

다음의 이벤트 분류와 관련된 표를 완성해본다.

개최목적에 따른 이벤트의 분류

구분		내용
공적 이벤트	문화	영화제, 예술제, 음악회 등
	전시	박람회, 특별전 등
	스포츠	월드컵, 올림픽, 각종 스포츠 경기 등
	축제형	거리축제, 각종 지방 전통 축제 등
	컨벤션	국제회의, 심포지엄 등
사적 이벤트	판촉	신제품 설명회, 기업 판촉활동 등
	사내	인센티브 여행, 사내파티 등
	전시	신제품발표회, 품평회,모터쇼 등의 업계전시회 등
	정보교류	세미나 등

처리조건

① 제목 : 워드아트 이용

① 표 삽입 이용

② 표 스타일(보통 스타일 2-강조 2) 활용

연습문제 2

다음의 입장권 및 카드 할인과 관련된 표를 완성한다.

2012년 LG트윈스 입장권

좌석명	입장권가격		LG트윈스 성인회원		LG트윈스 어린이회원	
	주중	주말/공휴일	주중	주말/공휴일	주중	주말/공휴일
프리미엄	70,000원		동일가격		동일가격	
테이블	40,000원					
블루	12,000원	15,000원	10,000원	13,000원	6,000원	7,500원
레드	10,000원	12,000원	8,000원	10,000원	5,000원	6,000원
옐로우	9,000원	10,000원	7,000원	8,000원	4,500원	5,000원
그린(외야)	7,000원	8,000원	5,000원	6,000원	무료입장	

2012년 신한 카드 할인

구분	할인내용	비고
LG트윈스 신한카드	3,000원/장 할인	청구시 할인(카드 계산서 청구시 반영)
LG트윈스 LG카드	3,000원/장 할인	결재시 할인
신한카드 (터치 앤 고)	2,000원/장 할인	청구시 할인(카드 계산서 청구시 반영)
신한카드 (그외 지정 카드)	2,000원/장 할인	결재시 할인

처리조건

① 제목 : 도형 이용

① 표 삽입 이용

연습문제 3

다음과 같은 주요 제품 판매량의 차트를 완성한다.

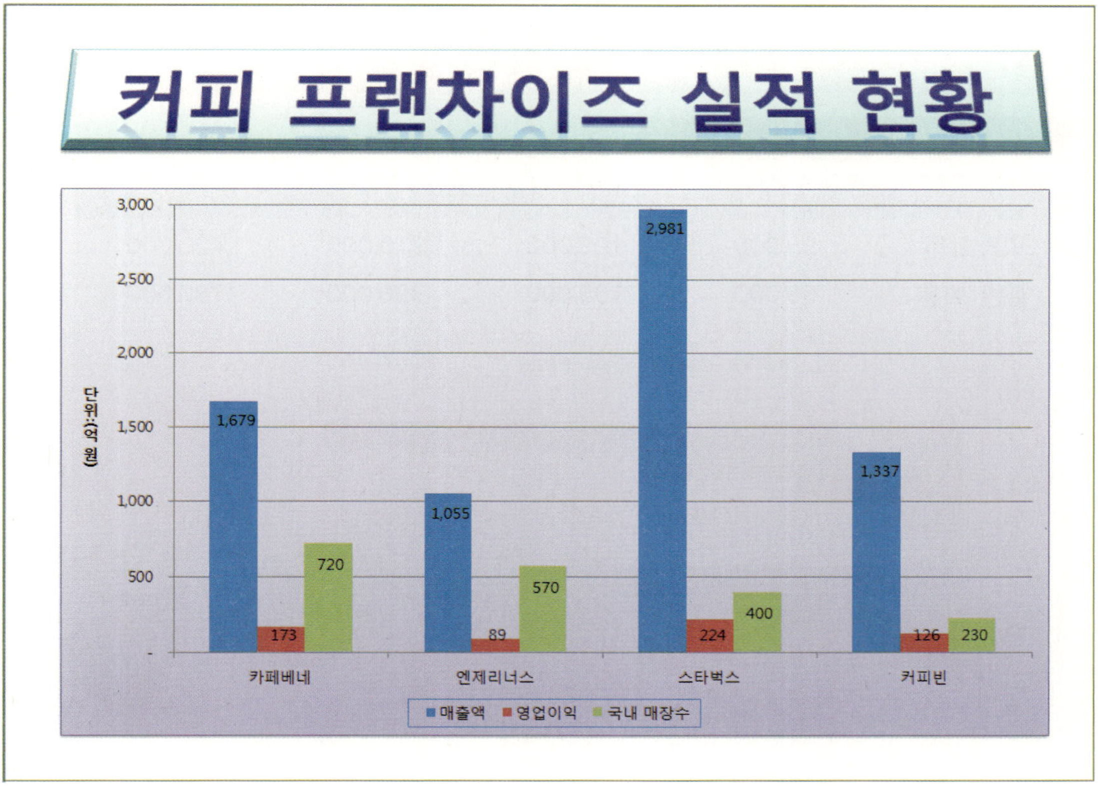

처리조건

① 제목 : 워드아트, 3차원 서식, 회전 활용

① 차트 삽입 이용 : [세로막대형-묶은 세로막대형], 데이터 값 입력

② 범례 아래쪽에 표시

③ 데이터 레이블 표시[안쪽 끝에]

연습문제 4

다음과 같이 표와 차트를 완성한다.

키즈 카페 이용요금

일반회원과 비교시 절약 효과

	1개월	3개월	6개월	12개월
VIP 회원	35,000	105,000	210,000	420,000
일반 회원	65,000	195,000	390,000	780,000

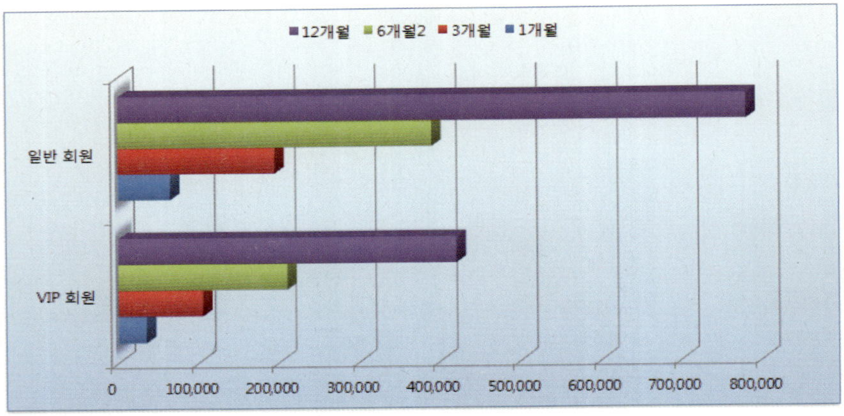

처리조건

① 제목 : 도형, 워드아트

① 표 삽입

② 차트 삽입 이용 : [가로막대형-3차원 묶은 가로막대형], 데이터 값 입력

③ 범례 위쪽에 표시

④ 그림삽입

연습문제 5

다음과 같이 동영상을 삽입하여 완성해 보자.

처리조건

① 제목 : 워드아트
① 동영상 삽입 이용(임의의 동영상 삽입)
② 배경 서식 활용

5
CHAPTER

슬라이드 마스터와 슬라이드 쇼 및 인쇄

5.1 슬라이드 마스터 꾸미기

프레젠테이션을 작업할 때 같은 작업을 반복해야할 경우가 있다. 일반적으로 파워포인트에서 제공하는 테마를 사용하기는 하지만, 사용자가 일괄적으로 추가하거나 꾸며야 할 때가 생기게 된다.

예를 들면 회사 로고나 일정한 배경무늬 등을 들 수 있다. 이들을 매번 슬라이드에 삽입해도 작업이 진행되긴 하지만, 반복되는 작업으로 인해 비효율적임과 동시에 일정한 슬라이드가 완성되지 않기 때문에 마스터에 추가하여 작업하면 일괄적 적용이 된다.

1) 슬라이드 마스터 서식 설정

슬라이드 마스터에서는 제목과 텍스트 서식, 위치 등을 관리하고 그림 및 배경 등을 새로 설정할 수 있다.
또한 일괄적인 글꼴의 스타일이나 크기, 색 등을 변경하여 적용할 수 있고, 그림들도 배치할 수 있다.

1 [보기]-[프리젠테이션 보기]-[슬라이드 마스터]를 클릭한다.

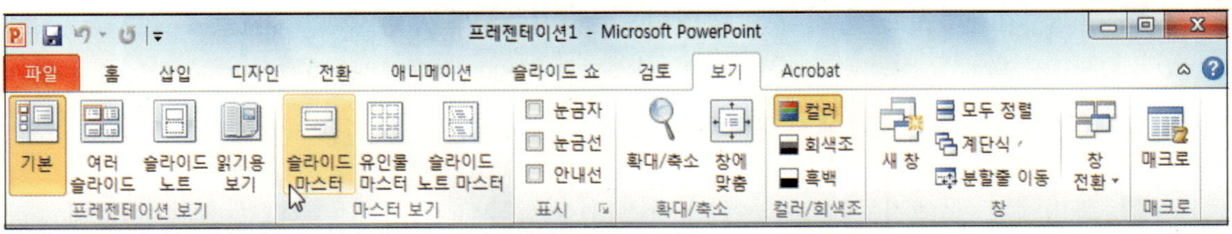

2 다음과 같이 슬라이드 마스터 편집 화면으로 전환 된다.

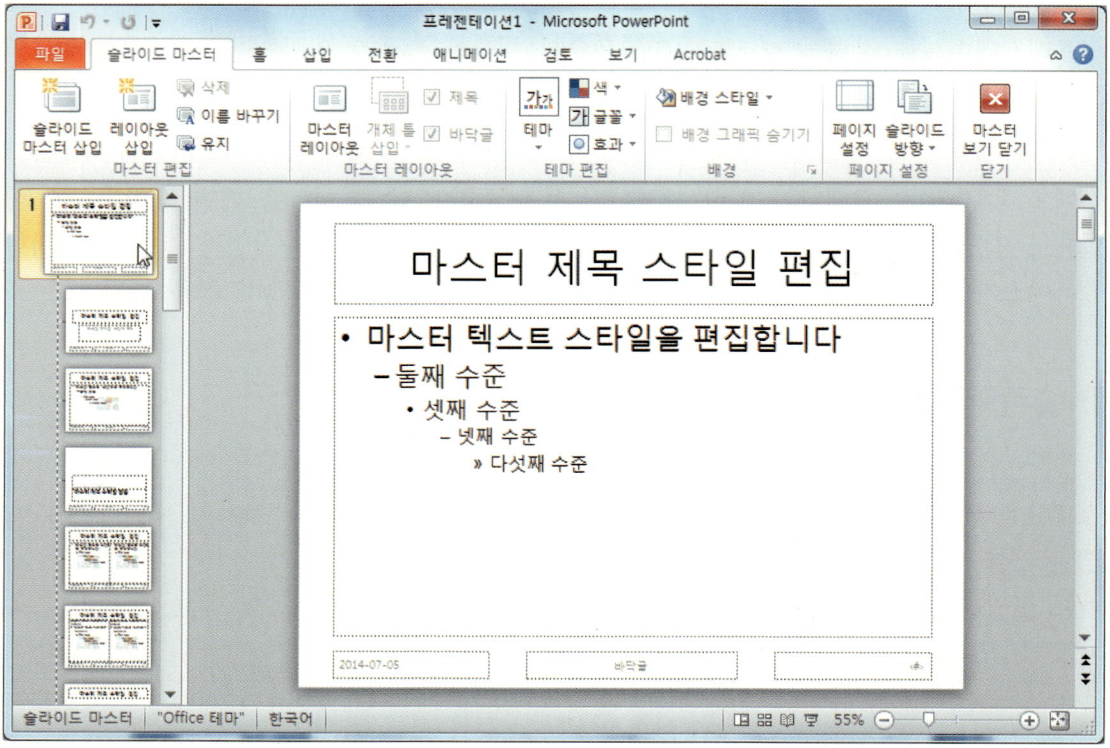

3 이때 기본적으로 작업하던 슬라이드 레이아웃이 설정된다. 하지만 모든 슬라이드에 적용하기 위해서 좌측 슬라이드탭의 가장 상단에 있는 **[Office테마 슬라이드 마스터: 슬라이드 1에서 사용]**을 선택하고 마스터 스타일을 편집한다.

4 화면에서 보여지듯이 슬라이드 마스터 메뉴들도 새롭게 추가되는데, 이들 메뉴를 사용하여 새로운 테마, 배경 등을 편집 할 수 있다.

5 [**테마 편집**]에서 색 및 글꼴 등을 설정하고, [**배경**]에서 배경 스타일을 설정한다.

6 [**삽입**]-[**클립아트**]에서 원하는 그림을 삽입한다.

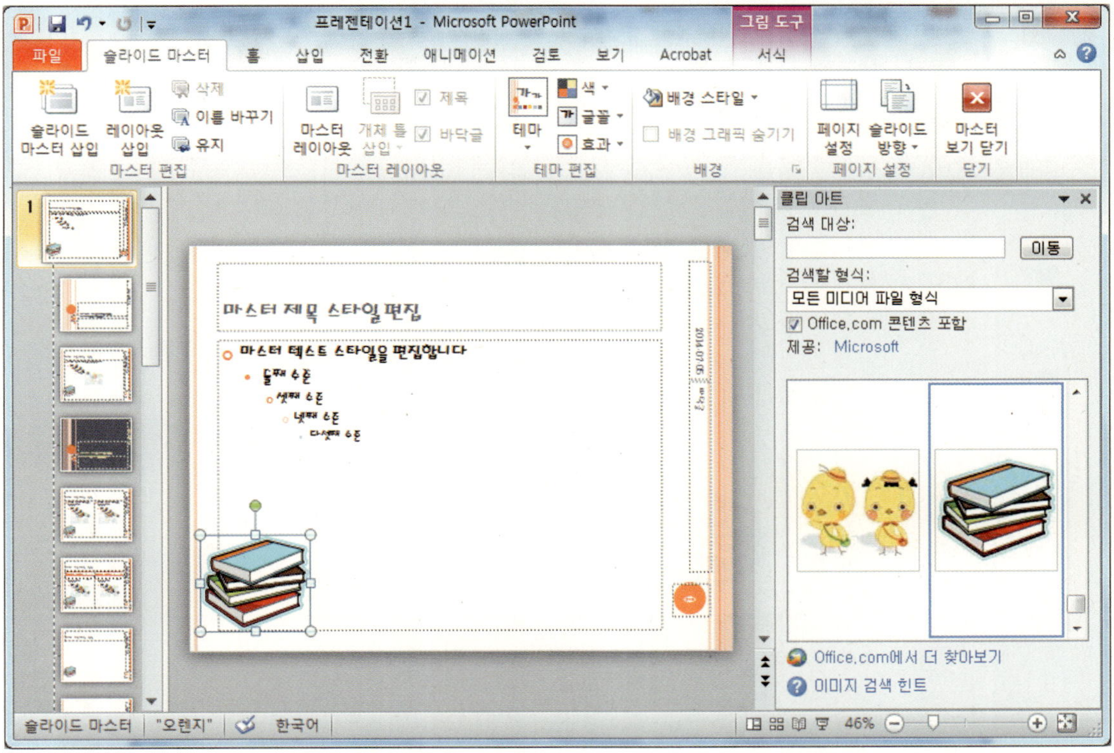

7 **[마스터 보기 닫기]** 메뉴를 클릭하면 기본보기로 전환되어 다음과 같이 자동으로 적용된 슬라이드를 볼 수 있다.

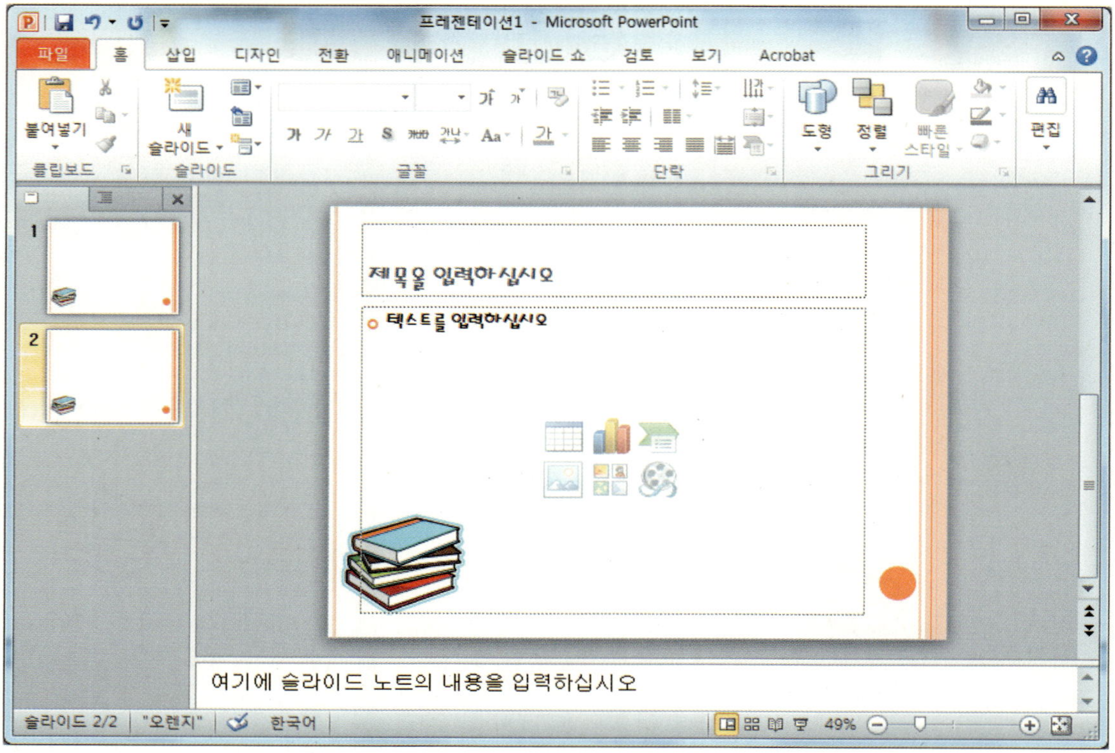

2) 머리글/바닥글/슬라이드 번호 삽입

슬라이드에 머리글과 바닥글 및 슬라이드 번호를 삽입할 수 있다.

1 **[삽입]-[텍스트]-[머리글/바닥글]** 또는 **[슬라이드 번호]**를 클릭한다.

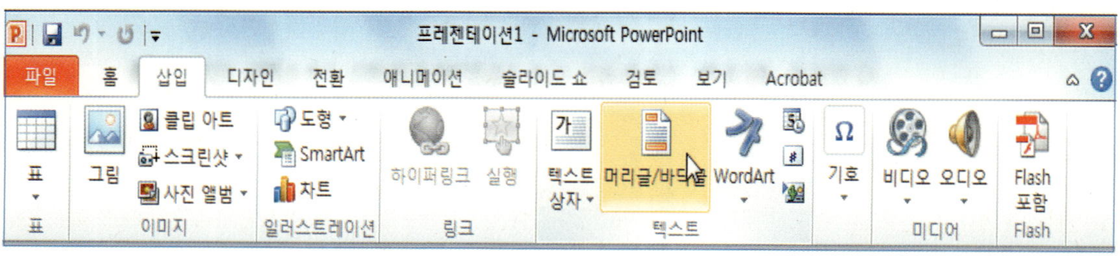

2 **머리글/바닥글** 대화상자가 나오면 **날짜 및 시간, 슬라이드 번호, 바닥글** 등을 설정한 후 [**모두 적용**]을 클릭한다.

[**모두 적용**]은 모든 슬라이드에 적용됨을 뜻한다. 여기서 **날짜 및 시간, 슬라이드 번호, 바닥글** 등을 선택하면 미리보기에서 하단에 진하게 표시되면서 위치를 알려준다.

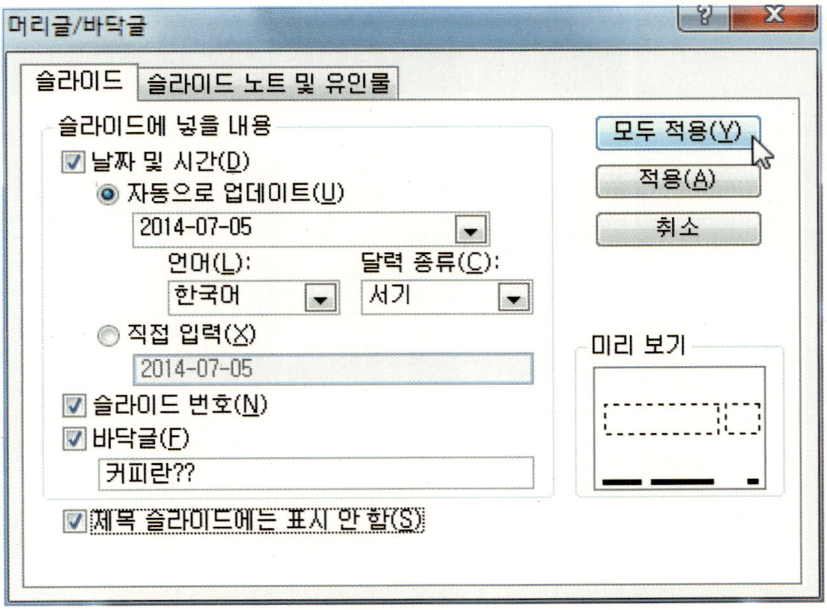

3 대화상자에서 [**제목 슬라이드에는 표시 안 함**]을 설정해야만 첫 번째 슬라이드인 제목은 표시되지 않는다.

4 다음과 같이 머리글/바닥글 및 슬라이드 번호가 적용된 것을 확인할 수 있다.

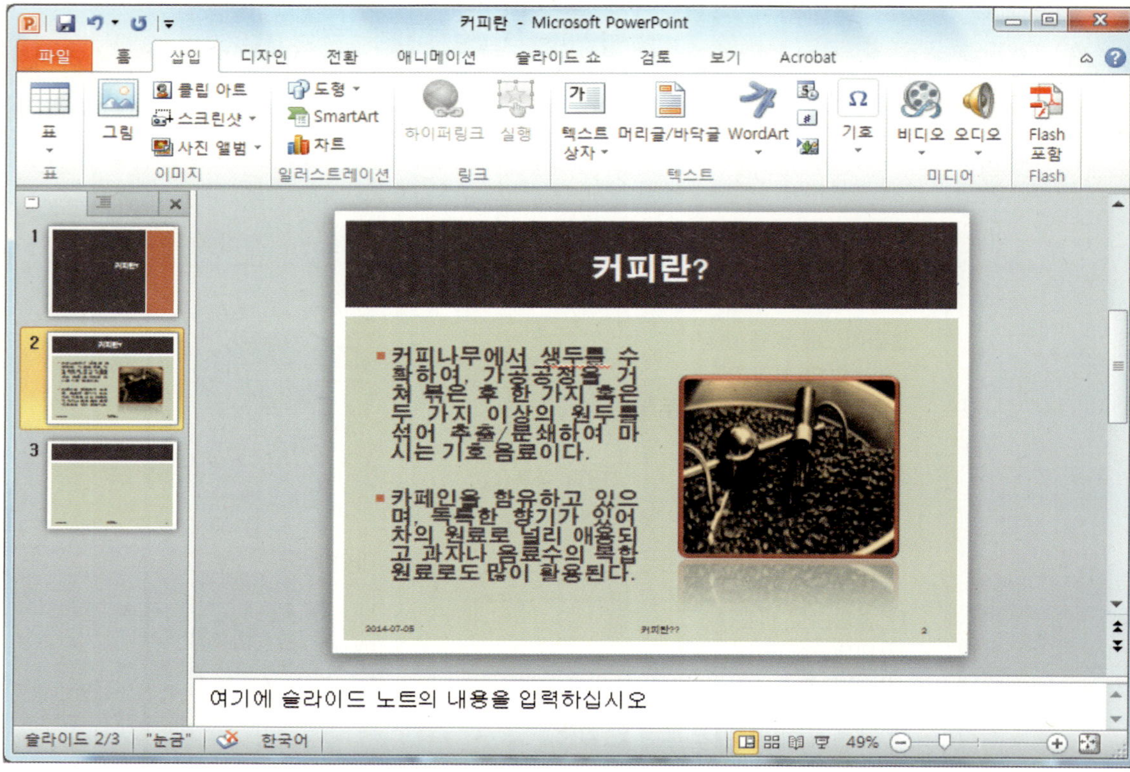

5.2 슬라이드 쇼 진행하기

파워포인트로 문서를 완성하고 난 후 청중에게 발표할 때에는 슬라이드 쇼로 진행을 한다. 이는 해당 슬라이드가 전체화면으로 보이게 되면서 청중들에게 집중 할 수 있는 환경을 제공한다.

1) 슬라이드 쇼 진행하기

1 **[슬라이드 쇼]-[슬라이드 쇼 시작]-[처음부터]**를 클릭하여 처음부터 슬라이드 쇼를 진행할 수 있고, 원하는 슬라이드부터 슬라이드 쇼를 진행하고 싶으면 **[슬라이드 쇼]-[슬라이드 쇼 시작]-[현재 슬라이드부터]**를 클릭하면 된다.

또는 화면 오른쪽 하단의 **슬라이드 쇼 아이콘**을 클릭한다.

다른 방법으로는 단축키 F5를 누르면 슬라이드 쇼가 진행된다.

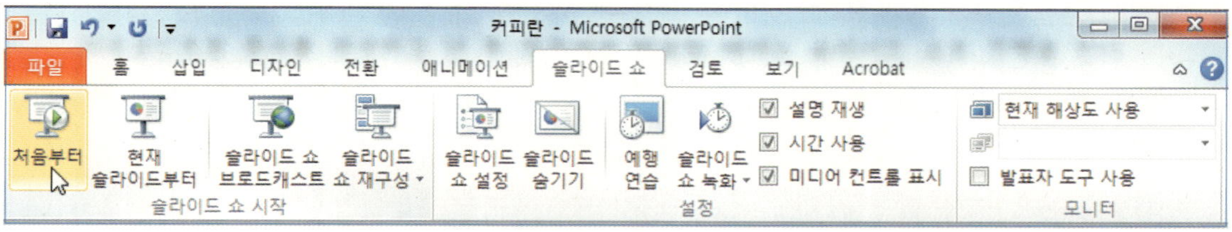

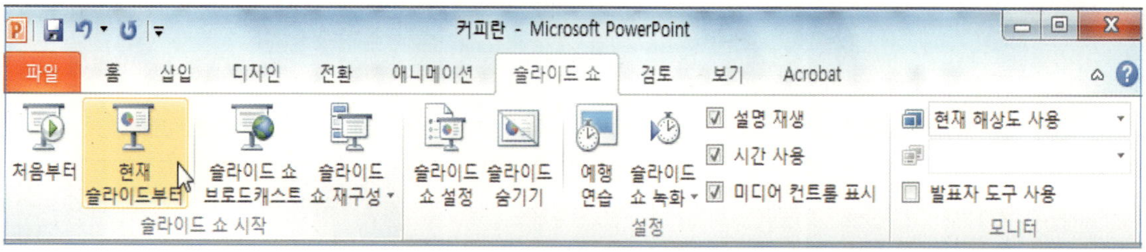

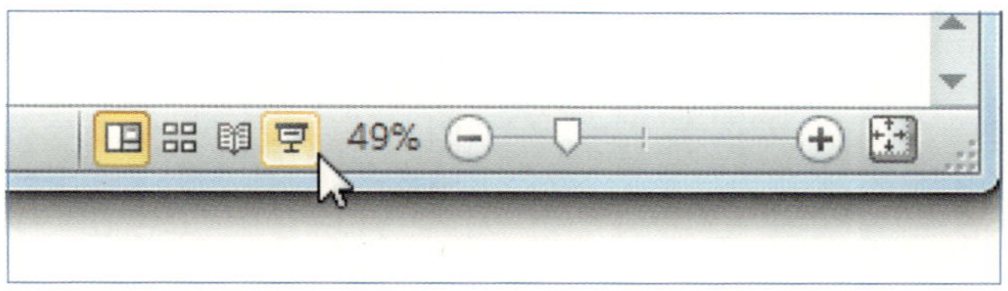

2 슬라이드 쇼 상태에서의 슬라이드는 **마우스 왼쪽 버튼 클릭, 마우스 휠 이동, 키보드의 Page Up, Page Down**을 이용하여 슬라이드를 앞, 뒤로 이동 할 수 있다.

슬라이드 쇼 메뉴

슬라이드 쇼로 프레젠테이션 중간에 오른쪽 버튼을 눌러 메뉴를 보면, 대부분 슬라이드 이동과 관련된 메뉴이고, 화면 메뉴와 포인터 옵션 메뉴가 있다.

- **화면 메뉴** : 슬라이드 화면을 어둡게, 희게 만드는 기능이다.
- **포인터 옵션 메뉴** : 프레젠테이션 중간에 슬라이드 화면에 필기를 하면서 청중에게 이해력을 높이는 역할을 하는 것으로 많이 쓰이는 기능 중의 하나이다.

메뉴에는 펜, 형광펜 등의 메뉴가 있어 상황에 맞게 활용한다.

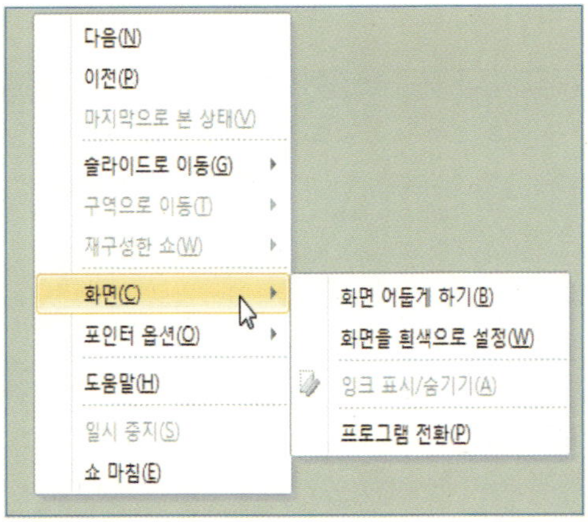

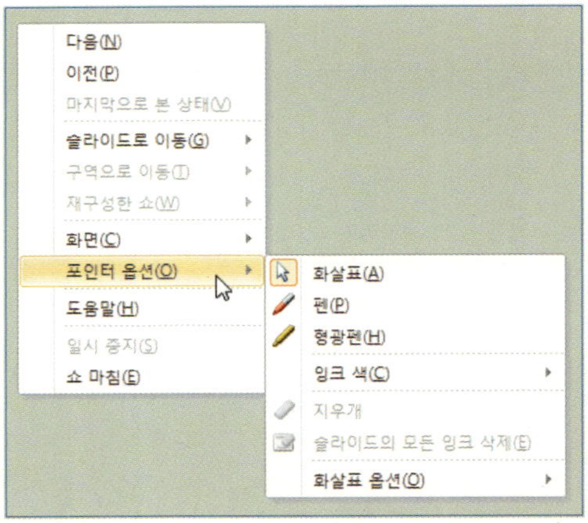

2) 프레젠테이션 예행연습

파워포인트는 프레젠테이션 시간을 맞출 수 있도록 예행연습 기능을 제공한다.

이는 예행연습을 하는 동안에 슬라이드의 시간 기능을 사용하여 각 슬라이드에서 소요한 시간이 기록되면 해당 시간을 저장하여 나중에 자동으로 이 쇼를 실행 할 수 있다.

1 [**슬라이드 쇼**]-[**설정**]-[**예행 연습**]을 클릭한다.

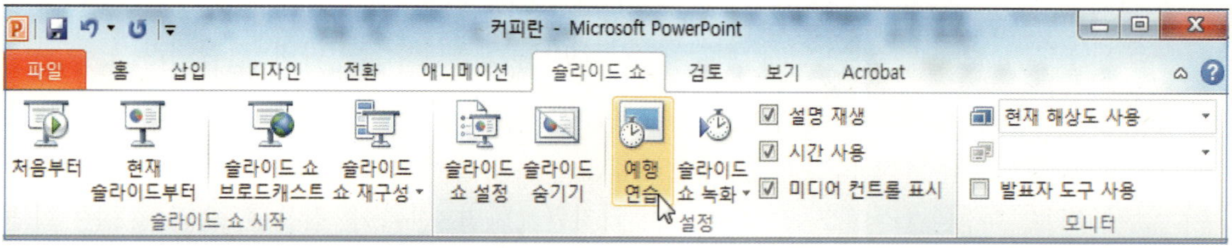

2 슬라이드 쇼가 시작되면서 왼쪽 상단에 예행연습 도구 모음이 나타나고 프레젠테이션 시간이 기록되기 시작한다.

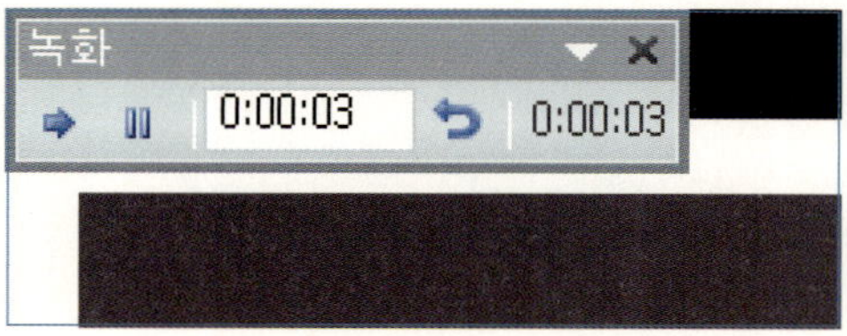

예행 연습 도구모음

- **다음** : 다음 슬라이드로 이동
- **일시 중지** : 시간 기록을 일시적으로 중지
- **슬라이드 시간** : 하나의 슬라이드를 발표할 동안의 시간
- **반복** : 현재 슬라이드의 시간 기록을 다시 시작
- **총 프레젠테이션 시간** : 전체 슬라이드에 대한 시간

5.3 화면 전환

슬라이드가 바뀔 때 슬라이드가 나타나는 형태를 설정한 것을 화면 전환이라 한다.

프레젠테이션에 시각적인 효과가 있는 화면 전환을 적용하면 청중의 집중 유도에 도움이 된다. 화면 전환이 적용되지 않은 프레젠테이션은 슬라이드가 바뀔 때 아무런 움직임이 없이 바로 다음 슬라이드로 넘어가게 되지만, 화면 전환이 적용된 슬라이드는 화면 전환 종류에 따라 여러 가지 형태로 다음 슬라이드로 넘어가게 된다.

1 [**전환**]-[**슬라이드 화면 전환**]에서 원하는 화면 전환을 선택한다.

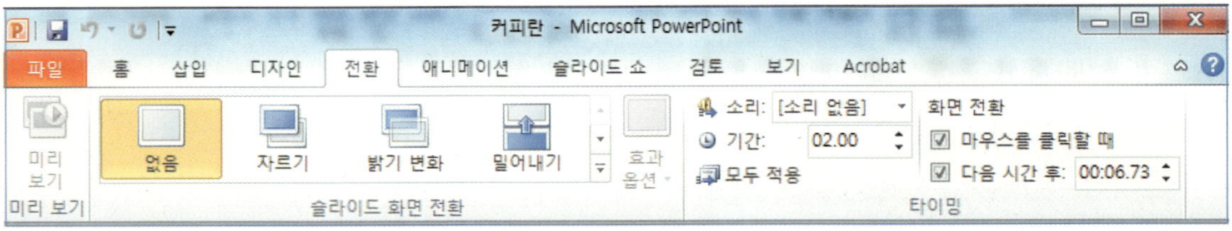

파워포인트 2007에 비해 파워포인트 2010은 화면전환의 탭이 애니메이션에서 독립되고, 효과가 더 많아지고 화려해졌다.

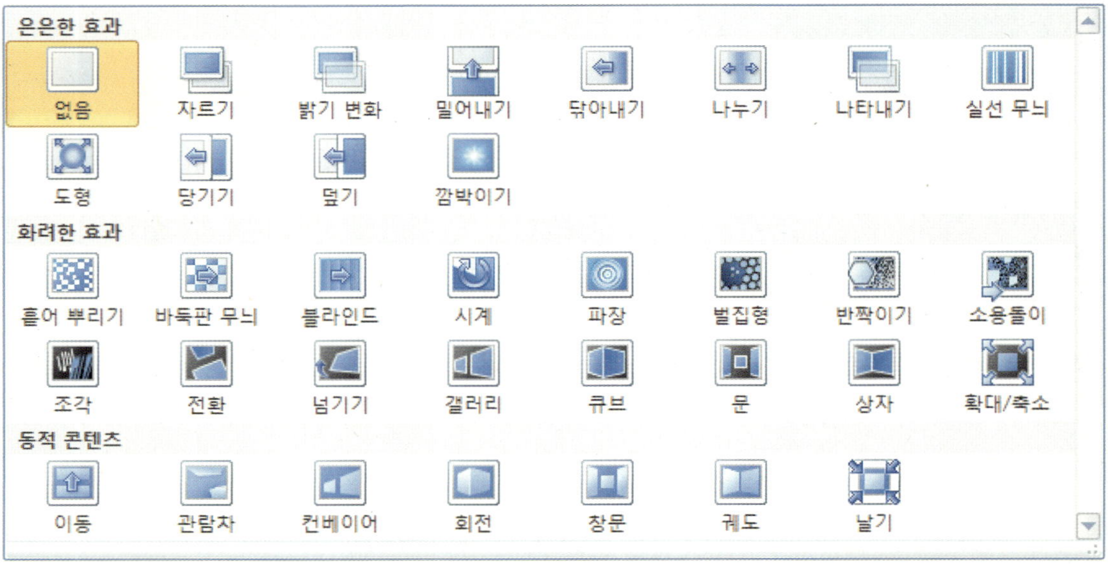

2 화면 전환 시에 소리를 선택할 수 있다. 모든 슬라이드에 소리를 선택하게 되면 프레젠테이션 진행 분위기가 산만한 결과를 초래할 수도 있으니 중요한 내용에 자극적이지 않으면서 간결한 것으로 적용하는 것이 좋다.

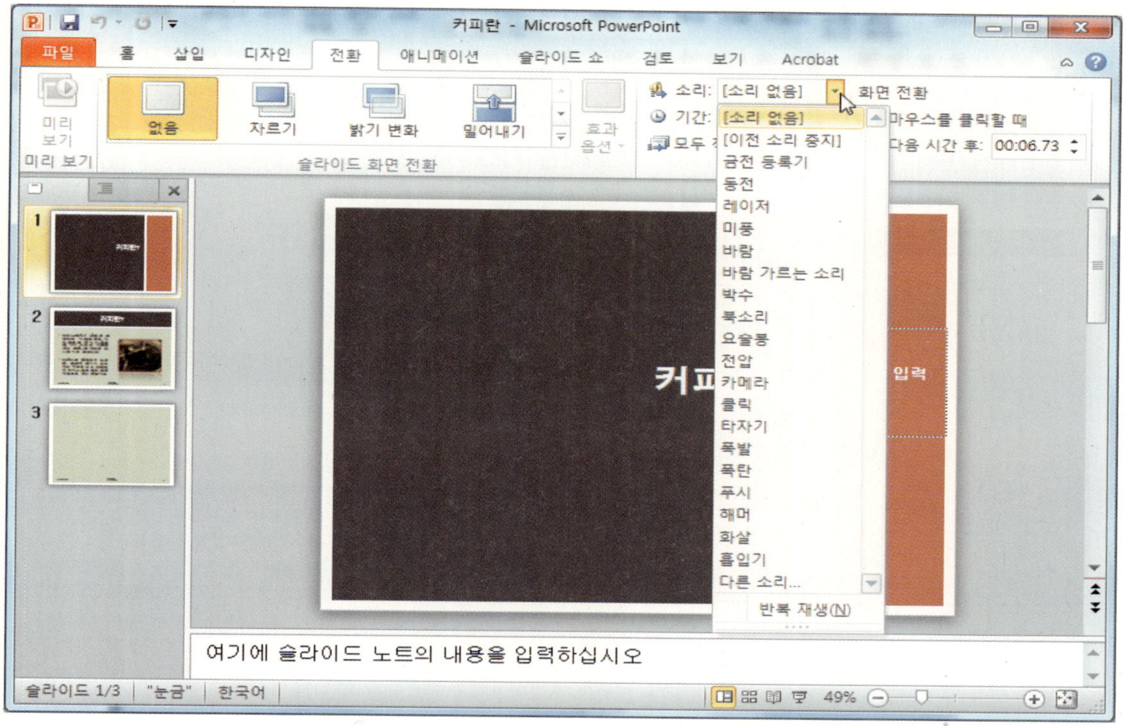

3 화면 전환 속도 또한 선택할 수 있는데, **[느리게]**를 선택한 화면전환은 프레젠테이션의 흐름이 원활하지 않은 결과를 보여주므로 특별한 경우가 아니라면 느린 속도는 설정하지 않는 것이 좋다.

4 화면 전환이 설정되었을 경우에는 기본보기나 여러 슬라이드 보기 등에서 슬라이드에 화면 전환이 실행되었음을 표시한다. 아래의 그림처럼 첫 번째와 두 번째 슬라이드는 좌측상단에 표시되고 있으나 세 번째 슬라이드는 설정하지 않았기에 표시되지 않는다.

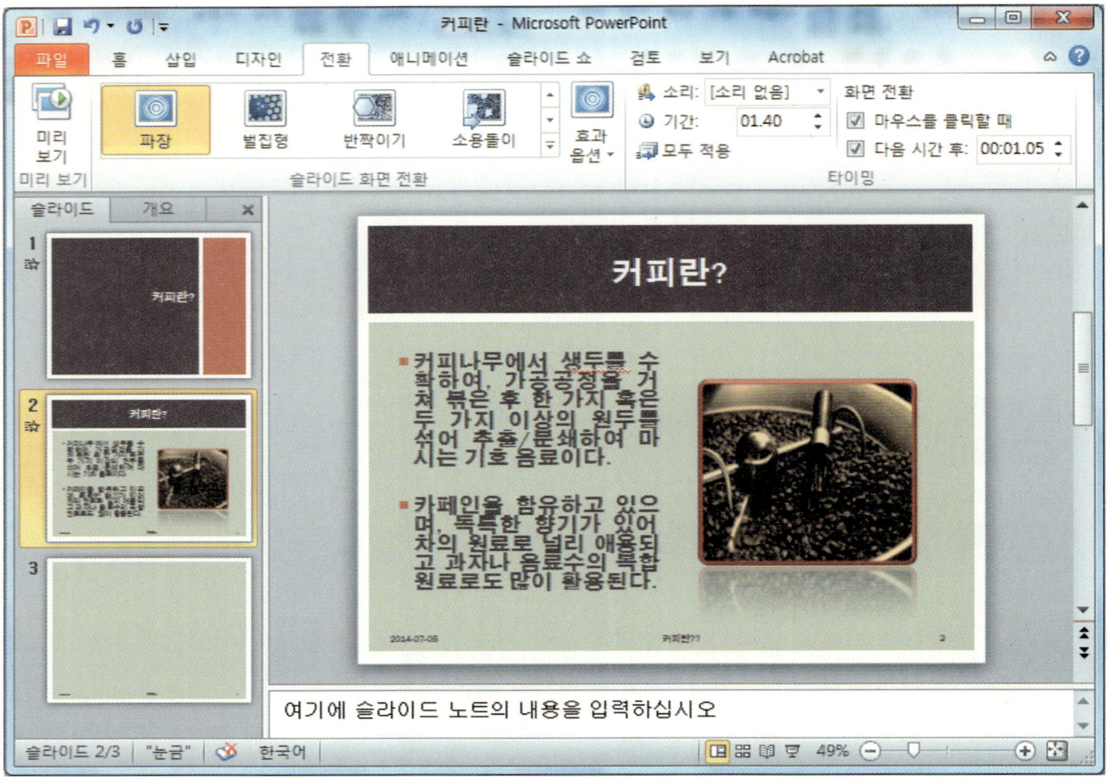

5.4 애니메이션효과

텍스트나 그림과 같은 프레젠테이션의 구성요소들에 다양한 형태의 움직임을 설정할 수 있다. 이를 애니메이션이라 한다. 애니메이션을 적절하게 이용하게 되면, 전달하고자 하는 내용을 청중들에게 쉽게 이해시킬 수 있고 시각적인 움직임으로 인해 집중효과를 노릴 수 있다. 또한 중요한 부분을 돋보이게 하는 효과를 보여준다.

1) 애니메이션 지정하기

1 원하는 개체를 선택한다. 선택해야만 [애니메이션]-[애니메이션]이 활성화 된다.

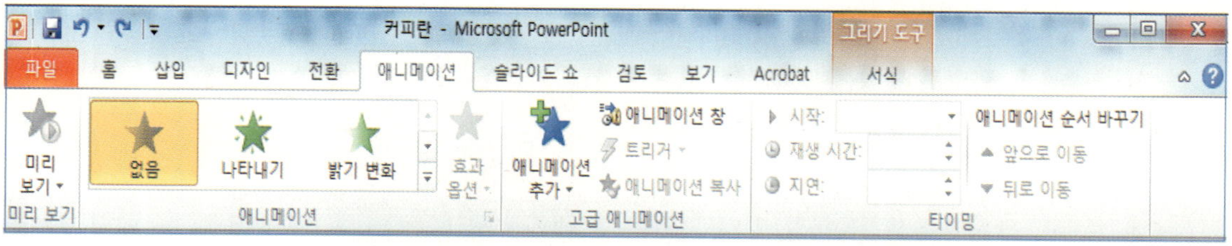

2 [애니메이션]-[애니메이션]탭에서 [애니메이션 스타일]-[강조-펄스]를 클릭한다.

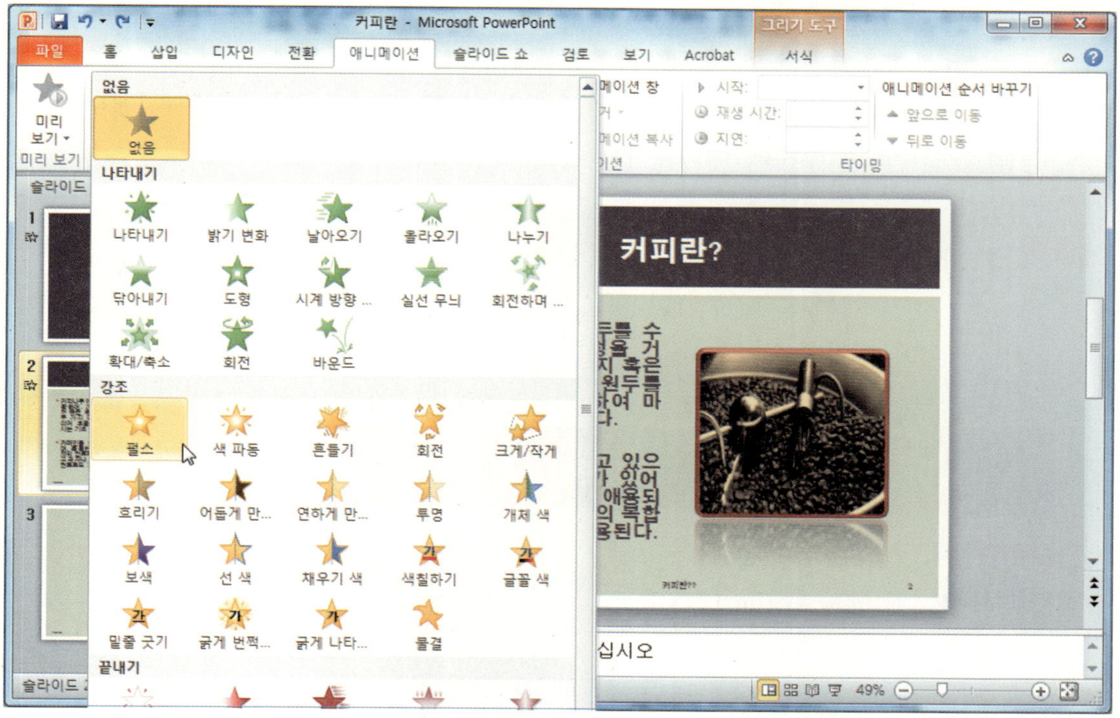

3 각각의 개체마다 애니메이션을 선택하면 선택한 순서대로 번호가 나타난다.

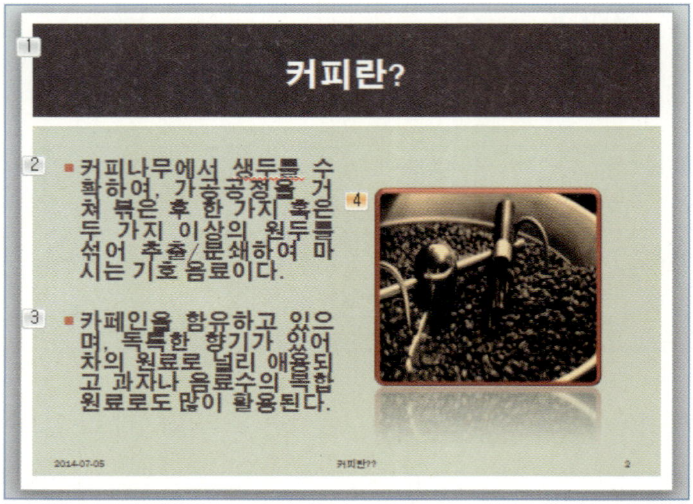

4 애니메이션을 편집하기 위해 **[애니메이션]-[고급 애니메이션]** 탭에서 **[애니메이션 창]**을 클릭하면 우측에 애니메이션 창 대화상자가 나타난다.

5 목록에서 순서를 조정하거나 재생한다.

애니메이션 창

애니메이션 효과의 재생과 목록 및 순서를 조정해주는 창이다.

- **재생** : 적용된 애니메이션 효과를 편집 상태에서 시뮬레이션 한다.
- **애니메이션 목록** : 슬라이드에 적용된 모든 애니메이션의 목록을 나타낸다.
- **순서 조정** : 애니메이션 간의 순서를 설정한다.

2) 애니메이션 변경과 해제

1 첫 번째 개체를 선택 후, **[애니메이션]-[애니메이션]**탭에서 **[애니메이션 스타일]-[나타내기-확대/축소]**를 클릭한다.

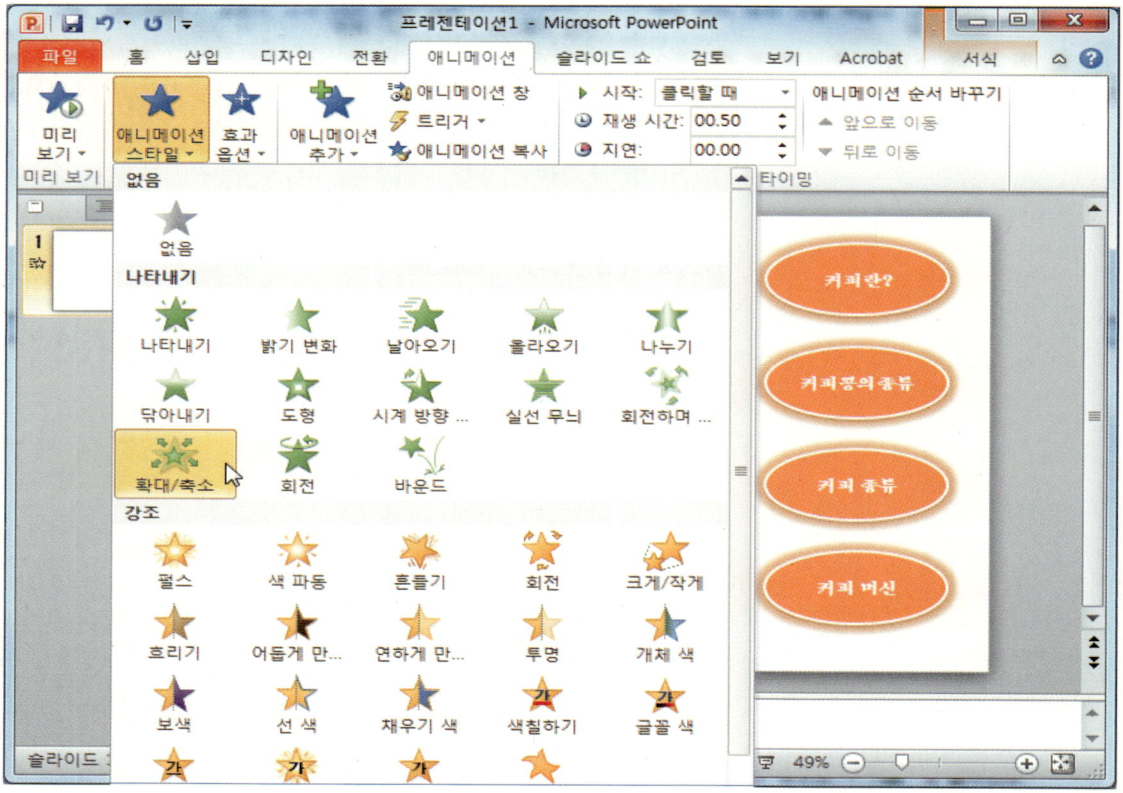

2 다시 원하는 개체를 선택한 후 효과적용을 하면 된다.

3 다양한 효과가 있음을 확인할 수 있다.

4 슬라이드 본문에 나오는 번호와 사용자 지정 애니메이션 대화상자에서 보여지는 번호가 서로 연결되어 있다.

5 원하지 않는 개체에 적용된 효과를 삭제할 수 있다.

첫 번째는, 개체를 선택하고 **[애니메이션]-[애니메이션]**탭에서 **[애니메이션 스타일]-[없음]**을 클릭한다.

또 다른 방법은 이벤트 번호를 선택한 후에 키보드의 **제거[Del]**를 누른다.

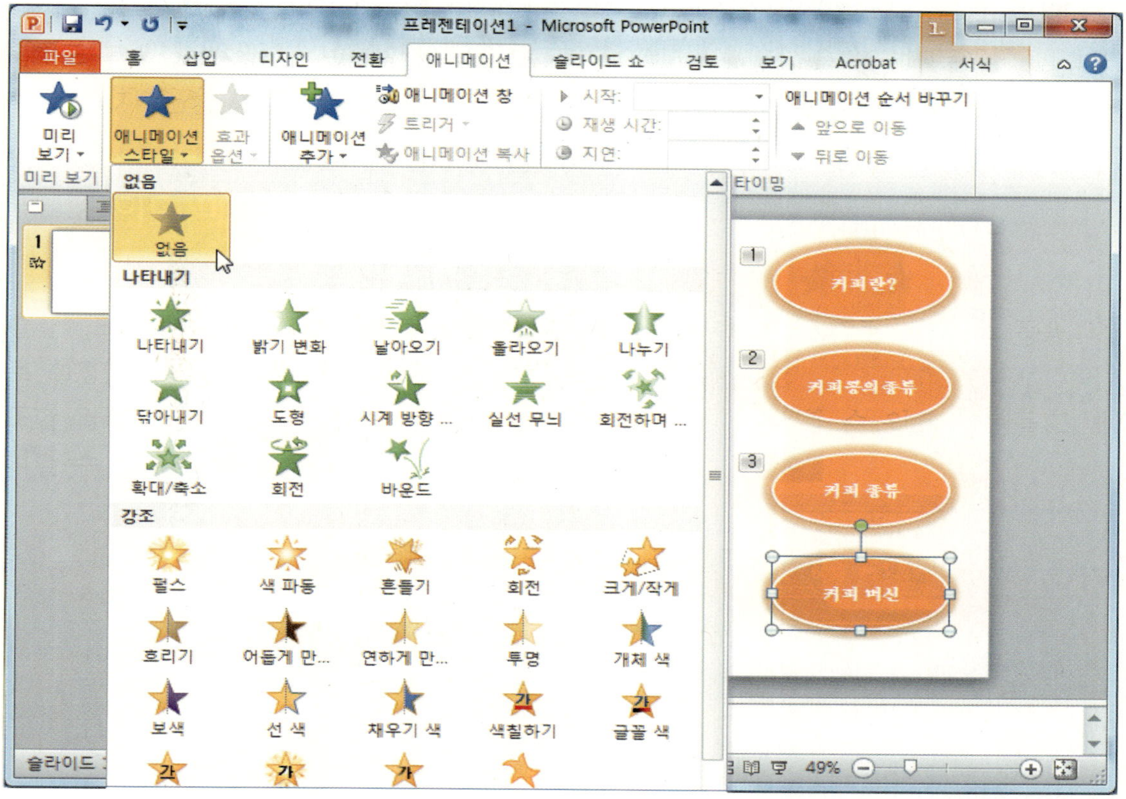

3) 애니메이션 순서 정하기

두 개 이상의 애니메이션에 대하여 진행 순서를 알맞게 구성하는 방법을 알아본다.

1 진행 순서 설정하는 방법은, 순서를 바꾸고자 하는 애니메이션을 선택한 후 **[애니메이션]-[타이밍]**탭에서 **[애니메이션 순서 바꾸기]**를 클릭하여 원하는 순서를 정한다.

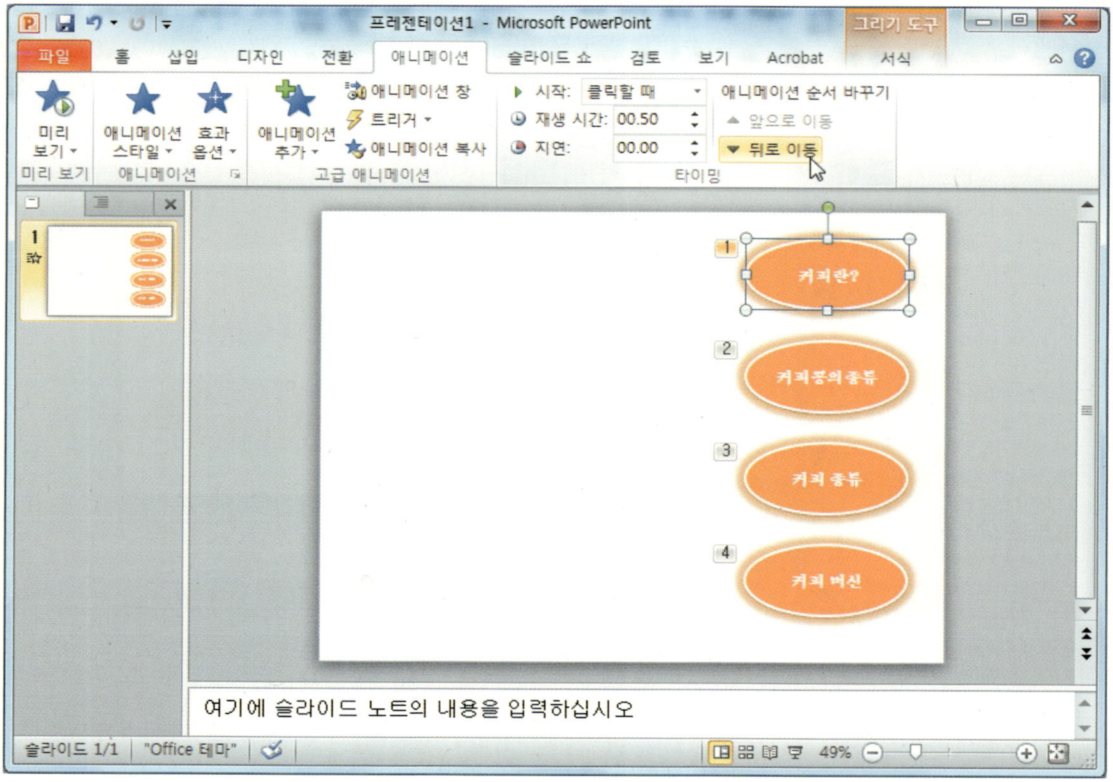

또 다른 방법은, 애니메이션 창을 열면 적용된 모든 애니메이션이 나타난다. 이때 순서를 바꾸고자 하는 애니메이션을 선택한 후 **[순서 조정]** 단추를 클릭하여 순서를 변경한다.

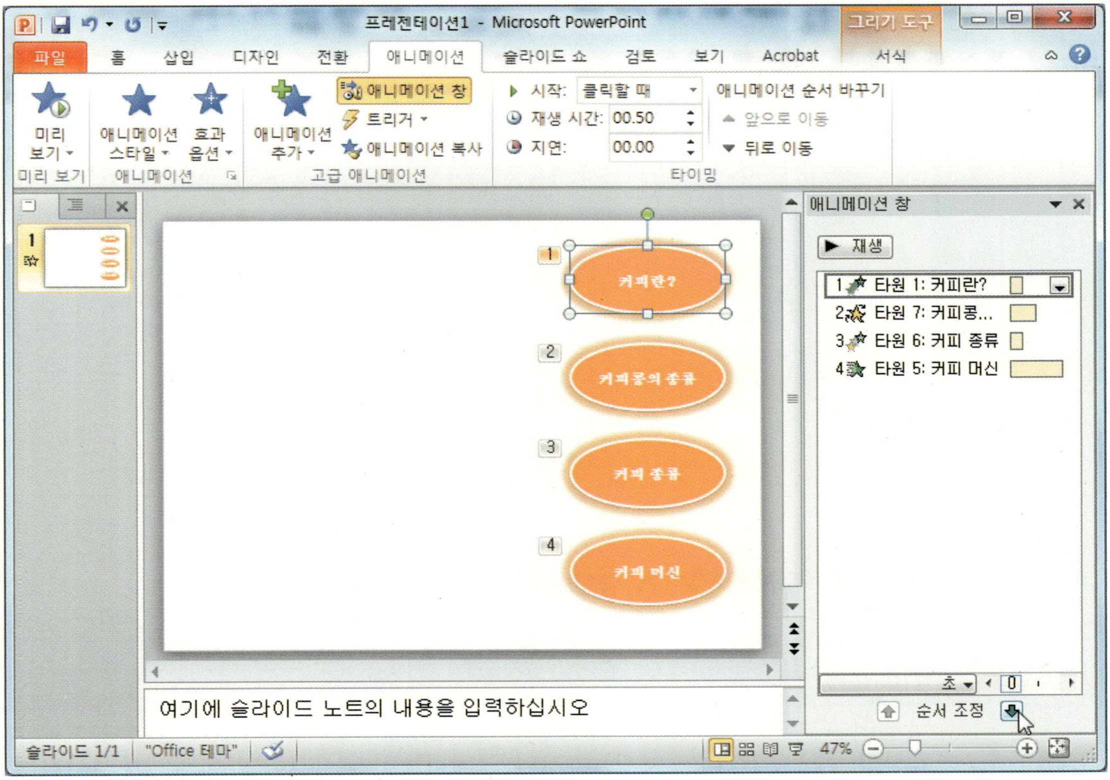

2 이전 애니메이션과 동시에 재생하는 방법은, 동시에 실행시킬 애니메이션을 선택한 후 **[애니메이션]-[고급 애니메이션]**탭의 **[애니메이션 추가]**에서 선택하여 클릭한다.

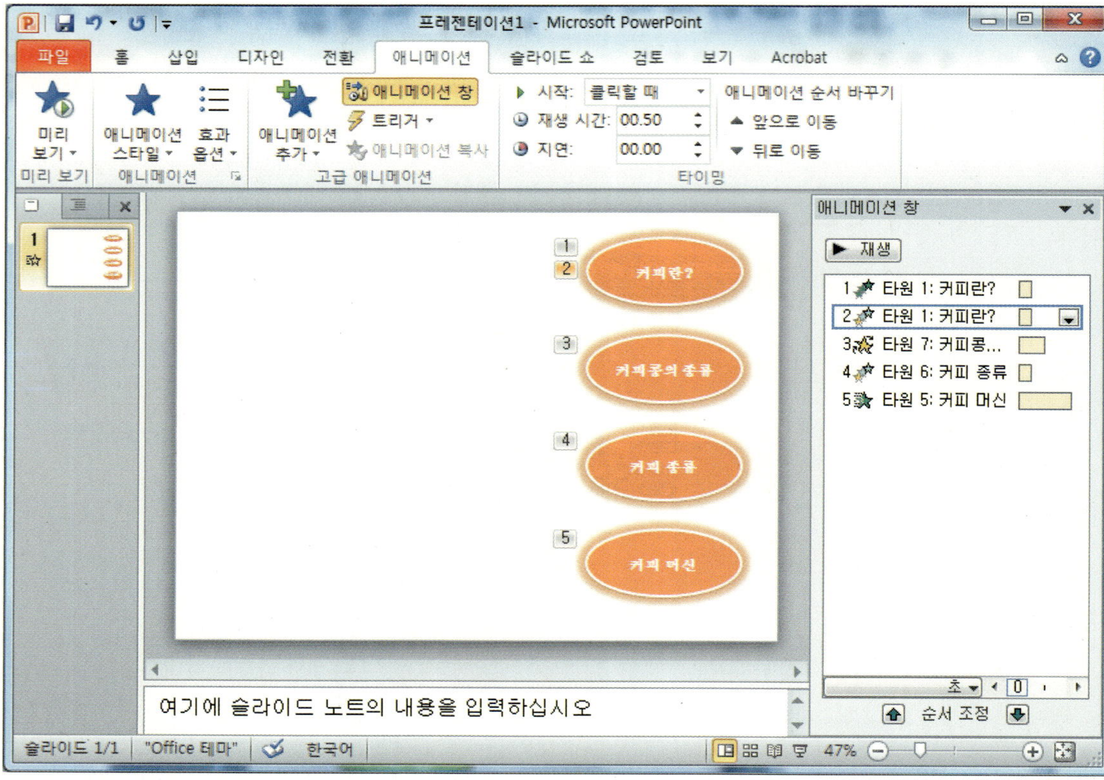

3 애니메이션의 재생 시간을 지정 하려면, **[애니메이션]-[타이밍]**탭의 **[재생시간]**을 선택하여 애니메이션 길이를 지정한다.

4 애니메이션의 재생 시간을 지연 하려면, **[애니메이션]-[타이밍]**탭의 **[지연]**을 선택하여 애니메이션의 재생을 지연한다.

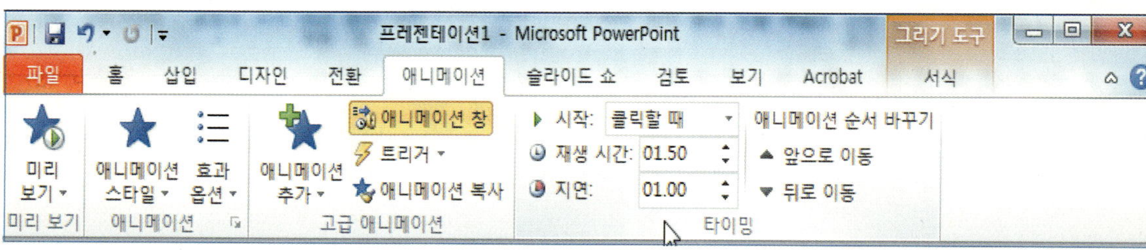

> **화면전환 효과와 애니메이션 효과**
>
> - **화면전환 효과** : 다음 슬라이드로 전환할 때 슬라이드를 화면에 표시하는 방법을 설정
> - **애니메이션 효과** : 한 슬라이드 내에서 각종 개체의 움직임(애니메이션)을 설정

5.5 하이퍼링크 설정하기

하이퍼링크란 텍스트나 그림, 도형 등과 같은 개체를 다른 개체나 문서에 연결시켜주는 기능을 말한다. 파워포인트에서는 하이퍼링크를 설정하여 다른 슬라이드로 이동하거나 특정한 웹사이트의 이동 및 프로그램 실행 등을 설정할 수 있다.

1) 하이퍼링크 삽입

1 원하는 개체를 선택한 후, **[삽입]-[링크]-[하이퍼링크]**를 클릭한다.

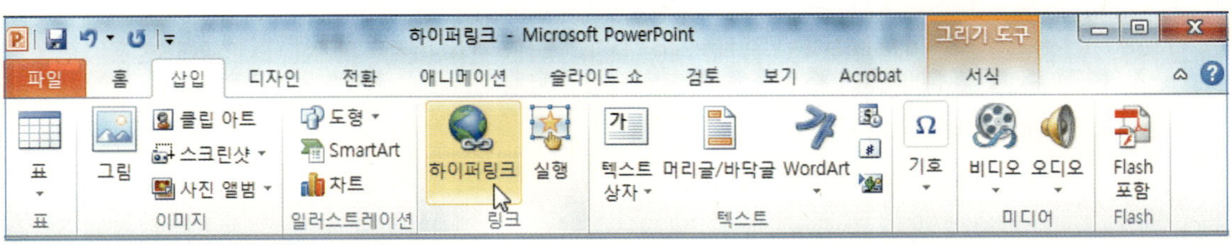

또 다른 방법으로 원하는 개체를 선택한 후 마우스 오른쪽 버튼을 클릭하여 **[하이퍼링크]**를 선택한다.

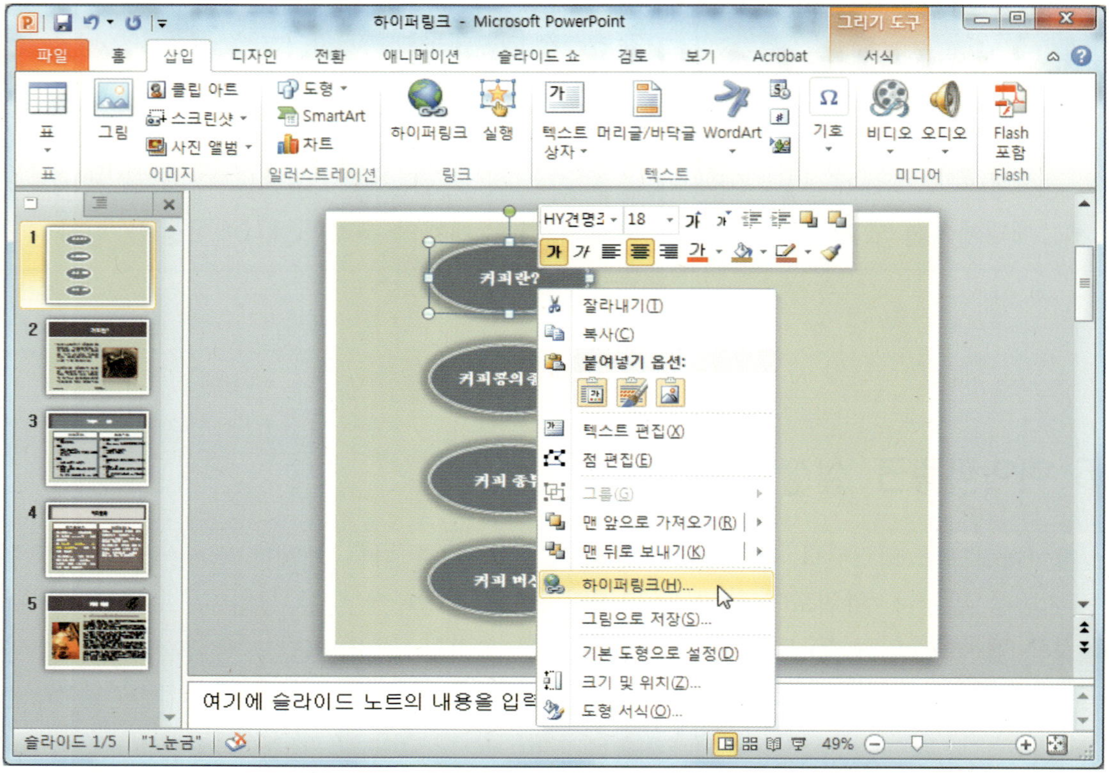

2 하이퍼링크 삽입 대화상자가 나타난다. 이는 해당 개체에 대하여 마우스를 클릭할 때, 마우스를 위에 올려놓았을 때의 하이퍼링크, 프로그램 실행 등을 설정할 수 있다.

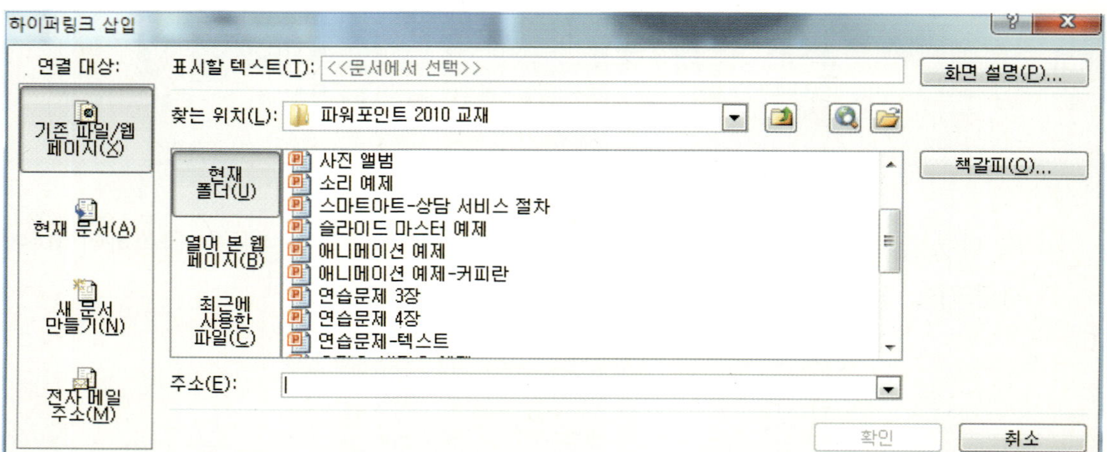

3 대화상자의 왼쪽 메뉴에서 **[기존파일/웹페이지]**메뉴를 선택하면 찾는 위치의 폴더들이 나타난다. 따라서 찾고자하는 파일이나 웹페이지가 있는 위치로 이동하여 해당 파일을 선택한 후 **[확인]**버튼을 클릭하면 하이퍼링크 설정이 끝난다.

4 두 번째 메뉴인 **[현재 문서]**를 선택하면 현재 작업 중인 파워포인트 문서의 슬라이드들이 나타난다. 슬라이드를 선택한 후 **[확인]**버튼을 클릭하면 해당 슬라이드로 이동한다.

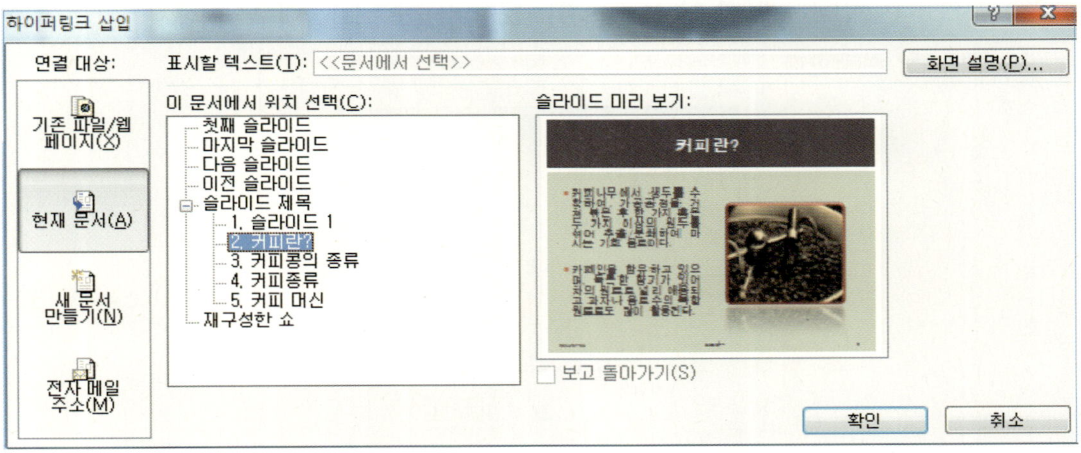

5 원하는 인터넷 사이트로 직접 연결을 원할 때에는 하이퍼링크 삽입 대화상자 하단의 **[주소]**에 사이트 주소를 직접입력하거나, 주소를 복사한 후 붙여넣기하면 직접 연결이 가능하다.

6 원하는 연결을 마친 후, 슬라이드 쇼를 진행하게 되면 마우스 포인터가 하이퍼링크를 표시하는 손가락 모양으로 변해있다.

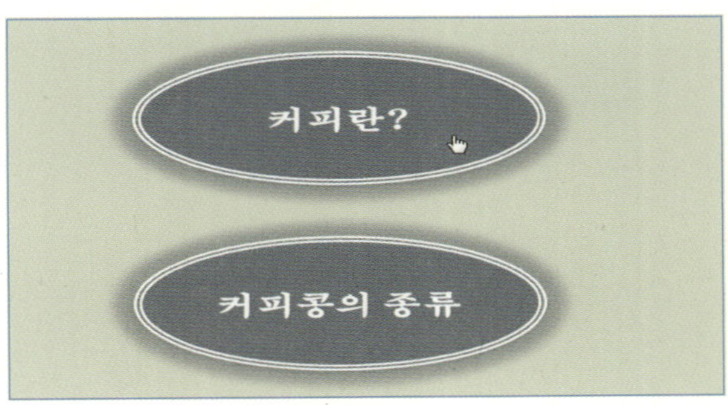

2) 실행 단추 삽입

슬라이드 쇼 상태에서의 슬라이드는 **마우스 왼쪽 버튼 클릭, 마우스 휠 이동, 키보드의 Page Up, Page Down**을 이용하여 슬라이드를 앞, 뒤로 이동 할 수 있다.

이와 함께 실행 단추를 이용하여 슬라이드를 앞, 뒤 그리고 처음 슬라이드 등의 이동으로 활용할 수 있다.

1 **[삽입]-[도형]-[실행 단추]** 또는 **[홈]-[그리기]-[도형]-[실행 단추]**에서 **[앞으로 또는 다음]**을 선택한다.

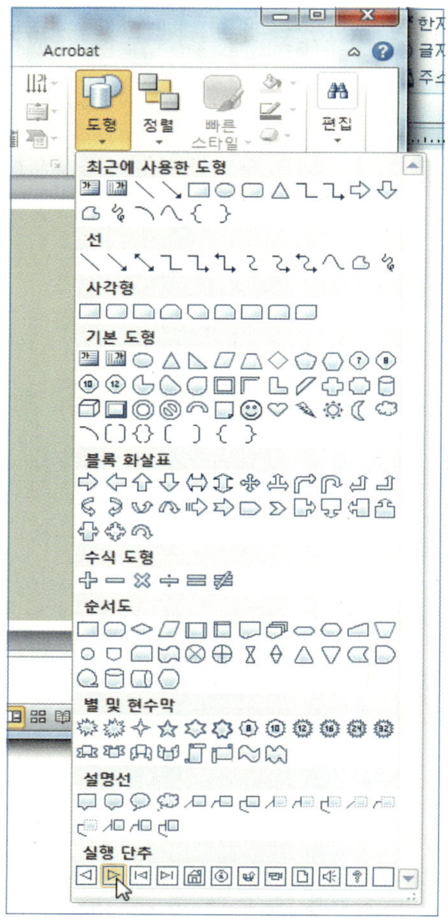

2 실행 설정의 대화상자가 나타난다. 기본 값으로 [**마우스를 클릭할 때**]-[**하이퍼링크**]-[**다음 슬라이드**]가 보여 진다. [**확인**]을 누르면 슬라이드 쇼 진행시 다음 슬라이드로 넘어가게 된다.

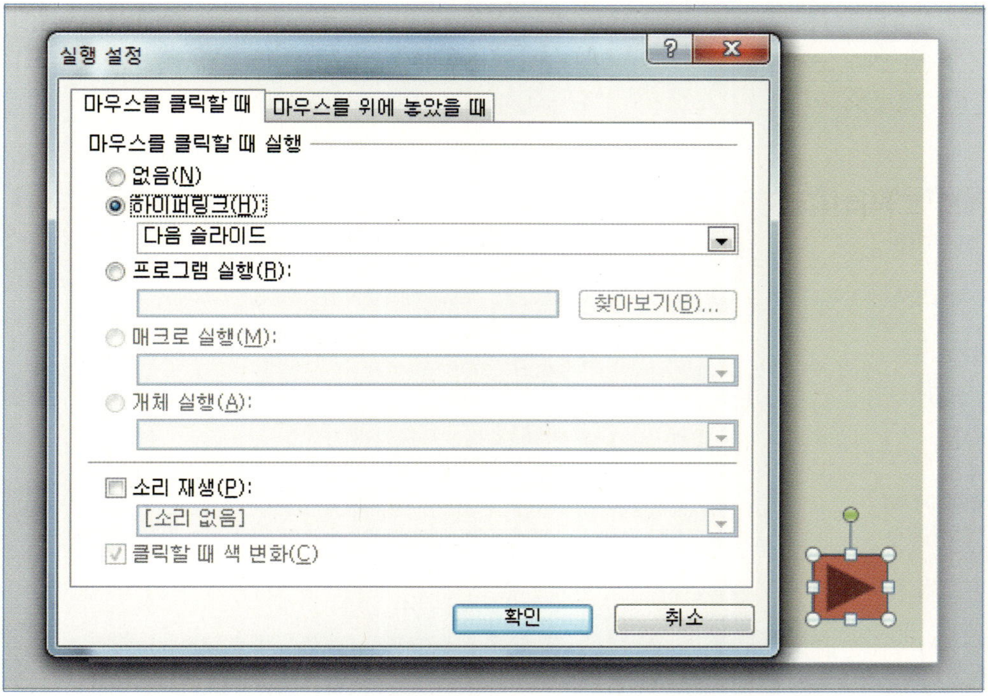

3 이어서 [**뒤로 또는 이전**] 그리고 [**홈**]을 선택하여 실행 단추를 완성한다.

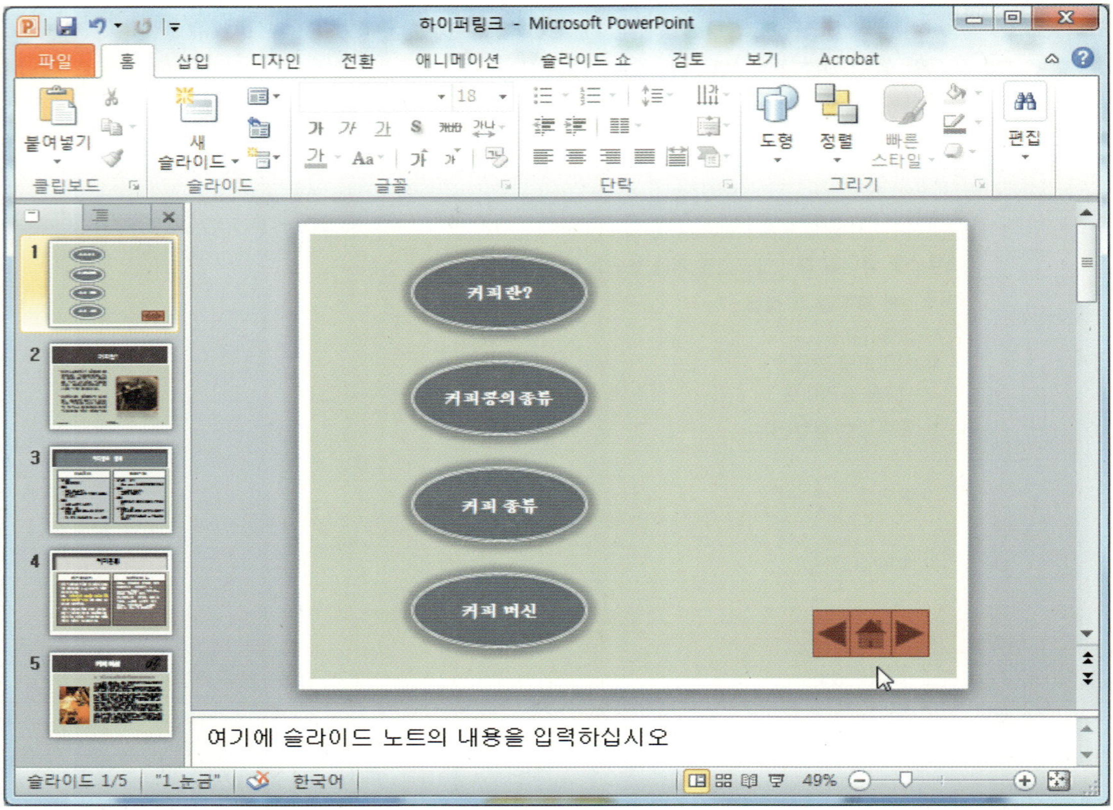

4 원하는 연결을 마친 후, 슬라이드 쇼를 진행하게 되면 마우스 포인터가 하이퍼링크를 표시하는 손가락 모양으로 변해있다.

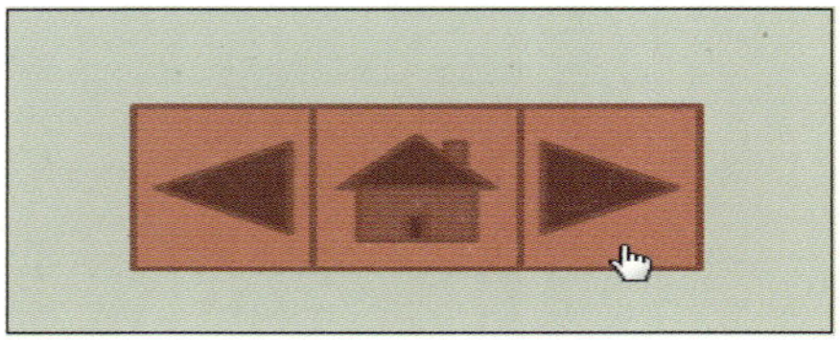

5 다른 슬라이드에도 실행 단추를 복사해 놓으면 같은 방법으로 실행이 가능하다.

5.6 인쇄하기

1 슬라이드 인쇄를 위해서는 **[파일]-[인쇄]**를 선택하면 인쇄 대화상자가 나타난다.

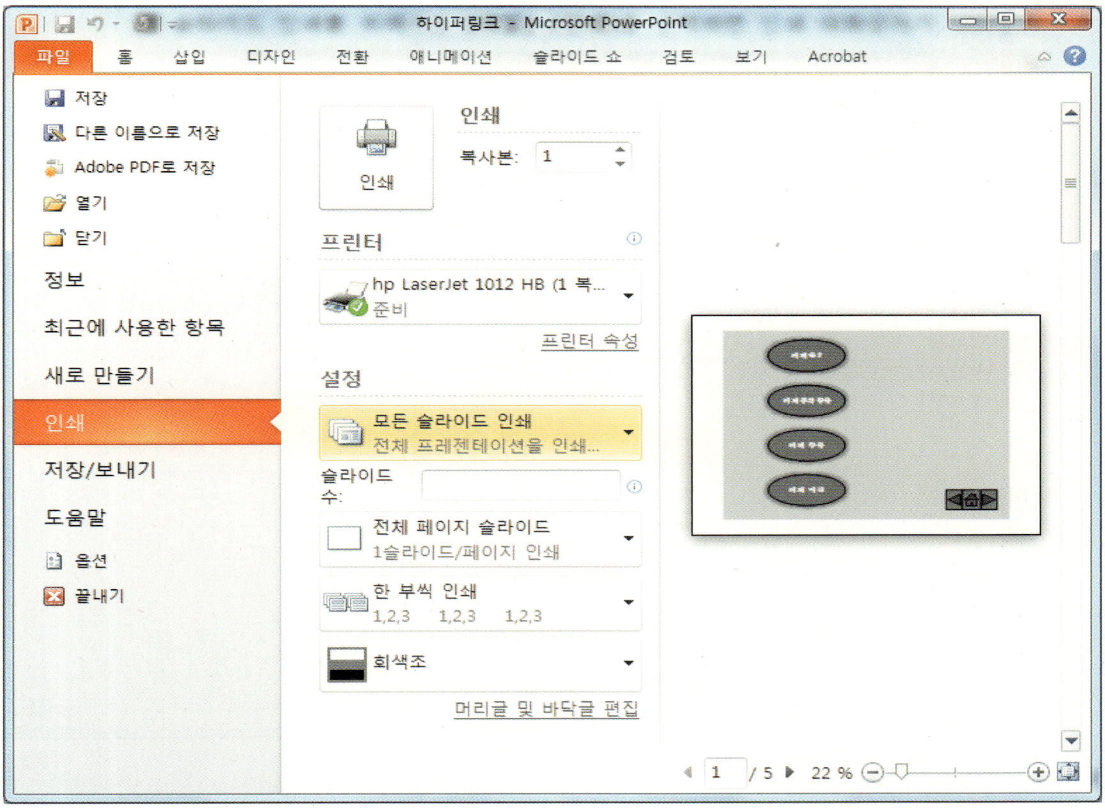

2 설정에서 슬라이드 인쇄범위를 설정한다.

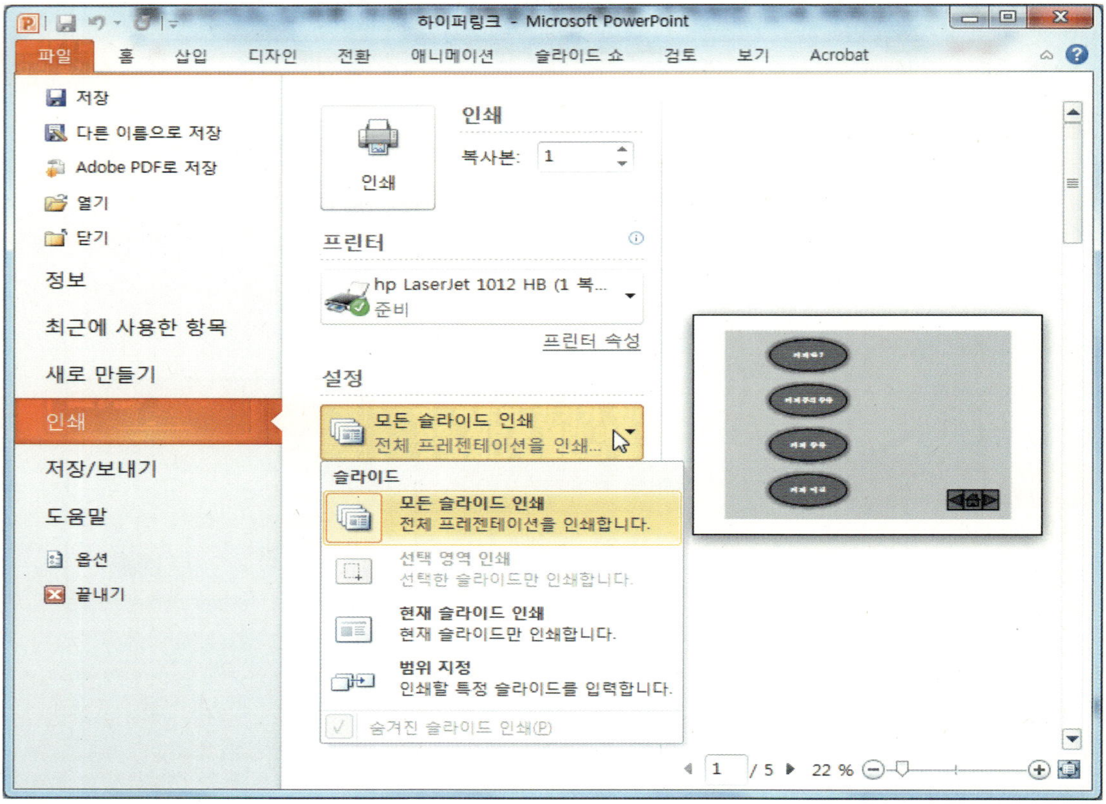

3 인쇄모양 중에서 **[전체 페이지 슬라이드]**는 한 페이지에 한 슬라이드만 인쇄된다. **[유인물]**로 선택하여 인쇄할 경우에는 한 페이지에 넣을 슬라이드수를 1-9까지 가로와 세로도 선택할 수 있다.

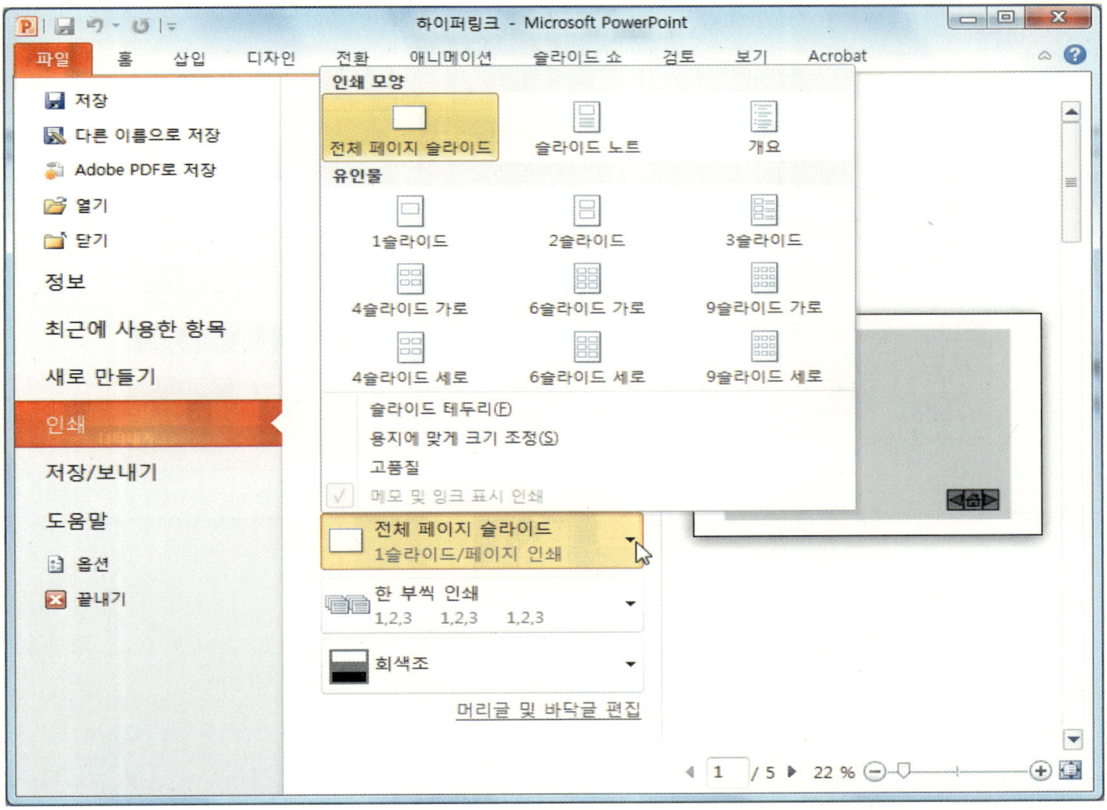

4 옵션 중에 **[용지에 맞게 크기 조정]**을 선택하면 슬라이드를 용지에 맞게 조정되어 보기 편한 유인물이 된다.

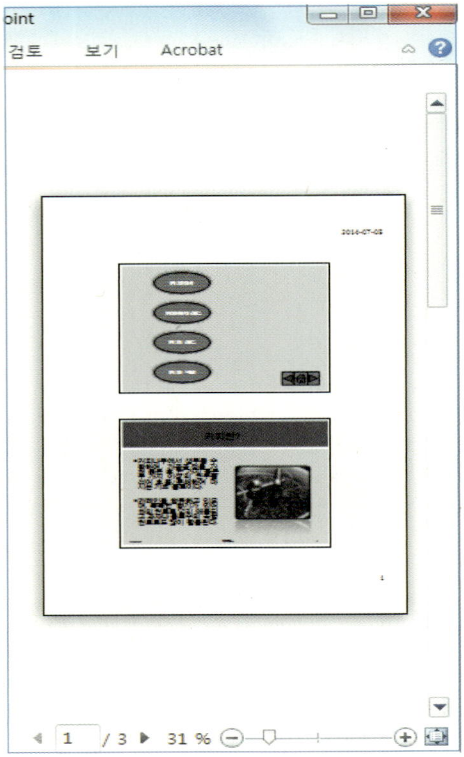

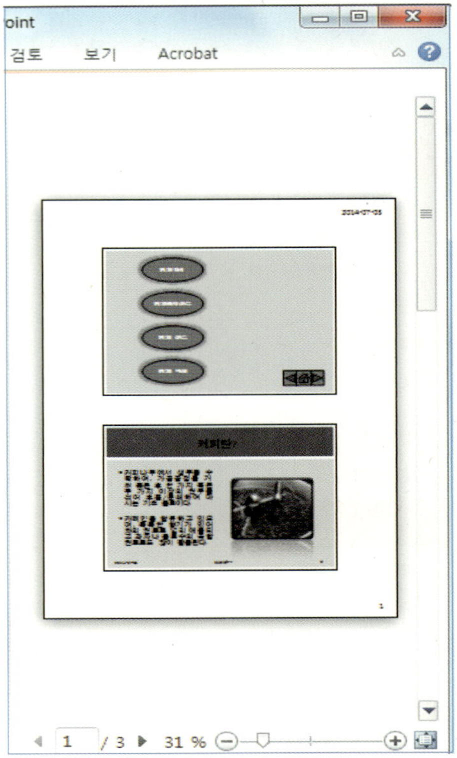

조정 전과 후

5 우측에 **[미리보기]**가 되어있어 인쇄 결과를 확인 할 수 있다.

6 **[인쇄]**를 종료하고 편집 상태로 되돌아가기 위해서는 메뉴를 아무거나 누르면 원래 상태로 돌아간다.

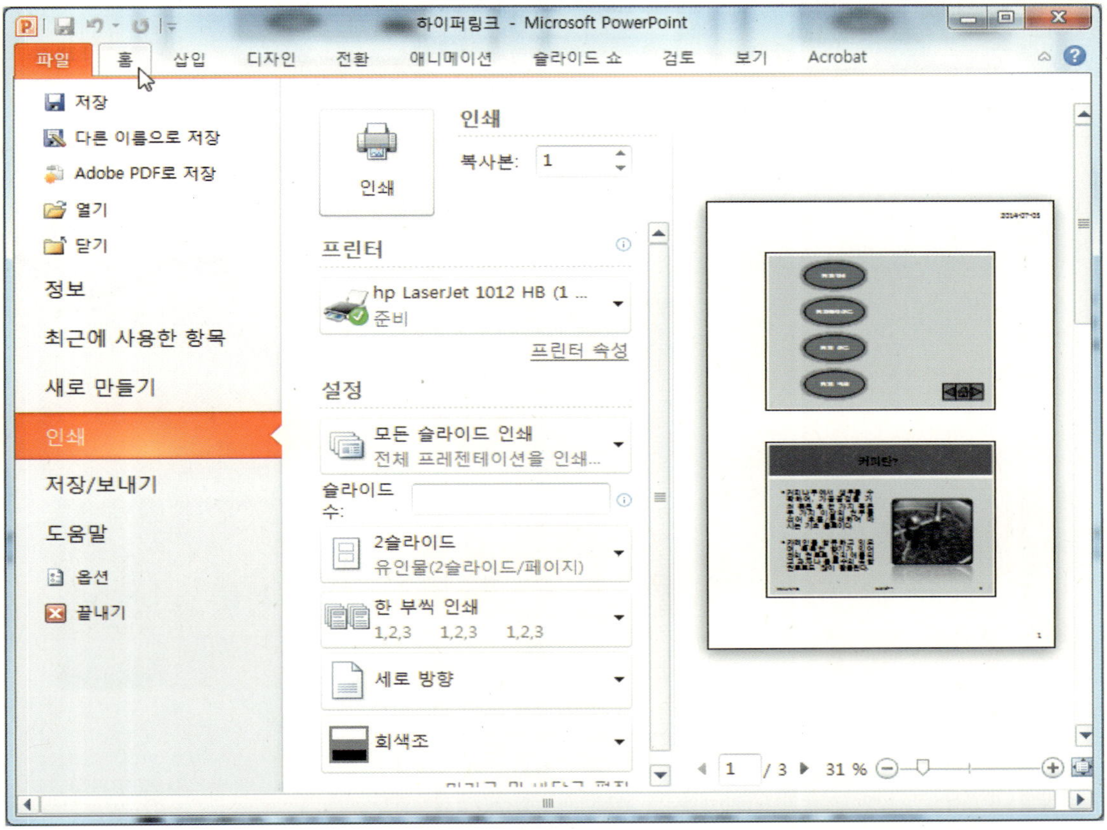

주의해야 할 점은 제목표시줄의 **[닫기]** 버튼을 클릭하면 작업 중인 파워포인트 문서가 종료된다.

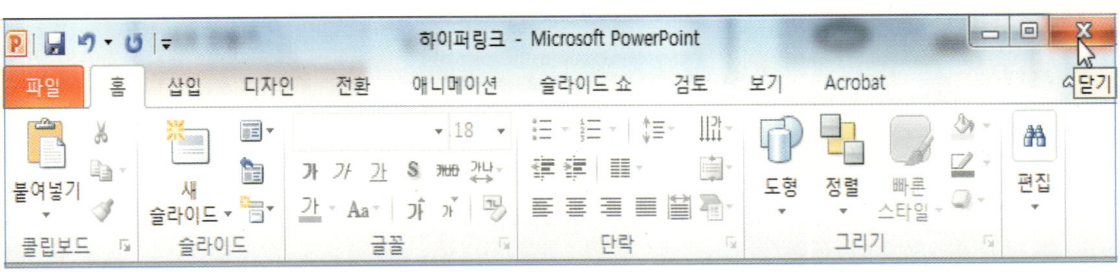

연습문제 1

다음의 슬라이드를 슬라이드 마스터 꾸미기를 활용하여 완성한다.

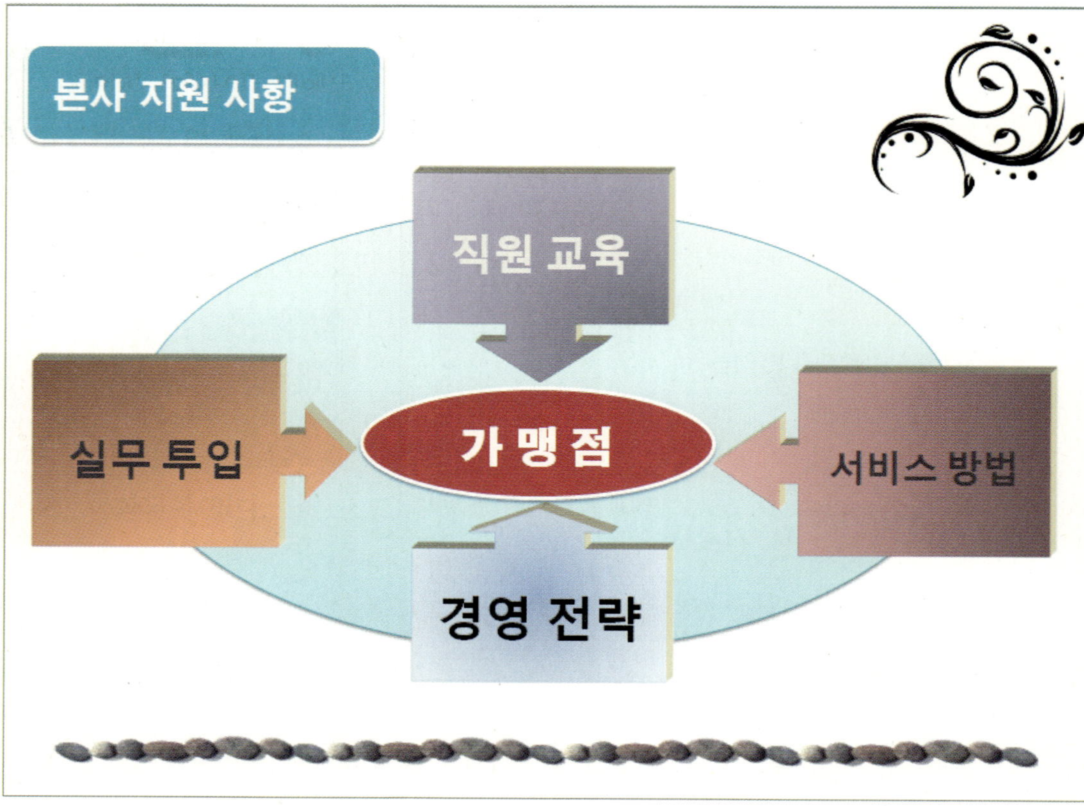

처리조건

① 클립아트를 슬라이드 마스터로 꾸민다.

② 도형 이용

③ 그리기도구의 서식 활용

연습문제 2

다음의 슬라이드를 완성하시오.

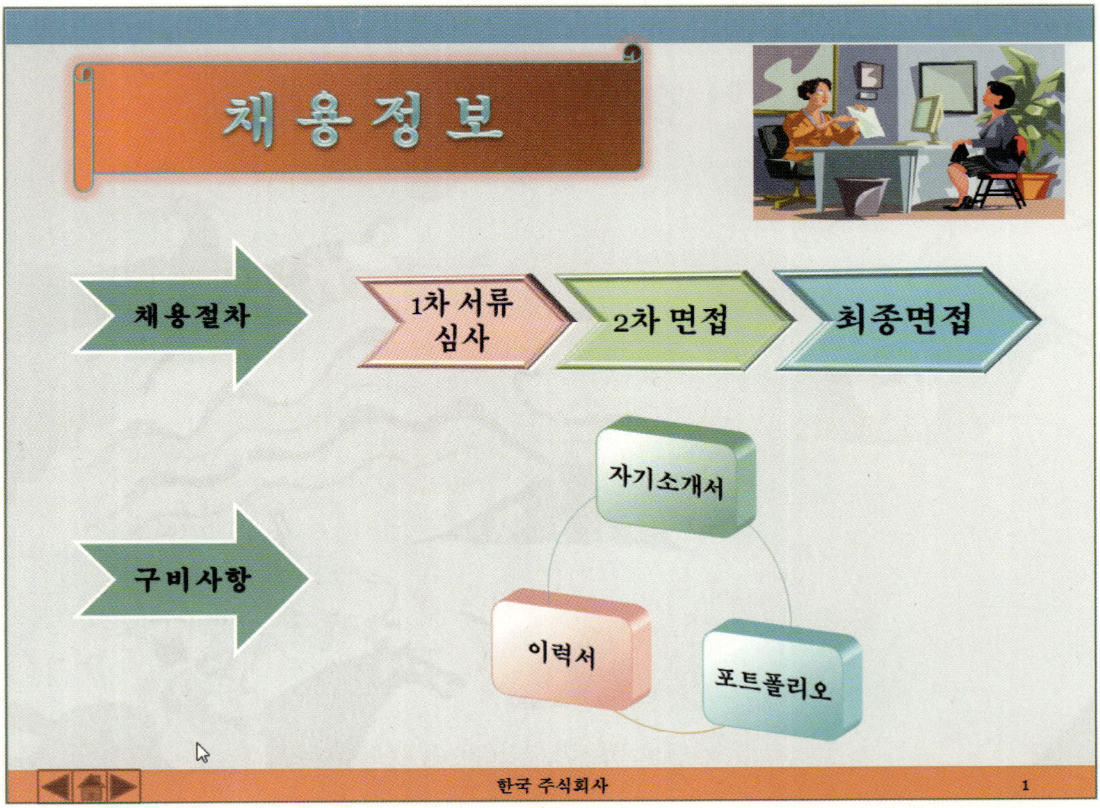

처리조건

① 도형, 클립아트 이용
② SmartArt, 채용절차 - 프로세스형-기본 갈매기형 수장 프로세스형
구비사항 - 주기형-블록주기형
③ 디자인 테마 활용
④ 실행 단추 이용
⑤ 머리글/바닥글 이용

연습문제 3

다음의 슬라이드를 완성하시오.

처리조건

① 도형, SmartArt-관계형-누적벤형 이용

② 배경 서식 활용

③ 각 개체마다 애니메이션 활용

④ 실행 단추 활용

⑤ 머리글/바닥글 이용

연습문제 4

다음의 슬라이드를 완성하시오.

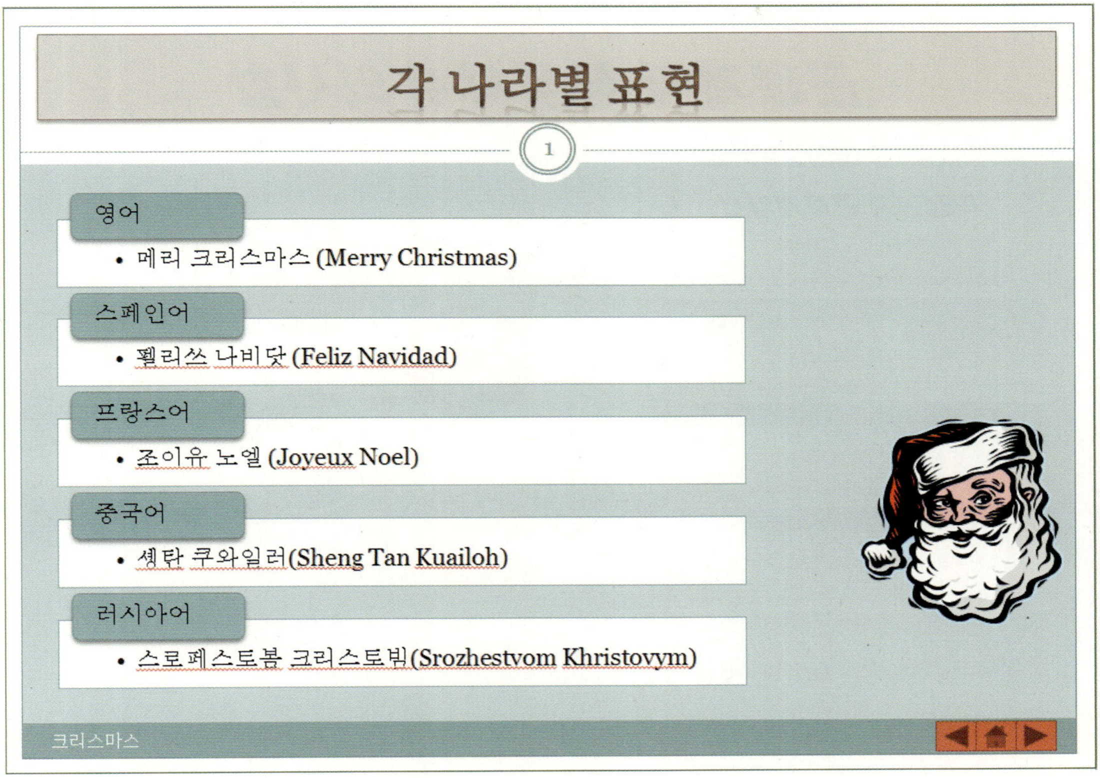

처리조건

① 제목 : 도형 스타일[미세효과 밤색, 강조4]
워드아트[그라데이션 채우기-밤색, 강조4, 반사]

② 도형, 클립아트 이용

③ SmartArt, 목록형-세로상자 목록형

④ 디자인 테마 활용[중앙]

⑤ 클립아트 삽입

⑥ 실행 단추 이용

⑦ 머리글/바닥글 이용 : 바닥글-[크리스마스], 페이지번호

연습문제 5

다음의 슬라이드를 완성하시오.

처리조건

① 슬라이드 마스터 : 슬라이드 하단의 클립아트

② 제목 : 도형 스타일[미세효과 주황, 강조6]

워드아트[그라데이션 채우기-자주, 강조4, 반사]

③ 도형 이용

④ SmartArt, 주기형-분기 방사형

⑤ 실행 단추 이용

⑥ 머리글/바닥글 이용 : 바닥글-[일하는 1318], 페이지번호

⑦ 배경서식 : [그라데이션 채우기]-[은색]

알기쉬운
엑셀과 파워포인트 2010

2014년 8월 15일 초판 인쇄

2014년 8월 20일 인쇄 발행

저 자 안병태 • 강영신 • 박성희

발 행 인 송기수

발 행 처 도서출판 GS인터비전

편 집 처 도서출판 GS인터비전

인 쇄 처 토탈프로세스

등록번호 제 313-2011-120 호

I S B N 979-11-5576-041-3(93560)

주 소 서울 마포구 토정로 222 한국출판협동조합 B동207호

전 화 02-976-7898, 02-3272-7898.

팩 스 02-6468-7898

홈페이지 gsintervision.co.kr

E-Mail gsinter7@gmail.com

정 가 22,000원